钟摆书系

Agatha Christie
A Very Elusive Woman

阿加莎
书写自己故事的女人
克里斯蒂

[英]露西·沃斯利（Lucy Worsley） 著

陆烨华 译

中国出版集团
中译出版社

Agatha Christie: A Very Elusive Women by Lucy Worsley
Copyright © Lucy Worsley 2022
Published by arrangement with Hodder & Stoughton through The Grayhawk Agency
Simplified Chinese translation copyright ©2024 by China Translation & Publishing House
ALL RIGHTS RESERVED
著作权合同登记号：图字 01-2023-0403 号

图书在版编目（CIP）数据

阿加莎·克里斯蒂：书写自己故事的女人 /（英）露西·沃斯利 (Lucy Worsley) 著；陆烨华译 . -- 北京：中译出版社，2024.9. --（钟摆书系）. -- ISBN 978-7-5001-8029-6

Ⅰ . K835.655.6
中国国家版本馆 CIP 数据核字第 2024VA9268 号

阿加莎·克里斯蒂：书写自己故事的女人
AJIASHA KELISIDI: SHUXIE ZIJI GUSHI DE NÜREN

出版发行：中译出版社
地　　址：北京市西城区新街口外大街 28 号普天德胜主楼 4 层
电　　话：（010）68359827，68359303（发行部）；68359725（编辑部）
传　　真：（010）68357870
邮　　编：100088
电子邮箱：book@ctph.com.cn
网　　址：http://www.ctph.com.cn

出 版 人：乔卫兵		总 策 划：刘永淳	
出版统筹：杨光捷		策划编辑：刘瑞莲　范祥镇　王诗同	
营销编辑：吴雪峰　董思嫄		责任编辑：刘瑞莲　王诗同	
封面设计：Million		版权支持：马燕琦	

排　　版：冯　兴
印　　刷：中煤（北京）印务有限公司
经　　销：新华书店
规　　格：710 毫米 ×1000 毫米　1/16
字　　数：327 千字
印　　张：26.5
版　　次：2024 年 9 月第 1 版
印　　次：2024 年 9 月第 1 次

ISBN 978-7-5001-8029-6
定　　价：79.00 元

版权所有　侵权必究
中译出版社

阿加莎和母亲克拉拉·米勒　　　　阿加莎和女儿罗莎琳德

1912年，刚成为飞行员的阿奇·克里斯蒂

前言　大隐于市

　　阿加莎·克里斯蒂安静地坐在火车上，无意中听到有陌生人提到她的名字。

　　她说，同一节车厢里有"两位女士正在讨论我，她们膝盖上都放着我的平装书"。两位女士并不知道与她们同车的中年妇女是谁，自顾自地讨论着这位世界上最著名的作家。"我听说，"一位女士说，"她喝酒就像鱼喝水一样多。"(1)

　　我喜欢这个故事，因为它在很大程度上总结了阿加莎·克里斯蒂的生活。

　　首先，她在 1970 年庆祝她八十岁生日的一次采访中讲述了这则轶事。她经历了多么漫长而动荡的一生啊！

　　她出生在维多利亚时代晚期——一个奢靡的时代：她的家族继承了财富，有一幢带舞厅的房子以及大量的仆人。而不久之后这一切都将不复存在，只剩阿加莎独自谋生。在一生的八十多个年头里，她经历了两次世界大战、大英帝国的衰落以及持续近一个世纪的剧烈社会变革。所有这些都被她记录在了八十多本作品当中。它们不仅是最好的娱乐，也是社会历史学家的绝佳资源。

　　其次，火车上的两位女士都有阿加莎·克里斯蒂的平装书。当然了，她的作品很畅销，尤其是在二战后，几乎随处可见，"圣诞节就看克里斯蒂"成了很多人每年的惯例。阿加莎·克里斯蒂的作品销量仅次于莎士比亚的作品和《圣经》。另外，她不仅是一位小说家，还是历史上作品演出次数最多的女性剧作家。然而，让我感兴趣的不仅是阿加莎拥有这样的地位，而且是她作为一个女人拥有这样的地位。她非常成功，甚至很多人认为她代表了一种传统，而不是一个开创新领域的人，但她两者兼有。

再次，误解。这简直太多了！回到火车上女士们讨论的话题：阿加莎根本没有"像鱼喝水一样"喝酒，事实上她滴酒不沾。她不喜欢酒，最喜欢的饮料是一杯纯奶油。但女士们想当然地认为作家一定是嗜酒、痛苦、郁郁寡欢的。

当然，阿加莎本人也在这节火车车厢里，她隐藏在人群中，时刻保持敏锐，准备把生活中发生的一切写进小说。这件事就被记录在了小说《弄假成真》当中：一位小说家无意中听到自己被描述为一个酒鬼。这件事发生在她虚构的另一个自我——侦探小说家阿里阿德涅·奥利弗夫人身上。

这个场景也揭露了阿加莎·克里斯蒂作为一个普通人的本质。是的，她很容易被忽视，就像几乎所有过了中年的女人一样，但阿加莎会故意利用自己看起来很普通的这个事实。这是她精心打造的一种公众形象，以隐藏真实的自我。

如果火车上的两位女士问她名字，她甚至不会说"阿加莎·克里斯蒂"，而是会回答"马洛温夫人"，这是她从一位比她小十四岁的考古学家那里得到的姓氏。当年，在一时冲动之下，她与这位考古学家结了婚。

如果问她的职业，她会说没有。每当需要在官方表格上写下职业时，这位作品在全球总销量有20亿本的女士总是会写"家庭主妇"。尽管她取得了巨大的成功，但她仍然保持着局外人和旁观者的视角。对于这个试图定义她的世界，她总是持回避的态度。

在本书中，我想探究为什么阿加莎·克里斯蒂一生都在假装平凡，可事实上，她又总在打破常规。她曾说："在这个世界上，没有人比我更不适合扮演女主角了。"(2) 她之所以有这种观点，一定程度上是由于她极度谦虚，但这也与她出生的那个世界有很大关系，那个世界规定了女性能做什么、不能做什么。这是一本带有历史思考的传记，讲述一位女作家一生的同时，她的故事也会和整个20世纪交织在一起。

我告诉别人我正在写关于阿加莎·克里斯蒂的书时，人们的第一个问题往往都关于她在1926年那戏剧性的十一天——她"失踪"了，全英国都在搜寻她的尸体。很多人都认为，她把自己藏起来，是为了诬陷她丈夫谋杀她，真的是这样吗？

很多人都认为，阿加莎对这件并不光彩的事件始终保持沉默，直到她过完余生。但这是不正确的，实际上，她对这件事有过数量惊人的阐述，而这些散落的片段已经被我拼凑到了一起。仔细观察它们，我相信很多所谓的"谜团"都会解开。

阿加莎打破了20世纪对女性的诸多规定。那个时代，像她那种社会阶层的女性，往往被认为瘦弱、不挣钱、盲目地喜爱自己数量众多的儿女并且不断地把自己奉献给别人。

以上几点里面，阿加莎唯一做到的只有最后一点，她确实把自己最好的一面——勤奋、创造力和某种特殊的天赋——奉献给了读者。难怪他们始终热爱着她。

现在，我们要做的不是把一位女性捧上神坛，而是必须面对这样一个事实：阿加莎·克里斯蒂由众多矛盾共同构成，她心中也有阴暗的角落。她不仅能构思出孩子会杀人的故事，她对种族和阶级的很多观点，也是今天的我们不能接受的。

但这并不意味着我们应该反对她，或者不读她的作品。恰恰相反，阿加莎·克里斯蒂的作品已经成为一种典型的英国世界观缩影。她小说中所反映出来的偏见正是20世纪英国历史的一部分。

尽管阿加莎的作品表面上看起来很保守，但我相信，她也正潜移默化地以一种积极的方式在改变读者对世界的看法。她的故事展现了一个矮小、没有传统男子气概、名字又很滑稽的"外国人"，可以用头脑而不是肌肉来战胜邪恶；即使是一个焦躁不安的老太太，也会给做错事的人带来惩罚；而那些没有孩子的单身人士——赫尔克里·波洛和马普尔小姐都是未婚——也并不需要一个传统的家庭来帮助他们成长。[3]

最后，我想澄清的是，克里斯蒂对她的第一批读者来说并不是怀旧或传统的象征。小时候，我常常在电视上看她的故事，那些故事温馨又干净，其原著小说正是20世纪与过去决裂的产物。克里斯蒂自己过着"现代化"的生活：她去夏威夷冲浪，喜欢跑车，对心理学这门新兴学科很感兴趣。她出版的小说，同样也代表了令人激动的、闪闪发光的"现代社会"。

在这本书中，我们将认识这位20世纪最伟大的作家之一，她一直被低估，总是被误解，她成就斐然，却大隐于市。

但首先，我们得回到最开始，去见一个亚麻色头发的小女孩。

目 录

第一部分 维多利亚时代的女孩(19世纪90年代)／1

  第一章　我出生的房间／3

  第二章　家族的癫狂史／8

  第三章　房子里有东西／14

  第四章　家道中落／21

第二部分 爱德华时代的名媛(20世纪前十年)／27

  第五章　等待那个男人／29

  第六章　维多利亚时代最好的盥洗室／33

  第七章　盖兹拉官酒店／36

  第八章　阿奇登场／42

第三部分 战时护士(1914—1918)／49

  第九章　托基市政厅／51

  第十章　爱与死亡／60

  第十一章　与波洛相遇／67

  第十二章　莫兰德酒店／73

第一部分

维多利亚时代的女孩
（19世纪90年代）

第一章　我出生的房间

阿加莎·米勒在一个特殊的地方长大，她童年居住的房子位于德文郡南部海滨度假胜地托基的一座小山上。

这座房子名叫阿什菲尔德，是一座建于维多利亚时代的大别墅，有一个满是树木的花园。阿加莎喜欢花园里的这些大树，它们留在了她记忆的最深处："大山毛榉树、惠灵顿树、松树、榆树"，还有"智利南洋杉旁的仙女圈①"——阿加莎喜欢在上面玩滚铁环。

如今，花园消失不见，就连阿什菲尔德也已经拆除，取而代之的是紧密排列的公寓楼，但如果你走在这里，会发现有一样东西还和以前一样。你依然可以眺望到远处的大海，有时还能越过海湾，看到布里克瑟姆②上空堆积的乌云。

尽管经历了很多冒险，但家始终是阿加莎生命中最重要的地方。晚年时，她将一生经历的故事写成了《阿加莎·克里斯蒂自传》一书。这些故事的开始和结束都在阿什菲尔德，伴随着她在花园中的画面：一个长着亚麻色卷发，神情严肃的小女孩。

所以，一切故事的开始，就在1890年9月15日。那一天，弗雷德里克·米勒和克拉拉·米勒的女儿阿加莎出生了。

---

① 蕈类在草地上形成的环状斑纹，传说是仙女跳舞形成的。——译者注（以下无特殊备注均为译者注）

② 位于德文郡的一座小镇。

阿加莎出生于一个星期一的下午。她的母亲克拉拉当年三十六岁，阿加莎是她的第三个孩子，所以这件事对她来说驾轻就熟，在此之前，克拉拉（其实是克拉丽莎）已经有了一个十一岁的女儿和一个十岁的儿子。

阿加莎出生的时候，她的姨婆玛格丽特也在场，她不仅是阿加莎母亲的姑姑，也是阿加莎父亲的继母，所以阿加莎会称呼她为"姨婆"。是的，这是一个复杂的家庭，就像跟随侦探小说的剧情发展那样，你必须集中精力记住谁是谁。阿加莎小说中经常出现的人际关系复杂的家庭，或许就源自于此。

米勒一家在当地颇具名望，阿加莎的出生自然也备受瞩目，当地报纸和《伦敦晨报》都报道了这一消息。[1]她的父亲弗雷德里克·阿尔瓦·米勒最近刚刚出资重建了山下一座有800个座位的教堂，这座教堂就是阿加莎受洗的地方。教区登记册将弗雷德里克的"职位/职业"登记为"绅士"，在他的名字旁边，还有一排令人印象深刻的其他赞助者：当地医院院长夫人、一位勋爵，还有一位未来的子爵。

也许因为这第三个孩子在克拉拉看来像是一份意想不到的礼物，她几乎整整过了两个月才雇了一个日常护理士来帮她照料孩子。[2]这个孩子长得很好看。阿加莎的眼睛有时被描述为灰色，有时是蓝色，有时是绿色。[3]在照片中，她几乎被紧裹在棉质的白色襁褓中，戴着维多利亚晚期上流社会的婴儿会戴的那种帽子。

生活奢靡、家中陈设复杂以及心态自负的维多利亚时期上流家庭能给予的一切，阿加莎都不缺。在一张小时候的照片中，在阿什什菲尔德令人心旷神怡的花园里，阿加莎在一张装有软垫的小躺椅上，躺在看起来十分可靠的父亲的双膝之间，高傲地凝视着花园里郁郁葱葱的草木。[4]

同时，阿加莎也拥有某种维多利亚时期僵硬的摄影风格捕捉不到的特点，那就是她满怀生活的乐趣，她善于活在当下，并且对自己"能充分利用一切"的能力感到自豪。(5)阿加莎的外孙和她非常亲近，他说她有一种特殊的"快乐天赋"。(6)在这个特别的维多利亚女孩身上，没有任何维多利亚式的刻板印象，也看不到一点呆板之处。

随着年龄的增长，阿加莎开始享受日常生活中的乐趣：她的钢琴课，她的食物，尤其是蛋糕和奶油，尽管她非常讨厌热牛奶的味道和气味。她总是兴高采烈。七岁时，她说自己最不喜欢的是在"没有丝毫睡意的时候就到了就寝时间"，而她精神状态仍处于兴奋当中。(7)她杂乱无章，当她在房子里走动时，身后总会留下一连串的随身物品、便条纸和玩具。(8)

同时，她也被深爱着，这是恩赐，也是诅咒。在阿加莎往后的余生中，还有谁会像她的父母那样，在阿什菲尔德及其花园这个舒适的世界中，给予她全身心的关爱呢？

托基的其他女孩、邻居以及舞蹈课上的同学，都记得阿加莎的从容和美丽。这可能会让人们感到惊讶，因为人们只能通过照片想象她后来的样子，而那时她对奶油的热爱已经开始显露出来。"我记得她，"一位舞蹈班的同学回忆道，"穿着一件可爱的真丝百褶裙开怀大笑……还有一头飘逸的金发，就像海仙女忒提斯。"(9)

然而，随着时间的流逝，从阿加莎为她痴迷拍照的父母摆出的姿势当中，逐渐感受不到这种活力了。少女阿加莎会穿着高筒靴自豪地用浇水壶浇水；她会穿着一件水手服，炫耀似的展示上面的羊角袖。随着年龄增长，她精致的秀发被发夹固定，一种严肃又神秘的感觉笼罩在她的脸上。她和她的爱犬乔治·华盛顿坐在一堆树枝中间，表情冷淡。她开始变得独立。

我们从她的自传中了解到她当时在花园里玩游戏的细节，那堆树枝就代表了一个已经逝去的理想世界。阿加莎享受独处，她会杜撰故事，虚构朋友。尽管和家人在一起让她感到放松，但和陌生人相处时，她却很沉默。"我永远都是一个不善言辞的人。"她解释道，"这是我成为作家的原因之一。"

关于阿什菲尔德是怎样的地方，她的母亲是怎样的人，他们在阿加莎的生命中起到如何至关重要的作用，这些都能在我刚才提到的那本自传中找到答案。我第一次读这本自传时，看到的是一个关于成长的故事，关于阿加莎取得的成功和拥有的幸福，她自己却表现出一丝意料之外和受之有愧。"活着，就是一件了不起的事情。"(10)一些读者对自传中所展现的平凡和轻松感到失望，这看起来就是一本闲话家常的流水账，有莫名其妙的人物、不断变化的社会习俗，却很少进行深层次的话题探讨。

其实，自传中也隐藏着一个不易察觉的故事。就像所有与阿加莎·克里斯蒂有关的事物一样，这本自传看似轻松活泼的外表下，隐藏着更为艰难的真相。她的生活中同样也有十分痛苦的悲剧时刻。

阿加莎十分确信，阿什菲尔德是她母亲的房子，那是克拉拉·米勒给自己买的。出人意料的是，当时，阿加莎的父亲弗雷德里克正在国外。阿加莎在自传的开头记录了这个故事：

"你为什么要这样做？"他问。
"因为我喜欢那幢房子。"母亲解释道。

阿加莎暗示，她的母亲相信一个女人仅仅因为喜欢就能随便买一套房子，这件事是很自然的，是司空见惯的。

但是你看：我们几乎还没开始讲述她的故事，有些事就已经摇摇欲坠了。

虽然克拉拉和阿加莎相信这件事，但事实并非如此。实际上，克拉拉不可能合法地买下阿什菲尔德。她是一位已婚妇女，当时的法律通常将夫妻视作一个人，而这个人永远都是丈夫。克拉拉有一笔遗产，她自己是有钱的，但是都被信托基金保管，她必须说服别人允许她使用这笔钱。另外，阿什菲尔德也没有真正对外出售，它只是一套可供租赁的房产。(11) 不过，在讲述这个故事时，阿加莎并不是有意欺瞒，对她来说，那些美好梦想和闪光回忆，远比冰冷残酷的事实要重要得多。

但是这个关于她母亲随随便便就买了一幢房子的故事，着实揭示了阿加莎人生中的深刻真相。她的母亲是一个控制欲极强的人，而在判断是非对错时却总是凭直觉和内心的命运感。

对母亲的冲动行为，阿加莎从小就耳濡目染，她后来模仿克拉拉，逐渐变成一个喜欢"筑巢"的人、一个有囤积癖的人、一个沉迷买房无法自拔的人。有一段时期，她名下的房产有八套之多。

阿加莎抱持这样一种想法：拥有自己的房子才是完美的幸福。甚至在童年时，她就开始编故事来娱乐自己和家人，其中最早的一个是关于"血腥阿加莎夫人"的故事，"情节涉及继承一座城堡"。在另一个她早年的故事当中，叙述者梦见了一幢房子：

> 一幢非常漂亮的房子……我站在那里看着它……听起来似乎也就这样，但它始终萦绕在我心头……这是一个奇迹，是完美的幸福。(12)

在阿加莎晚年撰写的某本优秀作品中，"一幢房子"再次成了她痴迷的焦点："这是对我来说最重要的东西。"(13)

但是，在她心爱的阿什菲尔德，和父母共同生活的那段早期时光，其实并不总是如天堂般快乐。

第二章　家族的癫狂史

作家阿加莎·克里斯蒂被她的出版商宣传为一位典型的英国女士，一个喜欢奶油茶点、扎根于德文郡肥沃红壤之上的人。但事实上，她来自一个由环球旅行者组成的家庭。从一开始，她就以一个局外人的视角来看待英国和英国人。

她的父亲弗雷德里克在纽约出生，双亲都是美国人。而她的母亲克拉拉出生于都柏林。克拉拉的父亲来自一个德国家庭，她的英国母亲则作为军人的妻子周游过世界。

阿加莎家族财富的缔造者是她的美国祖父，一位来自马萨诸塞州白手起家的商人纳撒尼尔·阿尔瓦·米勒。纳撒尼尔最初是一名推销员，在成为一名正式职员之前，他挨家挨户地兜售餐具。他的妻子玛莎，也可以叫她密涅瓦，是一个屠夫的女儿，他们住在下东区①的一所寄宿公寓里。纳撒尼尔有赚钱的天赋，他从一名低级职员一路晋升为克拉弗林＆梅隆批发公司的合伙人（阿加莎经常把它拼成"茶弗林"②），这是一个扎根百老汇的、充满活力的企业。

纳撒尼尔的儿子弗雷德里克出生于1846年10月31日。然而，当弗雷德里克五岁时，他的母亲就死于肺结核。从那以后，纳撒尼尔变得越来越像一个欧洲人。他把弗雷德里克送到瑞士接受教育，

---

① 位于纽约曼哈顿行政区东南部的街区。
② 公司名为 Claflin, Mellon & Company，而阿加莎错拼成 Chaflin。

这是一个大胆又明智的选择,他还经常乘坐八天的蒸汽船到曼彻斯特采购缝纫机,然后带回美国销售。1861 年,克拉弗林 & 梅隆批发公司在曼哈顿开设了一家新的旗舰店,这家店有 700 名柜台助理。当纳撒尼尔申请加入英国国籍时,为他背书的好友都是商人和银行家。(1)

在英国,纳撒尼尔娶了第二任妻子——玛格丽特·韦斯特。这位弗雷德里克的新继母,后来阿加莎口中的"姨婆",带着她的外甥女克拉拉进入了米勒家。

在成长过程中,弗雷德里克和克拉拉总是在一起,毫无疑问他们最终会步入婚姻,弗雷德里克从来没费心考虑过去其他地方找个妻子。"一个讨人喜欢的男人",他的女儿阿加莎这样形容他,不可否认的是,他也很懒惰。"按照现代的标准",阿加莎承认,她的父亲"可能不会被认可……如果你本身就有稳定的收入,那你就不会去工作,也没人要求你去工作。我强烈怀疑,无论在什么情况下,我的父亲都不会展现出工作能力"。

弗雷德里克痴迷购物,尽管用他自己的话说,他最喜欢做的事就是"无所事事"。这是他在一本问卷书中给出的答案,弗雷德里克全家都喜欢时不时地填写这种问卷书。当被问到他最喜欢的食物时,弗雷德里克的回答最长,状态也最兴奋:"牛排、排骨、苹果馅饼、桃子、苹果、各种坚果、更多的桃子、更多的坚果、爱尔兰炖菜、果酱布丁。"

一个讨人喜欢的男人,一个懒惰的男人。1878 年 4 月,三十一岁的弗雷德里克在诺丁山的一座教堂里走进了婚姻。他二十四岁的新娘克拉拉,远没有她的丈夫那么懒惰,也不像她的丈夫那么讨人喜欢,她穿着一件硬挺的奶油色花缎礼服,腰间紧紧系着一条镶有珍珠的腰带。(2)

尽管这对夫妻主要生活在英国，但弗雷德里克还是频繁地返回美国。他被纽约社会登记处登记在册，是里面为数不多的新贵成员之一。他的朋友们很快解释道，尽管他父亲是商人，但弗雷德里克本人"从未经商"，他"受到纽约社会每一个人的欢迎"。(3)

但是弗雷德里克和克拉拉决定在托基这个舒适的、适合交际的英国海滨度假胜地买一幢房子。弗雷德里克一向喜欢参加各种社团，他是游艇俱乐部的会员，并为托基板球俱乐部记分（"能帮上忙，我感到非常自豪，"阿加莎记得父亲曾这样说过，"我非常认真地对待这件事。"）(4)。

在19世纪90年代，如果想要度过一个舒适的冬天，托基是一个公认的好地方。1879年1月9日，在托基租住的房子里，弗雷德里克和克拉拉迎来了他们的第一个孩子，自然而然地，孩子就以姨婆的名字取名为玛格丽特。但阿加莎的这个姐姐通常被人叫作玛吉。

次年6月，克拉拉的儿子路易斯·蒙坦特，或者叫蒙蒂，在一次美国之行中出生了。这家人决定永久定居在美国，并回到托基处理一些事务。当弗雷德里克独自回到纽约时，一幢叫阿什菲尔德的庄园引起了克拉拉的注意，它与托基的排水系统相连，并且有六间卧室，但真正吸引人的是那个花园，花园中有"大温室、兰花屋、各种蕨类植物、品类充足的果园、精致的草坪和蔬菜园"。(5)

于是克拉拉决定，不去美国了。她不是一个善变的女人。她的穿着很夸张，"优雅又端庄……身着飘逸的黑色大衣……常常昂首阔步地走进屋里"。(6) 她有不俗的品位，她崇拜丁尼生、兰塞尔、门德尔松和"南丁格尔小姐"。同时克拉拉也是个普通人，她承认自己经受不住"冰淇淋"和"美式苏打冷饮"的诱惑。(7)

尽管有着强烈的激情，克拉拉·玛格丽特·波尔默真正渴望的是稳定。她是军官弗里德里希·波尔默的女儿，出生于马提尼克岛，她的父亲是德国人,母亲波莉是英国人。这对夫妇育有五个孩子,四个男孩,再加上克拉拉,克拉拉是弗里德里希在都柏林服役时出生的。(8)

当弗里德里希从军队退役后,他带着家人去了泽西岛,并在那里去世。根据阿加莎的说法,他是从马背上摔下来摔死的。当地教区登记册上记录则显示,他死于支气管炎。

波莉不得不依靠军队的养老金抚养五个孩子,而她的孩子们则面临着失去中产阶级地位的危险。因此,她把九岁的克拉拉送到她的妹妹玛格丽特那里去生活,后者即将嫁给美国富商。生母将自己送给别人,这件事在克拉拉心里留下了深深的烙印。她是一个需要情感支持的人,总想"努力把自己调整到最好的状态"。阿加莎认为母亲"害羞且极度缺乏自信"。

作为米勒家的"穷亲戚",克拉拉的生活充满了不安全感,但新的研究表明,她的家族有某种精神疾病的倾向。(9)克拉拉的哥哥弗雷德里克吞枪自尽;她的一个堂姐妹艾米·波尔默溺死了自己,另一个远房同辈也是如此。克拉拉的叔公死于一所精神病院,她的叔婆也曾于1850年在精神病院住过一段时间。1880年,她的一位远堂兄弟因"躁狂症"在精神病院去世,而这位兄弟的妹妹则于1891年被关进精神病院。另一位远堂兄弟则因为家暴和酗酒被定罪。

这些事情相互之间有没有关联并不重要,只是这些故事让一个维多利亚时代的家庭感到恐惧和羞耻。母亲家族的精神错乱——当时人们就是这么叫的——后来长期困扰着阿加莎的写作,在她早期一部和漂亮房子有关的作品中,女主角的母亲死在了精神病院:

> 你知道的,他们家族的人都精神错乱。祖父开枪自杀了,还有一个妹妹……她从窗口奋力跳了下去……而阿莱格拉的母

亲已经在这里住了很多年了,她不只是——奇怪,你明白吗,她简直——简直疯了!精神错乱,这太吓人了。⁽¹⁰⁾

尽管有麻烦,但克拉拉与弗雷德里克持续了这么久的婚姻还是幸福的,在现存的所有材料和证据中,看不到她有丝毫不满。从十岁起,她就再也没有正眼瞧过别的男人。不过坦率地说,克拉拉对丈夫的爱慕,是建立在维多利亚时代的婚姻契约之上的。

克拉拉本人是阿加莎作为作家的第一个榜样,因为她既写故事又写诗。这是克拉拉亲手写的一首诗,关于她和弗雷德里克看待他们婚姻的方式,这首诗歌中呈现出了一种维多利亚式的色彩,克拉拉认为自己在本质上就低人一等:

> 天堂里的上帝,请聆听我,
> 聆听我低声的祈祷,
> 让我配得上他的爱和生命,
> 尽管我如此卑微。

弗雷德里克在他的答诗中揭示了他对妻子的看法,他认为妻子是"家里的天使",这是典型的维多利亚时代观念,女人应该是宁静、纯洁、顾家的,她是家里的道德中心:

> 但我的内心是真诚和温柔的,
> 充满了对妻子的爱,
> 因为她是我的纯洁天使,
> 比生命更珍贵。
> 只有她有能力,

指引我从黑暗进入光明。⁽¹¹⁾

他们两人的感情是如此坚定不移,让阿加莎在生命的头十年里感到被深深地爱着。尤其是克拉拉,她有一种特殊的思维方式:"对普通人难以察觉的情况有一种直觉"。⁽¹²⁾

然而,在未来的某个时间,阿加莎将不得不离开阿什菲尔德,直面崭新的20世纪,在那里,女性不再是"纯洁天使",在那里,她们将不得不面对蔑视、劳作还有拮据。

第三章　房子里有东西

1892年新年前夜，弗雷德里克·米勒在他的花园里散步时，注意到温室里的热水管道变冷了。这很奇怪，园丁威廉·亨利·卡利科特已经为他工作了三年，平日里非常勤劳，于是，感到意外的弗雷德里克开始寻找他。

卡利科特没有被轻易找到。弗雷德里克接着寻找，直到最后，他打开了早已废弃的马厩门。

那个失踪的男人就在里面，已经死了，失去生命的躯体正挂在绳子上。

因为阿什菲尔德有电话，弗雷德里克马上报了警。经过调查，卡利科特之前以小女儿生病为由，未和其他仆人一起参加阿什菲尔德的圣诞派对。但事实上，这位园丁一直担心自己有心脏病，恐惧可能是他自杀的原因。[1]

冰冷的管道和被发现的尸体，这些线索听起来就像阿加莎·克里斯蒂侦探小说的开篇。事实上，这件事出现在她的一本非悬疑小说——半自传体的《未完成的肖像》中。这只是阿加莎众多作品中的一本，在那本书中，她把家描绘成一个奇妙而又险恶的地方。

童年时期，阿加莎深受维多利亚时代习惯的熏陶，认为家就是生活的中心。

她后来写了她在阿什菲尔德这个封闭世界里所经历的丰富多彩

的生活,在那里,厨师简·罗是一个有权势的人物。阿加莎喜欢简的厨房。阿什菲尔德的食物永远不会嫌量太大或太丰富,而阿加莎自称是一个"贪婪的女孩",她"最喜欢的东西之前是,现在是,可能永远都是奶油"。在克拉拉为女儿准备的手写食谱中,"加半品脱奶油"这几个字一遍又一遍地出现,不管是做酱汁鸡肉还是"中国米饭"。(2)

1891年的人口普查显示,有人一直陪伴在少女时代的阿加莎身边,他们的名字是:员工。七十年后,她在自传中详细地描述了他们:不仅是简·罗,还有客厅女佣简·拉特克利夫,女仆夏洛特·弗鲁德,还有最重要的,阿加莎的保姆苏珊·刘易斯。阿加莎出身的阶层无法想象没有仆人的生活。有一次,有人无意中听到她对苏珊说:"姆妈,等我长大了,我们要在阿什菲尔德花园里盖一间小屋,你和我永远住在那里。"(3)

除了提供充沛的食物和深厚的女性关系,阿什菲尔德里还有压倒性的视觉冲击。照片显示,阿什菲尔德里塞满了——就快要溢出的——各种物品。等到了合适的时候,这其中的大量物品将被运往阿加莎后来的家,德文郡的格林威别墅。在那里,一楼的一间卧室在20世纪90年代被改造成了浴室,那里有个亚麻橱柜,里面堆放着装满文件的索兰德盒①,这是弗雷德里克有购物癖的证据。

打开盒子,你会看到一对韦奇伍德徽章②、"两个东方风格的碗"和"八个皂石雕像"的账单。弗雷德里克永远无法抗拒一家经营"艺术品、珍稀瓷器、古董青铜器和所有古董艺术品相关物品"的商店。他给自己和克拉拉买了一枚紫水晶戒指、一个伞架、一对镂空

---

① 一种放文件、标本等的书状盒。
② 陶艺家乔赛亚·韦奇伍德于1787年设计的陶瓷徽章,为呼吁废止奴隶贸易而作。

玻璃瓶、五把椅面上带刺绣的齐本德尔式①红木椅,还有十八对用珍珠母贝做握柄的银质甜点叉。⁽⁴⁾弗雷德里克不得不扩建房子,为这些藏品腾出空间,还新添了一个"能够容纳120人"的舞厅。⁽⁵⁾他还喜欢把所有油画都拥挤地挂在墙上。

阿加莎也学她父亲成了一个喜欢在家里布置的人,只是规模很小。她用自己的零花钱为自己心爱的玩偶布置了一个家:

> 有几张挂着镜子的梳妆台,几张擦得锃亮的圆餐桌,还有一套难看的有橘黄色图案的餐室……很快,玩偶的房子看起来更像是一个家具仓库。

在晚年,她终于意识到了,自己毕生热爱的那颗种子其实早已播下。"从那以后,我一直在玩房子的游戏。"她写道。

> 我看过无数的房子,买过房子,置换过房子,装修过房子,布置过房子,也对房子进行全方位改造。房子!上帝保佑房子!

阿加莎去伊灵和姨婆住在一起时,看到了更多她祖父母那代人黑暗又让人陶醉的内心世界。克莱文花园九号坐落在一排坚固、整齐的别墅中,离伊灵火车站很近。

姨婆是阿加莎童年的关键人物,她对"樱桃白兰地"有着强烈的嗜好。她声称自己"看一眼就知道对方是什么人",后来,阿加莎把姨婆眼里那种洞察人性的光芒注入到了马普尔小姐的眼睛里。⁽⁶⁾

---

① 以18世纪英国设计师齐本德尔命名的家具样式,融合了哥特、洛可可和明式家具风格。

姨婆对人——尤其是男人——"真正"想要什么有敏锐的判断。当马普尔小姐小心翼翼地递过威士忌，低声说男人"想要比茶更烈的东西"时[7]，你可以想象阿加莎心里想的人正是她姨婆。姨婆还认为"每个女人都应该随身携带十张五英镑的纸币，以备不时之需"。克里斯蒂把这句话安在了1968年的一部小说中一位舅妈的身上。[8]

在这个以富丽堂皇著称的维多利亚时代中期，年轻的阿加莎也对她姨婆那令人印象深刻的厕所感到惊讶，它有"非常华丽的红木马桶坐圈……坐在上面的人完全像一个坐在王座上的女王"。在灯光朦胧的客厅里，姨婆过着静止的生活，只在打开储物柜，分发"法国李子、樱桃、白芷、袋装葡萄干和黑加仑、一磅磅①黄油和一袋袋糖"时才会动一下。随着年龄的增长，她变得更加喜欢囤积东西。渐渐地，阿加莎发现年迈的玛格丽特·米勒不再是一个受人爱戴、无所不能的人，而是一个受人爱戴但敏感脆弱的人。当死亡靠近时，就连那些近乎完美的储物柜也救不了她。

阿什菲尔德和克莱文花园的生活都依赖于用人的劳动。在1960年代，阿加莎重读她的早期小说时，对"其中出现的用人数量"感到震惊。当她还是个孩子时，她认为这一切是理所当然的，但随着时间的推移，她开始探索和研究家政服务这门生意。阿加莎认为："用人应该卖力地干活，但当他们生病时，也要照顾他们。如果一个女仆生了孩子却得不到很好的照顾，姨婆会找到孩子的父亲，对那个年轻人说：'好吧，你会为哈莉特做正确的事情吗？'"[10] 她认为在这段关系中，主仆双方都需要有所投入：一个"好"的女主人，会让仆人的地位有所提高。

---

① 1磅约为0.45公斤。

但这只是故事的一面。阿加莎对别人家的那些用人所遭受的侮辱并没有真正的了解,她作为作家,经常被人"反对"的一点,就是她缺乏对用人的同理心。这一点可以在《阳光下的罪恶》等小说中看到,酒店员工完全因为其所处阶层而免于怀疑。但她同样也会利用这种刻板印象,如果读者在看克里斯蒂小说时,认为故事中的用人"不可能作案",那就惨了。阿加莎作为作家,并不轻视用人。她对他们本身以及不断变化的身份地位感兴趣,在一些故事中,她也会停下来,探讨他们的生活。

虽然在伊灵的生活基本上是久坐不动的,但阿加莎在托基的童年却惊人地有着大量的体育锻炼,她的身体也非常健康。她经常游泳,对自己的游泳技术充满自信。她会在河堤上滑旱冰,还租小马骑。托基有许多吸引年轻人的地方,自19世纪60年代以来,这个度假小镇就以拥有帝国酒店而闻名,这是英国在伦敦之外的第一家五星级酒店,阿加莎的小说《悬崖山庄奇案》(1932年)和《藏书室女尸之谜》(1942年)中都有它的身影。此外,在19世纪80年代,托基还建造了理查德森大酒店,这是为接待附近大西部铁路线车站的游客而准备的。

但是,尽管阿加莎在一个热衷于享乐的小镇上过着安逸的生活,她的世界观中仍有一些出乎意料的黑暗地带。

在阿加莎的早期创作《丽人之屋》中,串联整个故事的是一个正在萌芽的创意:家里潜伏着邪恶之物。在诡异紧张的氛围中,叙述者一开始认为自己遇到了一幢完美的房子,直到他意识到那里居住着邪恶的东西:

> 今晚的房子比他以往想象中任何时刻都要美丽……有人来到了窗前……

他醒了！整个人因为恐惧而颤抖，有一种无法形容的厌恶感……那个走到窗前并恶狠狠盯着他的东西……那个东西极其恐怖，肮脏又可憎，仅仅是想到，就让他毛骨悚然。

这里已经表明：阿加莎相信，即便自己是快乐家庭中最重要的中心，邪恶仍像会毒瘤一样滋生。

这个想法将会一遍又一遍地出现，在后期出版的马普尔小姐系列小说中，一个名叫格温达的角色发现了一扇隐蔽的门。突然，格温达"感到一阵不安的颤抖"。这是因为找到的那扇神秘门，会让她回想起被压抑的记忆——她在童年曾目击一场谋杀案。突然，格温达发现她的家并不安全："这房子让她感到害怕。"[11]

一幢房子，甚至一个人，可以突然从熟悉友好转变为邪恶厌恶，这对阿加莎来说很常见，因为在她童年梦魇中总是出现"枪手"或"持械歹徒"。

枪手是一个至关重要又可怖至极的虚构人物。阿加莎在她的自传和半自传小说《未完成的肖像》中都描述过他。据一位与阿加莎关系密切的人说，在《未完成的肖像》中，"我们看到了很多阿加莎童年到青年时期的许多私密闪念"。[12] "枪手"有时穿着18世纪的外套，有时少了一条胳膊，在一个普通寻常的日子里，他会突然不知从哪里冒出来。有时他甚至会占据别人的身体：

你抬头看着妈妈的脸——这个人当然是妈妈——然后你看到了浅钢蓝色的眼睛——从妈妈衣服的袖子里——哦，可怕！——是可怕的残肢断臂。那不是妈妈——那是枪手……[13]

这种恐惧还会通过其他方法来到童年阿加莎的身边。阿加莎的姐姐玛吉有做演员的天赋，在阿加莎的请求下，她有时会接受自己变成另一个可怕的人格"大姐"。"大姐"长得和玛吉一模一样，但她有一种不同的、可怕的、油腔滑调的声音，她会说："你知道我是谁，对吧，亲爱的？我是你姐姐玛吉，你不会以为我是别人吧？"

在"枪手"和"大姐"的想象中，阿加莎把自己的母亲和姐姐变得陌生又可怕。这些童年幻想非常重要，因为它们揭示了阿加莎侦探小说中一些特别现代的元素。例如，在《福尔摩斯探案集》中，凶手通常是一个远离受害者社交圈的人，而在阿加莎·克里斯蒂的作品中，凶手往往是一个值得信赖的家庭成员。[14]

阿加莎确信，玛吉确实是她本人，但她心里还是会有疑虑："那个声音——那瞥向我的狡猾的视线……我经常感到难以名状的恐怖。"在《丽人之家》中，你可以看到她利用自己的恐惧制造了一个事件。一个女性角色：

> 以一个奇怪的姿势蜷缩在沙发上……她慢慢抬起头，看着他……他停了下来，怔住了。因为在她的眼睛里有一种他熟悉的神情。
>
> 那是房子里那东西的样子。[15]

但是在阿什菲尔德，潜伏在米勒一家幸福生活暗处的"房子里的那东西"，那实际存在的悲惨秘密，是他们家的钱快花光了。

第四章　家道中落

阿加莎还小，她不明白发生了什么。

19世纪90年代末，她无意中听到父母在谈论家庭投资收入下降的问题。对阿加莎来说，这一切听起来很熟悉——这经常发生在她读的那些故事里的家庭身上。她言之凿凿地告诉她的家庭教师，米勒家完蛋了，报应很快就要来了。"真的，阿加莎，"她母亲对她的轻率失言和表达有误感到恼怒，"我们没有完蛋。我们只是暂时资金紧张，不得不节约一点而已。"

"没有完蛋？"我感到深深的失望。
"没有完蛋。"母亲信誓旦旦地说道。[1]

但用不了多久，"完蛋"这个词就将准确、合理地形容米勒一家的处境。

阿加莎的祖父纳撒尼尔通过克拉弗林＆梅隆批发公司（后来的H. B. 克拉弗林公司）发家致富。他把财产的一部分投资到公司，一部分投资到房地产。然而，随着时间的流逝，弗雷德里克发现自己的收入莫名其妙地减少了。1901年，家族基金的一名受托人来到一间酒店房间，用手枪自杀未遂。在米勒夫妇看来，这似乎是他对财务管理不善产生了愧疚心理[2]。当然，一个不诚信的基金受托人形象，会让阿加莎在后来经过想象，塑造出安德鲁·彭宁顿这个角色——《尼罗河上的惨案》中一位侵占年轻女士财产的人。

然而弗雷德里克的本性并不是吝啬或守财的人，五年前，他大张旗鼓地带大女儿玛吉去了纽约，在社交圈登场亮相，而当时，纽约这座城市正处于镀金时代①末期。玛吉十七岁生日那天，弗雷德里克陪她走进位于第五大道的华尔道夫酒店宴会厅，在那里，她和其他600位客人一起受到了社交女王卡罗琳·阿斯特②的接待。(3)

在纽约待了四个月后，弗雷德里克和玛吉带着十三箱行李乘船回家，但弗雷德里克并没有把类似这样的旅行和他财富的日渐衰落联系起来。"他感到困惑，也很沮丧，"阿加莎写道，"但他不是一个有条理的人，他不知道该怎么办。"最终，弗雷德里克被迫做出了一些极端的举动。他把阿什菲尔德租了出去，并带着他的家人在法国的各个酒店交替入住。他们花了一年的时间，从法国南部的波城漫游到巴黎，再到法国北部的迪纳尔，最后到了根西岛。阿加莎记得这次旅行发生在她六岁那年。事实上，她当时九岁。(4)

但即使那样，弗雷德里克和克拉拉也没有真正信奉节约的精神。阿加莎描述了她母亲行李的细节："结实的皮箱、一两个轻便旅行箱、一个手提箱、两个硕大又方正的帽盒、珠宝盒、旅行包、化妆盒，这些东西都塞得满满当当。还有大量的纸巾。"因为超重，这些箱子产生了巨额账单。"真的，"弗雷德里克说，"法国铁路的计费规则太不公平了。""我们只拿这么点东西。"克拉拉叹气道。(5)

---

①镀金时代（Gilded Age）在美国历史上开始于19世纪后期，从19世纪70年代到1900年左右这段时间，这个术语诞生于20世纪20年代和30年代马克·吐温的讽刺小说，是经济快速增长的时代。

②卡罗琳·阿斯特，人称"阿斯特夫人"，当时纽约上流社会的顶级名媛，只有上了她的名单，并受邀参加派对，才算是纽约真正的贵族。纽约第五大道的华尔道夫酒店，正是由其家族创办。

回到托基后，因为资金太过捉襟见肘，弗雷德里克竟然开始斟酌要找一份工作——尽管他无法胜任。更糟糕的是，由于压力和焦虑，他病倒了。尽管阿加莎的父母试图保护她，不让她知道真相，但阿加莎仍然知道，父亲的焦虑正影响着他的健康。

在纽约首次亮相之后，玛吉开始享受丰富多彩的社交生活。但弗雷德里克心里的另一个负担是蒙蒂。蒙蒂太过受宠，变得他和父亲一样悠闲、懒散。他最喜欢的业余活动是"打情骂俏"，而他的主要特征是"爱说俚语和经常生气"[6]。蒙蒂声称自己"讨厌任何工作"[7]。自从上了哈罗公学，他就几乎从阿加莎的生活中消失了。但即使是哈罗公学，这个不以学习成绩作为评价标准的学校，也把他赶了出去。蒙蒂唯一真正的兴趣就是在船上瞎折腾，所以他父母帮他找了一份造船厂的工作。布尔战争爆发后，蒙蒂似乎终于找到了人生的方向。1900年，他报名参军。

第二年，弗雷德里克开始更加担心自己的健康问题。他似乎遭受了一系列的心脏病发作，到9月份时，已经发作了二十八次。他的清单上写着"短促又剧烈地发作""糟糕的发作"和"非常糟糕的发作"。他还非常努力地减肥，从14英石减到了13英石①。但发作的频率似乎还在增加。

去伦敦看了一位专家后，弗雷德里克的心情放松多了。"我亲爱的克拉拉"，他开始给家里写信，告诉她医生建议"多呼吸新鲜空气，饭后要喝蒸馏水，喝牛奶……他非常肯定地说我的心脏没有扩张"。弗雷德里克松了一口气，他很高兴，迫不及待地想见到妻子。"我感觉非常好。"他写道。

---

① 1英石相当于6.35公斤。

> 几乎没有气喘了，我度过了愉快的一晚。我不知道这应该归功于泰勒的洋地黄处方，还是因为我走路少了很多……如果一切顺利的话，我决定30号星期三回来。

直到那时，他还在计划要住在伊灵的姨婆家，并向克拉拉坦白道："私下跟你说，我更想现在就回家。但妈妈这么善良，这么好，我不能让她失望。"

但新鲜空气和餐后牛奶不足以阻止弗雷德里克病情的恶化。11月，他回到伦敦找工作时，又一次病倒了。11月2日，他在记录每日琐细开支——理发、鸡尾酒、报纸、出租车——的本子上写下了最后一页。疾病和孤独，让他迫切地渴望回到家人身边。"真遗憾，你还在生病。"他的小女儿来信说，"简让我在厨房做蛋糕……我喝茶时配了德文郡奶油！……爱你的阿加莎。"(9)

因为自己得了严重的肺炎，弗雷德里克料想到女儿的幸福生活可能很快就会被打破，这让他难以承受。他知道接下去会发生什么。他给克拉拉写了最后一封信，这封信读起来都让人哽咽。"你把我的生活变得完全不同了。"他对她说。

> 没有任何一位妻子像你一样。自结婚以来，我一年比一年更爱你。感谢你的照顾、支持和爱。上帝保佑你，我最亲爱的，我们很快就会在一起的。

1901年11月26日，弗雷德里克去世。阿加莎年仅十一岁，对她来说，不仅完整的家庭被摧毁了，她那天性乐观、总能让人放松的父亲，也永远地离开了。

这一打击几乎使克拉拉崩溃。她一直珍藏着弗雷德里克葬礼时印制的卡片，上面有一朵压平的玫瑰花，它来自弗雷德里克安葬的地方——伊林公墓。还有他的"最后一封信"，克拉拉同样也珍藏着。她把它们保存在一个多年前她给他做的刺绣小盒里，上面有一句颇具先见之明的话："致弗雷德里克……爱情就像死亡一样强大。克拉丽莎。"[10]

失去了弗雷德里克，阿什菲尔德的生活在忧郁的气氛中继续着。玛吉终于结婚，离开了家。不负责任的蒙蒂没有参加葬礼，甚至没有回复父亲去世的电报。[11] 布尔战争结束后，他留在了非洲，做着猎人的工作，并因非法射杀十五头大象而遭到指控，最终被判无罪。有人听到他吹嘘自己"违反了很多国家的法律，还藏了一批非常棒的非法象牙"。[12]

蒙蒂不在家里，可他母亲和妹妹眼看着就要破产了。克拉拉能从弗雷德里克的经营中每年拿到300英镑，阿加莎自己则只有祖父遗嘱中"每年100英镑"的遗产。

考虑到1901年英国人的平均年收入只有42英镑，而一个女佣的平均年收入是16英镑，克拉拉和阿加莎·米勒毫无疑问还是很富裕[13]，但他们向往的是上流社会的生活，这需要巨额的资金支撑。他们在社会上也找不到合适的定位，他们不再是一个完整的家庭，只有一个寡妇和一个女儿，由仍留守阿什菲尔德的员工照顾。

年轻的阿加莎竭尽全力安慰母亲，告诉她："父亲现在安息了，他很快乐。你不会想让他回来的，对吧？"

阿加莎认为她应该说这样的话。正如她所说，许多孩子都有这种情况，"明明别人说这样是对的，自己也觉得这样是对的，但总觉得出于某种未知的原因，好像哪里不妥"。

这当然不妥，克拉拉马上就反应激烈地对阿加莎咆哮，她——

突然从床上跳起来，突如其来的架势吓得我跳到了一旁。"不，我想要他回来，"她低声哭道，"我想要他回来。我愿意做任何事情，只要他能回来……任何事情，任何！"⁽¹⁴⁾

她的母亲变成了一个陌生人，就好像那个"枪手"再次出现了，他甚至连克拉拉自己的卧室这种熟悉的环境都敢闯入。

阿加莎吓了一跳，退缩着。母亲如此激动的情绪让她感到惊骇。

她开始害怕也失去母亲。"我常常在夜里醒来，"她说，"心脏剧烈跳动，觉得母亲肯定是死了。"她会蹑手蹑脚沿着走廊走到克拉拉的房间，在门口听里面的呼吸声。阿加莎和古怪又狂热的克拉拉，因为共同的悲伤牢牢绑在了一起。

阿加莎的生活一开始非常好，现在却迎来了糟糕的转折。失去财富和父亲后，这个孤独焦虑的女孩要如何生存下去？在阿什菲尔德花园里，愉快地在智利南洋杉旁的仙女圈中玩耍时的安全感，要如何才能重新获得呢？

第二部分

爱德华时代的名媛（20世纪前十年）

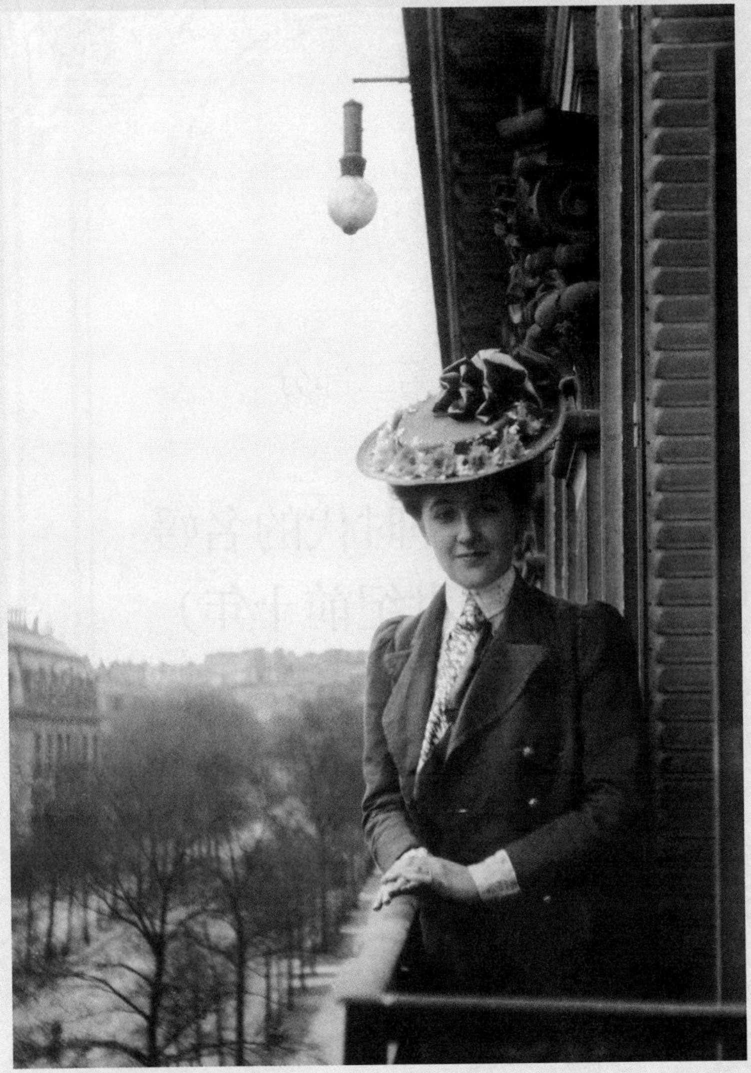

第五章　等待那个男人

有一位 20 世纪最受欢迎的作家，描述了 20 世纪初一个中上层阶级女孩的成长过程：

> 我们被困在狭隘的、受限的社会习俗中，被培养成追名逐利的人，拒绝接触或了解那些不属于我们阶层的人。(1)

这段话的作者是芭芭拉·卡德兰，和阿加莎一样，她也在年轻时失去了财富和父亲。在阿加莎的实际情况中，"受限的社会习俗"更难商榷，因为尽管米勒一家没有贵族身份，克拉拉仍然希望自己的小女儿能够实现阶层跃迁，阿加莎必须要嫁给一个比自己阶层稍高的人。

阿加莎的母亲相信，如果她不教育女儿，那么这种情况则更有可能发生。"抚养女孩最好的方法"，克拉拉认为，是"给她们好的食物、新鲜的空气，不以任何方式强迫她们的思想"。

阿加莎不可能学会谋生的技能，那是她未来丈夫的事。1901 年，即爱德华时代的第一年，一项人口普查显示，英国只有 31.6% 的女性有工作，主要是在家政服务或纺织制造业。(2) 阿加莎描述过她从小就被教育的理念，简而言之："你在等待那个男人，当那个人到来时，他会改变你的整个生活。"

当然，这不适用于男孩，蒙蒂上的是公立学校。更有趣的是，阿加莎的姐姐玛吉也是如此。

比起爱幻想的阿加莎，玛吉更有活力，她曾就读于布莱顿的寄宿学校，也就是后来的布莱顿罗丁女子学校。和切尔滕纳姆女子学院一样，玛吉的学校在女子教育方面走在了前列，为她们进入剑桥新女子学院格顿和纽纳姆做准备。在学校里，玛吉被塑造成20世纪早期中产阶级女权主义圈子里出现的新式女性，也被叫作"新女性"。

阿加莎对她漂亮、机智的姐姐充满了钦佩。玛吉最大的特点是"性子急"，她的座右铭是"干吧"⁽³⁾，但她总是抽出时间陪阿加莎。"我希望你举止得体，"她从寄宿学校寄来的一封信上写道，"别忘了我。"⁽⁴⁾ 阿加莎认为，玛吉是那种只要用心，就能办到任何事情的人。当玛吉转行开始写故事时，这些作品被发表在《名利场》上。

但当玛吉放学回家时，她的父母显得不是很高兴。有人听到她说，坏人比好人更有趣。阿加莎也注意到她的姐姐开始散发出"巨大的性吸引力"，这令人担忧。等玛吉长到相应的岁数时，她的父母决定，不让她去格顿上学了，而是进入婚姻市场。在那里，玛吉的表现不出所料地好。但是，如果玛格丽特·弗雷里·米勒能得到正确的鼓励，很显然，她本可以在一生中做出更加了不起的事情。

由于玛吉的教育尝试并不令人满意，克拉拉对阿加莎的教育回归到了更为传统的方式，注重音乐、法语、社交和"性格"。像克拉拉这样的情况并不罕见：在19世纪90年代，很多人认为让女孩接受过度的教育，会损害她们的健康。一本出版于1895年的儿童教育书籍表明，如果一个女孩过度使用大脑，将会损害她的生育能力。"新女性，"这位医生总结道，"只可能出现在小说中，而不是现实生活里。"⁽⁵⁾

由于克拉拉的改变,阿加莎一生都对"新女性"的价值观表示厌恶,她总是反对女性进入职场,反对经济独立,反对任何两性平等的事情。但她也会对"新女性"的概念不断产生兴趣。在阿加莎的书中,出现了无数(像潇洒的玛吉一样)充满活力和魅力的女性角色。

阿加莎受到的粗放式教育给了她充足的时间,这也促使她纯粹出于兴趣开始阅读。"当然,很多时候我都无聊得要命。"她回忆道。[6] 于是,她成了一个书虫,贪婪地阅读她能获得的一切东西,在别人缺失的地方自学成才。

了解了阿加莎后来的生活就会明白,她最应该接受的是金融教育。但是米勒一家从不讨论钱。弗雷德里克去世前,曾在餐厅的桌子上给阿加莎上算术课,她很喜欢。阿加莎后来想,如果她上了一所正规的学校,她一定会好好学习数学,因为她一直觉得数学很有趣。

她确实每周会去玛丽·古耶尔小姐那里上几天课,古耶尔的私人"女子学校"在托基的名声不亚于格顿。但在其余的时间里,阿加莎都埋首于书本中。"我是看狄更斯的书长大的,"她说,"我也喜欢简·奥斯汀——谁不喜欢呢?"[7]

阿加莎缺乏正规的学习经历,这使她的思想具有一种非传统的新鲜感。不过,后来当她遇到受过教育的人时,她仍会有一种自卑的感觉。当她长大成人,不再为米勒夫妇对"新女性"的不满而烦恼时,她甚至会把缺乏教育而产生怨恨作为谋杀的动机。"我一直都很有头脑,甚至当我还是个小女孩的时候!"她作品中的一个凶手说,"但他们不让我做任何事……我不得不待在家里——什么也不做。"[8] 最终,这种懊恼和挫败感,驱使她犯下了杀人罪。

尽管忽略了数学和科学,但阿加莎的教育也比看上去要严格得多，因为她花了大量心血在弹钢琴和唱歌上。就像她关心的其他事情一样，阿加莎全身心地投入到音乐训练中。结果，她几乎达到了专业水准。

阿加莎十五岁时，克拉拉陆续把她送去一些小的法国精修学校，在那里，音乐是重点科目。照片中，看上去已经长大成人的阿加莎在酒店的阳台上，微笑着俯瞰巴黎冬日的林荫大道，她身上的硬领子、领结和头上戴的小扁帽，都显得十分优雅。这样做一部分原因还是为了省钱——如果阿加莎和克拉拉不在阿什菲尔德，那它就可以不用维护了。

虽然阿加莎在音乐课上全情投入，但巴黎的老师们认为她缺乏成为一名真正表演者所需要的技巧。尽管她有天赋，但要走音乐这条路，是行不通的。当阿加莎提出另一个想法，想成为一名护士时，克拉拉同样认为不合适。

阿加莎务实、严谨，热衷于解决问题，日后很有可能成为一名科学家。但她母亲理所当然地认为，自己的小女儿应该像她姐姐一样，拥有一段成功的婚姻。

第六章　维多利亚时代最好的盥洗室

一张米勒家的照片中,十几岁的阿加莎有着挑衅、冷静同时又神秘的目光。她长得很高,身体也结实。无论是慵懒地躺在游艇上、穿着旱冰鞋溜冰,还是打网球的时候,她都戴着大帽子,穿着爱德华七世时期青春期少女流行的束腰。阿加莎描述了因为时尚而造成的身体上的痛苦:"女士上衣领口箍着的网状金属让人感到疼痛……下午或聚会时赤裸着脚踝穿漆皮高跟鞋……这让人非常不舒服。"(1)

阿加莎不得不穿着高跟鞋步行去参加聚会,因为米勒家的经济状况无法支撑她坐马车或出租车。但在拜访玛吉时,她仍可以体验到奢华的感觉。玛吉和她的丈夫住在奇德尔①金碧辉煌的阿布尼庄园,他们一家非常欢迎阿加莎去做客。在那里,阿加莎学会了如何在乡间庄园居住,以及如何与富人相处。

玛吉结婚时是二十三岁,就在弗雷德里克去世几个月后,她一定是在一个不同寻常的、自我怀疑的时刻结婚的。当初她的父亲并不赞成詹姆斯·瓦茨向她求婚,但弗雷德里克一走,克拉拉就开始为玛吉的未来感到担忧,她"迫切地希望举行这场婚礼"。就连阿加莎的法国女家教也这么看,她认为詹姆斯会对玛吉很好:"一个安静、沉稳的丈夫很适合她,他会欣赏她的,因为她如此与众不同。"

---

①奇德尔:英国地名,位于大曼彻斯特郡东南部。

于是他们匆匆地步入婚姻殿堂。玛吉二十三岁，詹姆斯二十四岁，而十一岁的阿加莎很享受自己担任"重要的第一伴娘角色"。詹姆斯，或者叫他吉米，刚从牛津大学毕业，注定要进入家族纺织公司。他是一个通情达理的小伙子，阿加莎一直很喜欢他，他"最好的品德"就是"可靠"。(2)

现在，玛吉将和他可靠的詹姆斯在拥有成片乡间庄园的奇德尔，等着继承阿布尼庄园这份家产。

瓦茨家族早在两代人之前就已经拥有了阿布尼庄园。1902年，阿加莎第一次去那里的时候，房子里住着玛吉的公公婆婆、他们的厨师、两个女服务员、厨娘、缝纫女工、四个女佣和一个护士。庭院里还住着瓦茨家的园丁、保安、农夫和牧牛人，而庭院内的小屋住着裁缝。(3) 阿加莎最初来这里，是为了过圣诞节和节假日。1926年，当玛吉自己成为女主人后，庄园的大门就永远为阿加莎敞开了。

阿加莎写道，阿布尼有"过道、意想不到的台阶、后楼梯、前楼梯、壁龛——世界上任何孩子想要的东西……它所缺少的是采光，太黑了"。一位建筑历史学家将这幢宅子描述为"最奢华的哥特式建筑，因此也是最令人压抑的"。(4) 那里有 300 幅油画，还有一个狮子标本。(5)

阿加莎太年轻了，无法欣赏阿布尼阴郁、华丽的装修风格，1902年时，这种风格已经过时了。它的室内设计师正是伦敦威斯敏斯特宫的设计师 A. W. N. 普金，这幢别墅是维多利亚时代的瑰宝，深蓝色、朱红色和大红色交相辉映。但阿加莎形容它的风格是"维多利亚时代最好的盥洗室"。

吉米·瓦茨的祖父詹姆斯·瓦茨爵士对此负有责任。他最初是一名纺织工人，后来开了一家衣料公司，生意大得足以买下一座威尼斯宫那样的仓库，他还担任过曼彻斯特市市长。

他的维多利亚式宫殿在后来多次激发了阿加莎在小说创作时的想象力。它的辉煌在恩德比庄园得以重现——《葬礼之后》中阿伯内西家族就居住在此（他们的财富来自制药）。在《借镜杀人》中，阿布尼变成了斯托尼盖兹，作为为问题儿童而设立的学院。而在《命案目睹记》中，有一条铁路紧邻卢瑟福别墅的庄园，就像阿布尼的庄园紧邻通往曼彻斯特和斯托克波特的铁路一样。

对阿加莎来说同样重要的还有姐夫这一家人。詹姆斯有五个弟弟妹妹，最小的妹妹南特别顽皮，简直令人发指，她"易燃易爆炸"，有一次还把家里的小猪仔涂成了绿色。[6] 南后来成了阿加莎一生的朋友。

瓦茨一家都是狂热的戏剧迷和表演者，这让阿加莎非常欣喜。事实上，玛吉的一个姐夫还经营了一家正规剧院。相反，瓦茨夫妇却觉得安静的阿加莎颇为神秘，他们管她叫"梦童"，或者叫"星星眼"。但像许多害羞的人一样，阿加莎会在舞台上任意改变自己，她会用即兴默剧逗亲戚们开心。"我最喜欢校长这个角色。"阿加莎说，为了这个角色，她会专门问姐姐借长筒袜。

在最开始的那段时光，阿布尼庄园对阿加莎来说意味着灯红酒绿和寻欢作乐。只有眼光最毒辣的观察者才可能怀疑，庄园女主人的身份，是否能够占用优秀的玛吉·瓦茨的全部时间和才华。

在周围的人看来，阿加莎显然应该步她姐姐的后尘，和人结婚。

第七章　盖兹拉宫酒店

许多人认为阿加莎·克里斯蒂就是年迈的"死亡女公爵",戴着猫眼眼镜,令人生畏,却不会意识到她在年轻时,是多么吸引男性。

"我很漂亮,"她坦率地告诉我们,"当然,每次我说我是一个可爱的女孩时,我的家人都会大笑起来。"但这是事实。阿加莎和男性相处时一向都很自在。虽然她否认"新女性"的价值观,但她至少默默地接受了其中的一部分:她总是对性关系持坦诚大方的态度。

阿加莎逐渐成熟,因为缺钱,她无法像玛吉那样高调地亮相社交圈。克拉拉想出了一个保全面子的办法。她假装因为健康原因需要去一趟气候温暖的埃及,而真正的原因是,开罗有自己的外籍人士社交季,在那里,阿加莎能以低廉的成本打入社交圈。

即便如此,开罗之旅仍然是一笔巨大的投资,因为要在埃及待三个月,花费怎么都不会低于500英镑,而阿加莎和克拉拉的年收入加在一起也只有400英镑。克拉拉必须为这次旅行掏出家底,孤注一掷。这也代表,对阿加莎来说,最重要的就是遇到合适的男人。

1908年初,他们开始了为期三个月的埃及之旅。[1] 十七岁的阿加莎对这次冒险兴奋不已。他们从伦敦乘赫里奥波里斯号出发,途经马赛、那不勒斯,花了四天时间,然后乘火车从内陆抵达开罗。

对欧洲移民来说,这里的税收很低,本土劳动力也便宜。法国人在1901年离开埃及,现在,这个动荡不安的国家由英国统治。开

罗是一个穆斯林城市，阿加莎和她的欧洲同伴从未踏足过国际商业区之外的地方。(2)

克拉拉和阿加莎住在尼罗河中央小岛上的盖兹拉宫酒店，这家城堡风格的酒店建于 19 世纪 60 年代，在这里，会提供电报、每日音乐会和直通金字塔的有轨电车服务。(3)

但阿加莎并不是来观光的。在 E. M. 福斯特于同年出版的《看得见风景的房间》一书中，女主人公来到佛罗伦萨，却没有遇到任何她在萨里郡不可能遇到的人，阿加莎在埃及也是如此。阿加莎和克拉拉拍下的照片上有一连串的上尉、少校、将军、准男爵，甚至还有一个孤独的公爵，出现在他们相册中的埃及人只有一个魔术师，和一个不知名的向导。狮身人面像是唯一值得拍照的古迹，对阿加莎来说，她更喜欢用相机记录野餐、马球比赛，以及在露台上喝茶的情景。(4)

这三个月，她每周要去开罗大饭店参加五场舞会，与驻扎在这座城市的英国军团中的年轻人社交。很快，她就发现自己"受不了一位年轻的奥地利伯爵过分严肃的态度"，她更喜欢那些下级军官。

每晚出现在舞厅的阿加莎拥有令人嫉妒的苗条身材，人也高挑（5 英尺 7 英寸①）(5)，还有一头金发。但她对自己的外表却有一种不成熟的焦虑。"当时流行丰满的胸部，"她写道，"我还要等多久，才能发育得这么好呢？"

后来很长一段时间，阿加莎都沉浸在对自己初入社交圈时穿着的回忆中。一件"最美丽的黄色丝绸衣"牢牢留在她的脑海里："穿上它，虽说还称不上'绝世独立'，但也很接近了——它不惜布料，拖着长长的裙裾……五年来，这件连衣裙一直陪伴着我，给我信心

---

① 约为 170 厘米。

（这对我来说很需要——因为我是个害羞的女孩）。"⁽⁶⁾在《弄假成真》（1956年）中，她对一位前夫人的女仆设置了相同的一些回忆。"淑女都穿合适的衣物，"塔克夫人叹道，"没有华而不实的颜色，没有尼龙和人造丝，只穿真正的好丝绸。怎么？因为一些塔夫绸的裙子硬得都能自己站起来。"⁽⁷⁾

阿加莎勤奋地参加了五六十个舞会，这些场合都有严格的规定。"你不能独自一人和年轻男子去跳舞，"阿加莎解释道，"要么你母亲坐在旁边，要么是其他无聊的老年贵妇。"但在遵循礼节跳完得体的舞之后，"你们就可以在月光下漫步，或徘徊到暖房，然后，迷人的têtes à têtes①（原文如此）就会发生"。

晚间舞会的规章制度，慢慢让阿加莎学会了如何社交。"我在这方面一直很糟糕。"她回忆道。⁽⁸⁾有一次，一位舞伴把她交还给母亲，说："你的女儿还你，她已经学会跳舞了。她舞跳得很美。但你最好教教她说话。"

三个月后，阿加莎离开了埃及，行李包里有一封求婚信，虽然这封信连她自己都不知道。克拉拉接到这封信后，甚至都没有和女儿商量就断然拒绝了。阿加莎知道后非常生气。但是，比起这个，她在埃及的这段经历留下了更有价值的东西，那就是她的第一本长篇小说——《白雪覆盖的沙漠》。

阿加莎心里想的，要比小说中呈现得更有野心。小说的主题是对海外英国人的讽刺，对他们来说，开罗就像切尔滕纳姆。写作是社交活动中受欢迎的休闲方式。"我已经养成了写故事的习惯，"她解释道，"它取代了在垫套上刺绣，或临摹德勒斯登瓷器上的画。如果有人认为这会把创作的标准降得太低了，我不同意。"

---

①法语，意为"密谈"。

写作只是众多兴趣爱好中的一种，这种观念比想象中还要深入人心。玛吉把她写的故事投给《名利场》赚零用钱。阿加莎的祖母波莉擅长刺绣，靠针线活养家糊口。这两者在很多人看来是一回事，都是用无伤大雅的消遣带来了收入，和艺术家的浪漫想象——一个饥饿、挣扎的身影，独自躲在阁楼上，在孤独的创作中尽情释放天赋——全然无关。但当时女性作家的创作总是在日常生活的闲暇之余进行。"如果我说我一直渴望成为作家，会更引人关注吧，"阿加莎后来承认道，"但我从来没有过这样的想法。"

阿加莎可以大方地承认，她很幸运，在二十岁之前就有空闲时间写出一部完整的小说。与她几乎同时代的诗人埃塞尔·卡尼，情况则完全不同。埃塞尔出生于一个棉纺工家庭，被称为"磨坊女诗人"。十三岁时，她就在一家磨坊里全职工作。十八岁时，她在《布莱克本时代》周刊上发表了第一首诗。"我想我们找到了一位新星，"一位评论家写道，"如果这样一位新星能有更多的时间写作，而不是在工厂里赚钱糊口，那她会取得什么成就？"[9] 1913年，埃塞尔开始撰写小说《无名小姐》，这部小说被认为是英国出版的第一本由工薪阶层妇女创作的小说。如果阿加莎同样需要通过劳动来谋生，很可能她也会一直是一个"无名小姐"。

在阿加莎的小说《白雪覆盖的沙漠》中，盖兹拉宫酒店被稍微伪装了一下，小说中欧洲客人受到的待遇，就像《看得见风景的房间》中拘束的英国女士一样。小说中的两个角色在登上开罗公共汽车时遇到了困难：

"希望那不是在骂人。"金小姐一边说，一边舒服地在里面的位置躺了下来。

"我觉得，那只是阿拉伯语。"梅兰西严肃地回答。

《白雪覆盖的沙漠》隐含了很多阿加莎之后作品中的元素：上流社会的有钱人聚集在欧洲人眼中充满"异域风情"之地，描写和对话很轻盈，男主角有十足的男性魅力，他们往往"长得不好看，眼神也不迷人，但充满力量"。就连书名，也标志着她在之后漫长生涯中有多么钟爱引经据典：《白雪覆盖的沙漠》取自维多利亚时期诗人欧玛尔·海亚姆①的诗歌译本。

但现在，读这本小说的真正乐趣，是想象年轻的阿加莎将自己化身为小说女主角，懒洋洋地靠在床上，期待和年轻男性共度一天。

对她来说，似乎从来都没有这么快乐过。她达到了期待中的高潮，就像整个人在大海漂流——万里无云的天空，一片宁静的海洋。她享受着这一绝美时刻，这也正是她所期待的，这是上帝给予她最好的礼物。

> 梅兰西开心地躺在蚊帐下，看着墙上跳动的影子，再过几分钟，她会去拉开窗帘，眺望尼罗河。(10)

类似这样的表达，我们在之后提到另一位作家时会再次碰到。这位作家叫玛丽·韦斯特马科特，当阿加莎不写犯罪小说时，就会用这个笔名。阿加莎在用玛丽·韦斯特马科特的方式进行表达时，我们会对这位小说家有更深刻的了解，这些小说比很多读者想象得更像自传。

小说完成后，阿加莎回到托基，踏上了成为职业作家之路。她开始寻求专业性的帮助。

---

① 欧玛尔·海亚姆（1048—1131）：波斯诗人、天文学家、数学家。

克拉拉建议阿加莎去请教她们的邻居，作家伊登·菲尔波茨[①]。菲尔波茨的声音听起来是个快乐的人，他是阿诺德·本涅特[②]的朋友，在那个时代，菲尔波茨非常受欢迎，虽然现在不太有人会想起他了。他被历史铭记，主要还是因为他对新人作家的慷慨热情。

对于摆在他面前的作品，菲尔波茨从中看到了潜力。"你写的有一些东西是很好的，"他对阿加莎说，"你对描写对话有很好的感觉。"

受到鼓舞的阿加莎把《白雪覆盖的沙漠》寄给了多家出版商，但都被拒绝了。问题不在于人物塑造，也不在于对话描写，而是因为女主角失聪的荒唐情节。

伊登·菲尔波茨尽了最大努力，把阿加莎介绍给自己的文学经纪人："我们想看看你能不能出版。我知道，一本小小的印刷册是很鼓舞人心的。"但是她又一次被拒绝了。然而，阿加莎没有气馁，又给菲尔波茨寄去了另一篇故事。虽然菲尔波茨喜欢这些作品，但他也敏锐地察觉出，阿加莎没有强烈的刺激去认认真真地写一本书。

"你做得不错。"他写道。

> 你的生活充实、美好，没有太多空间留给艺术创作。如果遇到困难，你会勇敢地面对，并且取得胜利，因为你有足够的天赋……然而，好的生活就是会破坏艺术。

他似乎是正确的。因为阿加莎刚从埃及回来，就几乎要被求婚的人淹没了。

[①] 伊登·菲尔波茨：英国作家、诗人、编剧。代表作为侦探小说《赤发的雷德梅茵家族》。

[②] 阿诺德·本涅特：英国小说家，代表作为《老妇谈》。

第八章　阿奇登场

当妇女参政权论者在安置炸弹，巴尔干半岛战火纷飞的时候，克拉拉将阿加莎送往英国各地的乡村别墅聚会，期望能遇见真命天子。随着自信心渐长，阿加莎越来越善于将自己伪装成一个富家千金。有一次她从火车上下来，头上戴着一顶天鹅绒帽，站长猜想她一定是带着女仆旅行的。可实际上，她根本没那么多钱。

当时认识阿加莎的人这样描述她略带含蓄的魅力："身材高挑，非常漂亮，有着斯堪的纳维亚人的可爱肤色。在她身上，总有一种恬静的羞怯。"(1) 她有巨大的吸引力。在她的自传中提到或暗示的，就至少有九个不同的男人向她求过婚，另外，还有两次订婚。当谈论她的追求者时，阿加莎颇为自得，表面上却不动声色，并且又一次讲述了她如何拒绝别人的事。"我们认识才十天，"她对那个男人说，"这样就向一个姑娘求婚，真是太愚蠢了。"

克拉拉密切关注着事态的每一次转折，她仍然固守着自己的婚姻模式，认为男人要像男人，女人要像女人。她觉得阿加莎的其中一个追求者非常合适，尽管他比她大十五岁，还有过许多风流韵事。"我母亲并不介意，"阿加莎解释说，"她认为男人婚前放荡不羁，是可以接受的。"甚至结婚以后也行。阿加莎后来把母亲那一代人的观点写到了《零点》（1944）中令人生畏的特里西利安夫人身上："男人自然有风流韵事，但不允许他们破坏婚姻。"但阿加莎和她同时代的人对婚姻的希望有所不同,她认为婚姻应该是和谐友好的,夫妻双方更像是伙伴关系,而不是上下级。这样才更有趣。

在阿加莎未发表的其他早期作品中,表达了她对婚姻更深入的思考。除了小说,她还在戏剧作品中表达这些观点。在《尤金妮娅和优生学》中,阿加莎正面打破了传统的婚姻观念,比如女主角认为,男人和女人应该有平等的离婚权利。但是女主角的女仆却有一个更为实际的看法:"在我看来,夫人,这种优秀的绅士是很难找的,所以很遗憾,也不能对他们要求太多。"[2]

阿加莎未来的丈夫应该会来自上层中产阶级,她对贵族阶级反而有一点看不上。她认为有头衔不代表这个人明智——她曾经让一个角色把贵族描述为无畏、诚实,却"非常愚蠢"的形象。[3] 阿加莎不像其他小说家,如多萝西·L.塞耶斯或玛格丽·艾林翰那样喜欢纨绔子弟,她经常把贵族塑造成坏人。比如,脾气古怪的埃奇韦尔男爵有一种"古怪又神秘"的表情,而另一个"软弱但执拗的"公爵就像"一个瘦弱的年轻裁缝"。[4]

对阿加莎来说,上层中产阶级则是完美的。在《东方快车谋杀案》中,阿巴思诺特上校定义了阿加莎的社交圈:

"至于德贝纳姆小姐,"他尴尬地说,"我保证她没有问题。她是个普卡·萨布。"

他有些脸红地走了出去。

"'普卡·萨布'是什么意思?"康斯坦汀大夫感兴趣地问。

"意思是德贝纳汉姆小姐的父亲和兄弟跟阿巴思诺特上校受过相似的教育。"波洛说。

1912年,阿加莎断断续续的相亲已经进行到了第九次,而这一次，她其实和这位名叫雷吉·鲁西的军官已经算是订婚了。但最终，阿加莎走进舞厅，在那里她遇到了第十个人，那个人似乎承诺了一段平等的、拥有共同价值观的、充满冒险的婚姻。

舞会于1912年10月12日在德文郡的乌格布鲁克庄园举行。阿奇博尔德·克里斯蒂当时二十三岁，而阿加莎正处于风华正茂的二十二岁。一个朋友向她透露，这个克里斯蒂舞跳得很好，于是两人就被介绍认识了。

从外表上看，他和阿加莎有很多相似之处："一个高大、英俊的年轻人"。可当我在克里斯蒂的档案中查看他的照片时，我才反应过来一个关于阿奇博尔德·克里斯蒂的重要事实，这是我从其他任何地方都没有获得过的信息。他相当性感。

令人兴奋的是，他还是一名飞行员。就在四个月前，他驾驶一架看起来很脆弱的布里斯托尔双翼飞机获得了飞行员资格。阿加莎前一年刚坐过飞机，她很喜欢。当时，在母亲颇为勇敢的允许下，她花了5英镑坐飞机，换来的是5分钟的陶醉体验。

阿奇理解这种感觉。阿加莎也立刻被他"卷曲的头发、挺拔的鼻子，以及漫不经心的自信"吸引住了。况且，他还骑摩托车。

内向、理性的阿加莎被迷得神魂颠倒。但阿奇的吸引力不仅在于他英俊能干，还在于他日渐散发出的难以捉摸、深不可测的魅力。

阿奇的长官形容他"是一个很稳重的人，很受欢迎，即便放在一支小规模精锐部队里，也是其中比较好的那一类"。[6]1889年9月30日，阿奇出生在白沙瓦，然后去了孟加拉、印度，现在在巴基斯坦。阿奇的父亲，老阿奇博尔德·克里斯蒂，曾在印度的政府机构工作，有些资料说他是一名律师，也有资料说是法官。他的母亲埃伦·露丝·科茨，人称"佩格"，出生于爱尔兰的戈尔韦，一共有十一个兄弟姐妹。佩格来到印度，大概是希望能在这里结婚生子，过上更好的生活。

但阿奇七岁时,悲剧发生了。他们一家人回到了英国,老阿奇博尔德·克里斯蒂被送进了精神病院。布鲁克伍德精神病院的记录显示,他"精神错乱"的原因是"酒精"。四年后,阿奇的父亲在另一家机构霍洛威疗养院去世,死因是"麻痹性痴呆"。[7]

在他们家自己的描述中,原因被修改为老克里斯蒂有一次从马背上摔了下来,"影响了他的大脑"。当时人们普遍没有意识到,老克里斯蒂的病情并不是酒精引起的,而是未经治疗的梅毒。后来,人们开始发现男性比女性更容易感染梅毒,而感染的女性通常都是性工作者,所以"麻痹性痴呆"开始不只和酗酒,还和堕落联系在一起。毫无疑问,这对佩格来说是可怕的耻辱。然而祸不单行,阿奇的弟弟也患上了精神疾病。

阿奇家里有这样的隐私,难怪他会给人一种沉默寡言的感觉。但对一位来自托基的有教养的年轻女士来说,这却极具吸引力。他和她遇到的那些在舞厅里千方百计讨女人欢心的男人不一样:他更强硬,也更实际。他来自较低的社会阶层:他的家人都在工作,而她的家人不用。他们"有天壤之别……也有最古老的刺激因素——'新鲜感'"。

阿奇的父亲死后,佩格成了带着两个孩子的寡妇,在这个国家他们也只生活了四年。毫不奇怪,她很快就再婚了,她的第二任丈夫威廉·赫尔姆斯利是布里斯托尔克利夫顿学院的一名教师。阿加莎见到阿奇的母亲时,对她持怀疑态度,并把她描述为"极具爱尔兰风情的迷人女子"。当知道佩格漂泊不定的人生故事后,我们就能理解她对于自身魅力的依赖了。

阿奇在他继父工作的地方接受教育。克利夫顿不像伊顿公学,它是一所公立学校,旨在把中产阶级的男孩培养成科学家或国家栋梁。之后，阿奇进入伍尔维奇皇家军事学院，毕业后在皇家野战炮兵部队服役了三年。1912年7月，他花了75英镑学习飞机驾驶，一个月后，他获得了飞行员资格。[8] 他渴望加入最近成立的英国皇家空军。

就这样，驻扎在埃克塞特附近的阿奇参加了舞会，在那里和阿加莎相遇。在他自己手写的生活日志中，这是他提到的第一个生活事件，除此之外，一切都与军队或训练有关。

尽管我们知道阿加莎对阿奇的第一印象，但阿奇简单的生活日志中却并没有提到她，他也没有写他开始骑着摩托车去阿什菲尔德。这让克拉拉感到很好笑。事情的发展已经很明显了：这个年轻小伙子陷入了爱河，看起来就像"一只病羊"。1912年12月31日，阿加莎再次邀请他在南德文郡狩猎舞会上跳舞，这件事他也没有记录。[9] 但1913年1月4日，阿奇的日志中又出现了个人生活事件，他只记录最重要的事件。日志上写，他"去了阿什菲尔德，并在托基馆参加了音乐会"。[10]

这是在托基馆剧场举办的"瓦格纳大型音乐会"，托基馆剧场坐落在海边，有好多半圆形的穹顶，美轮美奂。音乐会的主角是布兰奇·马基西夫人（来自科文特花园的著名女歌唱家）和市管弦乐队。[11] 黑暗中，阿加莎坐在阿奇身旁，伴随着瓦格纳深情的音乐，让她毕生难忘。因为内心深处某个地方告诉她，她"已经知道"接下去会发生什么。

音乐会结束后，他们回到阿什菲尔德。阿奇再也控制不住自己了。他——

几乎是绝望地跟我说话。两天后，他就要离开了，他说他要去索尔斯堡平原，开始飞行队集训。然后他情绪激动地说：

"你一定要嫁给我,你一定要嫁给我。"

但有一个很严重的问题,阿加莎毕竟已经和别人订婚了。

她马上写信给雷吉。雷吉的妹妹是阿加莎的好朋友。雷吉和蔼可亲,令人尊敬,各方面都很合适,是明智的选择。他是个有头有脸的人物,阿加莎甚至有可能超过玛吉,成为沃里克郡家产庞大的查莱克特庄园的女主人。

而现在,阿加莎毫不犹豫地提出了分手。

对于这门崭新的婚事,米勒家和克里斯蒂家都不感兴趣。阿奇的母亲佩格认为他还太年轻,克拉拉也感到烦恼。"当然,"她说,"我认为没有哪个男人能配得上阿加莎。"但阿奇不在乎,他想要得到阿加莎的决心似乎无比强烈。阿加莎解释道,他"决定要什么,就一定要做到"。让阿加莎感到激动的是,阿奇现在想要的,是她。1913年4月,阿奇做到了另一件他下定决心的事,他成了皇家空军中尉。[12]

然而阿奇和阿加莎如此不同,彼此之间也了解甚少。在他们接近结婚之前,会遇到许多起伏,其中之一便是更进一步的财务灾难。1914年6月,纽约的克拉弗林公司终于破产,这使得米勒家的财政收入愈发动荡。阿奇自己有一点收入,阿加莎比他多很多,但现在克拉拉的收入完全不确定了。他们怎么挣钱呢?

当然,随后在8月份时,发生了难以想象的事情,米勒的家族企业彻底崩溃——战争爆发了。

第三部分

战时护士
(1914—1918)

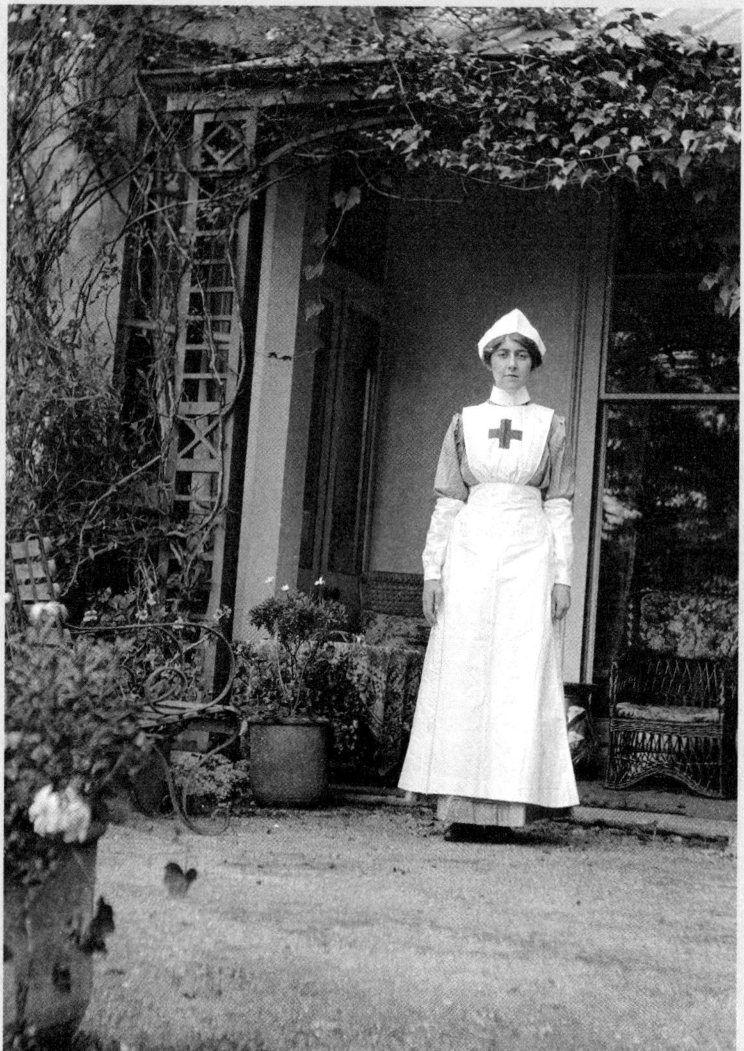

第九章　托基市政厅

1914年夏天，阿加莎以为未来已经触手可及，她终于拥有了爱情，她会像姐姐一样顺利地结婚生子。

她根本不知道，即将到来的战争会让她的生活支离破碎，同时，也会让她成为一名作家。

她在托基的朋友们对欧洲正在发生的事情一无所知。"都是流言，"她说，"然后有一天早上，战争突然就爆发了。"

阿加莎很快就受到了巨大的影响。阿奇在威尔特郡内瑟拉文的皇家空军队营地度过了一整个夏天，训练中心在巨石阵附近一片荒芜的索尔斯堡平原上，是一个可怜的"狂风肆虐的山丘小屋"。[1]在这里，他给阿加莎写了很多表达相思之情的信："事情似乎很糟糕，我现在唯一的愿望就是永远和你在一起……其他的都不重要。"[2]

也许他更应该把注意力集中在训练上，战争的临近意味着皇家空军队不再只是玩玩具的小男孩。但至少在阿奇的信中，成为一名飞行员只是一件有意思的事情。他向阿加莎保证，他搞到了一把左轮手枪，"就是为了让你开心……我可能会用它来打一个大块头的德国人，但这不太可能发生"。[3]他驾驶着飞机，在1000英尺①高的危险区域表演杂技，当一位战友身亡后，他还坚持如此，即使"科

---

① 约300米。

迪双翼飞机非常不稳定"。他承认:"看到这些事故发生,大家心里都不好受。接下去,会有更多的事故发生。但人们的信心很快就会恢复的。"(4)

阿奇并没有告诉阿加莎他在日志上所记录的内容:诸如"引擎运转不灵""着陆不稳"和"护目镜卡住"等频繁发生的事故。(5)一整代所谓的军官阶层都需要保守这样的秘密。总的来说,阿奇坚定信念不动摇:"你会很勇敢的,是不是,我的天使?在家里没什么事情可做,是很难过的,我也担心你有经济上的困难。但只要我们坚定不移,一切都会好起来的。"(6)

不过,他偶尔也会在黑暗的夜晚考虑解除婚约。"上周我身体不舒服的原因,"他透露说,"是因为我想,如果我再也不见你,对你来说也许是最好的……我只是用一种笨拙的方法,去做我认为对你有利的事,我一直在考虑,万一我有事……"(7)

一个英俊的飞行员,看上去十分迷人,这就是阿奇·克里斯蒂在别人眼中的样子。然而,人们并不知道,他不是一个真正的王牌飞行员。阿奇说他"像以前一样享受飞行"。(8)但当德国入侵波兰时,他不再是飞行员了。当他飞上高空时,鼻窦就会出问题,属于先天性缺陷。服役记录显示,他不是一个有天赋的飞行员:他能"安全地驾驶飞机",但遇到危险或困难时,就不行了。(9)

于是,阿奇被安排了另外的职务,先是担任第三中队的运输,然后是后勤,负责订购备用装备。(10)在法国服役期间,他担任的正是这个职务。不知道他是否感到失落,这是又一件他没有说出来的事。

阿奇短暂的飞行员生涯掩盖了他在战时的真实工作,这并不奇怪。这是潜规则的一部分,在这种潜规则中,那些第一次世界大战的飞行员,那些"空中骑士",就是以牺牲幕后的人为代价,来满足

民众的想象。在这场以大规模死亡著称的战争中，英勇的飞行员似乎就是个人英雄主义的代名词。(11)

于是，阿奇就这样站在打字机和电话旁，等待着战争来临。"等待是相当艰难的，"他承认，"但一切已准备就绪。"(12) 8月2日，即英国对德宣战前两天，他接到了动员指令。在此之前，他去索尔斯堡休息了几天。阿加莎在托基收到一份紧急电报，通知她立即前来告别。

阿加莎带上克拉拉跑去赶火车，他们身上唯一的钱是一张5英镑的纸币，这个数目太大了，没有人能给他们找零。"我们走遍了英格兰南部，"阿加莎悲喜交加地回忆道，"我们的姓名和地址被数不清的售票员登记，还是没能赶上火车。"

最后，她和阿奇终于历尽千辛万苦见面了。他们在索尔斯堡的一家旅馆里，只有半个小时的时间。气氛很紧张。"他确信，就像其他的飞行队成员一样，他会战死，然后再也见不到我了。"后来，在一本自传体小说中，她这样描述他的举止："非常急躁、易怒，眼神中充满了不安。没有人了解这场战争，此前从未见过——这是一场没人能幸存的战争……"(13) 那天晚上，阿加莎哭着上床睡觉，眼泪怎么也止不住。

1914年8月5日，阿奇启程前往南安普顿，准备赶赴法国前线。他给了阿加莎一张自己的照片，穿着制服的他正眺望远方的地平线，看起来英俊得不可思议。

"你不会遭遇不幸，"阿加莎在背面用铅笔写道，"因为上帝会派天使照看你……在灾难中，我必与他同在，扶持他，让他载誉而归。"(14)

回到托基后，阿加莎整日担忧恐慌，却又无能为力，她迫切地想做点什么。于是，她去当了志愿者。从1914年10月到1916年

12月，一张粉红色的记录卡显示，她作为红十字会志愿者（志愿救护队）在医院无偿工作了3400小时。

托基的市政厅已经变成了一家有50个床位的备用医院，阿加莎在这里开始了她全新的、更为严肃的生活。从阿什菲尔德往下是一段陡峭的山路，阿加莎上完晚班后再爬上去，肯定很折磨，但对她来说，更大的挑战是这份工作本身。阿加莎必须从最底层做起：当一名清洁工。

她写下了自己的经历，先是在市政厅临时医院，后来在正式的托贝医院，写了好几次。自传中就有她幽默的叙述。同样的经历还出现在她的自传体小说《撒旦的情歌》中，在冒险小说《暗藏杀机》中，也有喜剧化的处理方式。现在，我们的女主角也开始了医院生活，她每天要洗648个盘子，然后等待护士长们吃完饭，最后，再把整个病房打扫干净。

阿加莎用她独特的冷静视角，让她在医院里目睹的恐怖事件，看起来显得有趣一点。但表面现象终究是有欺骗性的。

阿加莎的第一个任务是清洗地板，然后，在红十字会仅接受过一点点培训的她，才会被允许照料真正的病人。这相当令人震惊。就像全英国的女性志愿者一样，她打开了眼界，看到了工作的现实。《撒旦的情歌》中有这样一段：

> 我现在对仆人能感同身受了。人们总是认为他们很在意吃的东西，我们在这里也一样，因为已经没有别的盼头了。(15)

当阿加莎终于可以服务病人时，她发现了另外的烦恼。和其他志愿救护队的队员一样，她发现自己接受的培训，其实根本派不上用场。

她第一次参与手术，差点晕厥过去。她说，当看到病人裸露在外的胃部，"我开始浑身发抖"。她不得不把一条截肢的断腿拿到医院的火炉里烧掉。她负责照顾一个病人，而这个病人在她亲自护理的第三天后，因破伤风去世。[16] 尽管条件远不如佛兰德斯的临时医院那么艰难，但在一场战斗结束后，所有南部海岸的医院都面临着病人激增的问题，医疗资源已经无法承载现在的伤员数量。

但护理工作中也有阿加莎喜欢的部分，它带给了她同志间的情谊和工作后的成就感。如果能接受正规的培训，她认为自己会"做得很好"。[17]

阿加莎的经历有多典型？她关于护理工作的报告与许多其他志愿救护队员相似。首先，有强烈的责任感。"我觉得，"她解释道，"我完全融入其中，想成为其中的一分子。"[18] 与此同时，另一家医院的护士维拉·布里顿发现，"从包扎伤口到擦洗被褥，在早期的那段日子里，每一项任务对我们来说都有一种神圣的魅力。"[19] 和阿加莎一样，布里顿也不得不习惯给撕裂的肢体进行包扎，"长着坏疽的腿部伤口，黏糊糊的，交杂着腐绿和猩红，骨头还裸露在外"。[20]

但阿加莎的回忆主要是关于医院里的人，尤其是指导志愿救护队的专业护士。正如历史学家克里斯汀·哈利特所说，"训练有素的专业护士和志愿救护队之间的紧张关系，是战时的女性题材作品中最突出的主题之一。"志愿救护队密切关注着她们的上级，"经常对她们过分注重医院礼仪和纪律表示不屑"。[21] 例如，医院的礼仪规定，阿加莎不能直接把器械递给医生。她记录了自己因为尝试这样做而被批评的经历：

"你认真的吗，护士？你怎么可以这么冒失，竟然自己把钳子递给医生！"

她应该把器械交给一个更高级的护士,由她来传递,就像古代法庭的仪式一样。然而,这背后真正的原因,是那些好不容易获得如今地位的专业护士担心,如果这些志愿者得到平等对待,那么她们拥有的一切就会失去。毕竟,包括阿加莎在内,许多志愿救护队员甚至都没上过学。

像阿加莎这样的女人根本不习惯被人呼来喝去,不是针对护士,医生也一样,在医院外,他们本来就是平等的。阿加莎说,她学会了"像一个人体毛巾架一样站着,温顺地等待医生洗完手,用毛巾擦干,然后轻蔑地把它扔到地板上。甚至懒得把毛巾还给我"。

被这样对待,是没有尊严的。作为一名走入职场的富家千金,阿加莎的经历很好地解释了,为什么说第一次世界大战标志着一个恭顺社会的终结,她通过一个虚构的护士把它写了出来。"我对医生的感觉跟之前不一样了,"这位护士说,"之后就再也没有改变过。"[23] 对阿加莎来说也是如此:在她的作品中,医生成为"最具杀人倾向的职业"。[24]

尽管面对的是病人,但阿加莎开始对男性展示出一种全新的力量。他们身负重伤,十分无助,他们需要她。当他们试图欺骗她,坚持说医生允许他们喝酒,或者需要去一家离酒吧很近的商店时,她识破了他们的诡计。当目不识丁的人想给家人写信时,阿加莎就成为抄写员。他们对她言听计从。

如果没有战争,阿加莎肯定会在二十四岁到二十八岁之间结婚,然后操持家业、生儿育女。而现在,她出乎意料地开始了解工作的世界,在那里,她体验到了成就和成功。

从 1917 年起,她甚至开始挣钱:年收入 16 英镑。[25] 是战争,也只有战争,让这一切变得可以接受。"尤其是在中产阶级,人们普遍认为,"一本 1915 年出版的书写道,"已婚妇女为钱而工作应该受到谴责。"[26] 阿加莎从小就相信这一点，但她在医院做医疗服务，让她从另一条通道进入了劳动市场。

阿加莎的家人不理解她为什么星期天还要工作："应该做些调整。"但她和其他护士还有一项更为重要的工作，除了处理病患，她们还要小心不让城镇外的人知道细节。

我们从服役军人那里听到了很多类似的说法，他们对恐怖事件司空见惯。一位名叫托马斯·贝克的士兵试图向平民解释战争。"这不可能。"他说。

> 不可能跟他们讲清楚这是怎么回事……人们似乎没有意识到战争有多么可怕，他们不会意识到的。你无法跟他们解释，那种像野兽一样的生活。[27]

女护士们在向其他人解释他们无法理解的事态时，也面临着同样的挑战，但对她来说，难度又有所不同。士兵遭受的创伤至少还有个痕迹：可能是被炸弹炸伤了。但对护士来说，她们的焦虑是无法言说的，这也为她们将来的心理健康埋下了隐患。

我也相信，这段护理经历对阿加莎成为一名小说作家来说，是至关重要的。这让她学会了隐瞒，当她回到阿什菲尔德的家中，她不会告诉母亲她焚烧过残肢，擦去过血迹，而且——对于一个年轻的女士来说，令人震惊的是——她目睹了一具赤裸的、肮脏的男性尸体。这种需要保持表面镇定的样子，是阿加莎笔下人物都有的感觉。

阿加莎最终做出了决定——一个对未来至关重要的决定——离开病房，接受系统培训，并且转到医院的药房工作。在那里，有更有意思的挑战和更充裕的时间。

"我掌握了一些更简单的操作,"关于新工作,她写道,"我们在做马什的砷测试时,把科纳咖啡机炸掉了,之后进展就很顺利了。"她还得应付古怪又危险的同事。一位托基的商业化学家给了她一些额外的指导,但是这位被阿加莎称为"P先生"的人,错误地将一套栓剂与烈性毒药混在了一起。她不敢指出"P先生"的错误,但她也不能让别人使用这些栓剂。于是她把这些药打翻在地,并狠狠地踩了两脚。

> 他轻轻地拍了拍我的肩膀,说道:"没事的,小姑娘,别太担心。"他太喜欢做这样的事情了。

真恶心。

阿加莎的志愿者同伴们,和阿加莎一样讨厌粗鲁的护士和傲慢的医生,所以她们成了朋友。从她们给自己的小团体起的名字,可以看出她们完全清楚自己现在有多么违背曾经受过的教育——她们管自己叫"酷儿女性"。

医院里的每个人都渴望找点乐子,因为就像阿加莎解释的:"他们不喜欢讨论战争。"(28) 于是,她和其他"酷儿女性"一起,制作了一本轻松幽默的医院杂志。里面有她们所有人的水彩画肖像,包括阿加莎本人(挽着长发,身穿白色外套),还有医院时装广告,比如一件"装饰着未来主义风格"的工作服。在杂志中,阿加莎还劝告护士们抵制男老板的粗鲁态度:"我们建议你们,(不管这有多么离经叛道)要多维护自身利益。"(29)

值得注意的是,阿加莎人生的前三十年,基本上都生活在女性群体中间。在阿什菲尔德,她和克拉拉和两个女仆住在一起,后来姨婆也搬来一起住,而现在,她和医院中的女性建立了深厚友谊。

杂志上有一首名为《酷儿女性的梦》的诗，开头是这么写的："了不起的女性！她们一个接一个站起来，慢慢地，从我惊诧的目光前经过。"[30] 她们中最重要的成员是另一位药剂师艾琳·莫里斯，她"相貌平平，但有非凡的思维"。阿加莎称她是"我遇到的第一个可以交流观点的人"。艾琳和她当教师的哥哥，以及五个未婚的姑姑生活在一起，据说过着没有异性的生活。战争期间，她作为药剂师和实验室助理工作了近9000个小时。[31]

但聪明的女性朋友并不是阿加莎在药房里的唯一收获，她的工作也激发了她对毒药使用方法的想象力。她的杂志上有一篇"治安法院新闻"，是关于一名病患死亡的调查报告，证人包括护士和女药剂师。死者吞下一副药之后，就突然神秘死亡了。[32]

疑似中毒。

正是在药房里研究药物的过程中，阿加莎第一次产生了写侦探小说的想法。

第十章 爱与死亡

阿加莎是个与众不同的女人。但在和阿奇分开的四年里,她也只是老套剧情的一部分:年轻的恋人因战争而分离。

阿奇竭力想表达自己的强烈感情,但他在信中几乎没有透露他在法国的经历。阿加莎珍藏着这些信,它们的质朴和踏实,是在死亡肆虐的时代,对爱情的动人记录。

1914年8月13日,阿奇和战友被运输船抛在了法国布伦,在"码头"上过了一整夜。(1)与此同时,该中队的两名飞行员在着陆前因坠机而丧生。

整个8月和9月,阿奇一直在法国东北部活动。他是英军在拉加多战役失败后撤退军的一员,据说,这场战役英军的伤亡率接近20%。英军最终陷入停滞,开始挖掘战壕。堑壕战开始了。

英国皇家空军队的总部在加莱内陆的圣奥梅尔机场。阿奇于10月12日抵达,到10月19日,他就已经因为在"几乎从早到晚每时每刻的巨大压力"下展现出来的英勇而被报道。(2)后来,他的中队搬到了合斯村,这个村庄在战后由于遭受破坏而不得不完全重建。

阿奇的指挥官是性格强硬、脾气暴躁的休·特伦查德,他在后来被誉为英国皇家空军之父。那是绝望的时刻。英国皇家空军有65架飞机,主要用于侦察敌人地面部队的位置。正如航空历史学家帕特里克·毕晓普所说,它们的任务是"揭开战场上的屋顶,让指挥官能够窥探敌人的意图"。(3) 然而，随着战争的进行，他们还要应付敌军飞机，因为双方都越来越擅长在空中开火。英国人的飞机和训练都很差，损失的飞机是德国人的四倍，法国战场上有经验的飞行员越来越少。一个刚刚抵达阿奇他们基地的人，被问到有多少小时的飞行经验。

"十四个小时。"

"十四个小时！把飞行经验这么少的人派到海外打仗，真是太不像话了。你没有机会……你要再飞五十个小时，可能才会像样一点。但十四个小时！我的天呐，这是谋杀！"(4)

阿奇的工作包括安排信号灯测试，看它是否能够给飞行员下达指令。(5) 他努力让飞行员在驾驶着不可靠的飞机时，能够在空中正常飞行，因此他得到了战友们的高度评价。到了 11 月，他被提拔为临时队长。

1914 年 12 月，这位已经脱胎换骨的年轻人请了个假，去伦敦见他的未婚妻。在 20 世纪 20 年代克里斯蒂的一本侦探小说中，凶器是一把由飞机机翼处的小五金制成的裁纸刀，这是一名飞行员带回家的纪念品。这看起来是一个生活化的细节，是阿奇有可能会送给阿加莎的东西。(6) 即使阿奇带了礼物回来，阿加莎发现他还是沉默寡言，而且会被他"轻浮——甚至有点愉悦"的情绪所伤害。他送给她一个梳妆盒。作为圣诞礼物，梳妆盒显得很轻率。阿加莎讨厌它，它没有意义，也太贵了，显得不合时宜。至于婚约，似乎要取消了。皇家空军的理念是军官不应该结婚。"如果你已经有了订婚对象，那就立刻结束。"阿奇会说，"不然，你会留下一个年轻的寡妇，也许还有一个即将到来的孩子——这是自私的，是不对的。"

关于这第一次休假，阿奇在日志中如此平淡地记录道：从 12 月 21 日开始休假，然后"24 日去布里斯托尔，再去托基。26 日回到伦敦。30 日抵达空军队总部"。(7)

但这些枯燥的记录背后隐藏了一个重磅消息。12 月 23 日晚，在把阿加莎带到布里斯托尔的母亲家后，阿奇改变了主意。他坚持认为，他们必须结婚，马上就结婚。

疲惫、困惑的阿加莎同意了他的要求。正如她在某本自传体小说中所写的那样："很多女孩都在这么做——抛弃一切，嫁给自己喜欢的男人……它的背后隐藏着一种可怕的、不足为外人道的恐惧，而你从来没有认真地琢磨它。当这种恐惧离你足够近的时候，你会挑衅地说：'不管未来如何，我们也曾经拥有过。'"(8)

对于阿奇这位能干的行政人员来说，没有什么官僚主义的障碍是他克服不了的，他必须要在平安夜结婚。于是他们想办法去办理登记，当地的婚姻登记办公室告诉他们，要么花特别多的钱办理特别许可，要么提前十四天预约，而阿奇等不了这么久。他们眼睁睁看着时间一点点过去。

直到另一位更管用的主任吃完下午茶回来，才有了解决办法。阿奇可能声称他住在布里斯托尔的继父家——"有一些属于你的东西放在这儿，是不是？"——这意味着他们可以在当天下午就登记结婚。到了 1915 年，官方才正式确认，士兵可以在父母的居住地结婚，如果女方在海外，则可以自行登记结婚。届时，如果士兵想在休假期间尽快登记结婚，将变得更为快捷和便宜。(9)

由于布里斯托尔的伊曼纽尔教堂正好有闲着的牧师，所以阿加莎·玛丽·克拉丽莎·米勒（二十四岁）在战时仓促地嫁给了阿奇博尔德·克里斯蒂（二十五岁）。"没有哪个新娘会穿这么省事的衣服。"她写道，"我就穿了一件普通的外套和裙子。"她甚至连洗一下手的时间都没有。

阿奇的母亲得知这一消息后,歇斯底里地把自己关在了黑暗的房间中。由于在布里斯托尔不受欢迎,这对新婚夫妇当晚就出发前往托基,并于午夜时分抵达托基大酒店,和克拉拉一起过了圣诞节。但阿加莎的家人也对他们的保密和仓促感到失望。

"每一个我们在乎的人,都在生我们的气,"阿加莎写道,"我有这种感觉,但我觉得阿奇没有。"阿奇的脑子里只有一件事:他走过来,再一次把梳妆盒递给阿加莎。这一次,他得到了礼貌的感谢。这个没有用的梳妆盒,将成为他们婚姻中的权力天平的象征。阿奇是主动的一方,而阿加莎是被动接受的一方。

但这已经是后面的事情了。当阿加莎安顿下来后,她作为已婚女性的新生活即将开始,一切是那么愉悦、满足,她的伴侣也很新潮。唯一的问题是,阿奇即将重返战场。新的一年到来时,她写了一首诗,名为《1915 年的 A. A. 字母表》,是对他们名字首字母开的小玩笑[①]:

> A 是天使,是性格,也可以是名称。
> A 也是阿奇博尔德,是天使一般的爱人。

她把阿奇编织进了"酷儿女性"这个好玩又有创意的世界。这首诗的内容讲的是一次愉快的乡间散步,但贯穿始终的是战壕靴、"德国佬"、阿奇在法国储备的机翼,以及散步路上一段像无人区的地方。把困难的事情变得有趣,这是阿加莎的惯用伎俩。

阿奇有没有以同样俏皮可爱的方式回应她的爱呢?他当然试

---

① 阿加莎和阿奇首字母都是 A。

过。1916 年 7 月，他从法国的仓库寄出一张便条，内容用铅笔潦草写就，上面盖着红色的"密件"邮戳。想象一下，他从他的订单簿上抽离开来，去想象那个与众不同、热情似火、在遥远的地方深爱着他的年轻女人，并试图在文字表达上把自己提升到和她一样的水平。

"善良，充满爱心。"他开始用一种开玩笑的方式概括她的性格：

> 她喜欢动物，除了毛毛虫和金龟子。喜欢人类，除了丈夫（根据她自己的原则）。平时很懒，但也可以展现并且保持巨大的能量。四肢健全眼神好，但爬坡时摇摇晃晃。充满智慧，有艺术品位。特立独行，好奇心重。长得很好看，尤其是头发。身材匀称，皮肤细腻。能说会道，桀骜不驯，但一旦俘获了她的心，她将是一个深情的妻子。[11]

在这里，阿奇看到了阿加莎的真实一面。但很明显，这封信的告白对象仍然是"米勒小姐"，就好像她没有结婚一样。"桀骜不驯"，还没有"俘获"她的心。他们都意识到，他们的婚姻并不那么真实、牢固。怎么会这样呢？是因为一连串的激情邂逅，使他们处于一种暂停的状态，让他们无法变得成熟。

不过，毫无疑问的是，他们在性方面很和谐。像阿加莎这样的女孩，对性的了解其实一直处于无知的状态。[12]阿加莎确实听说过，有一个女孩和另一个女孩的父亲有了孩子，但像她这样的人，通常都会受到保护。

更不寻常的是，阿加莎一生都对性的观念表现得如此坦然，它从来都不会是羞耻或内疚的原因。"激情是理所当然的。"在谈到美满的婚姻时，她这样说道，而温柔和尊重则是稀有的花朵，需要倍加呵护。后来简·马普尔的一个想法，也可以说明阿加莎的态度。"在马普尔小姐年轻的时候，'性'这个词很少被提及，"她告诉我们，"但'性'到处都在——不太被讨论——但享受其中的很多。"(13)

1918年，随着玛丽·斯特普斯的《已婚之爱》一书出版，阿加莎这一代相对保守的人对性的羞耻感开始有所减弱。斯特普斯认为性（尽管是在婚姻内）是自然的，甚至是令人愉快的。当她发现和丈夫的性生活不和谐时，她的婚姻随之破裂，之后斯特普斯开始了终其一生的性教育之路。她发现，要说服出版商出她的书太难了。"本来就没多少男人适合结婚，"一个拒绝其书稿的人解释说，"我想，这会把为数不多的那几个人也吓跑的。"(14)

斯特普斯希望女人享受性爱，但她最重要的论点是男人应该温柔。斯特普斯解释说，如果一个男人"扮演一个温柔的求爱者角色，女人通常会被彻底打动，从而给予热情的回应"。(15)阿奇是主动的一方，然后阿加莎欣然回应。"去年，你勇敢地把自己托付给我，"他在一周年纪念信中写道，"你真的太好了。"(16)

但斯特普斯也留下了更加黑暗的东西。她最喜欢的避孕方法是用橄榄油浸泡过的海绵擦拭身体，她认为避孕对提高种族的"纯度"是很重要的。感染梅毒或精神错乱的家庭最好不要生育。因此，避孕也有令人不寒而栗的意味在其中，英国社会也开始逐渐痴迷优生学。由于阿奇和阿加莎的家族都有所谓的精神错乱，所以对遗传性疾病的担忧成为他们沉重的负担。

接下来的三年半，克里斯蒂夫妇只在休假时才会短暂地一起度过。1918年底，他们终于同居，只过了两个月，阿加莎就怀孕了。从时间上看，在战争使他们分开的时间内，他们很可能是通过橄榄油或禁欲小心地避免了怀孕。"都怪这该死的战争，把我困在这儿。"

阿尔奇在法国抱怨道。[17]

一次分别后,阿奇孤独又疲惫地回到部队,又开始用潦草的笔迹写了起来。"亲爱的,我就躺在火车的角落里发呆,这一趟旅途还行吧。"在两艘驱逐舰的护送下,他坐船横渡英吉利海峡,然后在法国布伦被一辆汽车接回基地,他感觉自己"虚弱得像只小猫……要是今晚在这里能收到你的信就好了"。[18]

1916年,他晋升为临时少校,年薪涨到700英镑。次年,他又被升为临时中尉,负责整个军需品库。[19]惩罚违规的人也在他的职权范围内:"我判了一个人28天……因为拒绝工作,他被绑在树上遭到折磨。"尽管他不在前线,生活依然充满挑战。"昨晚,我守着电话一直到十一点……我爱你,也爱你的性格。对我来说,你无可取代。"[20]

这番话,让我们看到了他们与阿加莎父母截然不同的婚姻。这不是一个男人在爱符合理想的女人。不是的,他爱的是她这个人本身,包括爱她的性格。就像阿奇说的,阿加莎无可取代,这简直是天赐的幸福。"当彼此相爱时,"阿加莎自传体小说中的女主人公这样认为,"婚姻就是幸福的。不幸的婚姻——当然她知道这样的婚姻有很多——都是因为彼此不相爱。"[21]

既然对爱情和生活有如此高的标准,那么一旦情况不对劲,阿加莎也不可能像维多利亚时代的其他人一样装聋作哑。

这种情况不太可能出现。不,绝不可能。

第十一章　与波洛相遇

当阿奇在法国一边忙着打电话，一边忙着写信时，阿加莎在医院反而有了安静的时间来写作。

药房的工作量总是蜂拥而至，处方上的药一旦配齐，接下来的一段时间里阿加莎就又变得无所事事了，只能干坐着，等待下一波配药需求。某天，她利用这段时间写了一首诗。

《在药房》展示了她是如何从周围环境中找到灵感的，不管环境多么单调。这是她与其他一些20世纪最受欢迎的作家共同拥有的天赋。"我不想超越平凡，"菲利普·拉金写道，"我喜欢平凡。日常之事对我来说也很可爱。"[1] 对阿加莎来说，即使是药瓶也蕴藏着浪漫：

> 在墙壁上面，在钥锁下方，
> 有着攸关生死的力量。
> 蓝色和绿色的小瓶，
> 是鲜红色传奇的模样。
> 它们细长的瓶颈深处，
> 充满了浪漫，甚至快向外流淌！
> 哦！谁问浪漫在哪儿？
> 如果浪漫不在这个地方。[2]

阿加莎用来准备药剂师资格考试的笔记本，被她的家人保存了下来，上面显示她在休息时沉迷于各种文字游戏。她在其中一张纸的背面用铅笔写下了"阿奇博尔德·克里斯蒂"，并在旁边写上自己的名字，然后把两者相同的字母划掉，看看它们的匹配度有多高。但翻到这页纸的正面，你会发现一列毒药清单：从颠茄中提取的生物碱……东莨菪碱氢溴酸盐……从莨菪中提取的生物碱。[3]

当阿加莎开始考虑写第二部小说时，她的主题很明确：中毒。这是她"毒杀生涯"的开端，在她写的六十六部侦探小说中，有四十一部是通过毒药来进行谋杀、谋杀未遂或自杀的。[4]如果你读过历史学家凯瑟琳·哈卡帕那十七页关于克里斯蒂小说中的"死亡方式"统计，你会发现，"坠崖""触电"和"割喉"在士的宁、砒霜、吗啡和阿托品中，显得是那么特别。氰化物是她的最爱：在十本长篇和四篇短篇中，阿加莎用它杀了至少十八个人。[5]

现在，阿加莎开始创造角色，同样是一位女药剂师——年轻貌美的辛西娅，她将出现在《斯泰尔斯庄园奇案》（1921）中。

关于阿加莎决定写一部谋杀悬疑小说这件事，唯一令人惊讶的，也许就是她居然要花这么久。她废寝忘食地阅读《福尔摩斯探案集》、安娜·凯瑟琳·格林的经典侦探小说《利文沃兹案》，还有加斯顿·勒鲁的《黄屋之谜》。这些都是她和姐姐讨论过的故事，她们曾争论过，阿加莎自己是否也能写类似的东西。

"我认为你做不到。"玛吉说，"它很难写，我已经考虑过了。"

"我想试试。"

"好吧，我打赌你写不出。"玛吉说。

事情到此为止……但话已经说出来了……这个念头已经产

生：总有一天我要写一部侦探小说。

到 1916 年，所有一切都汇聚在一起，她创作出了令人惊讶的作品——一部真正杰出的侦探小说处女作，如此灵动，但结构又那样巧妙，一个世纪后读起来仍然令人着迷。

为什么《斯泰尔斯庄园奇案》这么好？[7] 首先，阿加莎写的是一个她非常熟悉的世界。她笔下的人物是她的家人、朋友和仆人，他们住在乡间大宅斯泰尔斯庄园中，会在草坪上喝下午茶。这些都是她自己最亲切的人，无数的求婚正在进行，而住在"楼上"的人靠不劳而获的收入维持生活。

而现在，斯泰尔斯里的人被迫适应战时生活，自己在花园里干活，以及回收废纸（这将是一个重要的线索）。这本书的叙述者黑斯廷斯上尉因伤从前线返回，其中一个角色在医院工作，而案件将由一名比利时难民解决。

但这座虚构的庄园并不只是旧时舒适生活的缩影，它更黑暗，这是一个道德败坏的地方，每个人都藏有秘密。庄园的主人是一个霸道的老妇人，一对年轻的男女似乎有意通奸，甚至叙述者黑斯廷斯，他在应该战斗的时候也在调情。

尽管虚构了诸多黑暗，但阿加莎还是构建了一个和她自己熟悉的世界相似的虚构世界，就连小说中的谋杀也直接反映了她自己的家庭状况。受害者英格尔索普太太是一位女性统治者——一位有权势的年长女性，就像阿加莎的姨婆，甚至像这本书题记上赠予的对象克拉拉。这是阿加莎和她公开承认的偶像阿瑟·柯南·道尔爵士之间的重要区别，从一开始，阿加莎就把女性的生活置于舞台中央。

《斯泰尔斯庄园奇案》讲述了英格尔索普太太和她的同伴伊芙琳之间攸关生死的斗争。这所房子里的男人都是一群没有希望的人，阿加莎自己的家庭也是如此。她看着懒惰的父亲和没用的哥哥浪费家产，而她的母亲和姐姐给了她稳定和力量。阿加莎的书占据了两次世界大战之间重要的图书市场。在这些角色身上，女性读者可以看到自己的影子。

但《斯泰尔斯庄园奇案》也揭示了米勒家族在阿什菲尔德一些恼人的地方。大多数人，尤其是女人，终其一生都在假装自己并不具备的品格——随和、顺从、尽责。然而，就像荣格可能会说的那样，女性的阴影人格在阿什菲尔德非常强大。从阿加莎的小说可以看出，她在非常女性化的家庭中，看到了黑暗面。我们可以直观地感觉到，虽然她爱她的母亲，但同时她也害怕克拉拉的强势和咄咄逼人。

某种程度上，克拉拉阻碍了阿加莎的成长，不让她成为一个真正的成年人。阿加莎如今已经长大，结婚，有着克拉拉无法想象的丰富护理经验。然而，克拉拉仍在原地，过着与过去二十五年几乎相同的生活。

和斯泰尔斯一样，阿什菲尔德也成了一个停滞不前的地方。在小说中，阿加莎给母爱套上了更加黑暗的滤镜。她说，那是"一种浓烈而危险的爱"。[8]

还有一些根源于英国近现代历史的原因，使得毒杀成为阿加莎职业推理作家生涯开端最完美的方式。

姨婆那代人认为，维多利亚时代的社会毒杀盛行。19世纪是一个比以往任何时候都更加重视家庭生活的时代，恰好，毒药是一种只能在家庭中使用的武器，它必须由医生、女佣，或信任的家庭成员来管理。

当工业革命将英国人的生活从农村带到城市时，侦探小说这一类型开始兴起。生活水平的提高固然是一件"好事"，但是，维多利亚时代的人们在与自然的搏斗中暂时获得了喘息机会后，他们也有了空闲去思考新的问题。他们开始有了全新的、现代的恐惧和焦虑。一个19世纪的人不用再像他的格鲁吉亚祖先那样担心饥荒或疾病，但这也给其他无形的恐惧留下了空间。

曾经，你认识村子里的每一个人。而作为维多利亚时代的人，你更有可能生活在城镇中，隔壁住着陌生人。曾经，你会嫁给你父母介绍的人。而现在，你真的了解你的新婚丈夫吗？女仆呢？医生呢？犯罪小说这一崭新题材正是将这些恐惧从人们脑海深处提取出来，擦亮它们，并在最后告诉读者，有一个19世纪的发明会把这些恐惧给征服，这个发明就是虚构的侦探。凶手被捕，秩序恢复，不安的人又能在夜晚安睡了。

阿加莎决定像柯南·道尔一样，拥有一个属于自己的侦探，但她完全颠覆了福尔摩斯这个精心构思的英雄般的形象。

留着滑稽的小胡子、有鸡蛋一样脑袋的赫尔克里·波洛，在《斯泰尔斯庄园奇案》中首次登场，如果你低估他这样的侦探，那就危险了。阿加莎选择比利时作为他的国籍，是受到了难民的启发，战时的托基，这些难民越来越多。

那时，超过100万比利时人逃离了这个饱受战争蹂躏的国家，正如英国诗人鲁珀特·布鲁克所说："平均每个士兵要杀三个平民。"他描述了他所看到的逃离安特卫普的人，他们把物品放在婴儿车里，"排成两排，队伍长得看不到尽头，老先生们大多在哭泣，女人则脸色苍白"。[9] 他们中的25万人来到了英国。

赫尔克里·波洛被塑造成一个外国人，同时也是一个难民，在当时那个人人都对士兵和英雄愈感厌倦的时代，阿加莎创造了一个完美的侦探形象。他看上去实在太不起眼了，没人指望波洛能抢什么风头。

波洛就像刻板印象中的女性一样，不能依靠肌肉来解决问题，因为他没有，他必须用脑力来代替。"不需要体力，"他解释道，"人们只需要——思考。"(10) 他的名字里甚至还包含着一个嘲讽：赫拉克勒斯（Hercules）①。当然，赫拉克勒斯是一个肌肉发达的古典英雄，但"赫尔克里"（Hercule）·波洛的名字和他自己一样——不起眼、挑剔、滑稽。

阿加莎会让波洛以一种和福尔摩斯不同的方式破案。在福尔摩斯第一次出场的小说《血字的研究》中，这位伟大的侦探趴在地板上，收集"一小撮灰尘"。(11) 那是雪茄烟灰，他对不同种类的雪茄所产生的烟灰了如指掌，因此他可以推断出凶手抽的是哪种牌子的雪茄。

阿加莎在波洛的早期故事中故意模仿了这一场景，与福尔摩斯不同的是，波洛断然拒绝躺下来检查犯罪现场——草地是湿的！——而且"我又分不清烟灰的品种，为什么要把它捡起来"。(12) 波洛不会弯腰去"搜集线索"，他只需要动动那些灰色脑细胞。

头脑聪明，身体笨拙，有出乎意料的才能，这样的波洛受到了很多人的喜爱。对于那些自己本身也有点古怪的读者来说，他可以说是深受爱戴。就像夏洛克·福尔摩斯一样，他是个怪人，独来独往。然而，与福尔摩斯对生活倦怠、沉迷毒瘾不同，波洛对自己相当满意。他有生活的乐趣，你可以想象他是"酷儿女性"的荣誉成员。

虽然阿加莎允许他在第一次神秘案件中施展自己的才能，但她没有想过，接下去的六十年，她将一直与波洛生活在一起。

---

① 希腊神话中的大力神。

第十二章　莫兰德酒店

不在医院的那些日子里，阿加莎继续写她的书。她每一章都是先手写好，然后再在打字机上打出来。打字的时候，她每只手只用三根手指，她还自豪地说笑道："大多数业余的打字员只能用两根。"(1)

即便如此，写到一半的时候，她还是失去了动力。"我很累，"阿加莎回忆道，"也很生气。"

克拉拉建议她去达特穆尔①度个假，专心完成这个故事。阿加莎出发了，先坐火车，然后换乘长途汽车。她在偏远的莫兰德酒店住了两个星期，独自一人，但并不孤独，因为她忙着写作。这家旅馆宣传自己是"完美的疗养胜地"。(2)对于一个二十五岁的人来说，独自去疗养胜地并不是一个常见的度假选择，但阿加莎却很自在："我开始写作的原因……是为了避免和人说话。"(3)

直到今天，这座灰石建造的旅馆仍然矗立在荒芜的高地边上：从这个迷人的地方穿过绿色的沼地，也许只需步行半小时，就能抵达海托尔岩。同一年，也就是1916年，阿加莎的导师伊登·菲尔波茨用华丽的文笔描绘了当时的风景："荒野在一片冷峻的山峰间露出了头，又在高耸的山丘间跃出地平线。"但阿加莎却对这一切视而不见，她每天早上埋头写作，下午散步时，构思下一个情节。

---

①德文郡中部地区。柯南·道尔《巴斯克维尔的猎犬》的故事就发生在达特穆尔。

就这样，故事慢慢地展开了。

阿加莎后来声称，她的成功几乎是偶然事件。她写道："我个人没有野心。"但这是爱德华时代淑女的说话之道，她的行为可不像她声称的那样。我们发现，她在莫兰德酒店非常认真地对待自己。像这样拼尽全力的写作，在她的一生中会时常发生。对她来说，这些都是印象深刻、感受强烈的时光，在这段日子里，她感觉自己被上帝眷顾。

阿加莎最终决定，小说最适合的字数大概在 6 万词左右，风格还有待调整。这本书比传统的小说要长，有 7.4 万词，而且线索很密集。

纵使阿加莎如隐退般全身心投入写作，这本书也没有完全完成。一开始，故事结束于法庭，波洛站在证人席上向大家解释真相。问题是，法庭根本不允许证人做这种事情。阿加莎后来学会了向专业人士咨询："你向任何一个律师咨询，他都会饱含热泪地告诉你，哪些事能做，哪些事不能做。"[5]最终，在出版商的建议下，结局被改写，阿加莎第一次创造出著名的"客厅场景"，在那里，所有谜团都被揭开。

阿加莎在莫兰德酒店勤勉写作的过程中，有哪些曲折的趣事呢？在这本书中，我会时不时带你去到幕后，展示一些典型的"阿加莎式诡计"。

一个经典的"阿加莎式诡计"——《斯泰尔斯庄园奇案》中就一个很好的例子——就是在众目睽睽之下隐藏某物。波洛是个有洁癖的人，他注意到壁炉架上的东西摆放得不整齐，这是因为凶手把一份关键文件卷成一团后烧掉，然后笨拙地把它放在壁炉上的一个罐子里。这种线索的设置是很可爱的，这也是阿加莎对她沿袭流派的致敬。事实上，这个桥段出自她最喜欢的侦探小说之一——《利文沃兹案》(1878年),安娜·凯瑟琳·格林笔下的侦探发现一封重要信件"被纵向撕成条,然后卷在一起烧掉"。格林本人也在多年作家生涯中,一直对埃德加·爱伦·坡的观点表达致敬:"隐藏一份文件的最好方法,是改变它的样子,然后放在所有人的眼皮子底下。"(6)

《斯泰尔斯庄园奇案》中还包含另一个了不起的"阿加莎式诡计"——"隐蔽的情侣"。两个人看起来都不喜欢对方,所有人都不知道,富有的英格尔索普太太的丈夫和她的女伴伊芙琳,实际上是一对暗中勾结谋杀的通奸者。

我们没有发现他们的关系,是因为我们的叙述者黑斯廷斯,读者通过他的视角观察他们,发现他们在性方面是如此的缺乏吸引力,以至于根本无法想象他们身上有情爱关系。他看着穿着粗花呢衣服、精力充沛的伊芙琳,"身材魁梧的躯体,和身材很适合的大脚",他看到的是一个几乎没有女人味的人。而谈到伊芙琳的同谋者阿尔弗雷德·英格尔索普时,阿加莎把他塑造得既不吸引人,又形迹可疑,这再一次欺骗了我们。她甚至还给他加上了那种在20世纪初明显可疑的标志:络腮胡。我们会想,不,这太简单了,凶手不可能是他。(7)

《斯泰尔斯庄园奇案》里,不仅仅是阿尔弗雷德和伊芙琳有所隐瞒,实际上,其他所有人物都或多或少在伪装自己。阿加莎对此非常熟悉,毕竟,她也假装结婚,假装医院的工作并不可怕。在她的作品中,有那么多犯下谋杀罪的凶手,同样试图伪装成普通人。

最终,《斯泰尔斯庄园奇案》完成了,至少,在阿加莎力所能及的范围内完成了。"我知道它还可以更好。"她写道,"但我不知道我该怎么做,所以我不得不让它就这样吧。"

她把稿件打出来,寄给了霍德和斯托顿出版公司,但被拒稿了——"直截了当的拒绝，不带丝毫委婉"。

这似乎就是故事的结局。阿加莎也尝试投过其他出版商，同样以失败告终，而接下来，阿加莎要处理另外的事情了。这件事情，比起为了娱乐而写作、碰运气般投稿，要重要得多。

阿奇从战场上回来了，真正的生活开始了。

第四部分

年轻的新秀作家
（20世纪20年代）

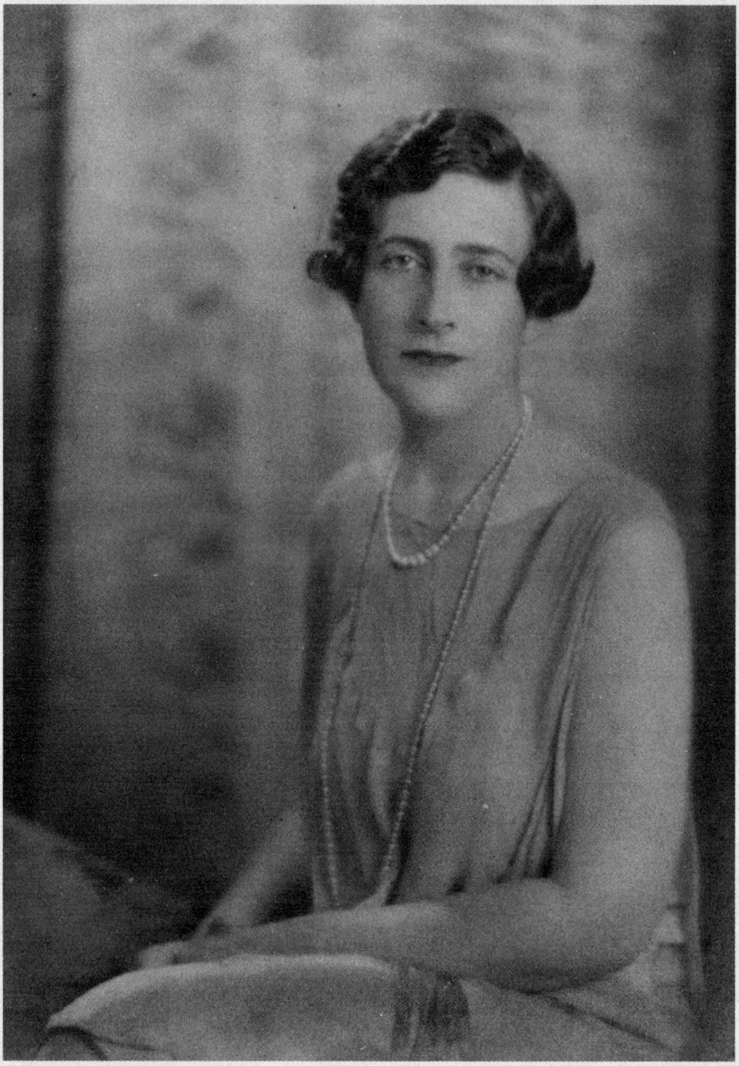

第十三章　迁居伦敦

1918 年，随着战争临近结束，阿奇被调回伦敦。他将在科文特花园新成立的空军部中，为皇家空军提供技术性建议。他在新闻报道中被提及了五次，《伦敦公报》不久就宣布，克里斯蒂中尉将被授予杰出服务勋章。他以英雄的身份凯旋。

1918 年 9 月，阿加莎来到伦敦与他团聚。虽然结婚快四年了，但他们从来没有住在一起过。实际上，这是阿加莎作为妻子生活的开始。

他们的第一个家在圣约翰伍德，是一幢房子里的其中两居室，算是廉价公寓。诺思威克街五号已经不复存在，它最初是一个住了一家十三口人的大房子，直到 1918 年被拆分。阿加莎和阿奇的那部分公寓，家具相当简陋，还有一位伍兹夫人，她住在地下室，帮这对年轻夫妇做事。

阿加莎开始学习打字和记账。克里斯蒂家的经济状况很不稳定，她可能得赚些钱。但是她却对家庭主妇的身份抱以更大的热情。

随着第一次世界大战临近尾声，大多数英国人希望回到往昔，让女性从职场回归家庭。但是，每个人都不得不重新设想，梦想中的家应该是什么样子。[1]《泰晤士报》甚至刊登了"家务技能"培训课程的广告，对象是像阿加莎这样还没有机会与丈夫生活在一起的已婚女性。[2] 现在，阿加莎的首要任务是如劳合·乔治[1]向返乡士兵承诺的那样，让阿奇住在"适合英雄居住"的房子里。毕竟，她和阿奇都是幸运的，那一代人中，有30%的男性失去了生命。

事实证明，阿加莎喜欢做家务。首先，她在伦敦没什么朋友，这能打发她的时间。当时住房紧张，她花了很多精力来寻找房子和布置家具，以及为他们之后在伦敦的两套公寓做打算。对此，她在自传中写了很多，我们可以读到她的诸多麻烦事——床板凹凸不平，被鱼贩子欺骗。看起来，经营一套两居室公寓，和经营阿什菲尔德一样辛苦，尽管她不仅有伍兹夫人帮忙，还有阿奇的前勤务兵巴特利特的帮助。

阿加莎并不是唯一一个努力重建爱德华时代青年人舒适生活的中产阶级妇女。然而，阿加莎最吸引人的地方之一，就是她很务实。她会坚持不懈地完成任务，直到完全掌控。她甚至幻想自己也能成为一名客厅女佣："我相信我足以胜任。"不过她可能会发现这比预想要难，因为家里那些真正需要付出劳动的事情，在中产阶级的人眼里，实际上是看不见的。但阿加莎和她的许多同阶层的人不一样，至少，她还会去设想这种可能性。她幻想中的仆人生活展现在难以应付的露西·爱斯伯罗身上，在《命案目睹记》中，她既是仆人，又参与侦破工作。

值得注意的是，阿加莎的新生活缺少了阿什菲尔德的关键角色：住家厨师。战争期间，即使是有钱人也不得不习惯没有食物的生活，因此人们对烹饪的重视程度开始发生转变。

在她的小厨房里，阿加莎开始尝试自己做饭，从简单的好东西做起——例如奶酪蛋奶酥——而其余的菜肴仍由伍兹夫人负责。历

---

[1] 第三十六任英国首相，领导英国取得第一次世界大战的胜利。

史学家尼古拉·汉博解释说,"烹饪现在被视为一种上流社会的休闲活动",一种"太有趣了,即使有仆人,也不能留给她们做"的活动。就连以不切实际著称的弗吉尼亚·伍尔夫①也上过烹饪课,在这门课上,她成功地把结婚戒指落在了板油布丁里。(4)

克里斯蒂家面临的下一个剧变是 11 月的停战协定。阿加莎认为伦敦人沉溺于"一种野蛮的狂欢,一种近乎狂热的享受",喝酒跳舞让人迷失了方向。另一位女性伊丽莎白·普伦基特也同样觉得停战协定后很奇怪。"我们似乎失去了所有感情,什么也感觉不到。我们重启生活,试图从头开始……但坐在桌旁,我看到一桌子人都是迷茫的表情。"(5)

当阿奇突然透露,他打算辞掉他在英国皇家空军的稳定工作时,阿加莎的迷失感更加强烈了。阿奇想在城里找一份高薪工作,但在此之前,他什么都没透露,直到他下定决心。这个意外的宣布让阿加莎目瞪口呆。就像第一支舞之后,阿奇不顾一切地追求她一样,现在他又显露出杀伐果决、近乎冷酷无情的生活态度。

伦敦的许多公司都热衷于帮助退伍的年轻军官,阿奇很快就找到了一份工作。那是一家金融服务公司,名为帝国与对外投资公司。他的老板是犹太人,阿加莎和阿奇私下谈到他时,都按照 20 世纪 20 年代英国那令人讨厌的习惯,叫他"胖子"或"犹太佬"。"戈尔茨坦先生",阿加莎表面上是这样称呼他的,并没有费心去了解他的全名,但他开的工资很慷慨。

克里斯蒂夫妇的年收入包括阿奇 50 英镑的军队退休金、50 英镑的个人投资、阿加莎继承的 100 英镑,以及阿奇现在 500 英镑的工资。一年总共 700 英镑的收入,是高级铁路职员或中年公务员收

---

① 英国女作家,代表作《到灯塔去》《一间只属于自己的房间》。

入的两倍。即便如此,这对年轻夫妇还是觉得手头拮据。所有人都有这种感觉。拿衣服举例,1920年的价格,是1914年的三倍。⁽⁶⁾

乔治·奥威尔①在描写20世纪20年代的英国时,认为如果想过得像个"绅士",一年需要1000英镑。如果想要靠每年400英镑过上上流生活——

> 这是一件奇怪的事情,因为这意味着你的绅士风度几乎纯粹是理论上的。可以说,你同时生活在两个层面上。理论上,你对仆人了如指掌,也知道如何给他们小费,但实际上,你最多只有两个固定的仆人。理论上,你知道怎么穿衣服,也知道怎么点餐,但实际上,你从来没钱去像样的裁缝店或像样的餐馆。⁽⁷⁾

阿加莎和阿奇在社会上的地位,略高于这一"奇怪"的水平,这迫使他们不得不花心思装门面。当阿加莎小说中的角色这样做时,她凭借个人经验就可以写出很到位的描述。

1918年12月举行了选举,这次选举中,有一批被选中的女性第一次获得投票权。人们通常认为,这是为了感谢女性在战争期间所做的工作。但即使是像阿加莎这样在战争中参与工作的人,也被排除在投票权之外。她不符合标准:没满三十岁,不是房主,也不是大学毕业。事实上,扩大选举权与感激无关。相反,正如历史学家珍妮特·豪沃思解释的那样,这代表着公民权利的进步。如果说女性为战争做出了贡献,那么首先,她们的身份是公民。公民身份,取代了成年男子身份,开始被视为投票的理由。⁽⁸⁾但不能让太多女

---

① 英国小说家、记者、社会评论员,代表作《动物农场》《一九八四》。

性同时被承认公民身份，否则——太可怕了！——她们的人数会超过男性选民。

这样做的结果是，阿加莎似乎当不了完整意义上的公民。流于表面的政治活动和政治家们，并不能给她提供什么。工党忽视了像阿加莎这样的女性，实际上，他们只对工作中的男性感兴趣，甚至就连拥有更多女性议员的保守党也是如此。(9) 所有这些都有助于解释，为什么阿加莎终身都与政治保持距离，尽管保守党是她的天然党派。

但伦敦的生活还是很精彩。阿奇和阿加莎不仅是夫妻，还是伙伴，他们都想旅游和玩耍，他们想要孩子，但也不是非要不可。"婚姻生活对他们来说是一场游戏，"阿加莎在一本自传体小说中这样描述另一对年轻夫妇，"他们玩得很开心。"(10)

20世纪20年代就在眼前，然而，人们对于未来十年的乐观想象中，往往会忽略战争留下的阴影。比如，在20世纪20年代，自杀人数会大幅上升。与此同时——阿加莎经常写到这一点——一部分人不再去教堂，转而用通灵术来联系1914至1918年间失去的亲人。(11)

既然战争结束了，克里斯蒂一家肯定过得很开心吧？可有时候，这似乎出奇地难。尽管尽了自己最大的努力，但是阿加莎做出来的菜肴还是被阿奇嫌弃，他认为肉"索然无味"，蛋奶酥难以消化，甚至影响了他的胃。阿奇患有"神经性消化不良"，也就是找不到具体原因的消化不良。阿加莎说，很多晚上他"根本吃不下任何东西"。她这样形容自己的新生活："有点孤独。"

然而，从阿加莎自传中勇敢的口吻可以看出，她正努力让自己快乐。很快，就又多了一个理由，让人们认为阿加莎的婚姻是极其成功的。

第十四章　罗莎琳德

克里斯蒂一家去托基看望克拉拉时,阿加莎因"肚子痛"病倒了,她花了一段时间才明白这意味着什么。但当意识到这是怀孕的时候,她非常激动。

阿加莎一直想要孩子,她最大的愿望就是"被婴儿包围"。(1)她认为这是命中注定的事,就像波洛说的那样:"大部分女人都是这样,结婚,生子。一百个——甚至一千个女人里,也只有一个,能拥有自己的名声和地位。"(2)

但阿加莎对妊娠期间持续不断的孕吐毫无准备,她被随之而来的严峻考验吓坏了,她知道自己可能会死。在那个时代,女人死于分娩这种事司空见惯。

阿奇的反应也和其他人不同。阿加莎形容他"意外地体贴",因为她知道,阿奇自己十分清楚病痛的折磨。到了预产期,阿加莎回到阿什菲尔德,在一位专业护士的帮助下生下了孩子,当然,还有克拉拉的帮助。

在阿加莎最具自传性的小说中,即使在婚后,女主角依然对母亲的感情最为强烈。她最开心的事是回到童年的家。

她喜欢那种回到往日时光的感觉,幸福就像潮水一般紧紧包裹着她——这是被爱的感觉——满足的感觉。(3)

阿奇也来到了阿什菲尔德,但克拉拉和专业护士妥善安排了一切。1919年8月5日,当女儿罗莎琳德终于出生时,阿加莎的第一反应并非如别的母亲一样喜悦,而是如释重负:"我再也不觉得难受了,太棒了!"

从一开始,阿加莎就不认为罗莎琳德是自己的延伸,而是一个独立的人。对她来说,这个新生儿已经有了个性:"既快乐又坚定"。在克拉拉眼中,女儿阿加莎是世界上最重要的,可阿加莎不一样,她远远地,用尊重的视角观察她的女儿。她永远不会用传统的眼光,来看待母亲这个身份。

姨婆没有亲眼看到阿加莎的孩子出生,因为三个月前,她刚刚去世。12月,阿加莎的外祖母波莉也离开人世,这一年在变化中结束了。随着新一代的到来,老一辈的人逐渐凋零,只留下克拉拉作为支柱仍维系着家庭。克拉拉是阿加莎可以依靠的人,在孩子出生后不久,阿加莎就把孩子留给她照顾,自己则离开了阿什菲尔德。护士也被多留了两个星期,这样,阿加莎就可以去伦敦了。

要离开一个才生下来几天的婴儿,以今天亲密育儿法①的角度来看,这个决定似乎很奇怪。但对当时的人来说,这很正常。不过,阿加莎和阿奇都被自己为人父母的新角色给吓到了,"有些害怕且相当紧张,如同两个被大人遗忘的孩子"。

在她的自传中,阿加莎对罗莎琳德的出生情况没写几笔,倒在雇用护士这件事上花了更多笔墨。但在她的自传体小说中,她描述了女主角在接受新身份时遇到的困境,她"现在绝对是在扮演一个年轻母亲的角色,她一点也不觉得自己像个妻子或母亲。她觉得自己像一个在兴奋又累人的派对后回到家的小女孩"。[4]

在她的小说中,阿加莎甚至深入探讨了母亲怨恨、厌恶或伤害

---

① "亲密育儿法"(Attachment Parenting),是美国医学博士威廉·希尔斯提出的,提倡通过母乳喂养、和宝宝同睡等方式让父母和幼儿及早建立亲密关系。

子女的可能性。"很多母亲都不喜欢自己的孩子。"她在《魔手》中写道。⁽⁵⁾

并不是阿加莎不喜欢孩子,她只是觉得,没有必要用在社会上更被认同的方式去宠爱他们。有一位阿加莎认识的音乐家放弃了演奏事业,优先考虑当一个母亲,她说:"我不介意——我觉得孩子更有趣。"阿加莎觉得这"不可思议"。⁽⁶⁾

她这么着急赶回伦敦的目的,是要找一套大一点的公寓、一个住家护士和一个女佣。阿奇的工资不够他经常置换新衣服,但即便如此,他们也认为需要这两个工作人员,他们是"那个时代的生活必需品"。

他们最终和罗莎琳德定居的新公寓位于艾迪生大厦,这是一栋巨大的六层红砖建筑,建于19世纪80年代,靠近奥林匹亚展览馆。阿加莎选择了希尔家的家具,阿奇在外工作,家里有女仆露西和护士杰西,这样一家人就算整整齐齐了。"我们从未有过这么快乐的时光。"阿加莎写道。

但这也是一个权力关系变化的时期,阿加莎很享受阿奇给她的家庭自主权,但她现在必须得学会管理员工。她被许多习惯了服务奢华家庭的保姆拒绝过,就连马普尔小姐身上,也有那种让自由主义者感到不舒服的说话方式。"那是一种命令式的口吻,这些人的工作就是发号施令。"⁽⁷⁾而阿加莎这一代人,却越来越不善于发号施令。

于是,我们遇到了一个棘手的问题,仆人的服务究竟在阿加莎的生活和小说中意味着什么。在20世纪20年代,阿加莎和她同为"雇主"的这类人们一直在努力寻求答案。再也没有人真正清楚何为仆人:他们的地位变得模糊。"亲爱的老多卡丝!"在《斯泰尔斯庄园奇案》中,粗枝大叶的黑斯廷斯这样想道,"她是那种快要消失的老式仆人的绝佳标本。"这经常被当作一个阶级盲区的例子来引用。当然,阿加莎笔下的人物不一定是她自己观点的传声筒,黑斯廷斯并没有真正"看到"多卡丝,阿加莎只是通过黑斯廷斯有限的视野来故意隐藏她。

然而,这个借口在阿加莎的自传中并不成立,在自传中,她的员工被当成台上的演员,他们令人恼火的怪癖被一一罗列,供读者消遣。雇主们太容易陷入一种受害者的感觉,有一篇1920年的文章展现了他们的抱怨:"不情不愿的服务,糟糕的表现,过高的工资要求,做不到整洁有序和时刻保持仪表,因为担心'女主人随时会下命令'而战战兢兢。这太不应该了。"(8) 阿加莎对用人的焦虑完全是中产阶级的典型表现。这在今天看来很不合理,但对像她这样的女性来说,这些都是至关重要的问题。

当阿奇下班回家,刚开始他还很高兴能和女儿、妻子一起度过这个夜晚,但他已经习惯了在军队服役时的兴奋和友情。渐渐地,他开始渴望家庭以外的生活,并开始在周末打高尔夫球。像阿奇这样的人,用西格夫里·萨松①的话说,"除了战友,其他人永远都是不一样的。"(9) 1920年的一位记者试图总结这一代人,他写道:"出了一些问题……在他们身上发生了某种变化。他们的情绪、脾气都很古怪,陷入抑郁和渴望快乐会交替出现。"(10)

阿奇"从来没有提起过战争",阿加莎告诉我们,"他当时唯一的想法就是忘记这些事情。"她对他的描述是"冷淡",会"情绪没有起伏地"接受一切。在她最具自传性质的小说中,阿奇对应的角色德莫特也是如此:"当他打破矜持,说了些什么时",他的妻子"会把这当作宝贵的回忆珍藏起来。很显然,对他来说,这是很艰难

---

① 英国近代著名的反战诗人、小说家。

的"。[11]

"没有道理啊。"阿加莎写道,"我们为什么不能从此幸福地生活在艾迪生大厦呢?"但其实有一个原因——一个很大的原因——就在她的房间里。

"我倒是希望,"阿奇说,"可以有些变化。"

第十五章　英国任务

变化确实来了,以一种意想不到的方式。

1919年,阿加莎生下罗莎琳德后不久,即将迎来二十九岁生日时,她收到了一封信。令她吃惊的是,信是著名出版商约翰·莱恩寄来的,他们邀请她到办公室一叙。

阿加莎已经放弃了成为小说家的希望,在《斯泰尔斯庄园奇案》被不下六家出版商拒绝之后,她几乎已把它忘了。她的生活已经发生了改变,人生道路变窄到只能做妻子和母亲。她接受了,她从未当过女主角,也从未成为童年幻想中的阿加莎夫人,而她的年纪越来越大了。"让女主角年轻一点,"伊登·菲尔波茨曾建议她,"三十一岁太老了——你不觉得吗?"(1)

但现在,她收到了这份意想不到的冒险邀请函。莱恩先生邀请她去办公室,肯定不会只是为了拒绝她吧?阿加莎满怀兴奋,出发去一探究竟。

和阿加莎一样,莱恩也出生在德文郡,现年六十五岁,当他坐在凌乱的办公室里等她的时候,他看起来"像一个老派的海军船长,留着灰色的小胡子,蓝眼睛闪闪发光"。(2)莱恩对新鲜、便宜、引人注目的作者有敏锐的嗅觉,通过这群新人作家,他建立了自己的出版公司"博德利·黑德"。(3)

"阿加莎,"莱恩揣摩着这位潜在的新作家,"这是一个不寻常的名字,它会留在人们的记忆中。"他清楚,在和克里斯蒂夫人合作时,他处于强势的一方。他委托了一些专业读者来审阅手稿,其中一位表示,《斯泰尔斯庄园奇案》"很可能会畅销,故事很吸引读者"。另一位读者则认为,虽然作者的性别没有被透露,但字里行间"让我怀疑出自女性之手"。[4]不过两位读者都认为,结尾的审判场景很不真实,需要修改。

约翰·莱恩敏锐地注意到了这一点,同时也察觉到阿加莎缺乏经验,他决定利用这种情况为自己谋利。他让阿加莎坐下来,跟她谈了一番改写的必要性,以及在一个新人作家身上,他可能赚不到多少钱。

但他其实根本没必要准备谈判策略。阿加莎相当激动,当莱恩从办公桌上拿出一份合同时,她甚至都没有认真地去看。"他会出版我的书……我什么都愿意签。"

她以一种业余的方式,开始接触这份日后将成为终身事业的工作。作为弗吉尼亚·伍尔夫所描述的"知识分子的女儿"之一,阿加莎属于社会上最不需要考虑金钱的群体。而一旦签了这份合同,她将进入一个更加动荡的世界。在侦探小说黄金时代四位最重要的女作家中——另外三位分别是多萝西·L. 塞耶斯、玛格丽·艾林翰和奈欧·马许——她是唯一一个在婚内生下孩子的人。阿加莎热情而盲目地迈出了第一步,没有意识到这一步会通向何方。

如果阿加莎有经纪人的话,一定会劝她不要签约,莱恩的合同让这位缺乏经验的作者只能拿到微乎其微的版税。此外,他还半哄半骗地和她讨论下一部作品,但是,需要再签署一份限制性的五本书打包协议。

即便如此,阿奇还是带阿加莎去了汉默史密斯宫庆祝,那个地方可以同时容纳6000名舞者。没有比茶更浓的饮料,但生活本身就令人陶醉,阿加莎的作品即将正式出版。当《斯泰尔斯庄园奇案》问世的时候,它取得了巨大的成功。

与此同时,阿加莎开始着手写后续的作品。(5)很明显,在第一次尝到成功的甜头后,艾迪生大厦里住着的这两个人,对生活已经不像以前那么满足了。在20世纪20年代的另一本书中,阿加莎描述了那些乏味的女人,她们一谈就是几个小时,话题仅限"她们自己和她们的孩子,以及如何买到好牛奶……她们太傻了"。(6)而这个时候,她却在享受工作。在一次报纸采访中,她明确表示了自己优先考虑的事情,她说,关于构思犯罪小说,"就连我两岁的女儿也不能让我打消念头。一旦你能想出好的诡计,就很难戒掉了,我知道我永远戒不掉"。(7)

那次采访淡化了她母亲的角色,强调了她作家的身份,意义重大。能接受采访,就意味着她正在成为一个公众人物。20世纪20年代,出现了一种类似当代名人文化的东西,人们会在和名人有关的小说和报纸中寻找消遣。(8)阿加莎和媒体形成了一种默契,结果很美好,但也很可怕。

阿奇为他聪明的妻子感到骄傲,也对她挣到的钱很感兴趣,但人们总是会不禁揣测,阿加莎的意外成功会让他感到不舒服。不过很快,他就获得了一个特别的机会来扭转现状。

为了促进贸易和展示大英帝国的产品,英国计划于1924年在温布利举行一场大型展览。当英国人开始考虑对印度等地退出殖民统治时,他们也正在寻找新的方式来保持国家的活力——就比如这个展览。这个项目的负责人是阿奇所在学校的一位老师,欧内斯特·贝尔彻少校,他将率领一个代表团周游世界,为展览争取支持。他邀请阿奇作为财务官与他同行。

贝尔彻少校未婚,信奉利己主义,他比阿奇和阿加莎大二十岁左右,是个略带喜剧色彩的人物。战争期间,他曾负责全国的马铃薯供应。阿加莎对他的成就嗤之以鼻。"我们从来没有吃到过。"谈到马铃薯时,她这样说道,"也许正是由于贝尔彻的管控才导致马铃薯短缺,是不是这样我不清楚,但如果是真的,我一点都不会惊讶。"

但首先,贝尔彻似乎并无恶意,所以克里斯蒂夫妇决定,不仅阿奇要接下这份工作,阿加莎也应该跟着去,而罗莎琳德则留下来由玛吉照料。这是有风险的,因为阿奇将不得不辞掉他的工作。然而,这个机会又令人无法抗拒,环游世界就像古代贵族的盛大游行,并且价格还便宜。这次旅程是一战后井喷式旅游热潮的一部分,因为许多海军舰艇会被改造成远洋客轮。阿加莎现在要去的地方,在英国中产阶级看来,与其说是工作,不如说是度假。(9) 阿加莎一直都喜欢旅行。"你的旅行生活,"她写道,"本质上有梦想的成分……你还是你,但又是一个截然不同的你。"阿奇也不喜欢那个生活在艾迪生大厦的男人,也许在海上,他会找到一个更满意的自己。

代表团从伦敦出发的那天,正是阿加莎的第二本书《暗藏杀机》出版的日子。人们十分看重这次启程,《泰晤士报》专门刊登了一张照片,照片上阿加莎被鲜花围绕,就像明星一样。但那时她还是个新人作家,报道标题把她误写成是代表团农业顾问——一位名叫 F. 希亚姆的马铃薯大亨——的女儿。(10)

他们途经马德拉群岛,到达南非,然后再去往澳大利亚和新西兰。阿加莎和阿奇下一步的计划是在去加拿大之前,先去夏威夷度个假,他们是沿着威尔士亲王的足迹规划路线的。几年前,威尔士亲王进行了一次类似的环球旅行,目的是参观殖民地,但贝尔彻的目的似乎没人清楚,即便是使团中最核心的成员也不知道。在旅行途中,阿加莎曾写信回家:"我们让船长每晚都和我们坐在一起喝

'庆功酒'，他确实也这么做了，还喃喃自语：'但我仍然不确定这次的任务是什么，好像和传教没关系。'"[11]

他们去南非时坐的船叫基尔多南堡号，在阿加莎的小说《褐衣男子》中，当女主角前往同一个国家时，这艘大船就变成了基尔默登堡号。[12] 在阿加莎的余生中，她所经历的一切都会复制到作品中。在南非时，她主要和英国侨民待在一起，当她打量他们时，发现到处都可以找到讽刺、可笑和吐槽的东西。甚至菠萝的种植也很有趣：她原以为菠萝会优雅地从树上长出来，可当发现它们像卷心菜一样种在地里时，她很失望。

阿加莎这一生在谈论大英帝国时，或多或少都会使用这种嘲弄的口吻。她并不会盲目鼓吹，只是觉得有趣，她会观察它，并且找到好玩的部分。

从照片上看，他们度过了一段美好的时光：阿加莎懒洋洋地靠在轮船的栏杆上；她在泳池里游泳，也在南非的海滩上拿着冲浪板摆造型——对于这个一直喜欢游泳的女孩来说，冲浪是一项全新的技能；她戴着珍珠项链和花瓣装饰的泳帽冲浪；她戴着花环，从一间隐藏在香蕉林中的平房中缓缓走出。

但逐渐，这项任务开始变得累人。就像一场迷你版的皇家之旅，贝尔彻和他的随从们会接见新朋友，参观水果农场。"漫长而疲惫的一天……接待市民、视察工厂、午餐和晚餐上的演讲等等。"贝尔彻暴露出自己是一个小暴君，随着时间的推移越来越不讨人喜欢。"这个野蛮人今天早上更糟糕了，"阿加莎记录道，"他在自己的房间里，漆黑得像个原始洞穴一样，吃着面包和牛奶，对着每个人咆哮。"[13]

这趟旅行还有另一个值得注意的遗憾：罗莎琳德不在身边，她被留给姨妈照顾。克拉拉完全支持阿加莎陪丈夫同行的决定，她担心男人独自在外会出轨："如果你不和丈夫在一起，离开他太久，那么你会失去他。"不过,玛吉把罗莎琳德和保姆带到自己家后,就没那么热情了。她指出,她们的兄弟刚从非洲回来,身体不适,需要姐妹们的帮助。但阿加莎还是选择了离开。

今天的心理学家可能会告诉你,离开一个两岁的孩子九个月之久,势必会让他陷入持续的被遗弃的恐惧中。然而,阿加莎想不同于克拉拉,她想给罗莎琳德成长的空间。阿加莎说:"任何一个孩子,都是神秘的陌生人。"这是她对自己育儿哲学最贴切的表态。"你将被允许在一段时间内照顾他,然后他会离开你,绽放出自由的生命。"对她来说,罗莎琳德仍然有些神秘,而阿奇则用一种更简单、更直接的方式去爱女儿,对他们两人来说,这样的方式很合适。"他们彼此了解,"阿加莎认为,"比罗莎琳德和我之间的关系要好多了。"

即便如此,阿加莎还是感到很矛盾。"我很想念你,我的宝贝。"她在写给罗莎琳德的信中写道。当她向克拉拉坦白的时候,她又感到很内疚:"在外面独自玩耍,让我感觉很糟糕。"[14]

同样让她感到愧疚的情况还有当罗莎琳德打扰她写作时,保姆大声喝止道:"我们不能打扰妈妈,是不是,亲爱的?"阿加莎会非常直率地表达不满:"你要么和罗莎琳德交谈,陪她玩,要么看着她,让她和适合的人一起玩。"

阿加莎试图把内疚先放在一边,因为旅程中的假期开始了:他们在火奴鲁鲁度过了幸福的、没有贝尔彻的一整个月。冲浪太好玩了,"它是我知道的最完美的享受之一。"但巨浪也很危险,此外,阿奇和阿加莎还都被太阳晒伤了。

在旅程的尾声——加拿大,所有乐趣完全消失了。他们的钱已经花完,阿加莎发现晚餐只能吃肉汤,阿奇得了鼻窦炎,阿加莎的肩膀开始发神经炎,可能是冲浪引起的,她"盼望着回家"。[15] 终于，在离开九个月后，他们登上了返航的船。两年后，世博会吸引了 2700 万游客，并留下了温布利球场这份永久的遗产。

阿加莎不在英国的时候，一些寄给她的剪报让她相信，她的第二本书《暗藏杀机》同样会取得成功，收入来自诸如售出了瑞典版权这样的事情。1922 年秋天，阿加莎还没到家，她的第三本书《高尔夫球场命案》的连载计划就已经开始了。

现在，阿加莎已经有三本书了，她回想起和约翰·莱恩的第一次见面，当时的她兴奋、激动，心情复杂。

他用那双"精明的蓝眼睛"仔细打量她，他的目光也许是一种警告，"他是那种很会讨价还价的人"。莱恩不知道，当博德利·黑德最炙手可热的新作者返回伦敦时，她正计划着逃离他。

第十六章　冒险小说

尽管阿加莎·克里斯蒂似乎是最英式的作家，但从一开始，她就在国际上取得了成功。例如，《斯泰尔斯庄园奇案》最早于1920年10月在美国出版，甚至早于英国。

原因是在英国，这个故事最初在《泰晤士报》上连载，虽然是报纸的每周特别版，但主要读者是外国人。连载总共花了五个月时间，这意味着这部小说直到1921年1月21日，才以单行本的形式发行。在成为小说家之前，阿加莎是一位杂志作家。

她也是一个比别人想象中要更多才多艺的作家，除了犯罪题材，她还会写其他类型的作品，但她侦探小说作者的生涯，一开始就非常顺利。尽管等待单行本的过程有点难熬，但《斯泰尔斯庄园奇案》是非常关键的一场胜仗。《星期日泰晤士报》认为这本书"设计精妙"，《时代周刊》盛赞它是"天才的作品"。[1]《泰晤士报文学增刊》只有一条意见："简直太有创意了。"阿加莎自豪地从报纸上剪下那篇评论，保存了下来。[2]

《药物科学杂志》发表了一篇有趣的评论，它赞扬阿加莎处理毒药的方式是"知识渊博的"。[3] 侦探小说正在形成一种公认的"规则"，其中包括作者必须和读者"公平竞争"，至少要给读者一个自己找出凶手的机会。"科学上未知的神秘毒药"被认为是不公平的诡计之一，而阿加莎在她的整个职业生涯中都很擅长避开这些。仅仅在一部她晚期的小说——《破镜谋杀案》中,她才使用了一种名为"卡尔莫"的虚构的巴比妥酸盐毒药。[4]

尽管《斯泰尔斯庄园奇案》广受好评,但是出版商从中赚到的钱要比作者多得多。时间一点点过去,阿加莎开始怀疑约翰·莱恩。她和他的侄子艾伦成了好朋友。"我经常突然问:'艾伦,我不是已经一年没有从你那里得到版税了?'"她回忆道。"你才发现吗?"艾伦这样回答。[5]

在她的自传中,阿加莎告诉我们,《斯泰尔斯庄园奇案》的收入非常低,她决定不再写任何东西。是什么改变了她的想法?是什么促使她决定写第二本书,从而奠定她的职业生涯,而不仅仅是一个幸运的业余爱好者?

她在自传中给出的官方解释是,阿什菲尔德的形势日益恶化。1919 年,当姨婆去世时,她那点微薄的收入也枯竭了。要维护那幢又大又旧的房子,成本越来越高,她必须卖掉它。

但阿加莎在阿什菲尔德和花园上投入了那么多心血,这样的未来让她心碎不已:"它——它——它意味着一切。"所以,她说,务实的阿奇想出了一个切实可行的解决方案。为什么不再写一本书,赚些钱来挽救她母亲的房子呢?

然而,这只有在童话中才可能发生,它符合旧时代的观念,一个女人为了在危急关头拯救家庭,会为钱而写作。可 1920 年发生的事情已经证明这是谬传,在《斯泰尔斯庄园》出版之前,阿加莎就写信给博德利·黑德出版社,告诉他们她已经"快完成第二部作品了"。[6]她渴望在事业上有所作为。

1922 年的一次采访中,阿加莎坚定地说,自己已经是一名职业作家。"编织犯罪故事太让人上瘾了,"她对记者说,"一旦你写过侦探小说……你就肯定会再写——因为读者都在期待!"她有"读者",有作品,会在压力的驱使下持续写作。[7]

观察阿加莎在20世纪20年代的出版记录,你会发现,很明显她不断成功的背后是有策略的。1921年至1931年,她写了十一本小说,其中只有五本是古典侦探小说,还有一本严肃小说,五本阿加莎所谓的"冒险小说",以及一本诗集。她尝试不同的题材,为了找出最畅销的那一种。"作家是商人,"她解释道,"做着公平的买卖……你必须服从市场规律。"

阿加莎定义自己是一个为市场写作的工匠,这使得她无法跻身两次世界大战期间的"伟大作家"之列,这份名单上有布鲁姆斯伯里团体①:艾略特、福斯特、乔伊斯、奥登、劳伦斯、奥威尔和伊夫林·沃等人。20世纪20年代,现代主义文学的先锋作家们对大众市场形式的文化,如报纸写作的逐渐流行感到不满。[8]为了捍卫"高雅文化",他们开始了著名的"眉毛之战"②。

1922年,T. S. 艾略特发表《荒原》,詹姆斯·乔伊斯发表《尤利西斯》,阿加莎·克里斯蒂发表了冒险小说《暗藏杀机》,这一年与往年没有任何不同,但现代主义文学已经悄然出现。"现代主义运动"一词,要在1927年9月的一本书中才会第一次出现。[9]

但现代主义到底是什么?在阿加莎1930年的作品《寓所谜案》中,一位叫伦纳德的角色认为自己知道,他略带嘲讽地说"没有大写字母"的诗,就是"现代主义的精髓"。[10]

本质上,现代主义是一种实验性的东西,不同于以往的文学类

---

① 布鲁姆斯伯里团体(the Bloomsbury group),是一个英国20世纪初号称"无限灵感,无限激情,无限才华"知识分子的小团体。成员有弗吉尼亚·伍尔夫、E. M. 福斯特等人。

② 英文中,高雅(highbrow)与庸俗(lowbrow)也可直译为"高眉毛""低眉毛",故称。

型，但它并没有受到大众欢迎。像阿加莎这样的作家，使用传统的叙事方式，几乎将自己定义为与知识分子截然相反的人，她大胆地声称自己是一个写通俗读物的人，甚至是"没有文化的人"。对于事业上的成功，阿加莎的反应是："只是低下眉毛而已！！"[11]

"眉毛之战"激起了作家们强烈的情绪，如果你想知道知识分子有多强烈地认为通俗文学是二流的、令人痛苦的商业产品，看看弗吉尼亚·伍尔夫怎么说吧。她写道："如果有任何男人、女人、狗、猫或半死的虫子敢叫我'通俗作家'，我就拿笔把他刺死。"[12] 这一尖锐言论出现在伍尔夫写给《新政治家》杂志编辑的一封信中。

然而，事情从来都不像表面上那么简单，这封著名的信实际上一直没有寄出。也许伍尔夫对自己偶尔为 *Vogue* 和《家政》撰稿有所顾忌，也许她对其他职业女作家由衷报以支持，总体而言，她们和阿加莎一样，都是通俗作家。正如文学史专家马洛拉·约安诺所说，这封信可能永远不会寄出去，因为伍尔夫太清楚"她自己立场的矛盾"。[13]

这个故事还有一个转折，如果通俗和现代主义实际上是一回事呢？有一个对现代主义更广泛的定义，说你也可以在其他作品中发现它，而那些作品不一定会像《尤利西斯》那样，用新事物来冲击你。于是，我们发现文学评论家艾莉森·莱特驳斥了"现代主义"必须"高雅"的观点，莱特认为，阿加莎·克里斯蒂实际上是一位不为人知的现代主义者。

这一点，在20世纪20年代被克里斯蒂称为"冒险小说"的书中表现得最为明显。这些小说不如她的侦探小说名气大，它们调皮、迷人、难以置信、节奏明快。他们用现代主义勾勒象征主义，用最浅显的笔触描绘人物和地点。

这些故事以阿加莎笔下的"汤米和塔彭丝系列"作为开端，一位退伍军人和一名护士，两人首次登场是在《暗藏杀机》中。阿加莎形容他们是"一对实际上很时髦的情侣"，虽然运气不佳，但对未来充满希望。这对勇敢的情侣最近刚从战场回来，因为穷困潦倒，他们决定成立一个调查机构。汤米是穷人版的夏洛克·福尔摩斯，连茶和面包都买不起，他和塔彭丝住在里昂一处偏远的房子里，两人分摊房租，这表明他们很乐意无视男士应该买单的规定。(14)聪明的年轻人在预算有限的情况下，渴望20世纪20年代的享乐主义：吃美国龙虾、纽伯格鸡肉和梅尔芭蜜桃①；对丽兹酒店的领班直呼其名；开全新的劳斯莱斯兜风。一个退伍军人娶了一个前战时护士，除了阿奇和阿加莎，你还能想到别人吗？

但在她的第一部冒险小说之后，阿加莎又回归了侦探小说创作，以《斯泰尔斯庄园奇案》和随后的一些短篇小说为基础，她在《高尔夫球场命案》中再次启用了波洛。不过，阿加莎已经看出来，黑斯廷斯这个角色变得有点无聊，于是她决定摆脱他："我可能会被波洛缠住，但没必要也被黑斯廷斯缠住。"

黑斯廷斯上尉之所以在今天的读者心中如此重要，是因为在20世纪八九十年代根据波洛系列改编的电视剧中，他的表现很亮眼。阿加莎发现自己很难想出黑斯廷斯亲历现场，并完整叙述一切的情节。(15)不管怎样，他都有点无趣。因此，阿加莎在《高尔夫球场命案》的结尾，让黑斯廷斯结婚，并把他送到了阿根廷生活。

博德利·黑德对阿加莎很满意，但她对他们就没那么满意了。随着20世纪20年代的推进，她开始对自己作品的价值有了清晰的认识。毕竟，她现在是明星了。1923年，一张有点谄媚的柔焦照片出现在《每日邮报》的图片版中央，她和罗莎琳德站在中心位，周

---

① 一种法国甜品。

围是一些没那么重要的人：一位女演员，一位贝里克郡的保守党女候选人，还有威尔士亲王。(16)

有时候阿奇会作为阿加莎的秘书，帮她寄信给出版社，里面的内容包括一些投诉：关于拼写错误，关于承诺但没有兑现的销售账目，关于"粗糙且业余"的封面设计。(17)

尽管阿加莎越来越专业，但她仍然告诉自己，写作并不是真正的工作。当一位税务稽查员问她挣了多少钱时，她"惊呆了，我从来没有把我的稿费看作一种收入"。但税务局不这么认为，这是阿加莎和税务员之间不愉快关系的开始。意识到自己没有保存好适当的收入记录后，她感到很震惊，于是再次找到了伊登·菲尔波茨多年前介绍她认识的那家文学经纪公司——休斯·马西。这一次，一位名叫埃德蒙·科克的经纪人同意帮她代理。

阿加莎的新经纪人非常谨慎，有着优雅的英式发音和轻微口吃，在他的帮助下，外行的阿加莎将真正开始职业作家生涯。科克立刻决定，要给她找一份比博德利·黑德的剥削合同更好的合作。科克喜欢聊这些事情，他找到莱恩，提议阿加莎的每本书要预付250英镑。但莱恩说，他不习惯"经纪人用这种方式跟他说话，然后把他打发走了"。(18)于是，1924年1月27日，阿加莎与另一家出版商威廉·柯林斯出版公司签订了一份新合同，当时签署合同的是戈弗雷·柯林斯。这是科克为阿加莎所做的众多谈判中的第一笔。

然而，离开博德利·黑德比想象中要困难得多，尤其是现在关系已经破裂。阿加莎的老东家开始就条款讨价还价，合同上说，她的前六本书都应该归他们，并且质疑短篇小说集《首相绑架案》是否应该算作六部作品之一。但阿加莎指出，她给他们的第三本书是一本名为《幻象》的小说——不是犯罪题材的——被他们拒绝了。

她争辩道,这是他们自己的损失,但它仍然算数。[19]

关于短篇小说的争论,证实了当长篇小说作家并不是她唯一的职业方向。20世纪20年代,阿加莎是一名不折不扣的媒体撰稿人,写了大量短篇。[20] 1921年,《速写》杂志委托她撰写这些波洛系列的短篇,它们可能会汇编成书,也可能不会。像《格兰德杂志》《弗林周刊》《皇家杂志》《小说杂志》和《说书人》等杂志都开始想要她的作品。

《新闻晚报》以500英镑的天价买下了阿加莎下一部冒险小说《褐衣男子》的连载权。她简直不敢相信。杂志,尤其是美国的杂志,总是为那些无论如何都不愿自称长篇小说家的人,提供惊人的稿费。所有这些,都导致了她不像其他长篇小说家那样被认真对待。

阿加莎用这500英镑,买了一辆20世纪20年代最豪华的莫里斯·考利小汽车。对于一个被高跟鞋限定活动半径的女孩来说,这简直太时髦了。她还能够为阿什菲尔德的运营做出贡献,并自费出版了一本诗集,她开始表现出一种完全有能力养活自己的姿态。一些历史学家推测,阿奇不喜欢这样,[21]但没有证据。事实上,阿加莎特意表示,阿奇十分支持她的事业。

但即使他没有说出口,有一点怨气也不足为奇。另一位小说家达芙妮·杜穆里埃认为:"正是像我这样事业有成的人,才真正破坏了男女之间的旧关系。"女人应该温柔、恬静、小鸟依人。[22] 阿加莎以为她和阿奇是一对像塔彭丝和汤米一样的搭档,然而,当阿奇结束环球旅行,开始努力找工作时,他变得沮丧起来。两人的关系越来越差,甚至讨论过分居,但阿加莎既不想去阿什菲尔德,也不想去阿布尼庄园,她坚持留在伦敦,继续她的工作。

1924年1月,当阿加莎与柯林斯签订新合同时,她还欠博德利·黑德最后一本书。《烟囱别墅之谜》，又一本冒险小说，紧跟着P. G. 伍德豪斯的《万能管家吉夫斯》①之后出版，故事同样发生在乡村别墅中。

书中包含了一些非常棒的"阿加莎式诡计"，还登场了一个朝气蓬勃、勇往直前的年轻女性，她是阿加莎笔下最讨人喜欢的女主人公之一。20 世纪 20 年代，阿加莎年轻时的"新女性"，已经被"聪明的年轻人"取代，随你怎么称呼她，总之阿加莎跟她玩得很开心。在《烟囱别墅之谜》中，迷人的维吉尼亚·瑞福有一位贵族阶级父亲，他有一个低调的衣柜，里面都是 20 世纪 20 年代流行的男式休闲装。《烟囱别墅之谜》的一个看点是阿加莎处理乡间别墅的方式。阿加莎不像其他作家，如多萝西·L. 塞耶斯和玛格丽·艾林翰那样写贵族侦探，她从不把上流社会当回事。以描述烟囱别墅这幢房子本身为例，你也许会认为阿加莎会给我们一些关于古老砖墙、塔楼、彩色玻璃的富有情调的描写，可她并不在意，只是列举一些事实，比如这座豪宅里有霍尔拜因②的画作，一个祷告室和一个秘密通道。它们存在，但并不重要。"我相信我曾经看到过它们，"维吉尼亚说，"但现在记不太清了。"[23] 对克里斯蒂写作上遇到的困难来说，这是一个巧妙解决方案。"我不喜欢描写人物或地点，"她曾承认，"我只想接着写对话。"[24]

《烟囱别墅之谜》中的另一个"阿加莎式诡计"，是用人物的穿着打扮来迫使读者做出刻板印象。当维吉尼亚第一次见到男主角时，

---

① P. G. 伍德豪斯（1881—1975）：英国当代著名作家，风格诙谐风趣又充满智慧。《万能管家吉夫斯》系列是他的代表作，该系列曾被改编为电视剧《万能管家》，憨态可掬的倒霉蛋少爷伍斯特与足智多谋的男仆吉夫斯形象，在全世界广受欢迎。

② 霍尔拜因：德国画家。

她以一种漫不经心的势利眼光打量他,并没有留下好印象。安东尼把自己描绘成一个拮据的退伍军人,一开始弗吉尼亚对他的评价只是"比伦敦那些失业的人要好一点"。[25] 维吉尼亚最终会成长,慢慢发现他的真面目。

不幸的是,根据外表做判断是人类的天性。当阿加莎笔下另一位明媚的女主角弗兰基·德温特[①]说"没有谁会用看一个人的眼光去看司机"时,她所说的某种程度上就是事实:我们看到的是制服,而不是一个独立的人。[26] 在 20 世纪 20 年代,这一点尤为成立,因为通过服饰,你可以判断别人的阶级。克里斯蒂的读者们习惯了被服务,也理所当然地认为那些人就该服务他们。

但关于《烟囱别墅之谜》,还有最后一件事困扰着现代的读者。因为人们认为阿加莎是一位永不过时的作家,他们有时会惊讶地发现,阿加莎小说中的关于政治格局的描写很陈旧。20 世纪 20 年代冒险小说中的反面人物,是那个年代的典型形象:模糊的全球阴谋,有时是共产主义,有时是犯罪活动。那个时代的另一个特点是,无论是作者的观点,还是作品中人物的观点,都是令人反感的反犹太主义。例如,《烟囱别墅之谜》中的赫尔曼·艾萨克斯坦就长着"胖胖的黄面孔,黑眼睛,像眼镜蛇的眼睛一样难以直视,大鼻子的曲线很丰满,巨大下巴的方形线条很有力"。这是毫无想象力的陈词滥调,几乎与 1923 年多萝西·L. 塞耶斯对一个犹太角色的描写一模一样。在塞耶斯的版本中,是"长相粗粝,颇有肉感,有一双突起的黑眼睛,长鼻子向下弯曲,几乎要碰到厚厚的下巴"。

阿加莎永远无法完全摆脱对犹太人的偏见。但在 20 世纪 30 年代,她第一次接触纳粹成员之后,情况可能发生了微妙的变化。有

---

① 出自《悬崖上的谋杀》(1934)。

一个人一提到"犹太人"这个词,他的脸就会"以一种不同寻常的方式发生变化……他说:'你不明白……他们很危险,他们应该被消灭。'……生活中总有些事让人感觉特别糟糕"。即便如此,也不能像评论家罗伯特·巴纳德所说的那样,从那一刻起,阿加莎就不再"冒犯犹太人"了。(28)对犹太人的偏见仍然存在。

随着20世纪20年代的推进,阿加莎减少了冒险小说的创作,作为侦探小说作家,她开始逐渐出名,尤其是在《烟囱别墅之谜》之后,她立即出版了举世公认的杰作,波洛系列的《罗杰疑案》。

但这本书是在1926年出版的,那一年,也是她人生中最艰难的一年。

第五部分

1926

THE DAILY MIRROR, Tuesday, December 7, 1926.

£100 FREE CROSS-WORD COMPETITION: SEE PAGE 4

Daily Mirror

CAMPAIGN TO MAKE LONDON STREETS SAFER

THE DAILY PICTURE NEWSPAPER WITH THE LARGEST NET SALE

No. 7,199. Registered at the G.P.O. as a Newspaper. TUESDAY, DECEMBER 7, 1926 [24 PAGES] One Penny.

MYSTERY OF WOMAN NOVELIST'S DISAPPEARANCE

A thorough search in the woods near the spot where Mrs. Christie's car was found.

Mrs. Agatha Christie, the missing woman novelist, with her daughter.

EARL'S DAUGHTER TAKES THE AIR IN A CAGE

Jack Best at the place where he found the car abandoned.

Following an important clue received yesterday a special search will be made to-day for Mrs. Agatha Christie, the novelist wife of Colonel Archibald Christie, D.S.O., who disappeared after leaving her home at Sunningdale, Berks, in her two-seater. The car was found abandoned near Newlands Corner, Surrey.—(Daily Mirror photograph.)

The infant daughter of Earl and Countess De la Warr asleep in her perambulator inside a galvanised iron cage which her parents (inset) have had fixed outside the front of their house near Victoria. This enables her to take the air in perfect safety.—(Daily Mirror.)

第十七章　桑宁代尔

最新出版的《速写》杂志向读者展示了著名作家阿加莎·克里斯蒂在家中拍摄的照片。在她拥挤又色彩缤纷的客厅里，墙上挂着瓷盘。⁽¹⁾一只从非洲买来的长颈鹿木雕，和其他装饰品一起挤在一张边桌上。

1926年初，克里斯蒂一家再次搬到了新家，这次是在伯克郡的桑宁代尔。这是一套比艾迪生大厦大得多的公寓，位于一栋19世纪90年代建造的豪宅上层，大楼前有一条宽阔的砾石车道。它为这位通俗女作家提供了完美的背景，因为《速写》的订阅者希望看到：她在品味平庸的家中，摆放着豪华的装饰。

这位成功的女作家如今已年过三十，看上去也是如此。十几岁时，阿加莎渴望胸部发育良好，但她没有想到自己会"在三十五岁时，拥有丰满的、充满女性魅力的胸部"。唉，时尚变了，其他人的胸部都"平得跟木板一样"。在照片中，阿加莎威严、端庄，仍有几分爱德华时代的风格。

《速写》的读者一定会觉得，克里斯蒂夫人生活得非常好。那一年，她出版了一本新小说和两本短篇集，罗莎琳德已经长大，阿奇最终在伦敦的南方信托有限公司找到了一份工作，并开始承担一些额外的职责，比如担任一家橡胶公司的董事。

这种日益繁荣的局面解释了为什么克里斯蒂一家要搬离伦敦。

桑宁代尔到伦敦的交通十分方便，它和现在一样，一直是一个低调但奢华的居住地。如今，走出火车站，你会看到一家维特罗斯超市、"阿斯科特财富管理"的广告和一个劳斯莱斯展厅。阿奇还想住在桑宁代尔高尔夫球场附近，以满足他对这项运动新产生的热情。根据1924年的一份指南，在五号洞击球时，"球在空中的翱翔和俯冲，会给人丰富的感官上的满足"。[2] 桑宁代尔位于伯克郡，萨里郡的边界就在附近，这个边界的位置会发挥意想不到的重要效果。

但桑宁代尔更适合阿奇，而不是阿加莎。虽然她也喜欢高尔夫，但并不热衷，而且她发现很难交到当地的朋友。另一位"高尔夫寡妇"对高尔夫俱乐部和桑宁代尔都颇有微词："非常富有的人……糟糕的家具和装饰画，丑陋的脸和迟钝的大脑。"[3] 在阿加莎的短篇小说《太阳谷之谜》①中，在桑宁代尔高尔夫球场的第七个球座上，发现了被刺死的尸体。

阿加莎无法接受别人的晚餐邀请，因为阿奇太累了，晚上不想外出。阿加莎小说中的一个角色认为，伦敦人就像踩着跑步机的老鼠："不管你多么富有，你得赶上9点17分的火车。"[4] 克里斯蒂一家也没有足够的钱去加入当地的"时尚圈"，即使阿加莎现在可以近距离观察它。这一点很重要，因为桑宁代尔的悠闲女士们实际上是她的读者。根据1928年的一本书的描述，这个"时尚圈"——

> 偶尔打网球，频繁跳舞，养最时髦品种的狗……这些公众人物会阅读大量小说。他们对报纸只会稍微瞄一瞄，对国内政治的兴趣，在很大程度上仅限于思考工人追求金钱和物质享受是多么不道德，而这两者，明明他们自己最看重。[5]

---

① 收录于短篇集《犯罪团伙》。

1926年5月,阿尔奇开了一辆卡车出门,希望能帮忙阻止工人大罢工。这是一个人人为己的保守社会。

但是阿奇没能注意到,他的妻子不喜欢这种状态。这对搭档——汤米和塔彭丝——正在慢慢地、一点一点地分崩离析。阿奇工作日都不在家里,闲暇时他又太疲倦,而阿加莎只想要他们刚结婚时的那种亲密:

D．他们渴望（desire）一起漫步。
不管是好是坏,不管天气如何。(6)

但阿奇不想在周末散步,也不想说话,他只想打高尔夫球。当然,还有罗莎琳德,但罗莎琳德是个被人宠爱且琢磨不透的人,就像她父亲一样,她逐渐成长为一个务实、冷静和独立的人。

让我们暂时把注意力从桑宁代尔的阿奇和阿加莎夫妇身上移开,来看看其他英国夫妇,出乎意料的是,他们中的许多人都对生活感到不满。第一次世界大战已经结束十年,而它的阴影仍然存在,人们开始用一种前所未有的方式谈论它,关于战争的回忆录也开始出版。养老金记录显示,那些像阿加莎一样曾经当过战时护士的人,这几年一直被精神问题所困扰,在20世纪20年代,这一类疾病被称为"神经衰弱"。相较于"弹震症",更多医护人员开始使用这个更专业的词。(7)人们渴望拥抱新生活,尽量不去提及世界大战的话题,但想要把它在回忆中永远抹去,是不可能的。

至少阿加莎和阿奇的母亲相处得还算不错,阿奇的母亲现在住在一小时车程之外的多尔金。玛吉有时候也会来玩。罗莎琳德能感觉到她的"庞吉阿姨"很特别:"比我妈有趣,她太好玩了。她在曼彻斯特被埋没了。"(8)阿加莎也怀疑玛吉会觉得日复一日的生活很单

调:"这群女生很奇怪——并且她们自己知道!!!不过我想,她们在阿布尼庄园确实不太开心。"(9)

不过现在,才华横溢的玛吉终于获得了一点属于自己的成功,她毫不费力就写出了一个剧本,此时正在伦敦西区的舞台上演。

当然,玛吉一直是个作家,她在十几岁的时候,就在杂志上发表过文章。阿加莎很好奇,如果玛吉没有结婚,是否还会继续写作。好吧,答案是这样的:玛吉四十五岁时,为《索赔人》写的剧本引起了一位制作人的注意。

一位新人作家能闯入伦敦西区,这似乎令人惊讶,但玛吉的制作人与女剧作家克莱门斯·戴恩合作相当愉快,她可能想找个类似的作家。但玛吉却给自己取了一个男性化的笔名,"M. F. 瓦茨"。她认为制片人"对我(或某个不知名的人)是否真的写了这部戏心存怀疑",但她发现自己很享受在排练时指点江山:"这会给我一种很有权力的感觉……这很奇怪,但他们都认为我很重要。"阿加莎看着这一切,心里也许有一丝嫉妒。当忙碌、重要的玛吉来桑宁代尔过周末时,她经常累得"倒头睡着"。(10)

但玛吉的剧反响平平,阿加莎觉得也许自己可以做得更好,她确实也做了尝试。近年来,人们对阿加莎的地位有了新的评价,其中一个很重要的点是开始承认她不仅是一位小说家,而且还是一位剧作家。虽然在 20 世纪 20 年代,她没有多少戏剧作品,但戏剧历史学家朱利叶斯·格林指出,阿加莎写作生涯中被忽视的这部分,可以观察到她的真情实感,尤其是对婚姻的感受。

我们已经知道,阿加莎喜欢那种伴侣式的婚姻,这是她父母所没有的。"婚姻,我指的是那种传统婚姻,是一场最大的冒险。"《烟囱别墅之谜》中那位优秀的男主角这样说道。他认为婚姻是合作努力、持续成长,而不是像汤米·贝雷斯福德所说的那样,是一种

"喜事"。[11]

阿加莎在这一时期创作的两部戏剧《十年》和《谎言》，展现了女性对婚姻的不满，她们的婚姻起初是伴侣式的，后来平衡被打破。《十年》讲述了一对夫妇在结婚十年后，开始重新考虑彼此的关系，1924年，阿加莎和阿奇也来到了这个重要的时间点。剧中的妻子渴望更多。"我们女人曾经是奴隶，自我牺牲是理所当然的，"她说，"但现在，我们可以自由地过自己的生活……我还年轻……我想要浪漫、激情、狂热——这些我们曾经拥有的东西……我想生活，过自己的生活，而不是你的。"[12]这番话听起来就是女性的诉苦，阿加莎也开始成为这样的人，她的丈夫似乎再也不和她说话了。

《谎言》讲述的是同样的问题：一段热情之火已经熄灭的婚姻。阿加莎在小说和自传中写了很多她的婚姻和所面临的问题，但这些作品都是多年后写的，人们很容易会想，她在20世纪20年代未出版的那些戏剧，其实是一段破裂婚姻的前奏。[13]

与此同时，阿加莎的另一个亲人也让生活变得愈发复杂。在阿奇看来，米勒一家肯定在源源不断地给他提供戏剧性的桥段。就在第一次世界大战之前不久，蒙蒂在一次失败的创业上浪费了很多钱。他原本打算建造一艘船，用来在维多利亚湖上经营运输业务，但不久后他就去了东非运输兵团服役，一次受伤让他不得不依靠吗啡来止痛，等到他于1922年回到英国时，病情已经很严重了。

蒙蒂和克拉拉一起住在阿什菲尔德，由他的黑人仆人谢巴尼陪同，谢巴尼一定在托基度过了一段可怕的时光。"我想知道，他到底知道什么叫打扫卫生吗？"在《斯塔福特疑案》中，一位清洁女工谈到另一位男仆时，这样说道，"讨厌的黑家伙。"[14]愚蠢又无聊的蒙蒂会用手枪向卧室窗外射击来自娱自乐："一个傻乎乎的老处女在车道上摇摇晃晃地走着，我忍不住了——朝她左右两侧射了一两枪。

我的天,她跑得可真快!"不出意外,警察被叫来了。同样不出意外,迷人的蒙蒂劝说他们没有必要担心,他是一个非洲的老猎手了,这样做只是保持射兔子的手感罢了。

在阿加莎的自传中,带着毒品和枪的蒙蒂听起来很滑稽,但他势必会面临可怕的责任。阿加莎和玛吉凑了800英镑,把这个难以掌控的兄弟从母亲手中接了过来。对蒙蒂来说存在一个问题,就是人们肯定会把他和他聪明能干的姐妹们做比较。"这不公平!"他说道,"女性总归有更强大的洞察力……给我点信心好吗!"[15]

他的姐妹们为他安排了一处住处,达特穆尔的一个"花岗岩小木屋"[16],那是一个安静、偏僻的地方。蒙蒂买了一辆摩托车代步,后来他可能是不喜欢了,也可能被禁止骑行,反正不久他就把它卖了。[17]

也许蒙蒂放弃他的摩托车和他的核心问题有关:他在非洲服用过的鸦片,现在已经上瘾了。正如阿加莎所言:"他会发现,这个习惯很难改掉。"蒙蒂觉得自己和姐妹们一样,也能写作,在一篇他没写完的故事中,有一个自传式的剧情发展,一个非洲仆人给生病的欧洲人"一杯热气腾腾的咖啡,以及两片棕色的药片。我问,这是什么?'鸦片,'他回答道,'对你有好处。'"[18]

对于哥哥的毒瘾,阿加莎直言不讳,也不感到羞愧。不过在20世纪20年代,毒瘾很普遍,不像今天这样被视为耻辱。比如在第一次世界大战期间,一位化学家在《泰晤士报》上刊登了一条完全合法的广告,说如果要给"身在前线的朋友"送礼物,那含有吗啡和可卡因的明胶片是极佳的选择。[19] 1920年,关于吗啡、可卡因和海洛因的供应才被法律约束,但在那之前,你甚至可以在哈罗德百货买到它们——并配有注射器。

瘾君子也经常出现在阿加莎的小说中:《云中命案》(1935)中

霍布里夫人的梳妆盒里装着可卡因；《古墓之谜》(1936)中出现了毒品；波洛在《赫尔克里·波洛的丰功伟绩》(1947)中与毒贩对峙。在阿加莎的自传小说《撒旦的情歌》中，也出现了一个沉迷于吗啡的士兵角色："吗啡——控制了他。"他的妻子说，"我们要携手与之对抗。"[20]阿加莎和玛吉立刻就去寻找合适的管家，来帮助他们的兄弟"对抗"吗啡，后来他们找到了一个瘾君子医生的遗孀，她知道如何对付蒙蒂这样的人。

在孤独的小屋中，蒙蒂创作了一些悲伤的短文、糟糕的诗歌，和未完成的故事。他常常写一些情绪化的句子，诸如："惊喜温柔不安柔软缠绵的痛苦，一次又一次，我的心，一次又一次，强烈又迟钝的渴望。"但他也想戒掉自己的毒瘾，"事情很不对劲，必须改掉这些错误，明天我就开始改。"

但最终，在达特穆尔保护蒙蒂安全的计划失败了。蒙蒂曾梦想要造一艘漂亮的新船，尽管他心里清楚，自己永远也做不到。"太沮丧，太绝望了。"他写道，"我说嗨，然后说，再见。"[21]1929年，他搬到法国南部，9月20日，他在那里去世。

葬礼结束后，阿加莎负责处理他生前居住的小屋和遗物，她卖掉的最后一件属于蒙蒂的东西，是一个"皮革板球包"——想到他们的父亲非常喜欢这项运动，令人颇为伤感。[22]

1897年5月的某个周六，蒙蒂十六岁，《托基时报》报道了一场板球比赛，比赛在小镇中的场地举行，在那里可以看到大海。他六岁的妹妹阿加莎很可能也在场，就像往常一样，她会在橡树下帮他们的父亲记录比分。在比赛中，充满活力、前途一片光明的蒙蒂"做了很多努力，让自己的球队免于失败"。[23]

不过最终，蒙蒂还是被吗啡打败了。事实证明，在桑宁代尔，生活也快要打败他的妹妹。

第十八章　斯泰尔斯庄园奇案

当蒙蒂在痛苦中挣扎的时候，阿加莎正忙于工作，1926年夏天，她取得了迄今为止最大的成就。她出版的第六部小说《罗杰疑案》，不仅是她本人最好的作品之一，也是有史以来最伟大的侦探小说之一。

她在这本书上花了很多心血。在书中，波洛搬到英国村庄，种种西葫芦，想享受安静的退休生活。然而，他却被邀请去解决一桩极其复杂的案件。其中一个亮眼的角色是当地医生的妹妹，卡罗琳·谢泼德，一个敏锐的老处女，对乡村生活非常了解，在某种程度上，她预示了马普尔小姐这一形象的诞生。

众所周知，《罗杰疑案》给读者开了一个大大的玩笑，这个故事的叙述者是如此不可靠，在结尾处那个令人叫绝的逆转中，他被揭露就是凶手。而这就引出了一个问题：这公平吗？

只有当你相信那些侦探小说的新兴"规则"时，这个问题才有意义，而这些规则直到1929年才会被编纂出来。到了那时，作家兼牧师罗纳德·诺克斯会宣布，"侦探的愚蠢助手，华生，不可以有所隐瞒。"而在《罗杰疑案》中，故事中的"华生"谢泼德医生并没有告诉读者他所知道的一切，他巧妙地对某些事实保持缄默，从而给读者造成了错误的印象。这种"阿加莎式诡计"——让我们已经开始信任的人，故意忽略一些微小但关键的事实——她将会一次又一次使用。如果这不算违反"规则",那至少也是刻意绕开了它。

关于《罗杰疑案》引发的"公愤",当时有很多报道。有一篇评论称其为"一位越来越被人喜爱的作家,写出了乏味又令人失望的作品"。[1]但阿加莎认为她的作品相当公平:"确实有所隐瞒,但并没有刻意欺骗。"[2]多萝西·L.塞耶斯赞同这一观点,她认为:"读者要做的,就是怀疑每一个人。"[3]大多数读者也表示支持。《每日邮报》认为它是"我们读过的最惊心动魄、最精彩的侦探小说之一"。[4]事实上,构建出如此完美的骗局,唯一的缺点是,它让阿加莎的狡诈名声在外。随着1926年后续事件的发展,这一点将对她很不利。

阿加莎可能已经为这本书付出了一切,因为这是她与新出版商威廉·柯林斯合作的第一本作品。柯林斯让《罗杰疑案》获得了成功,而阿加莎回报他们的是永远的忠诚。在一片兴奋之中,克里斯蒂夫妇还决定搬到桑宁代尔的新家,这次不是公寓,而是一整栋房子。这是一个半木结构、有高高的烟囱,同时相当阴暗的地方。1926年6月,阿奇和阿加莎接手了这套房子,他们给它起了一个新名字:"斯泰尔斯"。

用一个犯罪现场来命名你的家,即便是虚构的,也需要好好斟酌一番,这会增加围绕在这所房子周围的不祥之感。斯泰尔斯在市场上已经挂了很长一段时间,尽管宣传说它"特别有吸引力",它有十二间卧室、三间浴室和"带司机房的优秀车库"。最终,它的主人只能在拍卖会上把它卖掉。[5]

在自传中,阿加莎情不自禁地用宿命般的口吻描述斯泰尔斯,让我们为糟糕的事情做好准备。今天,这桩房子隐藏在高高的冬青树篱后面。不祥的房子,阿加莎这样叫它,住在这里的人总是"以某种方式遭到不幸,第一任房东失去了财富,第二任则失去了妻子"。并且还诞生了其他谣言,包括在花园尽头有一个女人被谋杀。房子的内部是毫无必要的奢华,阿加莎认为:"有点像百万富翁的高级套房搬到了乡下。"附近熟悉她的人都注意到了,她始终无法彻底安顿下来,他们记得曾听到阿加莎说过:"我受不了这房子了。它让我感到烦躁,这里太寂寞了。"(6)

自从他们搬到这里,斯泰尔斯就意味着克里斯蒂夫妇新生活的开始,也许这是他们婚姻的重启之地。他们把仆人的数量增加到四人,此外,还增加了一个重要的新岗位。阿加莎有时会用到打字公司的服务,把作品整整齐齐地打印出来,但现在,她决定雇用一名住家员工,不仅可以作为秘书协助她工作,也可以照顾她的女儿。

夏洛特·费舍尔是个身材高挑、骨瘦如柴的女人,她外表令人生畏,但又"闪烁着迷人的光芒",她也成了阿加莎的朋友。阿加莎一开始叫她"卡洛塔",后来改为"卡洛",卡洛则叫她"太太"。阿加莎每次出版新书,都会在书上写好题记赠送给卡洛,这些书,卡洛保存了一辈子。最为关键的是,卡洛在某种程度上就像是罗莎琳德的第二个母亲,罗莎琳德说卡洛"远不只是秘书,我怀疑如果没有她,我母亲可能什么都搞不定"。(7) 晚上阿奇累得不想出门时,卡洛和阿加莎就会丢下他,结伴去阿斯科特学习跳查尔斯顿舞。(8)

能干又可爱的夏洛特·费舍尔是所谓的"剩女",她和妹妹玛丽出生于 1895 年,父亲是爱丁堡的一位牧师。如果不是那么多适婚年龄的男性死于战争,她本可能已经结婚。卡洛以前也做过保姆,但毫无疑问,阿加莎是她见过最迷人的雇主。然而,随着与克里斯蒂一家的关系越来越亲密,卡洛的地位变得矛盾起来,她"在"这个家,但不"属于"这个家,这一点是否让她觉得难受?她自己的名字被简化成了一个昵称,作为回报,她用"太太"这个陈旧的词来称呼其雇主。这是个玩笑,但我们不知道卡洛是否觉得好笑,她是一个十分谨慎的人。然而,卡洛一定知道,如果没有她的贡献,《罗杰疑案》就不会取得今天这样的成功,是她根据阿加莎的口述把这些文字打了出来。"记得逗号、冒号和句号!"阿加莎在卡洛的文稿前面写道。语法和标点从来不是阿加莎的强项,但在卡洛的帮助下,它们变得容易多了。(9)

但是卡洛的这份工作,对于胆量的要求比她想象中要大得多,这是因为在1926年夏天,阿加莎搬进斯泰尔斯后不久,健康状况就开始急转直下。

麻烦开始于1926年4月5日,克拉拉·米勒死于支气管炎,享年七十二岁,当时她正和玛吉住在一起。阿加莎被叫到床边,但为时已晚。可她和母亲之间的纽带如此牢固,使她相信自己感受到了克拉拉临终前的那一刻:"我感到一阵寒意……然后我想:'妈妈死了。'"

对阿加莎来说,这是毁灭性的打击,父母在世时,他们始终保持着特别亲密的关系。现在,她婚姻中暴露出来的缺点,加剧了她的悲伤。事实证明,阿奇根本帮不上任何忙。

阿加莎母亲去世时,阿奇正在国外工作,连葬礼都没回来,在面对困难处境时,他更倾向于回避。阿加莎一直以来都知道阿奇"十分讨厌疾病、死亡和麻烦"。阿奇回到家时,起初觉得十分尴尬,于是"装出一副高兴的样子"。对于一个自十一岁失去父亲后,第一次面临人生中情感考验的女人来说,没有比这更值得同情了。

现在,卡洛是这个家庭重要的一分子,阿加莎会让她的小狗彼得睡在卡洛床上。很显然,阿奇让她感到失望,这一定程度上是性格所致。像许多战争的幸存者和见证者一样,阿奇"无法忍受眼泪和沮丧"。

离开卡洛,斯泰尔斯将无法正常运转。"为了你,我尽量让这个家维持正常。"后来，说起这段艰苦时期，她这样告诉罗莎琳德。[10]不过接下来，连卡洛的稳定状态也消失了：她父亲生病了，她不得不去照顾他。

阿加莎决定离开丈夫和这幢孤独的房子，暂时休息一下。她打算和罗莎琳德一起去阿什菲尔德，完成必要的善后工作。这既是身体上的劳动，也是一种情绪上的梳理，阿什菲尔德到处都是需要处理的旧物，只有待在母亲居住过的房子里，阿加莎才能真正悼念她的母亲。

在她的自传体小说中，阿加莎描写了一段戏剧性的对话，很像这时的她和阿奇。在小说中，她化身成"西莉亚"，而阿奇则是"德莫特"——一个麻木不仁的男人，他认为妻子会抱着乐观、积极的心态整理已故母亲的遗物。

德莫特太不应该了！他一直忽视情绪的重要性，像一匹受惊的马一样躲着她。

西莉亚叫了起来——这一次她很生气：

"你说得好像今天是在度假似的！"

他把目光从她身上移开。

"好吧，"他说，"某种程度上，这确实……"

失去母亲的世界，是多么寒冷啊……

以阿奇为原型的德莫特，已经变成了陌生人。

这个夏天，阿加莎在阿什菲尔德度过了六个星期，只有罗莎琳德陪伴着她，一开始她感觉很糟糕："长这么大，我第一次感觉真的病了。"她对"过家家"的热爱变得偏执、失去理智，她每天要花上十个小时，在屋顶漏水的房间里整理遗物。她形容自己的哭哭啼啼和健忘为"精神崩溃的开始",不幸的是,在1926这可怕的一年里,这种情况将一直持续下去。

阿加莎以前身体很健康,现在却开始失眠。她向一位药剂师要安眠药,这位药剂师后来回忆说,这场谈话的主题逐渐变成了自杀。"我不会用暴力的方式自杀。"据说她是这样说的,"我会选择服毒。"[11]这些只言片语,成了阿加莎精神状态的线索:在接下去发生的事件中,所有这些都变得重要起来。

历史学家们仔细梳理了阿加莎自传中关于1926年的那一章,想要了解那年夏天究竟发生了什么。

在试图理解阿加莎的过程中,此刻我们迎来了核心问题:我们能相信她吗?她说的话到底想表达什么意思?应该从字面上理解它们吗?阿加莎的第一位官方传记作者珍妮特·摩根获得了卡洛的一些信件,这些信很可能在摩根读过之后就被销毁了。

因此,摩根对这些信件的报道——她没有逐字引用——证据来源是存疑的,这一点非常重要。她还注意到,这一整年的时间轴,阿加莎和卡洛的叙述是不一致的。[12]这件事引起了人们的密切关注,因为很多人一直认为,阿加莎可能只是在装病。自传中很多部分的时间线是完全错误的,但这些细节对阿加莎来说并不重要,重要的是情感上的真实。而且,她也不想回忆这段时光,她已经尽力去忘记了。

现在,阿加莎的病传开了,很多报纸都有报道。一位八卦专栏作家在8月份写道,这位小说家身体不适,他认为写作"一定会让人极度焦虑",对女性来说尤其如此。"听说这件事,我毫不惊讶……阿加莎·克里斯蒂,她侦探小说写得比大多数男人都好,她精神崩溃了。"[13]

他还(错误地)以为她去比利牛斯山度假了。阿奇和阿加莎确实打算出国，但当他来到阿什菲尔德采访时，发现阿奇根本没有订票。为什么没有呢？这很难说。阿奇似乎与众不同，对阿加莎来说，他简直就是她童年噩梦中的"枪手"。阿加莎解释说，她以前最接近这种感觉是有一次在"我过去的噩梦中——坐在茶几前，看着我最爱的朋友，突然意识到坐在那里的是个陌生人"。

她问阿奇怎么了。最后，他不情愿地说了出来。

阿奇向妻子做出了惊人的坦白，他爱上了一个叫南希·尼尔的女人。他想离婚。

雪上加霜的是，阿加莎很了解这个女人。南希是贝尔彻少校的朋友，1925年举办大英帝国展览时，这两个女人曾在同一个委员会共事，一起做儿童区的筹建工作。(14)南希在帝国大陆天然气公司当打字员，她是一名出色的高尔夫球手，在桑宁代尔打球时，她甚至还来斯泰尔斯住过。

南希活泼、健谈，而且——也许对一个中年男人来说至关重要——年轻。她出生于1899年，比阿加莎年轻近十岁。她家住在里克曼斯沃斯附近，父亲曾是中央铁路的总电气工程师。南希身材匀称，乌黑的卷发很有弹性，浓眉大眼，还有一张比阿加莎更迷人的面孔。后来，报纸对南希产生了兴趣，把她描述为"聪明""俊俏""受欢迎"，以及"开朗、坦率、爱运动的女孩"。(15)

一边是南希的魅力，另一边是阿加莎的悲伤，阿奇无法抵抗。

阿加莎事后才明白发生了什么。阿奇经常提醒她说："我不是好人，记住，如果出了什么事……我不能忍受别人不开心或生气。"阿奇有一封保留下来的信证实了这一点，他写道："我无法忍受你生病或不开心。"当时的他也许是出于善意，但现在回想起来，这番话别有一番含义。

聪明的朋友可能会提醒阿加莎，当一个男人说他不可信赖时，没有理由不相信他，赶紧离开他。"那些不想长大的人，就是坏人。"阿加莎写道。[17] 她笔下的一个角色也说："一个男人如果像孩子一样，那简直是世界上最可怕的东西。"[18] 在阿加莎看来，阿奇有一个致命的缺点，就是缺乏同理心，他是个没长大的孩子。

但阿加莎相信阿奇已经变好了，正是丈夫对自己理想的背叛，使她成了一个真正的哥特作家。哥特不代表降神会或超自然，而是指邪恶可以，也终将进入哪怕是最舒适的家，是一种哪里都不安全的感觉。[19] 从现在起，克里斯蒂的小说将坚定不移地讲述黑暗、令人不适的情感，这些作品会揭露，即便是正常的、受人尊敬的人，内心也有潜藏的阴暗。

还有自己爱人这样的人。

当阿加莎在自传中写到这段时期时，对于阿奇的优秀品质她总是描写得很小心，然而，她仅仅只是引用了阿奇说过的一两句致命的话，就给读者留下了一个整体印象，那就是阿奇是个讨厌的家伙。这也难怪，因为阿加莎是一个作家，她可以用言简意赅的笔触，巧妙地写出人物身上截然不同的两面。她经常这样描写凶手。而在自传中，她把阿奇描绘成谋杀她幸福的凶手。

这意味着，后人会把阿奇看成一个反面角色。如果能听听他是如何看待自己无法驾驭才华横溢的妻子的，这将十分有趣。但我们从来没有这样做过。

不过暂时，阿加莎还不能接受婚姻已经结束的事实，她轻描淡写地否认了。她相信阿奇最终会回到她身边，因为她手里有一张王牌，罗莎琳德。她知道阿奇爱罗莎琳德，南希也肯定不会要求他离开自己的女儿。

于是，随着秋天到来，阿加莎和罗莎琳德回到了斯泰尔斯，卡洛也回来了。现在双方进入了僵持的局面，阿奇每周都要在城里的俱乐部待上几晚。卡洛确信,尽管他的身体经常出现在斯泰尔斯,但魂魄却不在这儿。阿加莎告诉朋友,她的生活变得难以忍受。"如果我不离开桑宁代尔,"有人听到她说,"桑宁代尔将是我的末日。"[20]

1926年12月3日,星期五,日出时间是早上7点47分。一股冷空气正从冰岛移动过来,预计地面会出现霜冻,接下来的气候"相当不稳定"。[21]阿奇搭上了去上班的火车,打算周末都在外面度过。阿加莎带着罗莎琳德出去喝茶,计划在晚餐前回来。

卡洛晚上休息,她准备去伦敦跳舞,毫无疑问,这是缓解紧张情绪的好方法。

但当卡洛在这个寒冬的深夜回到家时,她发现,阿加莎失踪了。

第十九章　失踪

12月3日星期五，阿加莎神秘失踪，此前的一周她非常忙碌。周一，她和姐夫的妹妹南一起去伦敦购物，她买了一件"精致的白色缎面"睡衣，说想在周末穿。[1] 她打算去约克郡玩几天。这趟旅行在阿加莎看来非常重要，她或许把这看作一个转折点，她希望阿奇能和她一起去。

她还会做出其他看似不理智的行为，就好像她把自己幻想成一个正准备开始新生活的新娘。周三，阿加莎和桑宁代尔的一位朋友乔伊斯·达·席尔瓦夫人又去了一次伦敦。阿加莎告诉乔伊斯，她打算租掉斯泰尔斯，然后在伦敦买一套房子，以便有更多的时间和丈夫在一起。[2] 在阿加莎心中，这依然是一段生机勃勃的婚姻。

那个周三，阿加莎在伦敦的俱乐部度过了一整晚。然而，当乔伊斯回到桑宁代尔时，她还是很担心她的朋友。这几个月来，阿加莎的身体一直不太舒服，没过多久，乔伊斯就看到她病恹恹的，直接把她送去睡觉了。乔伊斯认为，阿加莎"聪明的大脑已经被压榨到了极限，以满足公众对它编织幻想的无止境需求"。[3] 聪明的女性，在某种程度上会过度消耗精力，乔伊斯并不是唯一一个这样想的人。例如，一名专业医生就认为，"从事繁重脑力工作的女性，比靠体力劳动谋生、智力较低的女性，更能感受到疼痛。"[4]

星期四，阿加莎去见她的经纪人。埃德蒙·科克觉得"她的举止没有什么特别之处",他希望她能完成《罗杰疑案》之后的下一部作品。[5] "他们极力要求她写完,"一个与阿加莎关系密切的人说,"他们还想了解她接下去两部作品的情况。"[6]

对于一个身体健康的人来说,这都是一项繁重的工作,何况阿加莎还身体欠佳。成名的她已无法掌控自己的生活,她本该为母亲的离世和自己的婚姻感到悲伤,可要求她做的工作却纷至沓来。

阿加莎已经完成了新小说《蓝色列车之谜》的一半,但之后却陷入了停滞。"她一个字也没写,"阿加莎的婆婆佩格说,她曾向她倾诉"完不成任务的焦虑"。[7] 但阿加莎仍然坚持,她必须遵守承诺,完成工作。正如乔伊斯所看到的,"很明显,她抑制了自己的情绪,而不是给别人带去痛苦。"[8]

星期四下午,阿加莎回到了桑宁代尔。那天晚上,她和卡洛像往常一样去上舞蹈课。然后就到了1926年12月3日星期五,事情发生了。

那天早上,斯泰尔斯内似乎一切都很正常,尽管事后厨师和女仆都认为阿加莎处于"兴奋状态"。[9] 阿奇像往常一样,在9点15分乘火车离开。下午,阿加莎开着心爱的莫里斯小轿车,花了大约一个小时时间,带着罗莎琳德去到多金附近看望佩格。

不过,在喝茶的时候,佩格发现有些不对劲。阿加莎起初很高兴,又说起要去约克郡的事情,这时,佩格注意到阿加莎没有戴结婚戒指,便问戒指在哪里。作为回应,她的儿媳"静静地坐了一会儿,凝视着天空,然后歇斯底里地笑了一声,转过身去"。当阿加莎和罗莎琳德离开时,佩格看着她们"挥手告别",消失在车道上。[10] 佩格并不知道那看似随意的挥手的含义。

现在是时候听听阿加莎本人的看法了。那天下午,她在去往佩格家的路上,穿过萨里山,途径纽兰兹角的风景区。她说:"当时我的心情非常沮丧。"她感觉自己有了自杀的念头。"我只想结束我的生命。"经过纽兰兹角时,她看到了一个采石场。而且,一看到它,"我就想开车一头撞过去。但是,由于我女儿也在车里,我立刻打消了这个念头。"(11)

大约 6 点,阿加莎把罗莎琳德送回了家。出去跳舞的卡洛非常担心阿加莎的精神状态,于是打电话回家问是否一切都好,阿加莎不敢直言有什么不对劲。不过,她特意给卡洛写了一封信。因为阿奇还没有回家,阿加莎独自一人吃饭。据斯泰尔斯的用人说,正是在这个黑暗、孤独的夜晚,阿加莎通过电话或便条"发现了"阿奇在哪里,以及在做什么。"她的丈夫正在和朋友们一起度周末。"(12)阿加莎知道,或者说猜到了,这些"朋友"是谁。

她做了一个决定。也许她猜想,这一次阿奇真的不会回来了,她简直一分钟也不愿意在家里多待。当时斯泰尔斯还有三个人:厨娘、女仆莉莉,还有厨娘的丈夫。卡洛预计稍晚一些时候也会回来。所以罗莎琳德有人——比阿加莎更有资格、更安全的人——来照顾她。阿加莎想,她必须离开。

去哪里呢?好吧,她可以边开车边做决定。也许最终,她还是会去约克郡。或者,就像她之前想的那样,结束这一切。不管怎样,她很清楚,她"不能再继续这样下去了"。(13)

阿加莎身穿灰色针织裙子、绿色针织衫,外面套一件开襟羊毛衫,头戴一顶"小丝绒帽子"。她胡乱挑了几样东西塞进行李箱:一件连衣裙、一件套头衫、两双黑鞋,还带走了一件皮大衣和一个小箱子,里面装着包括驾驶执照在内的一些证件。(14)她手头有一大笔现金,大约 60 英镑,此前她也曾想过逃走,就把钱从银行取了出来。她一直都有想过要带着罗莎琳德一起逃到南非——一个她深爱的地方,一个她曾经感到快乐的地方。最后,她拍了一张罗莎琳德的照片，上面写着她的小名：泰迪。

那天深夜，阿加莎的仆人看见她"走进女儿的卧室，吻了吻孩子，然后下楼来到大厅"。在那里，她也亲吻了她的爱犬彼得，然后出门上了车。(15)

看到和罗莎琳德告别的这段，真让人心痛。但阿加莎这么做，肯定是为了罗莎琳德的安全。罗莎琳德在车里的时候，她有过自杀的念头。阿加莎一定在想，她自己是一个值得信赖的、可以照顾女儿的人吗？

9点45分，阿加莎开车离开，消失在夜色中。

当时没有人知道——现在也没有——她到底去了哪里。

当卡洛半夜回来时，发现阿加莎和她的车都不见了，同时她也发现厨娘和女仆既担心又困惑。

然后，她发现阿加莎给她留下了一封非常痛苦的信。信的内容直到现在仍然不得而知，但接下来的几天，出现了许多关于这份关键文件内容的报道。一篇报道称，信上写着："我今晚不在家，等我到了我想去的地方，就会给你打电话。"(16)这封信中还有具体的指示，要求卡洛取消先前阿加莎在约克郡贝弗利镇一家旅馆的预约，她原本打算在那里度过周末。然而，更令人不安的措辞是，报道称阿加莎需要"离开这里"，她认为她"必须离开这幢房子"，以及"这是不公平的"。(17)在另一个版本的报道中，更有一句令人不寒而栗的话："我的头要爆炸了。"(18)

这封信将是小说家失踪案的关键。不同的人对这封信的解读也不同：对卡洛来说，她认为这封信表明阿加莎很痛苦，但等她好些了就会回家。对阿奇来说，他主要关心的是这封信有没有详细地抱怨他是个不忠的丈夫。与此同时，一个名叫肯沃德的警司，信誓旦旦地说阿加莎已经死了：要么是自杀，要么也许是被她丈夫谋杀。

接下来会发生什么，取决于如何解读这封阿加莎的信。

那天晚上，卡洛没有进一步行动。第二天早上，阿加莎还是没回来。依照信里的请求，卡洛给贝弗利旅馆发了一份电报，取消了阿加莎的预订。[19] 似乎有人跟罗莎琳德说，就像以前一样，她的母亲出去写书了。

但后来事情就开始脱离卡洛的掌控。警察打电话到斯泰尔斯，说阿加莎的车已经撞毁，里面没有人，车是在一个叫阿尔伯里高地的地方被发现的，那是纽兰兹角附近途径萨里山路上的一座陡峭的小山。

那辆废弃的汽车里，留下了很多线索：阿加莎的驾驶证，警察就是通过它得知了她的住址，还有她的皮大衣、行李箱和手提箱。

当然，这听起来很像是侦探小说的设定，警察和记者们因此做出的假设——肯定发生了谋杀——是完全可以理解的。毕竟，阿加莎是个侦探小说作家。生活和作品被混在一起了。

卡洛告诉警察，她认为阿加莎可能去了阿什菲尔德，当阿加莎遇到各种麻烦时，那里都是她的避难所。但是托基的警察去检查，却没有发现任何线索："门口堆满了树叶，所有的窗户都锁上了，车道和花园里也没有脚印的痕迹。"[20]

这是阿加莎唯一可能会去的地方，如果不在阿什菲尔德，那她在哪里？

那天晚上在纽兰兹角的山坡上到底发生了什么，是时候揭露出来了。后来，阿加莎不得不给出了自己单方面的说法。

不幸的是，她的话听起来就像她写的小说，一次又一次地出现"失忆"的情节。但我们知道，阿加莎一直以来都有把生活小说化的倾向，这并不能说明她在撒谎。

"整晚，我都在漫无目的地开车。"她解释道。

我心里有一个模糊的想法，就是结束这一切。我在熟悉的道路上漫无目的地驾驶……我记得后来开到了梅登黑德，在那里，我盯着一条河，我想跳下去，但想到我游泳游得太好了，淹不死的，于是我又开车回到伦敦，然后去了桑宁代尔。从那里我去了纽兰兹角。(21)

　　在整个痛苦的1926年，阿加莎养成了漫无目的地开车兜风的习惯，以此来安慰自己。例如，在克拉拉死后不久，她的爱犬彼得在一场车祸中受伤。阿加莎"悲伤得发狂"，"不知道自己是怎么回家的……"她疯狂地行驶了好几英里①，却不记得走了哪些路。(22)

　　那个星期五晚上，无论阿加莎去了哪里，最终她都踏上了去往多金的路，前不久她刚去那里看望她婆婆。

　　她开着她的小莫里斯汽车，路上一半的车都这个牌子的，相当常见。但20世纪20年代的汽车并不可靠，今天你再驾驶它，会感觉噪音巨大、车身颠簸，操作各种旋钮和杠杆需要有惊人的体力。黎明前的黑暗中，在纽兰兹角附近的某个角落，阿加莎的车熄火了，再也没有发动起来。事实上，"如果一辆车已经停了，它就永远无法重新启动了"。(23)

　　有一件事似乎是肯定的：她整晚都在车里。一名目击者后来说，周六早上6点20分，他在纽兰兹角附近帮助一名妇女启动了一辆抛锚的汽车。欧内斯特·克罗斯是一名农场工人，他告诉《每日邮报》说，他遇到这个女人时"她已经疯了……她呻吟着，双手捂着头，冷得牙齿直打战"。他问她是否需要帮忙，她说："哦！试着帮我启动一下车。"他觉得很奇怪，她出门太早了，而且穿得这么不得体。

---

① 1英里约为1.6公里。

克罗斯设法发动了汽车,看着那个女人开车离开。

但是不同媒体的说法各不相同。当地报纸《萨里广告报》暗示说,克罗斯是全国性报纸因为懒惰而虚构出来的,因为该报的记者没能找到这个人。相反,本地人认为在路上找到这名女子和她车的人实际上是爱德华·麦卡利斯特,他是附近砂砾场的一名工人。据麦卡利斯特说,那名女子说"你能帮我把车发动一下吗?",他照做了。他还说她的行为"有点奇怪,可能是因为担心汽车吧"。至少根据《萨里广告报》的说法,"警方认可了他的说辞,即他帮助的就是克里斯蒂夫人。"(24)

也许,汽车熄火了两次,不管是谁帮她发动的,阿加莎都没开多远。1926年12月4日,星期六刚过早上6点,她犹豫着想要结束自己的生命。

天还是黑的。一张20世纪20年代的地图显示,从纽兰兹角往下的道路——现在是A25高速公路——当时是一条更狭窄、更危险的路线,它的下坡非常陡峭。在它的右边有一条叫"水巷"的小路,石头多,很滑,一直向下延伸到阿尔伯里村。再往山下走一小段路,拐弯处就有一个古老的白垩矿——正是阿加莎之前瞥见过的"采石场"。

她累了,陷入深深的痛苦之中。因为之前没有想到要披一件皮大衣,所以她也很冷。现在,她终于开始实施这个模糊的计划,这个计划在过去的二十四小时里,一直萦绕在她心头。

> 我来到路上的某个地方,以为那里离下午看到的采石场很近,我开车离开公路,往采石场方向驶去。我松开方向盘,让车自己行驶。突然,汽车撞上什么东西,停了下来。我猛地扑向方向盘,头撞到了某样东西。(25)

阿加莎的车冲过了采石场的陡峭白边，经过草地，掉下了斜坡。后来，人们发现这辆车卡在树篱上，前轮"已经悬在白垩坑上"。如果没有树篱，汽车就会翻过去，摔成碎片。

当佩格听到这件事时，她倾向于认为她的儿媳妇已经"计划好了她的结局"。(27) 但这不是一个非常坚定或精心布置的计划。而在阿加莎的自传体小说中，有一位女主角也是如此，她在雨夜中漫步：

> 她必须记得自己的名字……
>
> 她在沟里绊了一跤。
>
> 沟里全是水……
>
> 你可能会溺死在水里……
>
> 淹死自己总比上吊好。如果你躺在水里……
>
> 哦，多冷啊！——她不能——不，她不能……(28)

虚构的西莉亚和现实中的阿加莎，似乎都幡然醒悟，无论发生什么，生活都是值得继续的。

但现在又出现了另一个问题，阿加莎是怎么能带着曾试图自杀的耻辱——无论多么短暂——而继续生活的呢？没错，自杀是一种罪，正如阿加莎在《空幻之屋》中描写的角色米奇言之凿凿的那番话："牧师们谈论的绝望之罪，是一种冷酷的罪，是切断自己与所有温暖和鲜活的人接触的罪。"(29)

一位与阿加莎关系密切的人说，那天晚上她陷入了"茫然的绝望"，而这对阿加莎来说，背负着强烈的负罪感。(30) 自杀，从法律层面上来讲是不对的——在1926年，自杀属于犯罪行为——在精神层面上，犯下绝望之罪也是不对的。但阿加莎也无法继续这样的生活，是时候改变自己了。

阿加莎的自传暗示，将她从悬崖边缘拉回来的，是记忆中一个女人的声音。一位老师曾经告诉她，基督教的本质是战胜绝望。"这几句话，"阿加莎写道，"一直在我心里……在我陷入绝望的时候，我会想起这番话，然后重拾希望。"

就这样，茫然、痛苦但还活着的阿加莎，看到了前方的某种救赎。她下了车，头部和胸部因为撞击而受伤，现在的她正以一种混沌的状态在冬天的乡村间行走，但她重生了。"在那一刻之前，我还是克里斯蒂夫人。"她解释道。⁽³¹⁾现在，她不再是了。她像蜕皮一样，把过去抛到脑后。只有这样她才能活下来。

她把汽车遗弃在原地，车灯还亮着，挂着空挡，她的驾照、外套和钱都在车里。只有她离开了，就像离开了过去的生活。

这一举动，让她的家人、朋友和警察完全不知所措。

12月4日星期六，早上7点，萨里山的天还很黑。一个赶去工作的牧牛人看到了奇怪的东西："灌木丛中闪烁着耀眼的车灯"。他没有去一探究竟，而是匆匆离开了。早上8点，一个戴着帽子、穿着长靴的十五岁男孩杰克·贝斯特，也看到了那辆被遗弃的汽车，他去吉尔福德①的警察局报了案。⁽³²⁾

警察赶到后，看到了那辆车的位置，认为这表示"发生了一些不寻常的事情"。⁽³³⁾他们让当地经营茶摊的人，帮忙一起把汽车拉回了道路上。⁽³⁴⁾

在吉尔福德警察局，萨里警察局局长威廉·肯沃德立即采取了行动。"我马上展开调查，"他在一份官方报告中告诉我们，"发现这位女士在前一天深夜，在相当反常的情况下，开车离开了她在桑宁代尔的家。"⁽³⁵⁾

---

①吉尔福德：英国萨里郡的城市。

肯沃德身材魁梧，圆脸，留着小胡子，明显是个和蔼而尽职的警察。他心地善良，富有同情心，会在警察局买玉米喂鸽子，并为寡妇和儿童成立了一个基金。[36] 然而，他对戏剧性事件有一种毫无必要的执念，他的性格中也有大男子主义的倾向。例如，他在同行间享有盛名，是因为他有一次假扮医生，抓住了"一个有武器的疯子"，并夺走了他的左轮手枪。[37] 现在，肯沃德似乎下定了决心，要找到谋杀的证据。他认为一定发生了"灾难"，他觉得"单从人道主义的角度来说，如果克里斯蒂夫人精神崩溃，失去了理智"，他有责任去帮助她。[38] 在某种程度上，真的要为肯沃德欢呼。然而，这种一心追求最戏剧性结果的做法，会让他忽视重要的证据。

肯沃德很快发现，阿加莎的朋友们在一定程度上支持他的想法，即发生了可怕的事情。"我认为，"佩格说，"阿加莎是迷失了……因为抑郁。"[39]

令人惊讶的是，最关心阿加莎失踪的人，并不是她的直系亲属，而是佩格、阿加莎的朋友乔伊斯，以及她的秘书卡洛。阿加莎用某种方式为自己组建了第二个家庭，一个筛选过的基于友谊成立的家庭，而不是因为血缘关系组建的家庭。这是她从托基医院"酷儿女性"时代起就拥有的一项重要天赋。

警方一定认为，最重要的证据会来自阿加莎的丈夫。但是他不在家。他在哪里？

那个星期六的早上，阿奇接到电话，不得不从他的秘密地点赶回，他原本打算在那里过完周末。那个秘密地点是位于戈德尔明的赫特莫尔乡村别墅，它离纽兰兹角不远，这一地点的公开让人难免猜测，它可能就是阿加莎午夜出门的目的地。

阿奇去了赫特莫尔乡村别墅，住在朋友山姆·詹姆斯和玛吉·詹姆斯家里。他们不是普通的老友，玛吉·詹姆斯是南希·尼尔的好朋友——他们曾一起接受打字员培训——当时一共有四个人，第四位成员就是南希本人。这是爆炸性的消息，如果泄露出去，可能会给阿加莎的失踪增加一个新的角度。阿奇不想让警察知道他出轨的事。

但现在，桑宁代尔的地理位置开始发挥作用。斯泰尔斯位于伯克郡，这意味着询问当地居民口供的工作，将落在伯克郡警长查尔斯·戈达德领导下的伯克郡警方肩上。而肯沃德隶属于萨里郡警察局，他负责调查纽兰兹角，那里很有可能是犯罪现场。这两个警局之间的沟通很差。很明显，所有参与调查的人都非常尊重阿奇。如果这是谋杀，那他显然是嫌疑人，但他是一位绅士，一位战争英雄。警察认为，他们必须谨慎行事。

出于对阿奇社会地位的尊重，阿奇和南希的关系将被保密一段时间。但后来，犯罪记者里奇·考尔德声称，詹姆斯夫妇的仆人把周五晚上在赫特莫尔乡村别墅举办的派对描述为一场庆典："克里斯蒂上校和尼尔小姐的订婚派对"。[40]

有些报道说，卡洛打电话给赫特莫尔乡村别墅，告诉阿奇他的妻子周五晚上不在家里，还有一些报道说是周日早上打的电话。不管怎样，当时的情况就是要求他立即回家。在斯泰尔斯大厅的桌子上，他发现了阿加莎留下的信，这封信被密封了起来。[41] 他读了，然后把信销毁了——这在以后引发了很多猜测。

如果他意识到这将成为他妻子精神状态的重要证据，他可能就不会这么做了。同时，阿奇也没有意识到，他的出轨很快就会公之于众。

第二十章　哈罗盖特水疗酒店

2008年的纽约，一位名叫汉娜·厄普的年轻教师，从她家人和朋友的生活中彻底消失了。

大家知道她没有死，因为有一天，有人看见她在逛苹果商店，在别人询问她之前，她就离开了。最终，汉娜在离自由女神像不远的海里被打捞上来，也确认了身份。她还活着，身体还算健康，但对过去三个星期所发生的事，她完全不记得了。

她说的第一句话是："我怎么湿了？"

但很多人根本不相信汉娜病了，认为她是装的。当汉娜的记忆开始恢复时，她读到了一些媒体关于她苦难经历的报道，她感到十分羞愧。记者们写道，她可能只是假装失忆。他们认为她浪费了警方的资源和公众的善意，并失去了家人的爱。

然而，精神病学家认为汉娜患有一种完全真实的疾病，叫分离性神游症，它的名字来自拉丁语，意思是"逃避"。一位精神病学家告诉《纽约客》杂志，分离性神游的研究很少，一部分原因是"这种现象太可怕了，一想到我们所有人都会出现意识上的迷失，就觉得很可怕"。[1] 在神游中，一种由创伤和压力引发的状态，会让你真的忘记自己是谁。有时过了一段时间后记忆会恢复，有时则不会。

一直以来，人们对阿加莎"失踪"的研究有两种观点。一是在她车祸后的几天里，经历了分离性神游的特殊情况，就像汉娜·厄普一样。另一种说法是,她在装病。

虽然今天的精神科医生对"分离性神游"的定义基本达成了共识,但在20世纪20年代,人们说起精神健康时用的措辞,却非常不准确。"精神崩溃"和"失忆"(也许是离"分离性神游"最近的词)是为了帮助在第一次世界大战中受伤的士兵,而十分常用的术语。

但这些都是很直白的措辞。事实上,"失忆"和"分离性神游"都不能概括阿加莎在报道中的一系列症状:疲惫、肌肉疼痛、失眠、无助感、退出社交场合、难以集中注意力、食欲不振和有自杀的念头。这看起来更像抑郁症,再加上一段时间的分离性神游。

然而,在阿加莎的案例中,一旦这起事件被贴上了"失忆"的标签,哪怕无法完全满足所有的特征,她也已经被定了性。只有一件事是可以肯定的:1926年12月4日星期六,以及之后的几天里,阿加莎经历了一次痛苦的精神疾病发作,这是母亲去世和婚姻破裂所引起的创伤造成的。阿加莎的经历不仅仅是"失忆",而要比这更可怕,更让人迷惑。她失去了自己的生活方式和自我意识。

医生对失忆的研究并不多,因为它既罕见又难以治疗。然而,在20世纪70年代,很多人开始声称自己压抑了自己童年时曾被虐待的记忆,这之后关于失忆的讨论开始多了起来。其中有一些病例被调查并得到证明,人们开始更加认真地看待失忆这件事。[2]

也就是说,患者需要被相信。失忆这件事总是伴随着怀疑:患者对所发生的事情感到怀疑,而别人又怀疑患者是否在骗人。

就像汉娜·厄普一样,阿加莎关于她失踪的陈述从一开始就受到质疑,她的故事人们也不相信。这无疑与性别有关。即使在今天,我们仍然习惯于怀疑女性言论的真实性,那么在20世纪20年代,这种情况只会更糟糕。阿加莎的社会地位确实给她带来了巨大的优势:仅仅因为这一点,就有一些人会相信她。但同时,这也带给她两个不利的因素：她是一名职业女性，以及她的职业性质，这两点都会损害她的可信度。

正如我们看到的，她的名气让事情变得更糟糕了。很快，她受到了一家媒体的无情审判，这家媒体对她出走的原因，给出了与我截然不同的结论：她是一个嫉妒心强、善于操纵他人、渴望受到关注的人，她出于报复的目的，试图将谋杀罪嫁祸给她丈夫。

阿加莎·克里斯蒂一生中遭受的最大的不公平，并不是丈夫在她哀悼母亲时背叛了她，甚至也不是精神上的折磨，而是她因为疾病，在全国性媒体上被公开羞辱，以至于人们从此怀疑她表里不一、善于撒谎。

不幸的是，关于阿加莎长久以来的名誉，许多为她写传记的作家，尤其是男性作家，都像当时的男性警察和男性记者一样，在轰动的消息上投入了大量精力。其中一位作家说："她是故意的——事实证明了这一点——把谋杀的嫌疑嫁祸给她的丈夫。"(3)

因此，这种不公平一直在延续。

现在，是时候做个了断了：听听阿加莎说了什么，去理解她的一系列经历，即便这些经历被贴上了毫无帮助的"失忆"标签。另外，也许最重要的一点是：当她坦言自己很痛苦的时候，请相信她。

那么我们应该相信什么呢？阿加莎告诉我们，在 12 月 4 日星期六早上，当警察正在调查她遗弃的汽车时，她已经——沿用当时那个毫无意义的词语——"失忆了"。

在心理治疗师的帮助下，后来她开始把遗忘的记忆碎片拼凑成一段故事。"我记得，我到了一个大火车站，"她最后回忆道，"然后惊讶地发现，这里是滑铁卢①。"(4)

---

① 滑铁卢：指滑铁卢火车站，位于伦敦。

许多人很想知道她可能去了哪里。据《每日邮报》的调查人员称，他们沿着阿加莎的行踪调查，发现她很可能一路漫游到了克兰顿车站，那个地方离纽兰兹角约3英里。她只带了她的手提包、60英镑现金和罗莎琳德的照片。从克兰顿开往滑铁卢的火车分别是6点42分、7点22分、7点52分、8点22分和8点56分，看来阿加莎很可能就是这样到达伦敦的。(5)

当终于谈论到她的经历时，阿加莎转为了她最熟悉的语言，也就是小说式的语言，在小说中，"失忆"一直是关键的剧情。这意味着，她的话听上去会让人不由自主地想起正在执行任务的塔彭丝·贝雷斯福德，这让她在描述自己到达滑铁卢时，有一种不真实感。"真奇怪，"她说，"那里的铁路部门竟然不记得我了，当时我浑身是泥，脸上还沾着从手上流出来的血呢。"(6)

尽管几小时前她还想自杀，但现在，她已经把自己和这一切"分离"了，那些念头属于另一个人。阿加莎把注意力转到重新整理自己上，她似乎打车去了百货商店。一些报道称是哈罗德百货，也有说是维特莱斯百货。对于像阿加莎这样手提包里装着60英镑（相当于现在的2000多英镑）的女人来说，商场是一个温暖又舒适的地方。有迹象表明她买了一个热水壶，有些报道还说她丢了一枚戒指，还有一种说法是她留下了一枚戒指，让店铺修理。(7) 阿加莎会拿回戒指的，这是她婚姻梦想的一部分。

在伦敦，阿加莎还做了一件重要的事：她寄了一封信，收件人是阿奇的哥哥，坎贝尔·克里斯蒂。阿加莎和坎贝尔一直很亲近，坎贝尔经常在工作上帮助她。这封信从伦敦的SW1区寄出——哈罗德百货也在那里——并于上午9点45分送到分拣处盖章。(8)

一个"失忆"的女人怎么能寄信呢？在这里，这个术语的局限性开始显现出来。但阿加莎如果处于分离性神游状态，行为不合理是可能的。前一天晚上，当她给卡洛和阿奇写信时，似乎也给坎贝尔写了这封信，她写好地址，盖好章，把它放在包里准备去邮寄。信上说她要离开家一段时间，去约克郡的一家水疗中心。这是个备用计划，如果她没能结束自己的生命，那么她当然会希望家人知道她在哪里。如果她在包里发现了这封信，并且连邮票都准备好了，自然会把它寄出去。

阿加莎在百货公司的盥洗室里洗漱时，为了保护自己免受更深的痛苦，她的大脑开始为自己创造一个全新的身份——一个完全不同的女人。她说："在我脑海里，我现在是南非的特蕾莎·尼尔夫人。"(9) 这个形象从何而来？她与阿奇的情人有着相同的姓氏，她来自阿加莎和阿奇曾经幸福过的地方。这些细节组合在一起，创造了一个她觉得可以扮演的角色。"你不能书写自己的命运，"多年后，阿加莎说，但"你可以让你创造的角色，做任何你想做的事情"。于是她为自己创造了一个新的角色，一个可以做任何她想做的事情的角色。她最想做的，就是逃离克里斯蒂太太那种难以忍受的生活。

在商场里养精蓄锐了一段时间后，"特蕾莎·尼尔"去了国王十字车站，买了一张去哈罗盖特水疗酒店的票。哈罗盖特镇上著名的皇家浴场，是医疗保健服务业的巅峰。后来，阿加莎发现她选择这个目的地一点也不奇怪："车祸导致了神经炎，我以前曾想过要去哈罗盖特治疗这种疾病。"(11) 在环球旅行的时候，她也得过神经炎，在冲浪时感到肩膀很疼，当时她就是用热水缓解的疼痛。

阿加莎对"神经炎"的自我诊断是耐人寻味的。在 20 世纪 20 年代，它被理解为一种由物理或生物原因而引发疼痛的神经炎症。然而，还有一种与之类似的情况，"神经衰弱"，它会带来同样的疼痛，但病因是情绪问题。神经炎和神经衰弱很难区分，两者的治疗方法都是在水疗中心静养。(12) 但这两者之间也有重要的阶级区别，中产阶级更有可能声称自己患有神经炎（生理上的），而不是神经衰弱（情绪上的）。阿加莎的用词承认了问题的严重程度，但也用了约定俗成的暗号，将自己与"疯子"区分开来。[13]

不管怎样，去做水疗是明智的决定，尽管阿加莎早就该这么做。她认为自己对罗莎琳德是个危险，有必要休息一阵。乔伊斯怎么说呢？"她的医生告诉她必须休息，事情会好起来的。"[14]

当她乘坐火车抵达哈罗盖特时，冬天的太阳已经下山了。她打车去了一家旅馆，显然是随便挑的，名字就叫"水疗酒店"。[15]

哈罗盖特水疗酒店，当地人直接叫它"水疗店"，有三层楼，门廊是用乌黑色石头建造的。这是一个相当庞大的企业，哈罗盖特水疗酒店公司在1878年接手了下来。今天，它变成了斯旺酒店。当时，它有可以容纳26辆车的停车场，5英亩的花园和一个舞厅。皇家浴场就在步行可达的地方，附近还有其他漂亮的酒店，如莫扎迪斯酒店。[16]

一定是从水疗店客房窗户溢出来的灯光，温暖了12月的夜晚。客人们络绎不绝。就像百货商店一样，这里是可以让阿加莎感到安心的地方。她一直都喜欢隐匿在酒店里，也常常一个人在那里写作。

阿加莎到酒店时没有带行李箱，但她解释说她最近刚从南非来，行李寄放在朋友那里了。她自称特蕾莎·尼尔夫人，来自南非开普敦，并用她常用的笔迹在登记簿上签了名。[17]

这个姓氏显然暗示了阿加莎和南希·尼尔之间的某种交集。但是，前面的名字是取自于阿加莎崇拜的文学圣女，阿维拉的圣特蕾莎吗？又或者——只有最厉害的侦探才能解开的诡计——它是"难题/戏弄者（teaser）"的变位吗？[18]这一切都是未知的。但是，酷爱填字游戏的阿加莎，天生就能想出这样奇妙的东西。

酒店经理W.泰勒先生后来表示，这位新客人入住了"一楼的好房间,有适宜的热水和冷水"。每周 7 畿尼的价格让她没有丝毫犹豫。"她好像要多少钱,就有多少钱。"[19] 那 60 英镑还是很有用的。

阿加莎的房间由一个留着短发、年轻漂亮的女仆打理,她名叫罗西·阿舍,她似乎一直在密切关注着阿加莎。阿舍发现"尼尔夫人"几乎没带什么东西,只有"一把梳子、一个新热水壶和一张小孩的照片,照片上写着'泰迪'"。[20]

后来,阿加莎自己回忆说,她也想知道自己身上为什么会有瘀伤。但"尼尔夫人"迫切地希望生活可以有条不紊地进行下去,于是她下楼吃晚饭,甚至还参加了晚上的舞会。在和其他客人交谈时,她流露出悲伤的样子。她告诉一个人,"她的小女儿死了,她来哈罗盖特休养。"这些客人也多少有些"疾病",他们把她围在中间,拥抱了这位独身女子。"克里斯蒂夫人来的那天晚上,我和她跳过舞,"其中一个客人后来说道,"她跳查尔斯顿舞,但跳得不太好。"[21]

阿加莎跳得不好,是因为她穿着外出过夜的裙子。显然,她必须为她的新角色找到合适的服装。等她休息好,当商店开门时,她就需要买衣服了。[22] 这一点一直都没有改变。就像弗雷德里克·米勒的女儿阿加莎·克里斯蒂一样,特蕾莎·尼尔夫人——她的生命就从一家百货商店开始——也很喜欢购物。

让我们把目光回到萨里郡,那个周末,肯沃德正与七八名警察和一些平民志愿者一起,在阿加莎汽车附近的乡村进行搜索。[23] 结果毫无收获,肯沃德认为应该扩大搜索范围。

警方还发布了一份失踪人口声明,媒体迅速跟进报道。周一早上的报纸写了具体的细节,从桑宁代尔的家中失踪的是"阿加莎·梅·克拉丽莎·克里斯蒂夫人,克里斯蒂上校的妻子,三十五岁(实际上她三十六岁),身高 5 英尺 7 英寸。淡红色的短发,灰色的眼睛,肤色白皙,体格健壮"。[24]

报道中还提到,她没有戴结婚戒指,她把它留在了斯泰尔斯。那些知道阿加莎婚姻破裂的人认为,这表明她的精神状态令人不安。另一些人则把这看作阿加莎的特立独行,这同样令人不安。[25]

新闻界现在把阿奇描绘成一个悲剧英雄。"在桑宁代尔,"《每日邮报》报道说,"克里斯蒂夫人失踪之谜是唯一的话题……人们对一个才华横溢的女人命运的焦虑,只有克里斯蒂上校那可怜的样子所引发的同情,才能与之相比。"[26]

但肯沃德越来越怀疑克里斯蒂上校。读过阿加莎写给卡洛的信后,他相信她有自杀的危险,或者——尽管肯沃德从未说出口——被谋杀。他不认为自己的工作只是找到阿加莎,相反,他武断地表示,他有必要确认这"不是一场谋杀"。在《萨里广告报》的独家采访中,肯沃德透露了一些阴暗的讯息,说谋杀可能已经发生了。"这是认识她的人,包括她自己的一些亲戚,暗示给我的。"[27]然而,值得一提的是,卡洛看了这封信后表示,"不相信"阿加莎已经死了。[28]

与此同时,负责询问克里斯蒂家仆人的伯克郡警长戈达德,也相信阿加莎还活着。和萨里郡的肯沃德相比,伯克郡的戈达德没有那么热衷应付记者。犯罪记者里奇·考尔德正在报道这次的搜寻工作,作为一个社会主义者,他对上流社会的克里斯蒂并没有好感,他不是一个公正的记录者。但他的回忆确实表明了他强烈的感觉,即两支警察队伍无法达成一致。他说:"伯克郡和萨里郡的警察几乎没有交流。"[29]

阿奇销毁了阿加莎写给自己的信,并对信的内容讳莫如深,这让人们越来越感到失望。他闪烁其词地说:"这纯粹是私事……我不能公开讨论信的内容。"[30]阿奇既是在掩护自己,又是在保护南希,如果南希也被卷进这桩麻烦事,她的名誉就会受到伤害。

萨里郡的肯沃德继续他寻找尸体的任务，他打算搜索纽兰兹角附近的一个小湖，不巧，这个池塘有一个夸张的名字"寂静湖"。这一进展令记者们垂涎三尺，《每日速写》杂志对此几乎是欣喜若狂："在当地的传统中，人们总是认为，湖水对靠近它的人会产生一种难以抗拒的魅力，尤其是对像克里斯蒂夫人那样的人来说。"(31)

媒体对这类事情总是欲罢不能。《每日邮报》请了一位退休警察提供专家意见，尽管他在警察程序方面的表现枯燥得令人失望，但在另一点上却一针见血。"克里斯蒂夫人，"他写道，"已经有意无意地在现实生活中成了一个谜团的焦点人物，她任何一部聪明的小说都比不上这个谜团。"(32)

与此同时，在哈罗盖特，阿加莎正在拥抱她未知的新生活。她的女仆注意到，那个周日，当肯沃德在山谷里搜寻时，阿加莎"一直睡到上午10点，在床上吃完早餐后，就出去了"。(33)

星期一早上，阿舍注意到阿加莎"在床上吃早饭的时候，在看伦敦的报纸"。当然这无法避免，因为克里斯蒂夫人的失踪已经成为国际新闻。(34)但阿加莎还是设法把这些信息丢到一旁，她开始给自己添置新衣服。那天晚些时候，在逛完商店后，包裹开始陆续送到她的房间："新帽子、外套、晚宴鞋、书籍和杂志、铅笔和水果，以及各种盥洗用品。"

旅馆里的人注意到，阿加莎经常手里捧着一本书在阅读。她去过国会街的WH史密斯图书馆，那里的图书管理员考伊小姐从她挑选的书目中得知，她喜欢情感小说和侦探小说。(35)

那天晚上，阿加莎穿着得体的礼服下楼吃晚饭，她还戴了一条新的"时髦围巾"。据酒店工作人员说，在会客厅和舞池里，"她交了很多朋友"。她会打台球，甚至会高声唱歌来取悦其他客人。(36)酒店的女招待科贝特小姐注意到，"尼尔夫人"的新披肩上还别着

75 先令的价格标签。"这是你的价格吗？"一个客人问。"我想我的价值不止于此。"阿加莎回答道。(37)

第二天，阿加莎又收到一个包裹。她曾写信问能不能把落在伦敦百货商店的戒指寄给她。根据一些报道，那是一枚钻石戒指。12月7日星期二，戒指准时送到了水疗店。(38) 把戒指戴在手指上，或许就意味着，她作为一个崭新的、更好的妻子的最后一块空白，被填补上了。

12月7日星期二，寻找克里斯蒂夫人的赏金越来越高，《每日新闻》悬赏 100 英镑，奖励任何可以提供帮助发现阿加莎线索的人。(39)

但因为一直找不到尸体，媒体开始考虑一种新的观点：阿加莎可能失去了记忆。"我能给出的唯一解释，"阿奇告诉一位记者，就是他的妻子"经历了失忆"。(40) 阿加莎的朋友乔伊斯也确信这是"一种筋疲力尽后会出现的情况——失去记忆，或类似的事情"。(41)

第二天，12月8日星期三，《每日邮报》采纳了失忆的观点，并且进行报道。"潜意识起了主导作用，"有一位作者这样解释，"当潜意识受到艺术家创作能力的训练，去设计小说中的神秘失踪时，它可能会非常巧妙地策划一次真正的失踪。"(42)

阿奇那一代人中，有相当一部分都经历了第一次世界大战，他们相信失忆是对创伤的一种合理反应。威尔弗雷德·哈里斯医生在一本关于战争医学的书中，有一章写的是"神经休克"，里面介绍了失忆，这与阿加莎后来描述的精神状态完全吻合。哈里斯说，病人"可能会完全丧失记忆，事故发生前的每一件事对他来说都可能是陌生的。他可能不知道自己的名字、职业或住在哪里"。(43) 当阿加莎车祸的细节最终浮出水面时，她头部遭到的撞击会被拿出来强调。这是因为在 20 世纪 20 年代，人们普遍认为，人的"失忆"通常是

由脑震荡或头部受到打击而引起的。⁽⁴⁴⁾

同时,水疗店里的人也开始怀疑"尼尔夫人"到底是谁。毕竟,12月7日星期二,阿加莎的肖像曾出现在《每日快报》的头版上,两者的相似之处不容忽视。

"她在这儿待了四天左右,"旅馆经理回忆道,"我妻子跟我说:'我相信那位女士就是克里斯蒂夫人!'"⁽⁴⁵⁾泰勒先生认为他的妻子很"荒谬",但她并不是唯一一个这么说的人。"这里的一些仆人说,这个女人和照片里的人看起来很像。"泰勒夫人说,"我叫他们什么也别说。"⁽⁴⁶⁾哈罗盖特的水疗酒店常客都是一些病人、无聊的人和有钱人,这些人想公开身份就公开,不想公开就保密。

但这个秘密终将曝光,女招待科贝特小姐后来承认了真相:"我们都说,那就是克里斯蒂夫人。"⁽⁴⁷⁾

12月8日星期三,酒店员工在报纸上看到肯沃德在萨里郡组织了一次规模更大的搜查,想让他们继续保持沉默已经越来越难了。

据《威斯敏斯特报》报道,至少有300名警察和特警参与了此次行动,"人们手持长棍,排成十码①宽的队伍前进,把乱糟糟的灌木植物纷纷打倒……"在山顶潮湿的雾气中,可以听到他们彼此呼唤,他们的头顶上不断传来"飞机来回穿梭"的嗡嗡声音。⁽⁴⁸⁾

肯沃德现在非常确定,他要找的是一具尸体。《每日电讯》报道:"官方公开表示,克里斯蒂夫人会在离她的车被发现的地方不远处被找到。"⁽⁴⁹⁾

毕竟,肯沃德很可能读过阿加莎的小说《达文海姆先生失踪案》②。在书中,波洛反复提到了失踪可能意味着什么。"你可能会失去自己的记忆,"侦探说,"但肯定会有人认出你的。"另一方面,他

---

① 十码:约9.144米。
② 收录于波洛系列短篇集《首相绑架案》。

继续说，尸体不可能"凭空消失"。

它迟早会出现，要么隐藏在偏僻的地方，要么藏在箱子里。谋杀总会曝光。(50)

肯沃德的照片很快出现在报纸上，他摆出居高临下的姿态，指挥着他的搜索军团。(51) 他坚持在萨里郡这个孤独、迷雾笼罩的地方英勇搜寻，似乎确信"谋杀总会曝光"。

不过，肯沃德也许应该把时间花在调查一条新线索上，这条线索是他在周二忙着搜索纽兰兹角时发现的。

后来大家才知道，阿奇的哥哥坎贝尔收到了阿加莎于上周六在伦敦市中心寄出的那第三封信。他收到并读了信，但当时没多想，直到听说她"失踪了"。

当坎贝尔意识到这封信可能是重要证据时，他找不到它了，尽管信封还留着。他不得不依靠记忆来复述内容，据《每日邮报》报道，他说阿加莎说"要去约克郡的水疗酒店，和朋友待在一起疗愈自己"。(52)

基于此，人们可能会认为，警方的搜索重点将转向约克郡。但肯沃德的反应和许多调查人员一样，当遇到一块不符合他脑海中拼图的碎片时，他会竭力把这条线索排除在外。毕竟，这并不能证明阿加莎周六还活着，她不需要亲自去寄信，可能已经"安排"了别人替她寄。(53)

警方只是敷衍了事地把约克郡纳入他们的搜查范围。但据《泰晤士报》报道，肯沃德领导的吉尔福德团队对"克里斯蒂夫人不在那个郡"感到满意。(54) 于是，搜寻工作继续在当地进行，肯沃德确信坎贝尔·克里斯蒂的信是一个女骗子伪造的。

毕竟，搜索过程相当轻松，有两名飞行员表示愿意提供服务，他们"在发现汽车的地方绕了很多圈"。[55] 警方拥有各种搜索技术，包括"广泛的电话网络、数百辆汽车……现在还将使用潜水设备"。[56]

《每日纪事报》的一位记者对哈罗盖特的酒店进行了全面搜索，他急于报道即将成为本周（也可能是这一年）的头条新闻。他花了一整天时间，但是很不幸，什么也没有找到。

然而，在这段时间里，伯克郡警察局的戈达德警长一直在调查另一条线索。他的手下询问了阿加莎的女仆莉莉，莉莉把阿加莎的话告诉了他们："我周末要出去，可能先去伦敦。"[57] 给坎贝尔·克里斯蒂的信中提到了约克郡，这让戈达德更加确信阿加莎还活着。戈达德认为，通过发布"失踪启事"，在更大范围内寻找一个活着的人，比在萨里山小规模地搜索尸体要有用得多。

这两种不同的搜索方法，似乎在没有意义地相互竞争。"如果谁要是把苏格兰场的高级探长叫来，"《快报》抱怨道，"整个工作都将由一个受过专业训练、能对付最复杂难题的人来指挥。"[58] 阿奇确实要求咨询苏格兰场的意见，但两方的当地警署都渴望荣誉，认为没有必要。

戈达德的"失踪人口"搜索计划包括与媒体合作，周四的《每日邮报》上，刊登了一张阿加莎的"合成照片"，这是一位艺术家在萨里郡警方和卡洛的共同指导下制作的。照片中的阿加莎身着失踪时穿的羊毛衫，这张照片出现在报纸上只是一个开始，之后它还将被印在宣传海报上。[59]

在约克郡，哈罗盖特的警方也开始搜索酒店，但没有收获。不过，他们确实发现了一位与阿加莎年龄相仿、举止"非常古怪"的陌生女子造访过皇家浴场。[60]

正是建于1897年的皇家浴场，使哈罗盖特成了"欧洲水疗的前沿"。除了土耳其浴和俄式浴，这家店还提供按摩服务，服务人员都是"训练有素的按摩师"。[61] 阿加莎告诉我们，在哈罗盖特，她会"定期"去这些浴室，以缓解她所说的神经炎。[62] 警察之前可能没找到她，但现在网正在收紧，警方发出指示："在浴室的售票处要派人严密监视，以防那个女人回来。"[63]

不过，阿加莎没有注意到警察已经追查到了她，她现在的生活已经好多了。"作为尼尔夫人，"她后来说，"我感到非常幸福和满足。"[64]

她开始注重健康，正在让自己变成一个全新的人。显而易见，她慢慢地变成了一个穿着得体、理智又时髦的年轻女子，一个比起克里斯蒂夫人，更像南希·尼尔的人。

在某个时刻——确定吗？——阿尔奇会醒悟过来，回到她身边。

然而，现实生活正在重新回到阿加莎眼前。据罗西·阿舍说，她发现她周四"非常开朗、快活"。[65] 但对阿加莎和阿奇来说，这是糟糕的一天，也许还是最糟糕的一天。

阿加莎一定在报纸上看到了寻找克里斯蒂夫人的消息。她潜意识的某些部分肯定已经意识到事态的严重，并开始想象如果她重新回归自己的真实身份，将会经历怎样的耻辱。

但是，她似乎决定继续扮演尼尔夫人的角色。当天晚些时候，她在《泰晤士报》上刊登了一则广告，写道："来自南非的特蕾莎·尼尔的亲友们，请联系 R.702 邮箱。"[66]

这听起来像是她在含蓄地向丈夫求助。阿奇很了解阿加莎，知道媒体的关注会给她带来多大的恐慌。"我敢肯定，在一切都归于平静之前，她是不会回来的，"他说，"那些了解她害羞和孤僻性格的人都知道，等一切都平静下来，她就会回来。"[67]

但更糟糕的是，真正的南希·尼尔也首次出现在媒体报道上了。

南希躲了起来，焦急地躲在里克曼斯沃斯的父母身边。但现在《威斯敏斯特报》说，在克里斯蒂上校与詹姆斯夫妇住在一起期间，还有一位"尼尔德小姐（原文如此），是一位年轻的女性朋友"。故事中出现一个"年轻女性"，是令人兴奋的。该报的特派记者还说，警方已经就克里斯蒂的婚姻状况，询问了斯泰尔斯的工作人员。"我知道谣言中'没有真相'，"他在文章中写道，"阿加莎失踪的那天，他们在早餐桌上'争论了起来'。"(68) 但这给人留下了完全相反的印象。

这对阿加莎来说是个可怕的转折。如果南希的名字被人知道，人们就会发现她是一个被遗弃的妻子。她的丈夫为了一个"年轻的女性朋友"，抛弃了她。

于是她越陷越深。"在哈罗盖特，"她后来回忆道，"我每天都会读到克里斯蒂夫人失踪的消息……我认为她的行为很愚蠢。"(69) 酒店的一位客人记得她说过："克里斯蒂夫人是个难以捉摸的人，我不该为她烦恼。"(70) 还有，据这位证人说，阿加莎开始表现出莫名的痛苦，她会把手按在额头上说："我的脑子出问题了。我不记事了。"(71)

南希的名字上了报纸，阿奇也同样感到不安。这正是他一直担心的事情，因为除了名誉上的耻辱，这也会给他提供一个绝佳的谋杀动机。里奇·考尔德声称，假如真的在寂静湖里发现了尸体，"根据我对警方态度的了解，毫无疑问，克里斯蒂上校会被逮捕。"(72)

阿奇当然也是这么认为的，他对办公室的一位同事说了同样的话。他们两人在电梯里相遇。"他当时非常紧张，"这位同事作证说，"他告诉我，警察一直跟着他走到布罗德街……他说：'他们认为我谋杀了我的妻子。'"(73)

那个星期四的晚上，阿奇被叫到警察局接受讯问，从即刻起，斯泰尔斯门口将由一名警察驻守。阿奇声称警卫是"应他的要求才

来的,因为他不希望被记者骚扰"。(74)

但实际上,这名警察是派来盯梢阿奇的,以免他也失踪了。

12月9日星期五,天色刚亮,这一年即将结束,"圣诞气氛"出现在了《每日邮报》的头版。阿加莎离开斯泰尔斯已经整整一周了。那个星期五的早上,在酒店里,她"有那么一分钟看起来很奇怪……她早早地下楼,然后去往利兹市购物"。(75)

与此同时,阿奇既紧张又害怕——"这种充满不确定的焦虑太可怕了"——因为他犯了一个可怕的错误。前一天晚上,他极不明智地接受了《每日邮报》的采访,也许是为了转移人们对"尼尔德小姐"的注意力,他提出了这样的想法:他的妻子可能是故意失踪的。

"我的妻子,"他对记者说,"曾讨论过随意消失的可能性……她的脑海里一直有这样的念头,就是策划一场失踪,这可能是为了她的工作。就我个人而言,我认为现在这个念头付诸实践了。"

阿奇已经放弃了"失忆"的观点,和卡洛一样,他也从来没有考虑过是自杀。现在,他要为自己辩护,反驳人们说他是坏丈夫的指责:

> 说我和妻子在星期五早上发生了争吵,这绝对是不真实的……我强烈反对在这件事上搬弄是非……我妻子对我的朋友从来没有提出过丝毫异议。

读者们一定认为,他有些反应过度了。

阿奇接着详细分析了他妻子可能是如何实现计划的。"她可能秘密地攒了一大笔钱。"这一说法,使阿加莎听起来贪婪又狡诈。"她很聪明……非常聪明,她能得到她想要的一切。"(76)

《每日邮报》大西洋特刊以一种谴责的方式，总结了这一长篇采访。"克里斯蒂上校今天告诉我，"总结中写道，"他的妻子写的是侦探小说，她曾讨论过随意消失的可能性。"(77)国外的报纸进一步精简了这篇报道，12月12日，《巴尔的摩太阳报》发表了一篇短文，标题很直白："警方认为失踪的女小说家躲起来了，推测她是故意策划失踪"。(78)

于是，阿奇愚蠢地向读者提供了他们所需要的一切证据，让他们认为阿加莎是故意失踪的。

如果这是真的，那么他的动机就是为了报复被背叛的妻子，这一点阿奇是肯定无法承认的。他对《晚间新闻》说："我周五离开家，和朋友们度过周末。"《晚间新闻》的记者迫不及待地想知道阿奇的朋友是谁，但阿奇不肯说："我不想把我的朋友也牵扯进来。"(79)因为没能及时找到阿加莎，警方备受谴责。可是阿奇的闪烁其词，以及他那颇具威信的口吻，成了警方前进道路上的重大障碍。

然而，他不够聪明，无法一直保护自己。在12月11日星期六发表的另一篇采访中，他说："你必须记住，我们已经结婚好几年了，像其他夫妻一样，在某种程度上，我们各过各的。"他解释说，他有他的生意，而他的妻子"有她的文学作品"。(80)

他亲手为两人的婚姻，钉上了棺材上的最后一颗钉子。读者对阿加莎只剩下了负面的印象：一个不称职的妻子，过分专注于工作，不负责任，冷若冰霜。

星期六早上，也就是阿奇那令人麻烦的声明发表当天，酒店女服务员认为"尼尔夫人"似乎被报纸"激怒了"。(81)

同一天，《每日电讯报》刊登了一则篇幅巨大的广告——《高尔夫球场命案》即将连载，并宣传这本书是"失踪的小说家阿加莎·克里斯蒂"的作品。(82)这些话显然出自阿加莎的出版商,而不是阿加莎本人。但读者认为作者是在利用臭名昭著的新闻来赚钱,这也无可厚非。

作者本人已经看够了这些报道。星期天,她没有再叫人把报纸拿到卧室来。

12月12日星期日这一天,萨里郡警方在风景优美的萨里山中组织了后来被称为"大搜索"或"寻找阿加莎尸体"的行动。"这是警察档案中最伟大的有组织的搜索行动之一。"(83)《泰晤士报》称,有2000人前来帮忙,"道路交通被堵塞了……发现被遗弃汽车的那个高原上,现在停满了汽车"。(84)

肯沃德似乎玩得有点过头了。"我处理过许多重要的案件,"他告诉《每日邮报》,"但这是需要我去解决的最令人困惑的谜团。"(85)

这一天的萨里郡是一个阴雨天。"成千上万的男男女女步行,还有几十人骑着马,在雾气弥漫的田野间搜寻,"《每日邮报》一位风格激进的记者写道,"还出动了六只警犬……不管男女,都搜查得很彻底。他们不顾突然跌进隐蔽的沟里,也不顾戴着手套穿着防护袜依然会被刺伤,毅然决然地向前冲去。"(86)

阿加莎的犯罪小说作家同行也不可避免地被裹挟进这一事件,多萝西·L.塞耶斯也加入了周日的搜索队伍当中。阿瑟·柯南·道尔爵士一直以来都对通灵术有浓厚的兴趣,他把一只属于阿加莎的手套给了一位灵媒。灵媒不知道它是谁的,但立刻说它的主人"并没有像许多人想的那样死了。她还活着。我想,下周三你就会听到她的消息"。柯南·道尔把这个好消息告诉了阿奇。(87)

但是,周日一整天都没有出现什么有价值的东西,肯沃德认为自己找得不够仔细,他开始考虑再一次搜索。

与此同时,更多头脑清醒的人一直怀疑在萨里山的搜索能否取得成功。那群记者正在丧失对肯沃德的信心，他们的口吻也变了。他们现在对"故意消失说"更感兴趣，那三封信，尤其是写给坎贝尔·克里斯蒂的那封信、带走的手提箱、给女仆的留言，也许都从侧面印证了这个计划。

但即便如此，人们还是找错了地方："现在官方坚信，她可能会在伦敦被找到，她伪装成了一个男人。"[88]

成百上千的警察和志愿者参与了这次大搜查。那个星期天，在萨里山上，人们付出了巨大的努力，不管是出于好奇，还是出于善意，都创造了一次共同回忆。由于没有结果，许多人的希望破灭了，这样的努力和失落，将成为英国人记忆的一部分。很快，失望就会转变成愤怒。

《每日邮报》还聘请了另一位犯罪小说作家埃德加·华莱士发表他的观点。12月11日，他的文章中又出现了新的抱怨。他说，阿加莎的失踪很可能是自愿的，并且——

> 这是对伤害她的人进行"精神报复"的典型案例。通俗地说，她的初衷似乎是想"刁难"某个人，这个人会因为她的失踪而苦恼……你不可能在失去记忆的同时，完成你本来就想做的事。[89]

威尔弗雷德·哈里斯是研究战时创伤的专家，对于别人是怎么看待"失忆"的，他再熟悉不过了。"失忆，"他写道，"很容易被误认为是在装病。"[90]

然而，肯沃德仍然反对故意失踪的说法，他认为这种说法很"残忍"。[91]他一点也不冷酷无情，阿加莎的家人和朋友都曾使他相信，阿加莎是一个很羞怯的人，"作秀"是她最不愿意做的事。[92]

但由于缺乏其他令人信服的证据,这个想法很难得到支持。

12月14日周二,《每日邮报》发表了一篇社论。作者认为,如果阿加莎还活着,"因为这个无情的恶作剧,她必须做好给亲人带来巨大焦虑和占用公共资源的心理准备。"(93)

这种猜测一直持续到现在,有很多作家都倾向于认为阿加莎确实是故意消失的。其中之一是格温·罗宾斯,她于1978年写作的传记被克里斯蒂家族拒绝授权。1998年,传记作家贾里德·考尔德也认为阿加莎是"故意上演失踪"。2009年,理查德·哈克在他未经授权的传记中写道,"报复的需要"激发了阿加莎的动机,当阿加莎想折磨阿奇时,"她的计划进展得很顺利"。(95)

从那时起,这一想法从传记作家那些看起来严谨、加了很多注释的书籍,逐渐蔓延到流行文化,进入电影和小说。善良的人认为阿加莎是一个受了委屈的女人,复仇欲望可以理解。而更极端的——尤其是1979年拍摄的故事片《阿加莎》——将她描述为谋杀南希·尼尔的凶手。

当然,小说和现实是两码事。但是,正如我们多次看到的那样,许多人根本不理解其中的区别。

萨里郡的肯沃德不知道,事情正在约克郡迅速走向结局。那个星期天晚上,有两名男子来到哈罗盖特警察局,报告说他们怀疑克里斯蒂夫人住在他们工作的酒店里。

鲍勃·塔平和鲍勃·莱明是一个名叫"快乐水疗店男孩"乐队的乐手,阿加莎曾跟着他们的音乐跳舞。另一位乐队成员阿尔伯特·怀特利解释了为什么他们这么久之后才站出来。"乐队领导不想知道真相。"他解释道,"而如果结果证明我们错了,他会丢掉工作。"(96)

当罗西·阿舍听说有人向警方通风报信时,她一点都不惊讶。

很早之前，她就认出了"尼尔夫人"的真实身份，但"如果给别人造成任何麻烦，尤其是客人，我就会丢掉工作"。(97) 12月13日星期一，当地警察来到酒店。

酒店员工出于对自己工作的担心，以及对客人隐私的尊重，所以即便到了此时，他们仍在保守秘密。直到12月14日星期二，卡洛和阿奇才终于得知，阿加莎可能已经被找到。

约克郡的警方会宣布什么，肯沃德并不感兴趣，因为他太忙了。周一，奥尔德肖特摩托车俱乐部的80名成员向他提供了服务，他还忙着"把整个地区划分成几个区域，把所有的小河和峡谷都做了标记"。(98) 有人还向他提供了潜水员，以及用来运送警察的"两千辆汽车"。(99)

但他忙于这一切的时候，《伦敦晚报》午后版上市了。这份报纸于12月14日星期二下午14点30分发售，里面有一篇新闻报道了最新的重大进展。

正如许多证据一直以来所显示的那样，这件事的结局确实在哈罗盖特。

第二十一章　再度出现

12月14日星期二，根据哈罗盖特警方提供的信息，萨里郡警方终于给斯泰尔斯打了电话。他们告诉卡洛，很多人都怀疑阿加莎还活着，并且很健康，她住在水疗酒店。

自从她离开家，到现在已经过了十一个充满变数的日子。

卡洛给阿奇的办公室打了电话。阿奇听了细节后，认为他们描述的人确实像是他的妻子，他会去约克郡看看。卡洛去不了，因为她还有罗莎琳德需要照料。

谜底终于要揭晓了吗？

阿奇乘坐13点40分的火车从国王十字车站出发，于日落之后抵达哈罗盖特。据记者报道，当他走出站台时，脸上露出"极度焦虑"的神情。[1] 他沿着阿加莎的踪迹，来到水疗酒店，经理给他看了访客登记簿。现在阿奇更加肯定了，虽然阿加莎没签自己的名字，但他认出了她的笔迹。[2]

有二十五名左右的记者在酒店的大堂和门口徘徊，酒店的管理肯定经受了严重挑战。但警察有个计划，让阿奇在不惊动那个女人的情况下看到她，他们不想"吓到"一个可能处于危险精神状态的女人。而且这还不是普通女性，她是一个名人，同时有着丰富的创造力。看着警察小心翼翼地围着克里斯蒂夫妇，生怕做错事情，真是太有意思了。

尽管阿奇的紧张情绪已经达到了最高点,《纽约时报》还是报道了这次会面是如何以一种掩人耳目的方式进行的。"我们听说,在麦克道尔探长的陪同下,阿奇在休息室找了个位子,坐了下来。"人们进进出出,新式的电梯上上下下,不断有客人从电梯里出来,去吃晚饭。他们等了半个小时,然后,终于,那位"被认为是失踪的女士"下来了。[3]

她穿着一件"在哈罗盖特买的漂亮的淡紫色礼服,领口镶着珍珠花边",记者们被她"美丽的金发"吸引住了。[4]

但阿奇会断言,眼前这个可爱的女人,这个比他多年来看到的更容光焕发的女人,就是他的妻子吗?他会怎么说,而她又会怎么做?

酒店的经理转述了当时的场景。阿奇看了看和他一起等待的警察,做了一个约定的手势:"当她走出电梯时,他点了点头。"[5]

只要一点头,阿奇就不再是谋杀嫌疑人了。所谓的受害者还活着。

警察拦住了阿加莎,并指给她看丈夫。从记者的角度来看,这是一次令人失望的平淡重逢。有消息称,两人"深情问候",还有人说,"克里斯蒂夫人看到丈夫时,显得非常镇定,然后安静地走进了休息室。"一篇报道甚至声称"克里斯蒂夫人说,她的丈夫看起来很紧张"。[6]

带着令人难以置信的冷静,克里斯蒂夫妇径直走进餐厅,享用了晚餐,就像什么事都没有发生一样。酒店业的规则是,不管发生什么状况,每个工作人员都要像往常一样正常开展工作。

但很明显,阿加莎仍然过着某种想象中的生活:她把阿奇介绍给熟悉的客人,不是把他当作丈夫,而是当作哥哥。[7]"她走到我这里。"其中有个人回忆说,"她说:'这是我哥哥,真是意外的来客。'

他看上去要比她尴尬得多。"⁽⁸⁾对阿加莎来说，她的应对机制在持续，如果她表现得像正常人一样，也许现实生活和她的想象生活就要开始产生冲突了。

这很奏效。虽然阿奇很尴尬，但他也顺着做了。

尽管客人们不太清楚发生了什么，但工作人员明显感到如释重负。经理的妻子泰勒夫人坦言"很高兴一切顺利，因为我们没有通知警方，是承担了一定责任的"。⁽⁹⁾

但是，阿奇也无法一直闷头于这个港湾当中，在灯火通明的水疗店餐厅外面，还有更大的世界正等着他们。要如何应付那些记者？

在警察的建议下，阿奇和其中一名记者谈了谈，这名记者又把消息告诉了其他人。阿奇说，是的——

那是我妻子。她完全丧失了记忆，我想她已经不知道自己是谁了……我希望明天带她去伦敦看医生。⁽¹⁰⁾

即使阿奇对阿加莎的病情有怀疑，但他的这番话是无可辩驳的。无论阿加莎是否真的"失忆"，这都是克里斯蒂一家现在的官方态度，他们不能乱讲。

所以，第二天，每个人都能在任何一份报纸上看到，这个谜团被解开了。

"感谢上帝！"这是卡洛在听到阿加莎安全后的反应。"太好了。我觉得一定是这样，我不相信其他任何解释。"

戈达德警司现在有理由嘲笑肯沃德的失利了。是那些失踪人口海报，他说，"让我们有足够的线索，找到了克里斯蒂夫人"。和卡洛一样，他也一直"相信她还活着，只要我们的搜索范围足够大，就能找到她"。

只剩下肯沃德,他只能舔着伤口,对《每日邮报》的罪案记者发表长篇大论,坚称自己只是从"常识的角度"看待问题。[11]但柯南·道尔很高兴,因为他的灵媒被证明是正确的,他得出结论,克里斯蒂一案是"使用心灵感应辅助破案"的一个很好的例子。[12]

阿奇说他要带阿加莎去伦敦,但这显然是不现实的,因为有这么多记者跟在他们后面。他们需要一个附近的安全的地方。

阿加莎的姐姐伸出了援手,阿布尼庄园将为他们提供庇护。玛吉和她的丈夫詹姆斯会来哈罗盖特把他们接走。

12月15日星期三上午,快到9点的时候,水疗店的车停在了门口,显然是要送客人去车站,然后有两个人影出现,上了车。在一群贪婪地等待拍照的摄影记者中,"一排照相机满怀希望地举了起来"。[13]

但阿奇太聪明了,他不会就这样从大门出来。那个时候,他和阿加莎正试图小心翼翼地"从大楼一侧的落地窗溜出去,有另一辆车正等在那里"。不幸的是,《每日邮报》的一名摄影记者猜到了可能发生的这一切,并潜伏在那里,期望能够拍摄到梦寐以求的第一张照片。由于阿加莎最近疯狂购物,这张照片显示,她打扮得非常时尚,"米色的大衣,搭配了帽子"。这套服装后来被证明是不合时宜的。人们开始有一种感觉,如果阿加莎没有被谋杀,那么她至少应该为这件事所造成的后果而感到后悔莫及。很显然,她不应该穿得如此时髦。

等候的汽车把阿加莎和玛吉夫妇送到了车站。在预定好的头等车厢里,他们拉下了百叶窗,但在此之前,记者们发现了另一件不得体的事情:阿加莎"笑容满面"。[14]打扮得很漂亮,并自得其乐:这两者都应受到谴责。阿加莎引起了人们的焦虑,她必须付出代价。

在通往伦敦——阿奇指定的目的地——的整条路线上，人们都聚集在一起，希望能一睹这个捉摸不透的女人，国王十字车站的月台上一共聚集了五百人。但是当从利兹市驶来的火车终于进站时，司机大声宣布了一个令人失望的消息："我们没有找到她！"[15]

事实上，他们在利兹市换了车，骗过了许多追捕他们的人。他们登上了开往曼彻斯特的火车，前往阿布尼庄园。消息在火车抵达之前就已经传到了曼彻斯特，记者们聚集在月台上，看到了阿加莎"剪裁精美的外套"。[16]但当记者步步逼近时，一场混战爆发了。阿奇"一把抓住一个记者的肩膀，把他半个身子甩出了月台"，咆哮道："不许跟那位女士说话！她病了。"[17]

阿加莎和玛吉跑向等着带她们去阿布尼庄园的汽车。当它终于穿过庄园的大门时，詹姆斯·瓦茨跳出来，用挂锁锁住了大门。现在，庄园也被包围了。

第二天下午，大门打开，有两名医生进去了。他们向媒体发表了一份声明："经过对克里斯蒂夫人的仔细检查，他们得出的结论是，她毫无疑问是真的失忆了。"[18]

但如果阿加莎没有失忆，而是自愿消失的话，事情会更令人兴奋。这些报纸马上寻求其他专家的意见，这些专家的观点与持怀疑态度的公众情绪更为一致。《纽约时报》找到了一个人，他乐于发表观点说，一个失忆的人"不可能以正常的方式行事，也不可能混迹人群而不被怀疑精神状态"。[19]

现在，舆论开始对阿加莎不利了。《每日邮报》发表了一封来自"一个普通女人"的信，信中询问是否会对其他人进行如此细致的搜索。"假如我失踪了，"作者问道，"也会有这么大规模的搜索行动吗？如果不会，为什么？"[20]她说得很对，不会有的。

第二天，《每日邮报》的另一位记者跟进此事，抱怨"两个郡的警察毫无道理地把所有精力都集中在克里斯蒂夫人失踪案上"。(21)很快,第三位记者开始了一场关于搜索成本的讨论,讨论马上就变得越来越激烈。克里斯蒂夫人"准备好支付这些费用了吗?"这个人写道,"很多人都想知道,她说她失去记忆了,那她怎么看待她一直住在酒店、跳舞、唱歌、打台球的花销?"(22)

这种观点在大西洋两岸都冒出来了,美国的《华盛顿邮报》认为阿加莎的出版代理商应该支付这笔费用。(23)一直有传言说,萨里郡的纳税人将被收取额外的费用,来支付警方的开支,肯沃德不得不向记者保证,这"绝对是无稽之谈"。(24)一位不太成功的作家库尔森·克纳汉先生发表了一篇特别恶毒的评论。"这位女小说家,"他写道,"最好公开声明,今后她的小说都不会以她自己的名义出版。这样才能防止别人也因为广告效应而'消失'。"(25)

这种消极情绪有一部分原因是时局。战后,经济一片萧条,大罢工也才过去几个月。对于这个拥有特权的女人,和她所得到的待遇,人们对阶级差异的怨恨是可以理解的。

甚至下议院也开始提出质疑。一名工党议员质问,这次搜索花了政府多少钱,并要求知道"谁来赔偿这场故意误导数千人的残酷骗局"。(26)尴尬的内政部给出的官方答案是12英镑10先令,低得令人难以置信。(27)但代价还包括对阿加莎的大量负面报道。

事实上,所有相关的人都不得不为此付出代价。南希的母亲觉得南希的名字遭到了"抹黑",很不愉快,而且尼尔一家坚持(错误地)认为,他们的女儿和阿奇只不过是朋友关系。(28)南希的父亲很气愤。"我不知道克里斯蒂夫人为什么要用我们家的姓,"他气急败坏地说,"没有丝毫理由把南希和克里斯蒂夫人的失踪联系在一起。"(29)

尼尔夫妇认为最好的处理方式,就是让南希自己消失。她被送去环球旅行，等事情平息下来的时候，再回到她的新欢身边。

说回阿布尼庄园。记者们仍然逗留在大门外，几乎是穷追猛打，阿奇不得不给他们一点说法。16日，他出来发表声明。记者们注意到他看上去很"紧张"，而且还穿着室内拖鞋。(30)他恳求他们离开，"不要再提这件事了"。他说，医生的报告表明，"不是为了卖书有噱头。"(31)

庄园里面，阿加莎正在经历一段痛苦的时期。她被迫面对她一直竭力回避的现实。"她现在知道我是谁了，"阿奇透露道，"而且还知道瓦茨太太是她姐姐……她不知道她还有个女儿。"

阿加莎迟迟没有回到母亲的角色上来。当有人给她看罗莎琳德的照片时，"她问那孩子是谁，'她是什么人？她多大了？'"(32)

不久，卡洛把罗莎琳德亲自带到了阿布尼庄园。虽然当时只有七岁，但与母亲团聚的记忆永远留在了罗莎琳德的脑海中。令人难过的是，阿加莎"不记得我们一起做过的任何事情，甚至不记得她以前给我讲的故事"。(33)对一个孩子来说，这是多么可怕的经历啊。罗莎琳德一生总是被问及1926年的事件，她变得非常善于回避话题。

但人们没有意识到的是，"失忆"虽然很糟糕，但对这起事件来说，还不是最糟糕的解释。相比起在20世纪20年代仍被叫作"精神错乱"的疾病来说，它已经是一个更安全的选择。在遗传学——准确来说是优生学——被极其严肃对待的十年里，"精神错乱"会对罗莎琳德产生可怕的影响。"我是我父亲的儿子。"在1923年的《高尔夫球场命案》中，一个杀人犯的儿子问道，"知道了这个，还会有人愿意嫁给我吗？""你是你父亲的儿子，"波洛同意道，"我相信遗传。"一个精神失常的母亲，会破坏罗莎琳德生活和结婚的机会，尤其是她的祖父还死于"麻痹性痴呆"。

其中一位为阿加莎做检查的医生是曼彻斯特大学的专家，唐纳德·埃尔姆斯·科尔博士。科尔写过一本关于神经紊乱的书，也曾在《柳叶刀》杂志上发表过关于弹震症本质的重要论文。在他的书中，科尔承认了许多病人在找不到疼痛原因时所感到的恐惧："他们心里产生了一种恐惧，觉得自己正在发疯。"[34]

对阿加莎这种情况的病人，科尔的建议是提供短期的安眠药处方，然后是把病人从他的家庭环境中送出去（这正是阿加莎为自己准备的，至少有十一天是这样）。在那之后，是艰苦的心理治疗和催眠，以探索"恐惧"对一个人产生如此恶劣影响的原因。

但首先，阿加莎必须得接受。她的精神状态比以往任何时候都要低落。当她失去了作为"尼尔夫人"的梦想生活时，抑郁又卷土重来。"我的许多烦恼和焦虑又回来了，"她解释说，"还有我过去的病态倾向。"[35] 她所经历的公开羞辱让情况变得更糟。"我一向讨厌任何形式的污名，"她说，而现在她已经有了如此巨大的污名，这让她又一次产生了自杀的念头，"我觉得我快要活不下去了。"

当医生建议阿加莎接受精神治疗时，她拒绝了。但玛吉坚持要这么做。

传记作者珍妮特·摩根有幸阅读了卡洛和罗莎琳德之间的通信，这些信现在已经被销毁了，她还接触到了亲身经历这些事件的罗莎琳德本人。罗莎琳德表示，在玛吉的压力下，她的母亲最终同意接受治疗，来"恢复她失去的记忆"，换句话说，就是采用医学方法治疗她的精神痛苦。离开阿布尼后，阿加莎与卡洛和罗莎琳德去往了伦敦。在那里，"她在肯辛顿高街租了一套公寓，再从那里去哈利街接受治疗。"[36] 她很可能去了威廉·布朗的诊所。布朗是当时哈利街仅有的七名精神科医生之一，他在战争医学和弹震症方面经验丰富，尤其以研究健忘症而闻名。他还治疗过许多神游症病人。

和之前一样，我们不得不求助于阿加莎的小说，去了解她可能经历的事情。1930年，她的非侦探小说《撒旦的情歌》问世。阿加莎使用了笔名，因为她不想因为出版一本关于失忆的小说而招来非议。

在这个故事中，一个名叫弗农的人物经历了一场车祸，失去记忆，最终他接受了一位医生的催眠治疗，然后恢复了记忆。这位医生的眼睛似乎能看透人的内心，读到甚至连本人都不知道的事情。弗农痛苦地探索着他遗失的过去，现在，阿加莎肯定也在经历这一切。

弗农大声说："我们必须一遍又一遍地重温吗？这一切都太可怕了，我不想再去回忆这件事了。"

然后，医生向他解释，口吻严肃，态度亲切，但给人留下非常深刻的印象。正是因为"不想再去回忆这件事"，才导致了这一切事情的发生。这件事必须要面对。[37]

这些情节都与威廉·布朗在自己的书中解释他如何治疗失忆症的方法一样。他会对病人进行催眠，然后问他们发生了什么。布朗认为，一个"失去"记忆的人，在努力抑制记忆的时候，会变得疲劳和病态。他坚持让病人"直面不愉快的记忆，这样它就会变得无害"。布朗还相信谈话疗法：通过谈话，病人可以"客观地看待自己过去的精神生活，他会更好地了解自己……之后，他才会解脱"。阿加莎寻求这样的治疗有点激进，因为这不是主流医学。弗洛伊德的著作在英国医学界确实为人所知，甚至在战争创伤让它爆火之前就已经很流行了，这方面的书籍正越来越受到欢迎。例如，1922年出版的《智胜我们的神经》，在第二次世界大战之前，就再版了七次。[38]

但弗洛伊德的著作在英国仍有争议。比如，医生们对什么是潜意识和无意识，看法就不一样。接受心理治疗依然让人感到羞耻，就像许多弹震症患者直到用尽了所有其他方法——被谴责软弱，被贴上装病的标签——才去进行治疗。这个社会仍然把精神疾病视为可怕的耻辱。

然而，阿加莎选择哈利街，是一种阶级的传统。要成为那里的医生，除了需要金钱，通常还要有一定社会关系。[39] 她的治疗方法遵循了教科书上对于神经休克的治疗方法，这套方法是为战时的军官订制的。战时医生威尔弗雷德·哈里斯早些时候曾说过，一个处于催眠状态的病人"可能会在这种状态下清楚记得所有事，但在清醒状态下，却什么都不记得"。[40] 这与阿加莎的说法相呼应。

记忆慢慢地从我的潜意识中浮现出来。首先，我回忆起我的童年时光，想起了儿时的亲戚朋友。慢慢地，我回忆起后来的事情。[41]

但这一过程仍存在风险。正如哈里斯博士告诉我们的那样，催眠可能会产生与预期相反的效果。它或许真能解开"疯狂"的谜团："最糟糕的情况是那些有遗传缺陷的人，他们的近亲患有神经衰弱、癫痫或精神错乱。"[42] 这对阿加莎和罗莎琳德来说，未来很堪忧，因为她们有家族病史。她的医生警告道，阿加莎很可能会再次陷入痛苦：内向的病人"总是容易再次爆发他们最初的问题"。[43]

但是阿加莎的治疗并没有持续多久。1927年1月22日，正如科尔医生建议的那样，她去往加那利群岛休养。然而，在旅途中，她不顾医生的劝告，重新开始写作。这是因为对阿加莎来说，工作既是一种诅咒，也是一种解脱。她认为她有必要写作，因为钱的原因，她可能得独自一人养活罗莎琳德了。但也有可能，她在想象的世界里，找到了一丝慰藉。

从海岛归来后，阿加莎和罗莎琳德、卡洛搬到了切尔西，而阿奇则留在了斯泰尔斯，并将其挂牌出售。令人惊讶的是，阿加莎仍没有完全放弃他。1927 年晚些时候，她再次见到阿奇，问他是否愿意为了罗莎琳德留下，她说"她是多么喜欢他，父亲的离开让她感到多么困惑"。她还提到了罗莎琳德对父母之间发生的事情一清二楚："我知道爸爸喜欢我，想和我在一起。他不喜欢的，似乎是你。"

但是阿奇已经下定决心。尽管他被迫与南希分开，但他们仍然打算结婚。最终，在 1928 年，阿加莎终于认为，她将不得不接受离婚。

现在，"失踪"事件的影响，导致了可能迄今为止最残酷的转折。离婚时，阿加莎坚持要获得罗莎琳德的监护权，但是她的名誉已经受到了严重的损害。在媒体的所有指责中，最恶毒的一点，也许是暗示她是一个糟糕的母亲。阿加莎不得不说些什么来为自己辩护，为离婚奠定基础，这样她就能得到她的女儿。"我为罗西①感到恐慌，"她曾说，"这让我很恼火，因为我不是那种会恐慌的母亲——但我就是控制不住。"(44)

因此，在 2 月份，随着听证会的临近，阿加莎不得不对媒体施压。她起诉了《伦敦快报》，因为他们发表了一篇文章，称她是一个"对警察开了某种愚蠢玩笑"的女人。(45)

2 月 16 日，在接受《每日邮报》采访时，她还就自己的失踪发表了一生中最长的公开声明。她说的每一个字，想必都很痛苦。"很多人仍然认为我是故意消失的。"她说。

> 实际情况是这样的。那天晚上，我在高度紧张的状态下离开家，打算做一些绝望的事情。(46)

---

① 罗莎琳德的昵称。

阿加莎被迫透露了自己的隐私，包括疾病和自杀的念头，现在，她需要的是协议离婚。阿奇想让她尽快提出离婚，因为最近法律的变化，才让这成为现实。

20世纪20年代，有很多因为战争而草草结婚的人，婚姻破裂后，妻子们都很不满意。因为离婚率比1913年高出四倍，离婚流程变得更加简单了。1923年的《婚姻诉讼法案》，让妇女可以以丈夫通奸为理由提出离婚，在此之前，她们只能忍受。1923年，39%的离婚是由女性主动发起的。到1925年，这一比例跃升至63%。[47]

阿奇想让阿加莎行使新权利，提出和他离婚，但他也不想把南希牵扯进来。因此，阿加莎勉强同意使用一种20世纪20年代的新办法，这个办法有时候被叫作"串通离婚"，或"布莱顿快速离婚"。阿奇要提供一份证据，由他的同伙展示，证明他与"未知女性"通奸。布莱顿这个破旧的度假胜地，专门为串通离婚提供证据，因此而得名，不过在阿奇的案子里，他去的是维多利亚的格罗夫纳酒店。在那里，他付钱给一家律所的办事员和一名服务员，让他们说看见他和一个女人在床上。[48]

1928年4月20日，此案开庭审理，阿加莎不得不硬着头皮出席。法官识破了这个诡计，认为"很难相信像克里斯蒂上校这样勇敢的绅士"会做出如此卑劣的事情。[49]但这个方法还是奏效了，阿加莎获得了抚养费和罗莎琳德的监护权。现在她只需要再等六个月，就能完成离婚手续。在此期间，1928年7月，《人民代表法》赋予了所有女性投票权——不再仅仅是三十岁以上有财产的女性。渐渐的，不仅是阿加莎，所有女性都获得了解放。

如果阿加莎在小说《未完成的肖像》中虚构的另一个自我——西莉亚是可信的，那么阿加莎对串通离婚的勾当是持厌恶态度的。西莉亚承认，她可能会夺走另一个女人的丈夫，但她说："我会诚实地去做。我不会躲在阴影里,让别人去干这些脏活。"⁽⁵⁰⁾阿加莎陷入了为了钱而做"脏活"的境地,除此之外,她还作了伪证。离婚时,她虚假地发誓,"我和我丈夫之间没有串通或共谋"。⁽⁵¹⁾

20世纪20年代已成过去,这位年轻有为的作家正在变老,也变得更加悲伤。在她珍藏阿奇情书的小匣子里,还保存了摘自《诗篇》第55篇的句子:

> 不是公开的敌人,使我蒙羞……而是你,我的同伴,我的向导,我的密友。⁽⁵²⁾

离婚后,阿加莎看待一切都变得悲观。这件事让她害怕敞开心扉,无论是对熟人,还是对媒体。在这之后,一位非常了解她的人写道:"她有了一种难以捉摸的特质,抗拒对未知的探索,在她的心里已经有了盔甲。"

但是,阿加莎的出版商可以看到,即便她不再欣赏自己,她的坏名声却带来了实际的经济利益。

阿加莎的"失踪"之所以有如此大的影响,是因为在20世纪20年代,一种新的媒体明星正在被创造出来。她并不是唯一一个"有名声的作家",还有 J. B. 普里斯特利①和阿诺德·本涅特②也是如此。⁽⁵⁴⁾这是偶然的,也很不愉快,但同时也成为她巨大成功的核心支柱。

阿加莎的支持者有时会争辩说,她的失踪当然不是一个噱头,因为她"不需要宣传",她的书卖得很好。⁽⁵⁵⁾这是事实,但即便如

---

① 约翰·博因顿·普里斯特利(J. B. Priestley),编剧、演员、制片人,代表作品有《牙买加客栈》《最后的假日》《罪恶之家》等。
② 英国著名小说家,代表作为《老妇谈》。

此，这起事件产生的影响还是令人吃惊。

1926年出版的《罗杰疑案》首印数是5500本，一年内卖出了4000本。销量不错，但谈不上畅销。但就在她失踪事件后不久，1927年出版的《四魔头》，这本不太起眼的小说集卖出了8500本。1928年，阿加莎自称"我写过最差的书"的《蓝色列车之谜》，卖出了7000本。《七面钟之谜》，一部令人厌烦的惊悚小说，在1929年卖出了8000本。1930年，她与柯林斯签订了一份六本新书的合同。传达的信息很明显：畅销靠的不仅是内容，还有名气。[56]

这给阿加莎的生活和工作带来了巨大的压力，她说不出它们之间的关系。这太丢脸了。她无法解释自己的成功，唯有努力工作，以及不要太在意偶然事件。否则，她要如何才能解开这张由野心、成就、污名和痛苦交织而成的关系网呢？

然而，随着时间的推移，痛苦会逐渐消散。1926年，精神疾病几乎要把阿加莎·克里斯蒂击垮，但最终，也是它成就了阿加莎。

据她的一位朋友说，1926年的影响是如此深远，以至于"在她的所有作品中都留下了痕迹，这也让她成了伟大的女性"。[57]

第六部分

财源滚滚
（20世纪30年代）

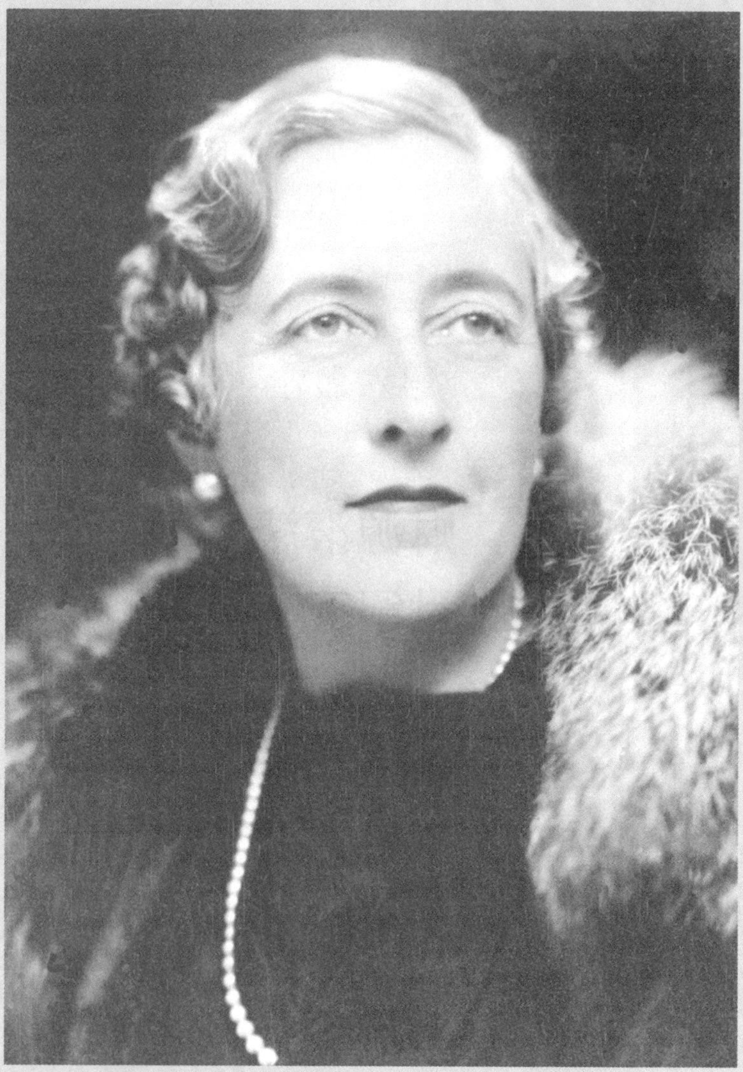

第二十二章　美索不达米亚

1928年10月29日，克里斯蒂夫妇正式离婚。仅仅一周后，阿奇在伦敦的一个登记处和南希·尼尔结婚了。对阿加莎来说，这又是一次公开的打击。南希的一张照片登上了《每日快报》的封面，她看上去忧心忡忡，但漂亮得令人恼火。1930年，阿奇和南希的儿子博出生了。

不过，阿加莎离开了英国，回避了前夫婚礼的整个过程。她的婚姻已经结束，人生的第一幕也已落下。她甚至也开始意识到，这是结束，同时也是新的开始。"我厌倦了过去。"她写道。

> 它紧紧缠住我的脚步，
> 我厌倦了过去，它不会让生活变得快乐。我会与它一刀两断，然后说：
> 今天，让我做回我自己——重启人生。(1)

1928年秋，阿加莎把罗莎琳德送到了贝克斯希尔的一所寄宿学校，忠诚的卡洛在切尔西照看她新买的房子。现在她有足够的时间在圣诞假期之前出去旅行。旅行有这几个目的：清净、休养，以及寻找灵感。

她曾想过去西印度群岛。但阿加莎喜欢讲的故事是，在一次聚会上，她偶然遇到了一位海军军官和他的妻子，他们刚从巴格达回来，完全被那里迷住了。他们提到了穿越欧洲的火车旅行，也聊了巴格达，他们在被叫作乌尔的古城中有了惊人的考古发现……第二天早上，阿加莎改了她的车票。五天后，她向东出发，她要乘坐传说中的东方快车，亲自去看看乌尔。

这段旅程是阿加莎自传当中最激动人心、最迷人的段落之一。她把这段故事说成是自发的重塑自我的行为："我是一个人去的。我现在应该去了解自己是什么样的人。"随着自由而来的，是强烈的自我认同感。"我决定，再也不让自己受任何人摆布了。"

1926至1928年期间，阿加莎摆脱了许多困扰，其中之一就是对身材的焦虑："我体重不错——远远超过了11英石[①]。"20世纪20年代的照片显示，阿加莎试图贴合公众对美女的定义：微笑着与狗或孩子合影，或者在柔和的灯光下，穿着晚礼服，看起来像个初入社交界的少女。然而，在她四十多岁的时候，她必须塑造一个新的公众形象。

1930年之后，她开始坐着拍更直接、更夸张的照片。例如，摄影师雷诺阿让她摆出了一个专业且有力的姿势。阿加莎不再是一个天真的女孩，她的外形越来越引人注目。她在形象上重塑了自己，成为"死亡女公爵"，正如记者们喜欢说的那样，她"靠谋杀赚的钱，比卢克雷齐娅·博尔贾[②]还多"。

私生活方面，阿加莎也感觉自在多了。"生理年龄，"她写道，"与一个人的内心状态没什么关系。"(2)她还是一如既往地沉迷游泳、美食与享乐。她意识到，现在她离婚了，男人们会用一种新的眼光

[①] 约等于69.85公斤。

[②] 罗马教皇亚历山大六世的私生女，在许多美术作品、小说和影视中，卢克雷齐娅都被描绘成一个美艳放荡的蛇蝎美人。

来看她。她对他们向她调情的次数感到惊讶，但总的来说，她还是很高兴的。

于是，1928年秋天，在如旋风般快速的准备之后，她的新生活在维多利亚车站开始了：

> 亲爱的维多利亚站——通往英国之外世界的大门——我好爱你充满欧洲风情的站台啊。还有，我也好喜欢火车……喷着热气匆匆驶过，像朋友一般的火车。它巨大的引擎，喷出团团蒸汽，好像在不耐烦地说："我得走了！"[3]

去伊拉克度假，听起来很遥远，但作为一个旅游目的地，它正越来越受欢迎。英国游客乘船渡过英吉利海峡后，会从巴黎坐火车，先到伊斯坦布尔，然后再到大马士革。两次世界大战之间的几十年，国际卧铺车公司[①]运营的列车服务进入全盛时期，每周会有四趟列车出发。

阿加莎在二等车厢安顿下来后，发现单身女性旅行者很少缺朋友。有一位女传教士试图给她胃药。在伊斯坦布尔，一位迷人的荷兰工程师隐晦地邀请她共度良宵。她拒绝了。

在前往亚洲的旅途中，阿加莎被一路的风景惊艳到了。在穿越托罗斯山脉的时候，她看到美丽的日落，兴奋不已。她非常高兴，也很感谢自己做出了来这里的决定。一路舟车劳顿来到了大马士革后，她买了一个镶有珍珠母贝的五斗橱，后来她把它放在自己的卧室，直到生命的尽头。这次重生之旅，进展得很顺利。

接下来就要去乌尔了。从大马士革到巴格达，她乘坐的是一辆

[①] 欧洲知名铁路公司，创立于1876年，著名的东方快车就是由该公司建造并运营的。

颠簸的六轮沙漠客车。1917年,英国人将土耳其人赶出伊拉克后,这段路一直由前英国陆军运输兵团管理,他们会沿着沙漠中辟出来的这条线路,将飞机引导至巴格达。1920年代,英国想继续控制这块区域,因为丘吉尔之前下令,让皇家海军战舰的动力源由煤炭改为石油,因此需要这条线路。但由于缺乏资源来运输部队,英国只能转而依赖空袭的威胁进行控制。或许伊拉克已经成为一个旅游胜地,但它仍然笼罩在帝国的权力之下。

穿越沙漠的旅程花了整整一天一夜,天最黑的时候,他们是在一个武装部队的沙漠要塞里度过的。第二天早上六点,一顿丰盛的早餐来了:在清新的空气中,享用茶和香肠。"这样的生活,你还能有什么别的奢求呢?"阿加莎问道。

但我们需要研究一下,阿加莎第一次去英国人称之为"中东"的地方所展开的浪漫故事。在她生命的这个阶段,阿加莎与考古学毫无关系。而且她永远不会成为真正的考古学家,因为她从来没有因为考古上的事情得到过报酬。然而,当阿加莎写下她穿越沙漠的精彩段落时,她已经成了一位有影响力的人,同时也是考古学方面最高级别的募捐者。她对自己东方快车之旅的回顾,反映的可能不是1928年的真实经历,而是一次表达"重要旅程"开端的虚构文学。讲述故事的考古学家,变成了奥德赛的主角。事实上,对于一般的考古学来说,田野调查本身并不重要。有一位著名的考古学家,他一生都在路上,却从未真正到达过目的地,他就是印第安纳·琼斯①。(5)

尽管阿加莎说她是出于偶然才挑选了这一目的地,但它其实并不像表面上看起来那样随机。还有一些英国女性在逃避问题时,也

---

① 电影《夺宝奇兵》的主角,他的身份是一名考古学家。

会在古代的亚洲寻找新的自我，其中有的比较著名，有的不太出名。比如格特鲁德·贝尔①、芙瑞雅·斯塔克②和凯瑟琳·伍利③。贝尔的爱人在加里波利阵亡，斯塔克想逃避婚姻，伍利的丈夫自杀了。阿加莎的决定也符合了这一模式。

阿加莎不打算在巴格达待太久，尤其是不想和那些喋喋不休的殖民阶级待在一起，她称之为"贵妇之地"，然后很快就去了乌尔。"迦勒底人的乌尔"在今天的纳西里耶附近，是幼发拉底河上的一座古城。那里正在开展过一项考古调查，几乎与六年前图坦卡蒙的发现一样出名。20世纪20年代的英国人非常兴奋，因为他们在《圣经》中听说过乌尔：据说这里是亚伯拉罕的出生地。在阿加莎的《东方快车谋杀案》中，阿巴思诺特上校认为，他从印度走陆路返回英国的决定，几乎不需要解释：他想看看乌尔。(6)

许多英国人认为，与他们同时代的西亚人在某种程度上仍过着圣经时代的生活。(7)这种对伊拉克极度浪漫的看法，在一定程度上解释了英国在治理伊拉克时所造成的混乱。1920年，当英国政府从战败的奥斯曼帝国手中接管伊拉克时，许多人震惊地发现，当地人似乎也不欢迎他们，几乎立刻就爆发了起义，这件事最后以英国人推选出费萨尔作为国王而告终。

经过火车加汽车的漫长旅程，阿加莎终于到达了乌尔。她受到了热烈欢迎，因为考古队队长的妻子凯瑟琳·伍利最近很喜欢《罗杰疑案》。阿加莎不仅被授予参观遗址的殊荣，还被允许留下来和他们待在一块儿。

这意味着，她要住在考古队的房子里。这些位于伊拉克和叙利

---

①英国旅行家、作家、外交官。
②英国旅行家、作家，代表作《阿拉伯南方之门》。
③英国考古学家。

亚的考古设施，属于不同国家的团队，通常都是便捷而廉价的建筑。他们有处理挖掘物品、吃饭和学习的房间，也有简单的卧室。考古学家们每一天都很勤劳，他们想在经费用完或天气变化之前，尽可能多地做些事情，这吸引了阿加莎。同样吸引她的还有欢乐的晚宴。

他们在乌尔调查的巨大土堆，是由一个又一个的遗址堆积起来的，高出周围平原60英尺①。一位考古学家把这个土堆描述为一个"巨大的怪物"，"里面装满了古物，地下建筑不断膨胀导致了它的形成"。[8] 在这里，古代世界似乎近在咫尺。"我爱上了乌尔。"阿加莎写道。

美丽的晚上，庙塔矗立着，变成模糊的黑影，广阔的海洋和沙子幻化出不同的色彩，杏黄色、玫红色、蓝色和淡紫色，每一分钟都在变化……往昔的诱惑攫住了我。

但阿加莎真正喜欢考古学的地方，在于它能让她短暂地体验不一样的日常生活：

> 在这里，我捡到了这个陶罐碎片，它是手工制作的，用黑色颜料画着圆点和交叉图案，它是我今天早上用来喝茶的伍尔沃斯杯的前身。[9]

这两句话显示了阿加莎对伊拉克两种截然不同的感受。一方面，这种浪漫使伊拉克成为一个释放压力、充满激情的地方。这种对西亚的看法在 E. M. 赫尔 1919 年那本夸张的畅销书《酋长》当中得到了集中体现，它对女性欲望的描绘是创新的，但它把阿拉伯人描写得肮脏、堕落，就像山脉一样古老。这本书因其描写女性温驯的幻

---

① 约为 18.2 米。

想而臭名昭著。在《烟囱别墅之谜》中,阿加莎笔下的角色班德尔对故事做了一个有趣的浓缩:"等待沙漠中的爱情"。当班德尔的父亲说他不知道这本书讲什么的时候,班德尔给了他一个"同情"的眼神。(10)

然而,另一方面,通过寻找伍尔沃斯杯的替代品,阿加莎也想象古代世界充满了和她一样的人。(11)在她关于伊拉克的文章中,我们会越来越多地看到这种态度,这些文章试图拉近东西方之间的差距,经常吐槽大英帝国的浮夸。但是,正如她所做的那样,在寻找伊拉克人和欧洲人之间的相同之处时,她也忽视了两种文化的不同之处。

阿加莎和她在乌尔的收留者成了好朋友。凯瑟琳·伍利比阿加莎大两岁,一年半之前开始了一段不同寻常的婚姻。她的丈夫查尔斯·伦纳德·伍利是考古队名义上的领导者,但人事的最终决定权属于凯瑟琳,她会指挥一些劳工,并且得到报酬。通常我们认为,20世纪涌入亚洲的西方考古学家是一群男性。但历史学家们逐渐指出,其背后离不开女性的功劳,其中有一些考古学家很有名,比如牛津和剑桥的第一位女教授多萝西·加罗德,她带领一个全是女性成员的考古队,在巴勒斯坦的卡梅尔山进行发掘。不过,更典型的情况是,妻子或女助手担任现场考古学者、编目员、摄影师、插图画家、护士和秘书等工作,这些"在考古报告中并未提及"。(12)

凯瑟琳的丈夫伦纳德,曾在牛津的阿什莫尔博物馆工作,"像所有有成就的考古队长一样,他有点像暴君"。(13)他在宣传方面很有天赋,善于公布自己的发现,这对筹集资金很重要。他得到了一位关键人员的帮助,霍贾·哈姆迪,他帮他管理当地的工人。这些当地工人会用非常粗暴的方法碾碎地面,以今天的眼光来看,这太不小心了,但也因此有了很多迷人的发现,这些发现可以展示给赞助商,并刊登在《伦敦新闻》上。

伦纳德·伍利1922年开始在乌尔工作,第二年,一位年轻迷人的寡妇来到这里,当时她的名字叫凯瑟琳·基林。她原名为凯瑟琳·门克,父母是德国人。在红十字会当护士时,凯瑟琳遇到了她的第一任丈夫伯特伦·基林,两人于1919年结婚。不到六个月,基林就在埃及用氢氰酸自杀了。(14) 基林的哥哥是一位业余考古学家,在巴格达为土耳其石油公司工作,也许正是通过这层关系,凯瑟琳加入了伍利的挖掘队伍。在整个20世纪,石油和考古都紧密相连。20世纪20年代,英、德、美等国家认为,考古是对不稳定地区的治理手段。它根本不是阿加莎·克里斯蒂所描述的那般,是一项有趣又不伤人的活动。

然而到现在,凯瑟琳最出名的不是她的考古工作,而是因为阿加莎以她为原型在小说《古墓之谜》中塑造了一个魅力四射又爱惹麻烦的角色。"危险"是格特鲁德·贝尔对凯瑟琳的描述。"古怪,可能也很残酷……但是让人无法抵抗。"弗雷娅·斯塔克这样说道。凯瑟琳和伍利的男性团队一起待在沙漠里,这让人们开始觉得奇怪,资助挖掘工作的美国博物馆馆长建议,凯瑟琳不应该被邀请参加下一季的挖掘工作。

但伍利不同意。"基林太太一想到自己的名字是被这样提到的,一开始很伤心,"他答道,"也许这仍然是女性在配合科学工作时所要付出的代价。这当然是不对的。"(15) 他还说凯瑟琳"快四十岁了","完全没有再婚的打算!"。(16)

但由于他的考古资金正处于危机之中,伍利决定解决这个问题。如果他娶了她,她就会获准回到这里。于是,他这样做了。

从那时起,凯瑟琳和她那苛刻的行事风格就成了考古八卦的素材。伦纳德·伍利的传记作者是这样看她的:"算计、淘气、自私",她的性取向"非常具有误导性"。(17) 阿加莎也曾说过凯瑟琳是一个

"喜怒无常的人",这助长了大家对她的这种印象,她还说凯瑟琳有一种能让人紧张的能力。"一个卖弄风骚的女人"是阿加莎所用的另一个词。这里面很大一部分源自对女性的夸张厌恶,但这里面的一些诽谤组合在一起,会破坏凯瑟琳作为挖掘指挥者的重要工作。

但对阿加莎来说,考古学家本身和考古工作一样有趣。凯瑟琳和伦纳德向她展示了一段成功的婚姻,以桑宁代尔的标准来看,这段婚姻非常标新立异。一位考古学家说凯瑟琳是一个"在身体上不适合作为结婚对象"的女人。实际上,在1928年,伦纳德咨询了律师,他说他的妻子拒绝性行为,他想试试看用离婚来威胁,情况是否会有改观。近年来,有人认为凯瑟琳可能是间性人①,但这只是急于对她拥有强烈个性同时毫无女性特质这点做出一个解释,几乎没有证据。凯瑟琳很快也开始受到多发性硬化症的困扰,知道这一点后,她看起来没么危险了,而是显得脆弱。阿加莎后来在书里也直言不讳地描绘了凯瑟琳的形象,说她"对任何可能的反应,都异常紧张"。[18]

但凯瑟琳什么也没说。当然,她没有认出那是在说自己。

积极的一面是,伍利夫妇向阿加莎展示了一种全新的婚姻模式:以工作为基础,完全友好相处。这是她在汤米和塔彭丝系列中所赞美的那种"合伙项目"。伍利夫妇也需要阿加莎,她可以作为挖掘考古工作的名人支持者。此外,凯瑟琳自己也想成为一名小说家。1929年,她出版了《冒险召唤》,讲述了一名在伊拉克伪装成男性的女间谍的故事。

当阿加莎在圣诞节返回英国,回到罗莎琳德和卡洛身边时,他们三个人都希望以后能再次见面。接下来,阿加莎还会有更很多次西亚之旅。

---

① 间性人,有时被称为阴阳人或双性人,指那些出生时的性特征(包括生殖器官、性腺和染色体模式)不符合男性或女性身体的典型特征的人。

第二十三章　与马克斯相遇

1930年春天,阿加莎和伍利夫妇一起,第二次去往乌尔。

在这次游览伊拉克期间,她遇到了一位去年因病缺席的成员。他的名字叫马克斯·马洛温。这位年轻的牛津大学毕业生是一名"现场助理",年薪200英镑,职责包括记录、管理工资和带人参观。[1]他热爱他的工作。有一次,在广播中,他用沉着、平静、一丝不苟的语气讲述了乌尔皇家墓地的发现和里面的黄金宝藏:

> 这是一个美妙的时刻,当我们进入这些巨大的坟墓时,发现整个地面都铺着金色地毯。你知道,在乌尔王朝时期,金山毛榉树叶是用来装饰被处死的女性的,这是一个奇妙的发现。[2]

照片显示,马克斯·埃德加·卢西恩·马洛温身材矮小,干净利落,有一头光滑的黑发和一撇小胡子。[3]他拿着宽大的牛津包,让他看起来重心很低。在阿加莎看来,他是个"又黑又瘦的年轻人",起初她发现他"非常安静——很少说话,但要求他做的每件事,他都很机灵"。阿加莎比他高很多,年纪也比他大十多岁。他们之间的差异是巨大的。

阿加莎在乌尔待了几天后,马克斯应老板伍利夫妇的要求,护送这位贵宾参观伊拉克的其他遗址。

这趟观光之旅路途漫长、困难，有时还很危险。著名小说家和考古学新手，这对不可思议的组合，不得不在任何可能的地方过夜：在认识的人那里、在陌生人那里，还有一次是在警察局，他们在那里与警察讨论雪莱。阿加莎这次旅行的重点更多地集中在古代伊拉克，而不是现代，尽管她坦言，因为欧洲人不受欢迎，他们是在警察的保护下，参观了什叶派的宗教中心纳贾夫。

她和她的向导，度过了一段非常快乐的时光。一天，他们一起在一个波光粼粼的蓝色沙漠湖中游泳，阿加莎穿着一件粉色丝绸背心和两条短裤作为临时的泳衣。然而，游完泳后，他们的车深深地陷入了沙子里。阿加莎被困在沙漠中，没有人来救援，水也很有限，但她仍然保持冷静，甚至还打了个盹儿。在那一刻，马克斯认定她"一定是个了不起的女人"。⁽⁴⁾

阿加莎担心，她的向导被迫承担了一项不适合的工作。马克斯认为她平易近人，阿加莎在暗中却更仔细地观察着他。马克斯不像阿奇那样是一个高大英俊的人，但他无疑是帅气的。他长得比阿加莎好看，当然也比她年轻十四岁。但不知怎么回事，看上去似乎他更年长一些，是他在照顾着阿加莎。他对待她的态度"就像一个宽容的学者，和善地看着一个愚蠢但讨人喜欢的孩子"。在20世纪30年代的照片中，他微笑的次数比她少。而在他们的合照中，她经常大笑。

马克斯于1904年5月6日出生在巴特西①，但他远比这番描述要国际化得多。他的父亲弗雷德里克是斯拉夫人——祖父曾在叙利亚生活过——弗雷德里克是一名农产品经纪人，信奉无神论，出生在维也纳附近。他的母亲玛格丽特是法国人，是一位歌剧演员的女儿。

---

① 伦敦西北区。

玛格丽特"一辈子都是巴黎人",而且她不是一个冷血的英国上流社会母亲。[5]她充满激情,富有艺术感,与儿子保持着亲密的关系。"再见了,我最亲爱的,"她在给他的信的末尾写道,"送给你最真挚、最深切的爱。"[6]在玛格丽特强大的感情保护下,马克斯远离了尘世,他渐渐习惯了被宠爱,也习惯了讨好。他的父母经常"吵得不可开交"。[7]争论的焦点通常是弗雷德里克对婚姻的不忠,玛格丽特在信中说,她由于自己被"背叛"而心生妒意。丈夫的行为"让我非常沮丧",她写道,"我所能做的就是对孩子们保持正常的态度。"[8]这些不愉快的经历,让马克斯对叫嚷和争吵产生了持久的恐惧之情。

马克斯的弟弟出生后,全家搬到了肯辛顿。在新房子的后花园中,马克斯进行了人生中第一次挖掘工作,他仔细地拍摄了他发现的维多利亚时代陶器碎片。1918年,十四岁的马克斯被送到苏塞克斯郡的兰馨学院,那里有一个严酷的制度,每天早上六点半都要洗公共冷水浴。学校离南海岸很近,战争时期,学生们可以听到法国传来的枪炮声。每个星期天,在小礼拜堂内都会宣读当周遇难的校友名字。马克斯后来写道,他在学校里"孤独,难以适应"。[9]他觉得只有母亲会接受他。"我最亲爱的妈妈,"他在一封从学校寄出的长达八页的信中写道,"我现在一直在想,如果我在家里,我会做些什么……我也想知道你现在在干什么,我最亲爱的!"[10]这个被任命为阿加莎向导的年轻人,有点像一个妈宝,也有点像茫然的局外人。

马克斯发现,进入牛津大学之后,生活比高中要好多了,尽管因为朋友、赌博和聚餐,让他最终只能得到一个令人失望的三等学位。吸引他的部分原因是他最好的朋友埃斯米·霍华德,一个塞巴斯蒂安·弗利特①式的人物，他的家族中有贵族。埃斯米从他的意大利母亲那里继承了罗马天主教信仰，同时遗传到了霍奇金病，他在二十五岁时死于该病。埃斯米的离开，使马克斯在人生中第一次遭受巨大挫折，他感到强烈的痛苦。为了怀念故友，他甚至皈依了天主教。"他那么爱你！"马克斯的母亲安慰道，她说马克斯接受圣餐，给埃斯米"在人生的最后几周带来了最大的欣慰"。(11)这两个年轻人之间虽有同性关系的传言，但这只不过是因为这段往事和《旧地重游》情节颇有相似之处。

马克斯的考古事业不费吹灰之力就实现了。他曾对他的一位老师说，他想"去东方，去那里找寻一些东西"。(12)在认识阿什莫尔博物馆的管理员后，马克斯发现伦纳德·伍利需要一名助手，他曾在《伦敦新闻》上读到过他的作品。很快，马克斯就去大英博物馆接受面试，他不仅给伦纳德，也给凯瑟琳留下了很好的印象。马克斯认为决定性的一票是她投的，她喜欢他。期末考试结束后的那个秋天，他动身前往东方。"如果一个人从出生开始，就找到了自己最喜欢的那颗星，"他总结道，"机会就会降临到做好准备的人身上。"

尽管马克斯很机灵，但和凯瑟琳相处还是很难。她头痛的时候，他要给她按摩，还要给她准备水蛭做放血治疗。她"固执己见……极度敏感……又让人神魂颠倒"。在马克斯看来，"和她待在一起，就像在走钢丝。"(13)但他表现得很好，所以被再次邀请回来。在去第二个挖掘季的路上，马克斯游览了威尼斯，并决定以后要在那里度蜜月。父母关系的破裂使他下定决心，等到他自己结婚时，一定要婚姻圆满。

马克斯向一位同行的乘客坦白说，他从未"和女人交往过"，但

---

① 英国作家伊夫林·沃《旧地重游》中的男主角，和埃斯米有相似的家庭背景和人生经历。

他已经准备好遇见爱情了。(14) 他最重要的特质是不会惹是生非,就像阿加莎自己一样。"多好的人啊,"她想,"那么安静,那么沉默寡言……你想做的事,他总能去完成,这比任何东西都更能安慰人。"

所有这一切都让人觉得,一段恋情即将来临,可阿加莎从来没有想过这一点。虽然年龄上有差距,但正如她告诉马克斯的那样,她喜欢年轻男人:"他们有更卓越的视野,和更远大的抱负。"(15)

另一个现实因素是,他们认识的时间太短了。马克斯是凯瑟琳的人,自然要服从于她,比如,如果只有一个人能洗澡,他第一时间会让凯瑟琳去洗。"你知道,迎合女王是需要有策略的!"他向阿加莎解释道。(16)

还有阿加莎自己来之不易的独立,她拒绝了各种各样的求婚:一位年迈的仰慕者的求婚;一个意大利人邀请她同度良宵(她对他说,作为一个英国女人,她天生性冷淡,从而打发了他);一位空军朋友与她讨论,应该只娶一个,还是好几个爱人。全世界似乎都无法接受阿加莎"不要任何男人"的决定。

但马克斯不包括在"任何男人"中。当他、阿加莎和伍利夫妇离开伊拉克,踏上回家的旅途时,在雅典得知了一个不好的消息。他们收到大量电报,说罗莎琳德患了肺炎,病情很严重。她从学校里被带走,交由玛吉照顾。和不能忍受病痛和困难的阿奇不一样,现在的马克斯是一个很独立能干的人。面对挑战,他竭尽全力帮助阿加莎尽快返回家中,他租了一辆昂贵的汽车,在她扭伤脚踝时给她包扎,甚至在经过巴黎时,让他的母亲借给阿加莎一些现金。

回到英国后,这位心怀愧疚的母亲发现,罗莎琳德已经康复,虽然"看到她皮包骨头,虚弱得可怜,我感到很伤心"。(17) 阿加莎把罗莎琳德带去了阿什菲尔德,然后又回到工作当中去了。然而,她与马克斯并没有断开联系。马克斯从伦敦寄了封信,建议阿加莎去一趟大英博物馆，说他正在那里研究乌尔的发现。"你能找个周末来我这里一趟吗，马克斯？"她回复道，"见到你，我会很高兴的。"[18]

但他们在伊拉克的关系，是游离于正常生活之外的。在英国寒冷的白天再次相见，会是什么感觉呢？

最后，阿加莎来到了伦敦，马克斯也前往她在切尔西的新居，两人一起享用了早餐。"我很害羞，"阿加莎承认，"我想他也很害羞。不过，在他吃完我为他做的早餐时，我们又回到了以前的状态。"

1930年4月，马克斯来到阿什菲尔德。就在这个地方——阿加莎出生、结婚、分娩和送别母亲的房子里——她生命中的下一件大事发生了。

在来访的最后一晚，马克斯敲开了阿加莎的卧室门，走了进来，向她求婚。

第二十四章　我想我会嫁给你

"整件事发生得太隐蔽了。"阿加莎解释道。如果她曾经想过马克斯可能会成为她的丈夫,"我就会保持警惕,我不应该陷入这种轻松、快乐的关系。"

那天晚上,以及之后的几个星期里,她又一次陷入了混乱。"我是一个非常平静、舒服的旁观者,坐在前排座位上看着生活。"她在给马克斯的信中写道,然而,他却再一次把她拉进了"感情和生活当中"。(1) 她根本不确定,这是否是她想要的。

而马克斯从敲开卧室门的那一刻起,就对成功充满信心。"我很清楚,"他回应道,"你的精力太旺盛了,不该只坐在座位上。"(2) "你是有史以来最能让人放下戒备的魔鬼!"阿加莎承认道,"我想我会嫁给你,因为我预见到,你将永远有能力照顾我!!!"(3)

如果这段婚姻真的能顺利进行——阿加莎心里还没确定——它确实有可能与阿奇所希望的、以丈夫为中心的婚姻截然不同。这可能是真正友好、富有同理心的约定:阿加莎一直梦想的那种"合伙项目"。"和你在一起,"她写信给马克斯,"是一种自由……没有控制、囚禁或被'束缚'的感觉——我从来没有相信过会有这样的事情发生。"(4) 在另一封信中,她指出了阿奇和马克斯的不同之处:"你似乎是真的喜欢我的一切——这太鼓舞人心了——不会让我觉得,我必须成为什么理想中的人。"(5)

到了20世纪30年代，和谐的伴侣式婚姻不再像20世纪10年代阿加莎和朋友们谈论的那样，是一种异想天开的愿望。似乎世界上的其他地方，也在追逐这一愿景——婚姻究竟应该是什么样子的。

阿奇希望在他打高尔夫球的时候，妻子能留在家里，而马克斯想让阿加莎和他一起读古希腊文，一起去冒险。她已经是一个独立的职业女性，这对他们很有帮助，他们也尊重彼此的成就。阿加莎觉得马克斯的工作比阿奇在伦敦金融城的工作有趣多了。她和马克斯在"眉毛之战"中属于对立的双方，但他们还是可以找到共同点："我是一个浅薄的人，他是一个高级知识分子，但我们正好互补。"

然而，尽管有这些优点，在阿加莎和马克斯的婚姻中间，似乎还有许多难以逾越的障碍。

首先，阿加莎害怕再次失败。不，她终究不会嫁给马克斯，她决定了，原因很简单：太冒险了。"我是个非常懦弱的人，好害怕受到伤害。"(6)她把她的想法放在了《古墓之谜》中一个角色身上："很多人都想娶我，但我总是拒绝。我受了严重的打击，我感觉我再也不相信任何人了。"(7)

对阿加莎的读者来说，1930年是一个令人兴奋的时间点，因为她试图通过不断给马克斯写信，来澄清自己的感情，她会表达爱意，也会表示怀疑。她的信有时候来自阿什菲尔德，有时候来自阿布尼庄园，有时候是她出去写作的地方。与此同时，马克斯在伦敦，受雇于大英博物馆，和父亲住在肯辛顿，他父亲对这个秘密的非正式订婚一无所知。阿加莎的信很有特点，字迹潦草，几乎难以辨认，而且大多没有日期，而马克斯的信却透露了很多吸引她的地方——整洁、有序，总是标好日期，总是让人安心："你必须好好照顾自己，直到我来照顾你。"(8)但是，尽管马克斯很冷静，他也一定对这段婚姻是否能成真产生了严重的怀疑。"我担心，"他写道，"你可能

会屈服于恐惧和怀疑。"(9)

他们的共同点之一，是相信有来世。阿加莎对马克斯说："你在宗教方面的知识比我多得多。"(10) 但这里仍有一个问题：他改信了罗马天主教。阿加莎提出了一个解决办法。"我可以在临死前改信罗马天主教，然后你可以为我忏悔。"她建议道，"或者我们可以不按照规矩，合葬在希腊的一个山坡上？"(11) 但马克斯很快就离开了罗马天主教，因为天主教不会承认他和一个离婚女人的婚姻。"我对你的爱，"他对阿加莎说，"是我和埃斯米友谊的完美延续，我曾以为我再也无法恢复了。"(12)

也许性生活会是个问题，但实际显然不是。"阿加莎，"马克斯写道，"我爱你并不仅仅因为你那绚烂夺目的眼神，而是因为看到了真实的你，因此你变得更加珍贵。"(13) 她在性方面非常自信，尽管他们的年龄和运动能力不同，她也认为两人可以拥有良好的性关系。她只有一点担心自己的体重："也许我就是你最喜欢的（小猪！）身材！！快说我是！"(14) "亲爱的，"他做出了完美的回答，"你不仅是我最喜欢的身材，而且永远都是。"(15) 他有一种了不起的天赋，能给她信心："我知道，你非常漂亮。"(16)

但她仍在犹疑。"可是，你不能再结婚了，"她对自己说，"你不能这么傻。"然后，马克斯整整三天都没有写信过来。"你是头猪，"她写道，"你离开三天了，却没有写一个字过来……不——我不喜欢你——总是会有一些小事让我心烦，让我生厌……而你根本不在乎。"(17)

所有的一切看起来都糟透了，有太多的陈规陋习需要打破：他的年轻，他的贫穷，以及他吵吵闹闹的父母。马克斯和阿加莎的侄子杰克是一代人，当他们参加舞会时，阿加莎惊讶地发现自己看起来比马克斯的朋友们老得多。不过，他们俩后来都明白，马克斯骨子里不是年轻人。"你说我做事情像个孩子，"她在信中写道，"在某些方面的确是这样。""就像孩子一样，"她总结道，"觉得这个世界很可怕。"⁽¹⁸⁾

"那个夏天，是我人生中最艰难的夏天。"阿加莎后来回忆道，因为很明显，"一个接一个的人"都在反对这桩婚事。当马克斯和她在一起时，阿加莎感到舒适，但当他不在的时候，怀疑又开始出现。

也许最让人烦恼的是，阿加莎收到了一封玛吉的"不愉快的信"，她花了"很长时间"才回信。很显然，她姐姐很焦虑，阿加莎不可能无动于衷。"一股现实的浪潮涌上我的心头，"她解释道，"我对自己说：'白痴——你难道没有一点感情吗？别人正在帮你做那些事，你还能说什么？'"⁽¹⁹⁾如果玛吉得知她的妹妹已经恢复元气，正计划结婚，要嫁给一个比她年轻得多、贫穷得多的人时，她一定会担心得要命。

很久以后，马克斯嘲笑阿加莎听从了姐姐的劝告。"你还记得A. P.（'庞吉阿姨'，即玛吉）是如何劝阻我们的吗？那是多么愚蠢的事情啊！"⁽²⁰⁾后来，阿加莎更加坦率地承认了所发生的事情：玛吉"恳求我不要嫁给马克斯"。⁽²¹⁾

还有一个任务，就是告诉罗莎琳德，但阿加莎逃避了。"亲爱的马克斯，"她在7月下旬的一封信中写道，"罗西猜到了！！！如果你从塞尔福里奇百货寄两打太妃棒棒糖给她，她会同意的。"⁽²²⁾马克斯超出预期地完成了任务，他寄了二十六根（店里"只剩二十六根了"），他局促不安地想，他未来的继女"会慢慢习惯的"。⁽²³⁾于是，罗莎琳德小心谨慎地同意了。然而，在她母亲的自传中，罗莎琳德却因为担忧受到了嘲笑：

"你知道吗?"她说,"如果你嫁给马克斯,你得和他睡在一张床上。"

"我知道。"我说。

"嗯,是的,我想你是知道的,毕竟你嫁给过爸爸。但我认为,你可能没有意识到这一点。"

这对我们读者来说,显得很滑稽,但我想当罗莎琳德自己读到这段内容时,可能不会这么觉得。她还顽固地说,她认为"有两对父母是件好事","妈妈和马克斯在一起,会变得更好"。同样的,阿加莎也觉得这很有趣,但是罗莎琳德这个可怜的小家伙,只好自己消化这一切。罗莎琳德用她固有的冷漠,竭力让自己表现得务实和成熟。[24]

甚至,当阿加莎终于下定决心结婚时——这一点马克斯从未动摇过——她还要忍受全世界的评价。5月,马克斯坚持他们应该鼓起勇气告诉凯瑟琳·伍利,他们怀疑她不会接受。结果伦纳德只表示了"轻微的惊讶",而凯瑟琳虽然嘴上说着大度的语言,实际却表现得更为消极,她给了一个出人意料的解释,说这会对马克斯的性格造成伤害。[25]她认为他需要"一点磨难"。[26]

实际上,伍利夫妇有一定权力可以阻碍事情的顺利进展。伦纳德作为马克斯的老板,让他整个夏天都扑在工作上,但他却更想和阿加莎待在一起。"我希望这种痛苦能在周日结束。"马克斯写道。他正在为记录乌尔的发现做最后的努力,他要做将近400次记录。[27]"魔鬼们会想尽办法,不让我们好过。"他告诉阿加莎。他们计划9月份结婚,然后就去度蜜月,但伦纳德希望马克斯在10月26日之前回到伊拉克。

毫无疑问,马克斯的生活中不是只有工作,但事实上,他对考古工作的热情投入，恰恰是阿加莎最欣赏他的地方。当他告诉她他在博物馆的工作时，他的热情很有感染力。当时，他正在清洗一位苏美尔女士的银梳子："一种美妙的感觉……我从事考古工作已经五年了，但我依然充满激情。"(28)

马克斯向阿加莎公开承认的唯一担心，是关于金钱："我可能无法给你带来物质上的成功，而你本该拥有这一切。"(29) 他的薪水肯定无法维持阿加莎的生活，而且他的父母也有经济问题。玛格丽特离开弗雷德里克后，成了一个挥霍无度的人。她告诉儿子，她已经买了"一套羊毛服装和一件连衣裙，还有其他的东西我也很想要，除了两顶帽子"，她打算在百家乐上赌一把，来赚回一点钱。与此同时，她也承认自己"付不起房租"。(30)

在那个艰难的夏天，阿加莎多次说服自己进入婚姻，又多次说服自己脱离婚姻。"有那么一刻，我陷入了盲目的恐慌……我觉得'我不会——我不会——我不会嫁给任何人，永远也不会'。"然后，她又会想："但这是马克斯啊。我会和马克斯在一起，当我不开心的时候，他也总是在我身边。"(31) 卡洛也会陪在她的身边提供安慰，但是她每年都会出海度年假。

与此同时，马克斯开始制订计划，为去当时的南斯拉夫和希腊度蜜月做准备："我刚买了一张伯罗奔尼撒半岛的详细地图。"(32) 他订了去威尼斯的火车票，到了那里后，再坐船沿着达尔马提亚海岸一路游玩。他写道："我准备了一件白色运动外套，来迎接阳光充足的假期。"(33) 他们之间似乎达成了共识，阿加莎可以支付以后的一切费用，不过这一次费用将由他来承担。"我应该支付所有费用。"(34) 阿加莎觉得这相当吸引人，她笔下一个比较强硬的角色这样说道："如果我想娶一个女人，我就得付这入场费。你明白吗？"(35)

在卡洛的帮助下，婚礼将在苏格兰举行，他们希望能避开媒体。

根据苏格兰法律，这意味着阿加莎必须提前在边境北部居住两周。8月，她去了斯凯岛，整日"躺在石楠丛中，看着大海"。[36] 陪伴她的是被她称为"忠犬军团"的亲密伙伴——罗莎琳德、卡洛和她的妹妹玛丽，而马克斯则去看望埃斯米的父母。玛吉没有跟着去，以此来表达不满。

从5月份开始就很火热的通信，在婚礼前的最后几个星期里，逐渐发展为每天都要写信。"你必须每天给我写信。"在遥远的斯凯岛布罗德福德酒店，阿加莎一口咬定道。她仍然很担心，是否该用内心的平静去"交换巨大的幸福，当然也可能换到一场灾难"。[37] "你不要怕，"马克斯态度坚定地对她说，"总有一天，你会嘲笑自己曾经如此犹豫不决的。"[38]

她显然很慌乱，以至于填护照申请书的时候填错了。而且，尽管一直在通信，但她还是一直忘记告诉马克斯，她住在爱丁堡的哪家酒店。

如果没有马克斯的每日来信，阿加莎要怎么办？在去爱丁堡参加婚礼之前，阿加莎拆开了最后一封寄到斯凯岛的信，她迫不及待地想看里面的内容。

圣卡斯伯特教堂坐落在爱丁堡城堡巨石的阴影下，之所以选择它，是因为卡洛的父亲是该教堂的副牧师。1930年9月11日，三十一岁的"马克斯·埃德加·卢西恩·马洛温"和三十七岁的"阿加莎·玛丽·克拉丽莎·米勒或克里斯蒂"终于在那里举行了婚礼，证婚人是夏洛特和玛丽·费舍尔。新娘和新郎都谎报了年龄，以缩小年龄差距。马克斯告诉阿加莎，他的生日"随你怎么定——我认为这根本不重要"。[39] 她在护照上改了一笔，把1891年作为自己的出生年份。但是，无论是对婚礼的保密，和对真实年龄的保密，这两个希望都落空了。一个星期后，《快报》就报道了这桩"浪漫"

又低调的婚礼,"马洛温先生二十八岁,他的新娘三十九岁。"(40)即便如此,媒体还是搞错了:马克斯给自己多加了五岁,实际上,他只有二十六岁。

然后,他们如释重负地启程前往威尼斯,沿着达尔马提亚海岸旅行了五个星期。他们合写了一本旅行日记,两人交替着写,马克斯在日记中记录了一只"华丽的龙虾"和"在威尼斯夕阳的映衬下,在潟湖上看到帆船的剪影"。然后阿加莎插话道:"浪漫带来的悲伤——被虫子咬了。"从威尼斯回来后,他们出海、睡觉、游泳——有一晚,他们还裸泳了。"火把是否会泄露我们羞愧的秘密?"阿加莎怀疑,有人发现了他们。他们度过了一段美好的时光,"在一家特别肮脏的饭店里,吃了一顿美味的饭"以及"漫步在橄榄林中"。但也有更加恼人的虫咬,当旅游和考古交织在一起时,难免艰苦。"他对我来说太年轻了!"阿加莎在日记里叹道。那是一个雨天,马克斯让她骑了十四小时的骡子,去看一个古代遗址,这让她"极度疲惫"。

最后,他们来到了雅典一家豪华酒店,发现在城市中生活"非常奇怪——我们和之前完全不同了。一间带浴室的双人套房,让我们看起来既腼腆,又洋溢着文明的气息。过去两周,那两个快乐的疯子一去不复返了"。但他们还是出去,快乐地享用"小龙虾"。(41)结果发现,食用贝类是一个可怕的错误,阿加莎食物中毒严重,需要接受治疗。

过了几天,她才可以吃普通的通心粉,但马克斯已经没有时间了,他得按计划回到伊拉克。他对雇主有责任,但他也要照顾妻子,这两者现在发生了冲突,不过他从没想过对雇主违约。治疗阿加莎的希腊医生也认为这很可怕:"毫无疑问,从他冷漠的态度来看,他认为你是野蛮、缺乏同理心的人。"(42)

伍利夫妇明显也知道,让阿加莎去乌尔和丈夫团聚肯定不合适。但马克斯自己也已经不再那么依赖他那专制的雇主了,他认为自己有足够的经验去找新的工作。"我对自己的能力,比以前更有信心了。"他写道,"考古是一场伟大的游戏。我一年比一年更喜欢它,我无法想象自己从事别的职业。"[43]

阿加莎渐渐恢复了体力,可以独自回家了。她从英国写信给马克斯:"每个人都说我看起来很好,年轻了十岁,和你结婚太适合了。"她很高兴在养病期间自己的体重减轻了。"我瘦了将近一英石,是不是很棒?婚姻生活让我变瘦!"

在坐火车去德文郡之前,她从伦敦给他写了最后一封信。"住在帕丁顿酒店,感觉真奇怪。"她说。

> 好几年了,我第一次在英国没有病态、痛苦的感觉——我以前总有这种感觉——我通过出国旅行、享受阳光来逃避——然后再次回到它们身边——回到记忆中的阴影,和所有我想要忘记的一切。但这一次——不一样了——只有"哦!伦敦——如往常一样多雨——但却是充满乐趣的老地方!!"亲爱的——你从我肩上卸下了太多的东西。[44]

他们婚前的信件中没有任何调情的话,但现在,随着结婚协议的签订,很显然,他们早就成了这方面的老手了。"现在闭上你的眼睛,假装你在我怀里,我正在回吻你。"马克斯在伊拉克写信说道。[45]"亲爱的,你知道我最想念什么吗?"她回复道,"是我在你的臂弯中睡着。"[46]现在,阿加莎忙于工作和家庭,还要为圣诞节做准备,这段日子很累,这意味着她"一上床就会睡着,根本没有精力去想肉欲方面的事情!哦!马克斯,要是能和你在一起,该多

有趣啊!"。⁽⁴⁷⁾

1930年的平安夜,她给他写了一封信,这是他们两人在黄金年龄的最后一封信。"今天是我第一段婚姻开始的日子。"她坦白道。

> 对我来说,这一直是伤感的一天——但今年不是。我感到很幸福,我正被爱着,充满了安全感。祝福你,我的爱人,感谢你所做的和回馈给我的一切。⁽⁴⁸⁾

第二十五章　八幢房子

随着20世纪30年代的到来，阿加莎的生活似乎放慢了脚步，但她接触的事情变得更多了，而且这些事情也被她安排得有条不紊：阿什菲尔德，伦敦的文学生活，以及与马克斯一起去西亚旅行。她的工作进展顺利，财源滚滚，阿加莎非常高兴。

但她住在哪里？这很难说。人们通常认为，阿加莎和马普尔小姐一样，一定是扎根于某个特定的村庄。但实际上，她一直在四处奔波，也许最完美的家，就是旅途。她的书反映了这一点。她的标志性人物很可能是一个房客，一个路过的人。这些推动故事变化的人可能很富有，就像《斯塔福特疑案》中租大房子的女人一样；也可能不是，波洛甚至参与了《低价租房奇遇记》①。[1]

除了旅行，阿加莎最喜欢的就是搬新家。她把20世纪30年代称为自己的"富豪时代"，她买了很多房子，并花了大量精力让每一栋房子都变得舒适。家务，对她的生活和创作都至关重要。"你必须关心房子，那里是人生活的地方。"她有一次在小说中这样写道。[2]她也把自己的喜好投射到《尼罗河上的惨案》中富有且独立的林内特身上。林内特的房子"是她的！"，她坚持道，"她见到它，得到它，并且重新装修了它，在上面花了很多钱。这房子是她自己的财

---

① 出自短篇集《首相绑架案》。

产——她的王国。"(3)

当然，也有不好的地方。阿加莎小说中的家，通常代表着安全的对立面。房子就是她噩梦中那个沉默、邪恶的"枪手"出现的地方，他会溜进家中，"坐在茶桌旁"，或者"加入游戏"，带来"可怕的恐惧感"。阿加莎自身的痛苦经历表明，从安全突然变得危险是多么容易。

在此之前的 150 年，以闹鬼的城堡或宅邸为背景的惊悚故事，即所谓的哥特小说，就是侦探小说的前身。阿加莎的天赋是让哥特小说大众化，使其可以吸引大众市场。(4) 例如，在《暗藏杀机》中，她把一间非常普通的伦敦公寓，变成了一个恐怖的地方。"渐渐地，"她写道，"夜晚的魔力开始控制他们。家具突然嘎吱作响，窗帘也发出了难以察觉的沙沙声。"(5) 正如阿加莎所言，中产阶级的家庭可能隐藏着"深藏不露的怨恨，这些怨恨并不总是浮在水面之上，但会在突然之间爆发"。(6)

阿加莎书的读者也喜欢思考房子和它的意义。1920 年至 1945 年间，六十多本针对中产阶级女性读者的新杂志问世，其中包括《好管家》和《妇女与家庭》。(7) 对于像克拉拉·米勒这样的女性来说，家就是整个世界。但对阿加莎那一代人来说，战争的爆发，家政服务的崩溃，意味着中产阶级的家庭需要重塑。对于阿加莎的读者来说，中产阶级生活的基础正在转变和衰落。

这有助于解释为什么阿加莎乐于创作特别平淡的死亡方式，用她自己的话说，就是"安静的、家庭关系间的谋杀"。(8) 评论家艾莉森·莱特谈到了阿加莎小说中的"凶器日常化"。她选择的毒药往往能在房子周围找到：用于治疗宠物的砷，用在黄蜂身上的氰化物，用在帽子上的颜料。她还使用厨房间的擀面杖、肉串竹签、高尔夫球棒、镇纸、网球拍和床架上的钢球作为杀人凶器。(9)

阿加莎对家庭的兴趣，是一种出于女性身份的关注，这反过来又让她的作品显得天生不那么入流。她自己也同意这个说法。尽管她在 20 世纪 30 年代出版了那么多作品，但她告诉我们："当我填写表格，要填职业那一栏时，我写了常用的说法——'已婚妇女'，除此之外我从来没想过要写别的上去。"

她坚持认为自己不是"真正的作家"的原因之一，是她没有专门的工作间。她的写作非常随意，都是在购物、吃饭、放松这些她自认为更重要的事情之余进行的。"我不知道你什么时候写书，"阿加莎的朋友们对她说，"因为我从来没见过你写作。"她在卧室里写，在偏僻的角落里写，完全不像一个传统意义上的那种痛苦的作家。"卧室里有一张大理石台面的盥洗台，是一个写作的好地方。"她说，"餐桌也是。"

所有这些对家庭生活的兴趣，都有助于解释为什么在 20 世纪 30 年代，阿加莎拥有了可支配的财富之后，像着了魔一般，买了八幢房子。这些房产相对便宜，它们位于伦敦西部，去帕丁顿和托基很方便，而且大多都租了出去。但她通常会保留一幢，供自己使用。

到她第二次结婚时，她已经买下了克雷斯韦尔街 22 号，她曾在那里邀请马克斯吃他们的团聚早餐。它在一排富丽堂皇的大房子后面，那里混杂着马厩和仆人们的住所。如今，这里是一个对冲基金经理住的那种高档社区，有普拉提教练，外面还停着保时捷。然而，在 20 世纪 30 年代，阿加莎的小马厩是一个栖身之所，从那里，可以侧身眺望当时仍是艺术中心的切尔西。记者们觉得它很浪漫，正是一个独立的、有创造力的女性会居住的地方，房子表面的绿色油漆，让它看起来就像"灰色屋顶之间的一棵生机勃勃的春树"。[10]

为了这段新婚姻，阿加莎在肯辛顿买下了坎普登街 47-8 号，那里距离大英博物馆很近，马克斯每天上下班会很方便。那是一幢坐落在正常街道上的真正的房子，尽管街道很狭窄，一头是铁路，另一头是水库。蜜月结束后，阿加莎在伊拉克写信给马克斯，信中显示了她对婚姻生活的热情。例如，她写道："真是兴奋和又自责的一天呀——我去了一个大卖场！我买了一个胡桃木柜子……啊！买一些我根本用不到的东西……感觉太棒了。"(11)

她在伦敦的社交生活包括在皇家咖啡馆参加侦探俱乐部的聚会。这个俱乐部只有出版过侦探小说的作者才能参加，正如多萝西·L.塞耶斯所说，它的作用是"一起吃晚饭，逛一家又一家店"。(12)但阿加莎并不擅长交际。她为俱乐部的一些合作项目做了点贡献，比如写故事大纲，但很快就觉得不能把时间花在这些事情上面。阿加莎现在不仅是罗莎琳德的经济支柱，也是马克斯的，她不能不计回报地写作。1930年，她与其他侦探小说作家合作，为英国广播公司（BBC）制作了一部广播剧，这也是段糟糕的经历，她觉得这个项目单调乏味，又杂乱无章。令人高兴的是，同一年，她发现自己的戏剧《黑咖啡》将被搬上舞台。"我多想你能在这里，分享我的快乐，"她告诉在伊拉克的马克斯，"我要排练，和广播员开会，打各种疯狂的电话。"(13)

她勉强同意参加第二部广播剧，但英国广播公司认为她"很难搞"。"请你向马洛温夫人解释一下，"制片人 R. J. 阿克利在给卡洛的信中写道，"她的缺席，给我们带来了极大的困难。"(14)下次阿克利再做提案时，受到了冷遇。"事情的真相是，"阿加莎解释道，"我讨厌写短篇的故事，而且它们真的没什么盈利……设计一个系列故事的精力，我都可以写好几本书了。就是这样！非常抱歉。"

这位制片人，阿克利先生，被一个自信的女人难住了。为了让阿加莎做广播剧，他对她不吝赞美："你读得非常好，我相信它一定会大获成功。"但在背后，他却有意打压，说她"长得很漂亮，但非常令人讨厌"。阿克利说,作为一名播音员,他认为她"有点虚弱"。不过,他也承认,任何人"在可怕的多萝西·L.塞耶斯那惊人活力、强硬态度和雷厉风行前面,都会显得软弱无力"。[15] 塞耶斯反过来向阿加莎抱怨说,"BBC给他带来了很大的麻烦,他们每隔一天就会打电话来",谈论合作的广播节目。她告诉他们:"走开,别烦我!"[16](必须承认,一想到多萝西·L.塞耶斯对阿克利先生施压,我就很兴奋,虽然这不太好。)

当阿加莎继续埋首事业的时候,身在寄宿学校的罗莎琳德发现,自己在母亲心中的优先级比她想象的要低。"你打算怎么办?"她哀怨地写道,"你会从美国回来吗?我想你知道,我要参加音乐考试了。"[17] 阿加莎告诉自己,沉着冷静的罗莎琳德得到了很好的照顾,先是在贝克斯希尔的一所名为加勒多尼亚的学校,然后是肯特郡的博耐顿女校。但事实上,她的女儿并没有茁壮成长。罗莎琳德的英语成绩"飘忽不定",历史成绩"不如人意",她的法语"忽高忽低"。"我一直觉得,她在学校的这段时间里,表现得很平庸。"她的老师写道,"很遗憾,她还没有培养出责任感,就离开了我们。"[18]

阿加莎养成了一种习惯,每年都要花一段时间和马克斯一起去西亚。1931年,马克斯找到了一个新老板,雷金纳德·坎贝尔·汤普森,他当时正在亚述帝国古都摩苏尔附近的尼尼微开展挖掘工作。与伍利夫妇不同的是,坎贝尔·汤普森同意阿加莎跟来,但费用由她自己承担。她还同意,在未经讨论的情况下,不发表有关现场的任何内容。无论是对作者还是对挖掘工作本身的宣传来说,写文章肯定是有价值的。马克斯和阿加莎现在是一种合二为一的关系。1930年,她参加了一门艺术课程,学习考古绘图:"我很害羞……有一种自卑的感觉。"[19] 但为了让马克斯开心,她几乎什么都愿意做。"我永远不会厌倦你的工作,"她安慰他说,"我已经画了一个超级好看的锅子。"[20] 她把他的工作优先级排到最高，把自己的工作围绕他安排，而不是反过来。为了尼尼微的考古工作，阿加莎买了一张坚固的桌子，并在上面写完了《人性记录》(1933)。

阿加莎在1931年10月开始写这本书，当时在去尼尼微的路上，她独自一人在罗兹岛待了几个星期。从她的信可以看出，她很想念马克斯的身体："我想趴在阳光下，让你亲吻我的后背。"[21] 性生活的满足让她产生了占有欲。"一个人一旦爱上另一个人，他就会变得害怕，"她承认，"这就是为什么狗叼着骨头要到处吠叫，因为它们相信，会有其他的狗来夺走它。摩苏尔还有别的狗吗，亲爱的？如果有的话，你最好不要告诉我！"[22]

她从罗兹岛寄来的信也清楚地表明，他们一直希望有个孩子，而综合各种证据表明，在这个秋天，阿加莎怀孕了。在参观一座大教堂时，她向施洗约翰祈祷。"我不是一个很好的人，也许不太适合为孩子祈祷。"她承认，"但在荒野中待得时间久了，我也很渴望有美好的家庭。"[23] 马克斯对这样的未来感到很兴奋，但同时也很紧张："亲爱的，如果我们真的有了孩子，那将是巨大的喜悦，但如果没有，我们也要欣然接受……我宁愿不要孩子，也不愿你发生任何事，亲爱的……你是我的爱人，也是我的第一个孩子。"[24]

1931年，发生了一件令人沮丧的事：刚过四十岁的阿加莎，流产了。在那之后，马克斯和阿加莎似乎接受了他们将不再有孩子这件事。马克斯曾经在信中提到，他们一起种过的树，那些"茁壮成长的小树，是我们亲手种下的。它们就是我们的孩子，是你的，也是我的"。[25]

经历丧子之痛后，阿加莎又一次把注意力转向自传体小说。这是她第二次涉足非侦探小说领域，《未完成的肖像》出版于1934年，这本书帮她厘清了如今已成为过去的那段人生：她的第一段婚姻和失败、她在1926年得的病。如今,她已经踏上了一个新的台阶,可以回过头看看了。

马克斯也逐渐变得成熟,他让大英博物馆赞助他完成第一次独立考古。1933年,他和阿加莎准备回到伊拉克,同年,她购入了另一幢房子。这幢房子有三层楼高,正面粉刷得富丽堂皇,这无疑又是一次重大的升级。阿加莎将位于肯辛顿的谢菲尔德58号改名为"绿屋",源自她最喜欢的颜色——绿色。[26]路的尽头,是荷兰之家的大片树林。

阿加莎看到这幢房子的第一眼,就决定买下它。有一部分原因是因为顶楼的房间很大,她一反以往的习惯,决定把这里作为她的工作室。"大家都很惊讶,因为我以前从来没有想过要有这样的东西,但他们都同意,可怜的太太是该拥有一间属于自己的房间了。"房间里有一架钢琴、一张大桌子、一把打字用的直椅和一把休息用的扶手椅。在这里,她写下了好几部最伟大的作品,比如《东方快车谋杀案》《ABC谋杀案》和《尼罗河上的惨案》。

令人惊讶的是,在阿加莎写了十二年书之后,才终于有了"一间自己的房间",而这是弗吉尼亚·伍尔夫写作的必需品。但在这一点上,历史学家吉莉安·吉尔以令人赞赏的洞察力写道:"阿加莎·克里斯蒂不需要自己的房间——她习惯的是整幢房子。她是少有的可以随意购买房产的女人之一,而且是用自己劳动挣来的钱买的。"[27]

马克斯第一次主导的考古挖掘,是在伊拉克的阿尔帕契亚,耗资2000英镑,如果追踪其资金来源,那么你将会踏上一段有趣的旅程。大英博物馆出了部分资金,英国驻伊拉克考古学院捐款600英镑,管理团队的成员中有一部分愿意无偿提供服务。[28]然而,还是有缺口。"我希望马洛温能在伦敦多待一段时间。"博物馆的一位策展人写道,"还差1000英镑,需要尽力争取。"(29) 马克斯设法从著名的考古捐款者查尔斯·马斯顿爵士那里筹到了100英镑,阿加莎·克里斯蒂也捐了100英镑。但大英博物馆的记录显示,有另一位匿名人士捐赠了500英镑。这个特殊的捐赠者希望,如果有其他的资金到位,就把钱退回来(但没有)。(30) 这个人,除了马克斯的妻子,还能是谁?作为丈夫考古工作的资助者,阿加莎开始了她漫长的职业生涯。

马克斯还发现,相比起金钱,他的妻子在媒体报道方面带来的优势更是无价的。"小说家踏上惊心动魄的旅程,"报纸的标题这样激动人心地写道,"阿加莎·克里斯蒂和迷失的人——伊拉克探索"。(31) 马克斯喜欢以"夸张的方式、宏大的规模"来开展工作,在20世纪30年代,这笔资金可以让大约200名工人在现场工作。(31) 他和他的同僚们所做的工作,在今天看来破坏性过大。比如,在阿尔帕契亚的最初几天,马克斯只是让他的工人随意挖掘,以便练习。一次1976年的挖掘显示,土丘"堆积到了一起",这样的方法是错误的,也是具有破坏性的。(33)

在沙漠中,阿加莎和马克斯效仿欧洲人的生活方式:吃饭要换衣服,请当地厨师重新制作类似欧洲的食物。1933年,被带到阿尔帕契亚的餐具包括十九张餐巾纸、桌布、洗指碗和汤盆。(34) 之后为了挖掘而进行采购清单中,包括三瓶杜松子酒、三瓶教皇新堡葡萄酒、两罐丹麦黄油、六罐咖喱粉、两罐鹅肝酱和二十四罐腌牛肉。(35) 所有这些都是由马克斯专门改装的卡车运送到现场的,这辆卡车漆成了淡紫色,被称为"玛丽女王"。

但马克斯在伊拉克的第一次独立挖掘,也将是他的最后一次。挖掘季结束时,他们发现,将文物运出国比预期中要困难得多。在阿加莎的自传中,她只是简单地描述了她们"得意扬扬"地回家,但实际上,这次远征后来被称为"阿尔帕契亚丑闻"。

当时伊拉克刚刚独立,民族主义日益高涨,政府决定改变考古文物的分配规则。此前,挖掘出来的文物由考古队和伊拉克国家博物馆平分,这个流程由博物馆馆长、德国考古学家朱利叶斯·乔丹博士管理,他也是伊拉克纳粹党领袖,这是事件中的另一个转折。但现在,大部分的文物必须被留下。马克斯没有获得预想中的出口许可。

马克斯向国际上的考古学家团体抱怨说,伊拉克人阻碍了重要的科学工作,而英国外交部发现自己被夹在中间。考古学家们认为,这些新规则是在一种"愚蠢的民族主义"下制定出来的,而英国外交官则说考古学家们"令人恼火且傲慢无理,出于纯粹的私心,给其他国家带去了利益"。[36]

最后,这个问题被提交至伊拉克内阁表决。在那里,因为一票的优势,最终他们允许马克斯把文物带回家。马克斯想继续把自己的发现记录下来,但众所周知,这是考古学家最爱拖延的项目。从公众的角度来看,马克斯在分享他的发现方面做得很好。20世纪30年代,他在《伦敦新闻画报》上发表了许多文章。在向编辑们投稿时,他煞费苦心地指出:"尽管他们喜欢哗众取宠,但我所罗列的事实都有科学依据。"[37]然而,从他的考古学家同行的角度来看,马克斯闲聊的风格,可能是受他妻子的影响,并没有充分发挥这些材料的价值。

"阿尔帕契亚丑闻"被马克斯视为令人讨厌的官僚主义拖延,实际上它却标志着,西方考古学家想从西亚得到他们想要的任何东西这个念头行不通了。这件事之后,马克斯决定短时间内不再去伊拉克挖掘。但也有补偿,1934年,阿加莎给他买了自己的房子。这幢美丽的新房子是安妮女王的故居,坐落在泰晤士河边,离伦敦不远。

它位于牛津郡沃灵福德郊区的温特布鲁克，阿加莎一直称它为"马克斯的家"。他们的一位朋友形容这幢房子是"舒服、温暖、环境适宜的中上阶层住宅，拥有一切舒适的设施，精美的瓷器和上等的家具，这些都是阿加莎的财富所带来的"。(38)

在20世纪30年代后期，马克斯将注意力转移到了叙利亚。他的财务记录显示，他会按日支付给挖掘者工资，再加上发现文物的额外提成。一次好的发现，奖励必须与黑市古董的价格相媲美，这样做可以防止工人将物品走私出售。这是一件会让人担心工人道德的工作。阿加莎会悄悄地在现场走来走去，帮助监督这套体系。她看上去不务正业，同时又很有女人味，任何游手好闲或正在睡觉的工人都会被她打报告。(39)

德国考古学家汤姆·斯特恩于1999年访问了叙利亚，想知道那里的人是如何看待阿加莎的。他遇到了马克斯以前手下的两名挖掘工人，他们回忆说："一个美丽、坚强的女人。她监督工人们。我记得她的手杖，可以打开，然后她会坐在上面。"关于折叠座手杖的描述听起来是真的。然而，其他当地人的证词表明，西方人只是短暂地来过。一个年纪稍长的人拒绝回答有关马克斯1937年在叙利亚挖掘的问题："我现在对这些都不感兴趣。我和死亡只有一线之隔。"(40)

阿加莎对中东人民的态度，随着时间的推移也发生了改变。你可以看到，从20世纪20年代开始，她的观点逐渐自由化，小说里的一个正派人士甚至说："对外国佬来说，任何名字都挺好的。"(41)她不认为自己是严苛、态度轻蔑和自我孤立的人。当她外出探险，努力寻找适合自己腰围的衣服时，她嘲笑自己看起来像一个"帝国建设者的妻子"。(42)

但即使在她自己和马克斯出版的作品中，背后也总是有一个阴影，暗示着当地人的不满。工人之间充满了矛盾与冲突。马克斯承认："我们在挖掘的时候，遇到了一群野蛮、粗鲁的恶棍，我们花了很长时间来维护秩序。"(43)有一次，两名男子在未经授权的挖掘行动中，因为隧道坍塌而丧生。阿加莎和马克斯不得不放弃一个叙利亚的挖掘点——布拉克遗址，因为他们认为当地人想要更高的工资，这是一种"勒索"。(44)

与此同时，对阿加莎来说，做一个考古学家的妻子，比做一个传统的母亲更重要。放学后，罗莎琳德被打发去了巴黎。"我不知道该怎么办，"她写道，"我总觉得这是在浪费钱。"(45)接着，罗莎琳德又被送往慕尼黑，她抱怨自己被忽视了。"告诉妈妈她真是头猪！！"罗莎琳德在给马克斯的信中写道，"这让我非常痛苦。"(46)阿加莎有时干脆不回信。"你能告诉我你什么时候回家吗，"罗莎琳德在一封信中咆哮道，"你似乎会告诉卡洛，但不告诉我……我又不开心了。"(47)

1937年，离开慕尼黑之后，罗莎琳德首次迎来社交季，阿加莎至少意识到了这次的重要性："不管你喜不喜欢，我认为这都是一次有趣的经历。"(48)和阿加莎当时的潦草不同，罗莎琳德在伦敦度过了一个像样的社交季。有一个忙于工作的母亲的好处是，米勒一家失去的财富正在逐渐恢复。而坏处是，阿加莎作为一名离婚妇女，没有资格将女儿带到白金汉宫。罗莎琳德只好由朋友带着去。

罗莎琳德和她的朋友苏珊·诺斯正在考虑职业发展，她们唯一能想到的就是当模特。阿加莎不同意。无事可做的罗莎琳德于是跟母亲和马克斯一起去了叙利亚，并接手了绘画的工作。紧张的气氛随之而来。罗莎琳德是一个完美主义者，她对自己的工作不满意，想重新开始。

"你不能把它们撕掉。"马克斯说。

"我要把它们撕掉。"罗莎琳德说。

然后他们大打了一架,罗莎琳德气得发抖,马克斯也真的愤怒了。

罗莎琳德现在已经长大了,她可以拒绝成为别人的替代品。当阿加莎开始写一本关于考古生活的书《告诉我,你怎样去生活》时,她不得不向女儿保证书中不会提到她,因为她的女儿"非常厌恶这本书"。[49]

现在的阿加莎,和1926年的那个女人完全不一样了。也许她与过去真正的决裂是在20世纪30年代末,当时她不无痛苦地决定,卖掉自己的房子。

在过去的十五年里,阿什菲尔德一直是她在乡下的静居处。克拉拉死后,厨师弗洛伦斯·波特一直留在这里,为宴会制作了多达十七道菜的大餐,包括她著名的"苹果刺猬"(它的刺是杏仁做的)。[50]但是访客们发现房子里的落地钟、大理石雕像和装饰动物标本让人感到阴郁,并且越来越有"诡异"的感觉。[51]

1938年,阿加莎决定出售自己的房子。当时,达特茅斯附近有一栋优雅的、粉刷成白色的乔治亚风格豪宅上市,它的名字叫格林威别墅。[52]这栋"帆船爱好者的理想住宅"以前属于托基的议员所有,它坐落在达特河一个醒目的拐角处,有十七张床,还有更衣室、浴室、台球室、书房和中央供暖系统。[52]

《乡村生活》杂志在广告中称它"适合做一流的旅馆"。1938年,大多数人都觉得,这栋乡村别墅仅作为私人住宅的想法很奢侈,但马洛温夫妇不一样。去看格林威别墅的决定似乎得到了克拉拉的同意,因为阿加莎曾经和母亲一起参观过那里。马克斯建议阿加莎买下它。

"为什么不买呢?"马克斯问。

这句话出自马克斯之口,我吓了一跳,简直喘不过气来。

"你一直在为阿什菲尔德担心,你知道吗?"

我明白他的意思。阿什菲尔德,我的家,已今非昔比。

从阿什菲尔德的花园望向海边,映入眼帘的,现在是一所中学和一家养老院。但关键问题是,马克斯对这个地方没有情感。所以为了取悦他,阿加莎想出了卖掉房子的主意。卖掉阿什菲尔德换来了 5690 英镑,不过想用这个价格购买格林威别墅及周边的 33 英亩土地,仍然相当困难。于是,阿加莎把后面的维多利亚式厢房拆掉了,她认为这所 18 世纪 90 年代的房子本身"比阿什菲尔德更好,也更明亮"。后来,阿加莎希望自己更进一步:"我要拆掉房子的另外一大部分:巨大的储藏室、养猪的地方、柴火仓库,以及一整套碗碟洗涤室。"然而,1938 年的她从来没有想过,有一天她将不得不自己做家务。

1939 年,尽管世界仍处于战火之中,阿加莎还是购置了更多的房产,新房子在伦敦的梅菲尔和圣詹姆斯,是她迄今为止最豪华的住所。但对阿加莎和马克斯来说,这美好的十年即将结束。那一年,他们在最后一个考古季之后离开了贝鲁特。世界上正在发生的大事,意味着他们要过很长一段时间才能回来。

阿加莎站在即将驶离的船上,靠着栏杆回头望向黎巴嫩暗淡的蓝色山脉,它们渐渐远去。马克斯问她,一起写作、旅行和挖掘的十年结束了,她在想什么。

"我在想,"她说,"那真是快乐的生活啊。"[55]

第二十六章　黄金时代

因为幸福，阿加莎创作出了一批她最好的作品。1939 年，对侦探小说来说，过去的十年是黄金时代，对阿加莎来说更是如此。和马克斯结婚给她带来了前所未有的职业上的自信，随着她逐渐成熟，阿加莎成长为一个灵巧又严苛的艺术家，她的出版商、制片人和商业伙伴都能感受到这一点。"这个世界对女人太残酷了，"她笔下有一个角色这样说道，"她们必须尽其所能为自己打算。"(1)

早在 20 世纪 20 年代，在她失踪后不久，阿加莎就第一次有了必须继续工作的感觉，尽管医生建议她休息。"除了我已经挣到的，和即将挣到的钱之外，我再也没有其他任何收入了。"

后来，她认为这就是她成为职业作家的时刻，它意味着"即使你不想写"也必须得写。阿加莎仍在病中时，不得不"强迫"自己完成的那本书，于 1928 年正式出版，书名为《蓝色列车之谜》。(2) 罗莎琳德一直想引起母亲的注意，她在打字机旁徘徊："我就站在这里，不会打扰你的。"结果，《蓝色列车之谜》变成了一段痛苦的回忆。"这无疑是我写过的最糟糕的书。"(3)

尽管如此，由于 1926 年的媒体报道，《蓝色列车之谜》还是卖出了 7000 本的好销量。20 世纪 30 年代，她的销量略有下降，然后柯林斯想出了最好的营销方法，销量又开始回升。到 1935 年，阿加莎的《三幕悲剧》第一年就卖出了 1 万册。1942 年，《五只小猪》

的销量达到了 2 万册，后来她的图书销量再也没有比这个低过。⁽⁴⁾

对阿加莎来说，直观的感觉就是有了很多钱，尤其是当她的作品在美国杂志上连载时。她解释道，这笔钱"不仅比我在英国从连续剧版权中赚到的钱多得多，而且当时还不用缴纳所得税，它被视为资本支付"。不过后来，美国的这个税收问题回过头来对她造成了不小的困扰。

她还开辟了新的收入来源。1928 年 5 月，《罗杰疑案》的话剧版上演。剧名改成了《不在场证明》，而且并不是由阿加莎本人改编的，《观察者报》称其为迷人又新颖的"欺骗戏剧"。当然，剧的主角是波洛，尽管书中医生的中年老处女姐姐卡洛琳被改成了性感的年轻姑娘卡里尔。但阿加莎认为她可以做得更好，于是由她亲自操刀的波洛系列话剧《黑咖啡》，于 1930 年正式上演了。这两出戏的经历，让她觉得波洛不适合话剧舞台：他太浮夸了，霸占了观众的注意力，从而牺牲了其他角色。⁽⁶⁾

阿加莎对舞台越来越感兴趣，但她并没有专注于此。她太忙了。20 世纪 30 年代，是她一生中最高产的十年，她创作了二十部长篇小说和五本短篇集。仅 1934 年，她就出版了两部侦探小说、两本短篇集和一部非侦探小说。她不仅仅是在发展自己的事业，还在打造自己的品牌。她创造了新的侦探形象：奎因先生和萨特思韦特先生。他们甚至算不上是角色，而更像是为了推动剧情发展而出现的现代主义象征。还有帕克·派恩，他向客户承诺的不是解开谜团，而是更加难以捉摸的幸福结局。

帕克·派恩是阿加莎本人在 20 世纪 20 年代末咨询过的那种人，只不过他并非专业的医务人员，阿加莎的心理治疗经验让她的创作更加丰富。她后来解释说，她的第一部侦探小说是"一个有关道德的故事。事实上，这是一个古老的、普世道德的故事"。然而，在阿加莎离婚后,那些隐藏在她潜意识中的欲望,开始更多地作为犯罪动机出现在她的作品中。

在20世纪30年代,波洛不会那么努力地寻找具体的蛛丝马迹,而是更多地依赖于我们今天所说的心理侧写:"关于性格冲突和内心秘密的更加真实的线索"。[7] 在《底牌》(1936)中,阿加莎罕见地发表了一份作者声明。她说,在这个故事中,推理"完全是心理层面的。但这并不会减少乐趣,因为所有的语言和行动都表现的是我们最感兴趣的人——那个谋杀犯——的心理活动"。[8]

阿加莎的脑子似乎是一个无穷无尽的灵感源泉。她把自己伪装成侦探小说家阿里阿德涅·奥利弗夫人这一角色。奥利弗夫人也许矮小、上了年纪、邋遢,但她有着近乎荒谬的天赋。在书中,阿加莎大胆思考着谋杀的动机,这与她自己的思维方式如出一辙。受害者:

> 也许是被一个喜欢谋杀女性的人谋杀的……也许她可能知道一些关于某人恋爱的秘密,也许她看到了某人在晚上处理尸体,也许她揭穿了某人隐瞒的身份——也许她可能知道一些秘密,关于战争期间一些宝藏被埋在哪里。[9]

1930年,简·马普尔第一次出现在长篇小说《寓所谜案》中,这本书无疑是我最喜欢的三本阿加莎作品之一。写这本书的时候,阿加莎正在考虑是否嫁给马克斯,压力很大,在他们度蜜月期间,这部作品出版了。书中有一个玩笑,就当是阿加莎送给马克斯的结婚礼物:某个角色假扮成一位著名的考古学家,结果却被发现是一个小偷。

然而,马普尔小姐第一次出现在长篇小说中时,这个角色尚未完全成形。评论家彼得·基廷令人信服地指出,马普尔小姐是阿加莎最珍视的角色,她代表着阿加莎自己,她只有随着成功、专业、独立的作家阿加莎·克里斯蒂一起,才会完整出现。

在《罗杰疑案》中,有一个马普尔小姐的原型,就是医生那爱管闲事的姐姐,她甚至不需要离开家就能嗅出秘密。《罗杰疑案》是在阿加莎与阿奇婚姻的最后阶段写的,当时她已经与阿奇渐行渐远。马普尔小姐真正第一次登场,是在1927年12月出版的两个短篇故事中,这两篇故事肯定是在失踪事件的漩涡中构思的。[10] 接着,当马普尔小姐第一次出现在长篇小说中时,阿加莎遇到了马克斯,她人生的第二幕开始了。

塑造马普尔小姐的另一个原因是,在两次世界大战之间的这段时间里,老处女在社会上越来越多。马普尔小姐年纪太大,已不能称之为"剩女"。1921年的人口普查显示,英国有200万未婚年轻女性,超过了未婚适龄男性的数量。相比起前几代更多的"剩女",之后的"老处女"问题更加引人注目。

马普尔小姐也与两次大战之间英国现实生活中的女侦探有一些相似之处,或者至少是那些渴望出现在报纸上的女侦探。例如,安妮特·克纳于1915年开始从事侦探行业,并因其所在机构地址位于贝克街而被称为"夏洛克·福尔摩斯夫人"。一位记者惊讶地发现她"只是一个胖乎乎的小女人……银灰色的头发扎成一个发髻"。"不引人注目,"克纳太太解释道,"侦探就应该这样。"[11] 就像马普尔小姐一样。

《寓所谜案》获得了巨大的反响,但有些人并不"理解"马普尔小姐这一角色。《纽约时报》认为它包含了太多关于"当地老处女姐妹情谊的内容……普通读者很容易对这些感到厌倦"。[12] 后来晚年的时候,阿加莎抚平了马普尔小姐的棱角,让她变得更加可爱,不再那么咄咄逼人。然而，在《寓所谜案》中，马普尔小姐被形容为"令人讨厌的坏脾气老太婆"。她甚至不是真的喜欢园艺，而是以此为借口，在外面闲逛，观察来来往往的人。早期没那么可爱的马普尔小姐，其实是我更喜欢的马普尔小姐，但也许只是因为我自己就是一个令人讨厌的坏脾气老太婆。

20世纪30年代阿加莎一些最著名的作品，也会以她的英美读者印象中具有异国情调的地方作为故事背景。这是她和马克斯一起旅行带来的影响。这些故事——《东方快车谋杀案》和《尼罗河上的惨案》——一直是阿加莎最受欢迎的作品之一，尤其是因为它们的拍摄地点，使它们成为视觉效果上最吸引人的电影。

《东方快车谋杀案》的灵感，源自1931年12月阿加莎从尼尼微返程的旅行，当时洪水让火车延误了两天。她在给马克斯的信中完整讲述了这段有趣的冒险经历，这说明她的小说中有许多改编自现实生活的细节。与她同行的乘客包括一个希腊人，他有一个"有趣的七十岁妻子，长着一张丑陋但颇具吸引力的脸"（像德拉戈米罗夫公主），"两个丹麦女传教士"（像瑞典护士格丽塔·奥尔松），一个"高大幽默的意大利人"，像安东尼奥·福斯卡雷利，还有一个美国女人，她不停地抱怨哈巴特太太。[13]

不过，故事情节的核心灵感来自克里斯蒂的另一个"技巧"：她在报纸上读到的真实犯罪细节。对于这本书来说，原型是英雄飞行员（兼国家社会主义支持者）查尔斯·林白和妻子安妮那还在襁褓中的儿子遭到绑架和杀害的案件，他们的可怕经历引起了所有人的同情。

在阿加莎的书中，东方快车的细节呈现得很真实，她所写的列车停靠时间与出版那一年（1932年）的时间表相当吻合。1933年，在完成这本书之后，她又进行了第二次旅行，以核实各种细节。"我必须看看所有的开关都在哪里。"她解释道。这样做是很有必要的，因为有一位读者也亲自去检查了一番。[15] 有证据表明，阿加莎还做了其他努力来研究和巩固她在故事中所呈现的细节。但她并不总能做得这么细致。在 1935 年的《云中命案》中，她忽略了一个事实，那就是用于射出毒箭的吹枪，必须至少有 45 厘米长，而且往往要比这长得多。那么长，是无法像阿加莎所描述的那样，从飞机座位旁边滑下去的。

1933 年 12 月，马克斯和阿加莎奔赴埃及旅行，他们沿着尼罗河抵达阿斯旺的瀑布旅馆，《尼罗河上的惨案》就这样诞生了。这个故事是典型的波洛中期风格，因为在需要他开展行动之前，波洛都不是故事的主角。波洛已经不需要承担主角，去掌控故事的发展了，但阿加莎觉得也不能就此完全删掉这个最受欢迎的角色。

《尼罗河上的惨案》中也出现了一位狡猾的考古学家，阿加莎非常喜欢讨论考古和侦探的相似之处。[16] 波洛形容他的侦查工作就像马克斯一样，刨开"松散的泥土"，直到挖掘出"真相——赤裸的、闪耀的真相"。[17] 调戏马克斯，成为了整个 20 世纪 30 年代的作品主题：在《云中命案》中，两个匪徒变成了"博学而杰出的考古学家"。[18]

马克斯和他正在从事的工作，在 1936 年的《古墓之谜》中变得尤为重要。阿加莎的笔记显示，这部作品是基于伍利和其他真正的考古学家而创作出来的。叙述者莱瑟兰护士有着阿加莎那样敏锐的嗅觉和局外人的视角，而且，为了向马克斯致敬，她被一个沉默寡言的年轻考古学家所吸引。"我相当喜欢他。"她说。[19]

这个故事中有一个"阿加莎式诡计"的优秀案例，即线索的设置。我们会看到："莱德纳博士弯腰看着一排排石头和破碎的陶器，这都是些大东西，他称之为手推石磨，还有研磨棒和石斧，和许多刻有奇怪图案的陶器碎片，比我上一次看到的还要多。"⁽²⁰⁾那个不熟悉的、出乎意料的词——手推石磨——在陶器、斧头和碎片中显得很突出，但随后叙述者莱瑟兰护士把注意力转移到了别的事情上，一切都被抛在了脑后。除非这个奇怪的词已经被警惕的读者记下，那么当它最终被证明是凶器时，读者才可能不那么惊讶。评论家 J. C. 伯恩索尔指出，克里斯蒂的线索设置简直是"天才"："因为在每个案件中，她几乎都在说：'注意了！'她一边这样说，一边埋下线索。一个手推石磨？在第一次阅读时，你可能会问自己，这是什么——哦，是的，这是考古的东西。然后，你会记得它的存在。"⁽²¹⁾

尽管故事背景与众不同，但《古墓之谜》要比上一部作品——1935 年的《ABC 谋杀案》传统得多。《ABC 谋杀案》中的"阿加莎式诡计"是一种心理暗示：把犯罪联系在一起的是字母。错了！连环杀人案的动机是另一场不正常的家庭闹剧："罪犯之所以如此大张旗鼓，其实只是为了掩盖一次家庭谋杀。"⁽²²⁾通过这本书，阿加莎也首次进入了一个新的领域，即虚构的连环杀手这一新兴流派。⁽²³⁾

然后在 1939 年，一部杰作问世了，它的书名现在叫《无人生还》。它最初的书名中因为包含种族歧视，遭受了很多抨击。① 这本书的书名不仅仅是从一首童谣中截取而来，这个"N 开头的单词"也是故事发生的那座岛的名字。艾利森·莱特指出，这明显在影射非洲，即蒙蒂在那里生病并染上毒瘾的所谓"黑暗大陆"，在那个地方，社会的公序良俗将不再适用。在这本书中，杀死一个白人的罪行，等同于杀死二十一个非洲人。"你知道，当地人不介意死。"杀人犯菲利普·隆巴德这样说道，恐怕他只是在为自己辩护。⁽²⁴⁾

---

①《无人生还》在 1939 年首次出版时，书名为《十个小黑人》(*Ten Little Niggers*)。

我认为，克里斯蒂的一些言论在今天还存在争议，有一部分原因是人们认为她的作品是永恒的。这本身就是 20 世纪八九十年代，电视里循环播放，对这些过时的价值观进行重塑的结果。但也是因为她的作品是如此令人舒适、节奏明快，你没法立刻分辨出作品的具体写作年份所致。反过来说，这也解释了她的作品为什么能在这么长时间、这么多地方都一直流行。不过，流行也确实掩盖了一些原本显而易见的东西：每部作品都是作者阶级和时代的产物。即使阿加莎的第一批英国中产阶级读者中，也很少有人对书名感到不满，但在种族问题尤为敏感的美国，情况就不同了。在美国，这本书从一开始就把《无人生还》作为书名。

《纽约时报》很喜欢这本书，说"整件事完全是不可能的，太迷人了"。⁽²⁵⁾这标志着阿加莎的成就达到了一个新的水平，她成了一个极其自信的死亡分配者，给那些罪有应得的角色施以判决。1926 年至 1930 年，阿加莎经历了一段不稳定的时期，当心理学开始崭露头角时，她回归了，并且来到了自己的全盛时期，她变得直截了当，非黑即白，善恶分明。

但是，在《无人生存》出版期间，发生了一件意外，这对阿加莎的作品产生了严重的负面影响。她的出版商在《犯罪俱乐部新闻》上发表了一篇剧情简介，几乎把剧情和诡计泄了个干净，这让阿加莎非常恼火。正如评论家梅利亚·马基宁所说的那样，她的愤怒导致出版商对剧透变得高度警惕。这是可以理解的，但缺点是，限制剧透会让评论家无法自由地讨论和赞美她的作品。你越是把关注度放在阿加莎的剧情设置，或者"诡计"质量上，你就越不能自由地享受她作品中的对话、人物和幽默。

这也是阿加莎·克里斯蒂经常被低估的另一个原因。

第七部分

战时女工
（20世纪40年代）

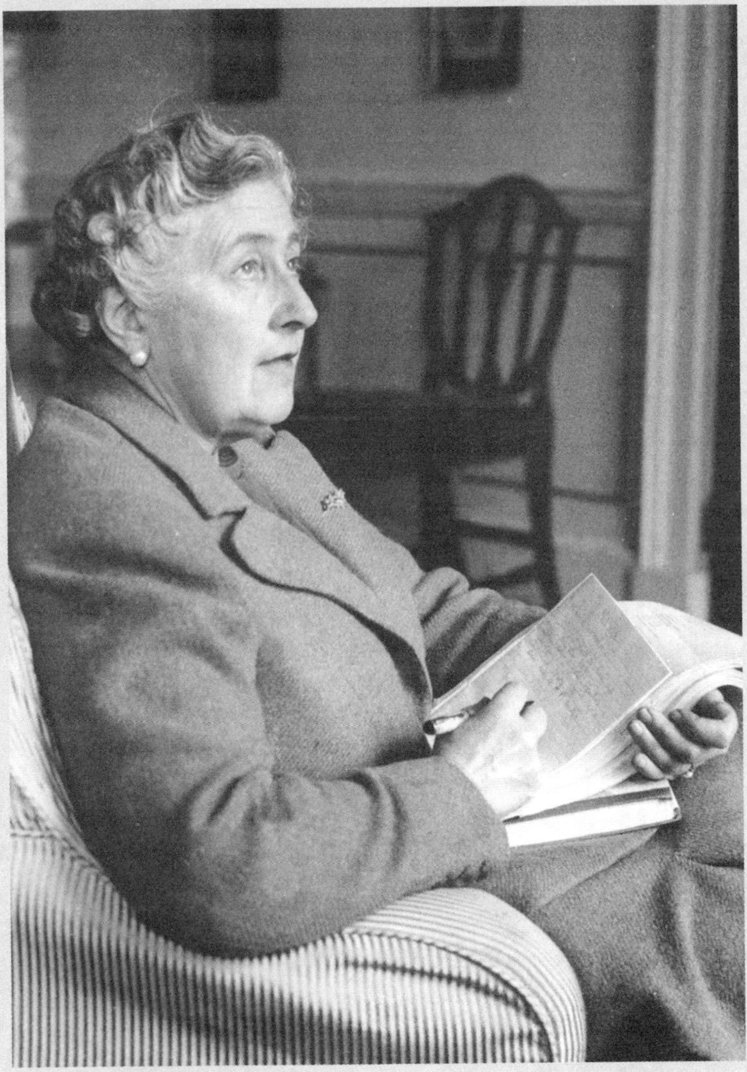

第二十七章　轰炸之下

1941年秋天，阿加莎再次回到战时医院的药房工作。

那所高大的、用红砖砌成的大学附属医院位于高尔街，医院对面的图书馆遭到轰炸，十万本书被毁。"医院还在，"阿加莎说，"虽然周围的建筑都被夷为平地。"[1] 医院的500张病床中，有140张是免费提供给空袭受害者的，仅4月的一个晚上，就收治了70名患者。[2]

如今，闪电战最糟糕的几个月已经过去，但伦敦人仍时不时要为空袭警报做好准备。美国尚未参与对抗德国的战争。阿加莎的美国出版商想要一些照片，来宣传秋天即将出版的小说，阿加莎觉得，医院里危险状况的照片或许能很好地达到目的，既能宣传小说，也能作为支持英国的理由。"如果他们必须要一些照片，那就给他们吧。"[3]

下班后，阿加莎离开医院，上山前往汉普特斯西斯公园，她要回家开始第二份工作——写作。在书中，她也描写了战争。她的新小说《桑苏西来客》以谍战为特色，揭露了战争的疯狂，其中最著名的桥段是嘲笑纳粹。

阿加莎现在的家，从表面上看，是一个奇怪的选择：这栋白色的"草坪路公寓"位于白赛姿公园，街区看起来非常现代。它看起来"就像一艘应该有好几个烟囱的巨型轮船"。[4] 其他的住客觉得他们的邻居是个家庭主妇，五十出头，有点不合时宜。其中有一位匈牙利建筑师"经常在走廊里与她擦身而过，她是一位可爱、让人舒适的女士，看起来更有可能在后花园种玫瑰，而不是写侦探小说"。(5)

阿加莎独自一人住在这里，与卡洛、罗莎琳德分开，最重要的是，与马克斯分开。

这位 20 世纪 30 年代收入颇丰的作家，和年轻的丈夫在西亚度过了美好的第二段人生，对她来说，战争破坏了一切。她比以往任何时候都更加努力地工作，而她的精神状态却濒临抑郁。

1938 年，属于阿加莎的黄金时代开始消退。那一年，彼得去世了，这只狗曾在 1926 年给过她慰藉，也曾在她的小说《沉默的证人》中担任主角。也是在那一年，她收到了埃德蒙·科克的一封信，这封信在当时看来似乎并没有让人感觉太棘手。他告诉她，美国税务局正在询问她在美国的收入，这些收入没有人要求她纳过税。她的美国经纪人哈罗德·奥伯聘请了一名律师，来帮助回答询问。

阿加莎心如止水，她不知道这件事将会变得多么糟糕。不久之后，美国联邦高等法院裁定，英国作家必须向美国纳税。阿加莎的团队紧接着辩称，她从未被要求纳税，而且不管怎么样，如果要追溯的话，应该追溯到多久以前呢？她的作品在美国已经出版了二十多年。答案令人担忧。"这里的税务人员要求查看阿加莎·克里斯蒂的所有账目，从第一笔开始看起。"奥伯解释道，"我要尽可能拖延时间。"(6)

此外，全球形势也同样令人不安。1939 年 9 月 3 日星期日，英国首相宣布英国处于战争状态，全英国的人都守在收音机旁。马克斯和阿加莎在格林威别墅的厨房听到了广播，当时阿加莎正在做沙拉。教区的登记簿显示，格林威别墅的家庭成员越来越多：阿加莎

("作家")、马克斯("考古学家")、罗莎琳德,还有凯瑟琳·凯利、伊迪丝·珀金斯和多萝西·米切尔三个用人。还有伊丽莎白·巴斯汀,她住在院子里的小屋。马克斯认为巴斯汀太太是个"愚蠢"的女人,他还记得那个星期天吃午饭时,她是如何"对着蔬菜哭"的。[7]然而,巴斯汀太太更比他有先见之明。这不仅仅是十年和平时期的结束,也是阿加莎和马克斯原先生活方式的终结。即使抛开在美国酝酿的财务问题不谈,他们在格林威别墅对未来生活的憧憬也面临崩塌。

尽管如此,他们还是留在了格林威,因为在"假战"期间,一开始生活似乎没有什么变化。战争爆发后,马上有一百万英国人自愿投身战场,其中三分之一是女性,再加上后来为了响应政府的号召,这让英国成为了平民参战人口比例最高的国家。阿加莎和马克斯也想贡献自己的力量,但他们花了很长时间,才找到适合他们的方式。

比如马克斯,他面临着外国身份的质疑,这是在战争年代非常让人讨厌的背景。他的出生阻碍了他参军的念头。玛格丽特和弗雷德里克·马洛温因为生于外国,所以被视为"敌国公民",他们必须到法庭接受审判,来确定是否会被拘留。[8]这些担忧影响到了阿加莎的《桑苏西来客》,在书中,她的男女主人公汤米和塔彭丝对英国人关押难民提出了质疑。塔彭丝解释道,不分青红皂白地憎恨所有德国人"是你戴上的战争面具。这是战争的一部分——也许必要——但它只是暂时的"。[9]马克斯只希望当局能把"战争面具"放在一边,看看他能做些什么。不过,三十五岁的他年纪太大了,不适合服役。他勉强加入了布里斯瑟姆的地方志愿军,在那里,他发现自己和一位研究古希腊的教授并肩作战:"我们在古希腊的经验,是没人可以比的。"[10]

在政府新闻部门工作的格雷厄姆·格林问阿加莎是否愿意加入他的行列，成为一名宣传作家。她拒绝了，说自己做不好。然而，她还是做了宣传——用她自己的方式——在《桑苏西来客》这本书中。与她早期的作品不同，这个故事的最后，在受害者的背景身份中提到了犹太人。"在我看来，"阿加莎告诉埃德蒙·科克，"如果德国人成功入侵，我就会因为写这本小说而被直接送进集中营！"(11)随着战争的进行，阿加莎有时会为宣传部而写作。例如有一次，当英国和苏联结盟时，她写了一篇关于侦探小说的文章，并在苏联发表。(12)

从1939年秋天到1940年夏天，阿加莎度过了一段高产的创作期。由于担心纳税问题和世界大战，她拼命写作。《阳光下的罪恶》是一个以德文郡为背景的度假故事，它的出版让人们从法国沦陷的噩耗中暂时得以解脱。还有另外两本书，《沉睡谋杀案》和《帷幕》。一本是马普尔小姐的故事，另一本是关于赫尔克里·波洛之死，这两本小说写完后没有马上出版，而是先存着，等待日后出版。它们被存放在银行保险库里，还上了保险，并通过赠予合同的方式，送给了罗莎琳德和马克斯。阿加莎要求科克确保她的家人在她"突然死亡"的情况下也能有充足的钱。(13)一个人如果在年轻时被"摧毁"过，可能永远都无法完全摆脱这种不安全感，所以她才会奋力写作。"我确实有太多事情要做了，"她抱怨道，"脑袋都混乱了。"(14)

1940年1月，马克斯终于找到了一份志愿者的工作，为土耳其地震灾民提供帮助。阿加莎通过了"空袭防护预备队"的考试，并加入圣约翰救护队，回归了她当时在托基医院药房的工作岗位。她战争时期的身份证已经破旧不堪，从上面可以看出她平日的样子：表情严肃，穿着黑色夹克，有双下巴，但她的头发是漂亮的小卷发，上面牢牢地固定着珍珠配饰。[15]她还找过食堂的工作，想要通过体力劳动，来平衡写作所需的脑力劳动。她解释说："身体充分活动开后，会释放你的精神，让它进入状态，自己产生想法和创意。"

阿加莎的经纪人向她建议，说她应该做一些比在医院或食堂更"重要"的事情。但她对科克男权化的阶级观念不屑一顾，在那种观念下，好像医疗和食物都不重要似的。"说我'应该做更重要的工作'当然很好……但请告诉我，你觉得对我来说，有趣又重要工作是什么呢？"可怜的科克先生打开这份来自他最重要的委托人的信时，那浑身发抖的样子，我倒很喜欢。现在，这位委托人绝对可以用令人敬畏来形容了。

渐渐地，战争开始蔓延到德文郡。"炮弹在我们身边呼啸而下！"阿加莎写道，"我想它们的目标是附近达特河上的一艘医疗船。"[17]生活被马克斯的那些受过高等教育的国民警卫队同事彻底打乱。"上周他们突然闯进来，我们吓坏了——房子里挤满了士兵，他们全副武装，看起来连移动都困难！"科克在伦敦的工作也被打乱："昨晚的突袭让我们感到震惊——合同被炸得满地都是。"[19]

在敦刻尔克大撤退之前的那段时间里，阿加莎仍然在奋力工作，并且越来越暴躁。她再次写信给科克，根据要求修改了《牙医谋杀案》的结尾，这是一部以牙医诊所为背景的波洛系列小说。她在信的结尾写道："你太急了，而且因为摆弄这本书，我变得脾气很坏。"[20] 1940年那个春天，她太专注于工作，以至于过了很长时间才注意到，罗莎琳德给她打了很多电话。

这件事最终得到了解决，但马洛温夫妇不得不搬离格林威别墅。阿加莎把房子租给了阿巴斯诺特夫妇、两个护士和十名撤离者。格林威别墅的衣柜隔板上，至今仍然贴着当时一些孩子的名字：莫琳、蒂娜、帕梅拉、贝瑞尔、汤米、雷蒙德、比尔——那里曾存放着他们的防护服。撤离者多琳·沃图尔回忆道："星期天，所有孤独的孩子都会从一个高高的储物柜中取出相册，这样我们就能看看父母和其他亲戚的照片。"[21]

与此同时，在出租屋里，阿加莎正担心着她的收入："我能尽快从美国得到一些钱吗？……我的银行账户有大量赤字。"[22]但答案是否定的。当年8月，美国当局禁止她把资金转出国。科克提醒道，她甚至可能要支付美国的税收，这笔钱自1930年以来，已积累到了78,500美元，还有可能面临"逃税罚款"。[23]此外，为了支付战争的费用，英国也增加了税收。与阿加莎同为畅销书作家的达芙妮·杜穆里埃，1942年的收入为2.5万英镑，但缴了90%的税，"足够买一架兰开斯特轰炸机了！"[24]英国税务局想要阿加莎收入的80%，甚至包括她没有收到的美国版税。她不得不贷款来支付她的税单，即便这样会产生新的问题。科克解释道："她是一个富有的女人，借到这笔钱应该不难，但战争改变了一切。"他总结道："克里斯蒂夫人，是最不可能偷税漏税的人。"但他也开始四处寻找"能让这位可怜的作家活下去的、孤注一掷的权宜之计"。[25]

对于这种情况，阿加莎的反应并不那么精明果断，她只是静下心来写更多的东西。"你能派人送些打字机色带过来吗？"她问科克，"现在打出来的颜色已经很淡了，几乎看不见了。"[26]

在阿加莎废寝忘食的写作过程中，不列颠之战开始了，德国发动了闪电战。但直到1941年2月11日，"假战"才真正终结。正是在这一天，马克斯通过他的人脉，终于在英国皇家空军获得了一个职位。这是一份带薪的稳定工作，一份他此前从未有过的工作。他意识到，阿加莎将无法继续为他的考古事业提供资金支持："我们已经拿不出钱来用于挖掘了，这是一份不稳定的工作。"[27]

马克斯的新工作属于英国皇家空军的行政部门，他是通过在大英博物馆工作时的一位朋友——埃及古物学家斯蒂芬·格兰维尔获得这份工作的。和其他军种相比,英国皇家空军不太适合马克斯,但或许,只有它愿意接受一个看起来很怪的考古学家。现在,阿加莎有了第二个在正在服役的丈夫,虽然资历最浅,但他最为活跃。

因此,1941年3月,也就是闪电战开始后的第七个月,马克斯和阿加莎搬到了伦敦,住在草坪路公寓。斯蒂芬·格兰维尔也在同一街区住了一段时间,他在英国皇家空军的情报部门工作,负责与盟军的联络。这两位朋友在同一间办公室里,整日烟雾缭绕。

为什么阿加莎要陪马克斯去伦敦?也许她还记得当初她让阿奇独自离开,随后阿奇就沉溺于高尔夫和南希的这段往事。但这个决定同样伴随着风险。闪电战开始后的第二晚,草坪路公寓的窗户就被炸飞了,从1940年10月到1941年6月,共有38枚炸弹落在附近。[28] 阿加莎和马克斯搬进来的时候,离大轰炸结束还有两个月时间。但他们之所以选择草坪路公寓,有一部分原因是这栋建筑是钢筋混凝土结构,他们觉得,如果遭到突袭,这里相对安全一点。[29]

草坪路公寓并不是公认适宜居住的地方。1946年,《地平线》杂志的读者将草坪路公寓评为"英国第二丑的建筑"。[30] 这座建筑于1934年建成,租户包括艺术家、社会主义者、至少四名不同时期的苏联间谍、大量移民以及各种创意界人士。草坪路公寓如今被叫作伊索肯大楼,属于一家胶合板家具公司,该公司的创始人莫利和杰克·普里查德拥有多家企业,两人都是左倾的开放式婚姻支持者。

该建筑最初的招股说明书承诺,为"没有时间处理家务的商务人士"提供住宿。[31] 阿加莎的这个家是为新时代的人——独立自主、努力工作的专业人士——设计的。大多数房间的尺寸只有5.4米长,4.67米宽,用一扇移门辟出一间有贝林烤箱和伊莱克斯冰箱的小厨房。[32] 租户们很喜欢在大楼的餐厅吃饭,这家餐厅由菲利普·哈本经营,他经常在电视上露面,被誉为"第一个明星厨师"。阿加莎喜欢这样:"你总是可以在晚上下楼,吃顿饭,和别人聊会儿天。"(33)

阿加莎曾经拥有八套房子,而最终她选择了草坪路公寓,因为她现在能住的房子少得可怜。格林威别墅、温特布鲁克和克雷斯韦尔都租了出去,因为炸毁险的投保费贵得离谱,所以阿加莎最终卖掉了她在坎普登街的房产。她也无法使用谢菲尔德的房子,因为 1940 年 11 月 10 日,它被一枚炸弹炸毁。"大门和台阶都被炸掉了,"阿加莎写道,屋顶和烟囱也一样,而"隔壁和对面的房子,几乎被夷为平地"。幸运的是,阿加莎和马克斯当时并不在那里。(34) 对于空袭,阿加莎有一种宿命论的态度,她声称"从不去任何避难所",只会躺在床上。"我都没有醒,"她说,"我迷迷糊糊地想,似乎听到了警笛声,还有不远处的爆炸……'哦,天呐,又来了!'我会喃喃自语,然后,翻个身继续睡。"

轰炸之下的伦敦,已经变成了一个与以往完全不同的城市。格雷厄姆·格林描述了闪电战期间这座城市令人难忘的,有时甚至近乎美丽的景象:"一个空荡荡、黑漆漆的城市,被巨大的爆炸撕裂,被猛烈的炮火折磨,被骇人的火焰和刺眼的烟雾照亮,空气之中弥漫着建筑倒下的灰尘。""可怕的魅力,"一位美国记者这样形容道,"城市里的粉红色屋顶上,挂着炮弹碎片、气球、燃烧棒和残骸。任何可以刺激到你的、你能想到或想不到的事情,都有可能发生。"(35)

但是,终究只有那些舞文弄墨的人,才会沉湎于对战争奇异之美的幻想中,而对职业女性来说就不一样了。一位《大众观察》的记者注意到,"这场战争很快——比 1914 年至 1918 年的大战要早得多——就给女性带来了尖锐又影响深远的问题。"停电让女性尤其感到不安。据报道,在"后方战线"首当其冲的,正是那些"街上的

普通女性"。⁽³⁶⁾

1941年，阿加莎除了大学附属医院医务室的新工作外，还要忙于搬家、打扫和整理房子这些体力劳动。格林威别墅和温特布鲁克需要用于军事用途，所以得空出来。年轻时有用人的生活，已成为她遥远的记忆。就连卡洛，现在也在兵工厂工作。和大多数英国人一样，阿加莎没有去讨论战争，因为她已经筋疲力尽了。

由于草坪路公寓和社会主义者以及间谍有关，阿加莎住在那里，也让人们怀疑她是不是知道很多。当她的间谍小说《桑苏西来客》在1941年秋天出版时，引起了政府的怀疑，因为书中出现了一个名叫布莱奇利少校的角色。自1940年1月起，军情六处破译德国密码的保密工作，就在贝德福德郡的布莱奇利公园开始进行。这个名字似乎是一个危险的巧合。更让军情五处震惊的是，曾参与破译恩尼格玛密码机的布莱奇利密码破译专家、古典学者诺克斯，他和阿加莎很熟。

诺克斯马上被询问是否保密工作有漏洞，并通知他邀请阿加莎喝茶，问问她是如何选择布莱奇利少校这个名字的——但不能透露真实原因。不过，阿加莎告诉了他一个平淡无奇的事实：她曾经在布莱奇利站，被困于一列晚点的火车中，那次等待实在太无聊了，以至于她觉得布莱奇利这个名字很适合一个无聊的角色。⁽³⁷⁾所以，布莱奇利公园的秘密是安全的。

阿加莎将继续在大学附属医院工作三年，每周，她要工作两个全天和三个半天。一位同事回忆说，几乎没有人知道"门诊部有这样一位名人在从事配药工作"。阿加莎喜欢隔着取药窗口和病人聊天，这样她就不会被发现。在正常工作时间之外，她"每天早上都会打电话询问，是否有员工缺勤，如果有的话，她就会从汉普斯特德赶来帮忙"。⁽³⁸⁾

阿加莎只要不在医院工作，就在写作。《大众观察》的另一篇报道显示，她的作品一直是空袭期间最受欢迎的读物："在提到的侦探作家中，阿加莎·克里斯蒂无疑是目前最受欢迎的。"一位五十岁的寡妇解释了它的吸引力："我喜欢集中注意力的感觉。把那些嫌疑人都弄清楚——你知道——这能舒缓紧张的神经。"(39) 美国那边也传来振奋人心的销量报告，《罗杰疑案》仍在以"每月大约 5000 册的销量"持续热卖中。(40)

在此期间，阿加莎创作了一系列杰出的作品：《魔手》《藏书室女尸之谜》《零点》和《五只小猪》。前两部都是古典侦探小说，而后两部则引入了一种更印象主义的基调，远离了"黄金时代"的"规则"。在《五只小猪》中，谋杀发生在遥远的过去，波洛必须找出所有和案件有关联的人的本质。这是许多人最喜欢的波洛系列小说，读者喜欢这种松弛的、"心理层面"上的案件模式。然而，我们看到，当阿加莎再次思考和写作"心证推理"时，这意味着她自己的思绪并不宁静。

在她战时创作的小说中，只有《桑苏西来客》明确地解决了冲突：一部分原因是她的出版商要求作品要脱离现实，另一部分原因是，对阿加莎来说，主题最好有一个侧面的切入点。例如《魔手》就是这样一个故事，战争虽然存在，但却发生在舞台之外。故事从一场飞机失事开始，虽然没有详细说明，但不列颠之战立刻浮现在我的脑海中。男主角被迫退出男性世界，和他的妹妹一起住在一个"绝对安全和宁静"的小镇上。这正是闪电战时，所有英国人最渴望的。

J. C. 伯恩索尔指出，阿加莎在战争时期创作的小说中，至少有十四名女性受害者，而整个 20 世纪 20 年代，她的作品中只有三名女性受害者。其中一些女性有非常强烈的女性特征，这一点也很重要。在《阳光下的罪恶》中，女性的身体是解开谜团的关键，在这部作品中，一个女人假扮成晒得黝黑的美丽女演员艾莲娜·斯图尔特。在《藏书室女尸之谜》中——阿加莎认为"这是我写过的最棒的开头"——一个身穿露背晚礼服的舞女，被发现死在班特里上校及其夫人的藏书室里。[41] 直到马普尔小姐注意到尸体的脏指甲时，她才开始意识到，这个迷人的女性其实是一个打扮得光鲜靓丽的女童子军。[42] 在过去的十年里，丝袜难以获得，女性开始用笔在腿上画出线条，模仿丝袜的缝合线，以此作为美化自己外貌的替代品。就像上一次世界大战一样，阿加莎有意无意地回到了她的读者所需要的状态：从暴力的男性世界暂时解脱。

但评论家彼得·基廷认为，同样重要的是，阿加莎的作品通过回到虚构的理性分析视角，展现了战争带来的压力。战争年代，马普尔小姐再次登场，她不仅是一个纠正错误的人，而且还是一个内心的探测者。在《藏书室女尸之谜》（1942）中，马普尔小姐解释了一个朋友的梦，揭示了她对丈夫的恐惧。在《魔手》（1943）中，她像心理医生一样劝导受伤的男主角。在《沉睡谋杀案》（1942）中，她唤醒了女主角被压抑的记忆，让她得到治愈。

看起来，阿加莎·克里斯蒂似乎已经从1926年的创伤中痊愈。但事实上可能不是这样，战争的那些年，有可能让她重新变得没有安全感和沮丧。[43]

阿加莎不仅担心她自己，也担心马克斯，并且——尤其是——担心她的女儿。

第二十八章　女儿有了女儿

1940年夏天，法国即将沦陷，罗莎琳德突然宣布她改变了主意，不打算加入本土辅助部队①，这让阿加莎很吃惊。

"我想到了更好的事情。"二十岁的罗莎琳德神秘地宣布。结果，这件事就是结婚。所以在格林威别墅的几次长谈中，电话机旁堆积的烟头越来越多。

休伯特·伯格·普里查德是皇家韦尔奇燧发枪团的一名职业军人。1940年5月29日，他的许多战友——尽管不是休伯特的那个营——都参与了从敦刻尔克撤离的行动。6月11日，在英国陷入绝境的情况下，罗莎琳德嫁给了他。

三十三岁的休伯特身材高大，长相出众，一头黑发向后梳着，他是个沉默寡言的人，戴着单片眼镜，喜欢猎犬。1939年，《闲谈者》刊登了一张照片，是他和板球队其他队员的合照。这张照片令人心酸，所有照片中的年轻人都将被征召入伍。

然而，休伯特已经习惯了。从桑德赫斯特②毕业后，他成了一名职业军人，曾在直布罗陀、香港、勒克瑙服役，最近则是在苏丹待过一段时间。(1) 休伯特出生在普利瓦奇庄园，这个坐落在南威尔士

---

① 成立于1938年9月9日，最初作为女子志愿服务机构，1949年2月1日并入皇家女子军团。

② 英国皇家陆军军官校所在地。

格拉摩根郡的庄园是他家族的产业，年轻的休伯特为九十名租客和庄园员工举办了一场晚宴，来庆祝他的成年。客人们送给这位年轻庄园主人的礼物，是一块刻着字的金表。[2]

罗莎琳德是通过她在阿布尼庄园的姨妈玛吉认识休伯特的，她的地位越来越高，她的未婚夫相比米勒家族或克里斯蒂家族的任何人，都更毋庸置疑地属于贵族阶级。然而，罗莎琳德这场因为战争而不得不仓促举办的婚礼中，她甚至不愿意让她的母亲出现，这是阿加莎第一段不幸婚姻所带来的影响。婚礼在北威尔士登比的婚姻登记处举行，那个地方离休伯特所在的雷克瑟姆兵团总部很近。

阿加莎希望能"有更多的机会去了解休伯特"，因为她觉得他是个"值得珍惜的人"，"有一种独特的气质，不是那种诗歌般优美的气质，而是独属于他的那种气质"。尽管如此，她也担心他有什么致命的缺点："不是精神病，而是接触下来的那种感觉，好像他不会活得很长久。"

这场婚礼，各方似乎都有点不满，但就像1940年的许多其他婚礼一样，以"大惊小怪"告终。"他们想保密，"阿加莎告诉科克，"我只希望他能平安从前线归来。"[3] 如果她对女儿仓促又擅自做主的决定感到痛苦，那么她自己也经历过两次仓促而擅自做主的婚礼，没什么可抱怨的。

然而，在阿加莎的自传中，这段婚姻几乎被认为是罗莎琳德人生"问题"的"解决方案"，她缺乏真正的激情和认真的规划。阿加莎这样描述女儿，很有趣，也很深情，但令人心碎。罗莎琳德被描述成一个机械式的人物，神秘莫测，毫无幽默感。阿加莎说，她的女儿"在生活中扮演了一个很有价值的角色，她总是试图打击我，但没有成功"。

很难说到底是什么激励了罗莎琳德。她形容自己的主要特点是

"批评别人",当被问到她如果不是自己,而是别的什么人,那她想成为谁时,她回答说:"我不在乎。"(4)

可怜的罗莎琳德,似乎在内心已经接受了这样一个事实:她没有她母亲那么光彩夺目,那么重要。"她没有强烈的个性。"博耐顿女校那个富有洞察力的老师写道,"除了最低限度地享受生活之外,她似乎对什么都没有兴趣和热情。我敢肯定,以她的大脑,她本来是大有可为的。"(5) 阿加莎本人没有上过正规学校,却让女儿获得了更好的教育。但她没能给罗莎琳德足够的空间和稳定,让她成长为一个独立的个体。罗莎琳德,注定要活在她母亲的阴影之下。

工作方面,罗莎琳德曾考虑过当一个农民妇女,但最终没有做出决定。她的朋友苏珊走了一条父母认为是错误的道路,与一个已婚男人同居。"他应该和他的妻子离婚,"阿加莎说,"所有的家务、做饭等等,都是她做的。"(6) 然而,四处漂泊的罗莎琳德,处境也很堪忧。历史学家安妮·德·库西指出,20世纪30年代末,像罗莎琳德这样初入社会的少女们发现,"她们在和平时期与战争时期的生活反差,比英国社会其他任何阶层的人都要强烈。"(7) 有些人觉得这是一种解脱,但也有人觉得难以承受。

当罗莎琳德跟跟跄跄地迈向成年时,她担心自己对母亲来说会成为卡洛的替身。"没有费舍尔小姐,我就失去了一切!!"阿加莎抱怨道。这显然是一个需要填补的空白。"我希望罗西能帮我,"当阿加莎在格林威别墅有任务需要完成时,她这样写道,"必要的话,拉着她的脖子,把她赶到那儿去!"(8) 但罗莎琳德却把时间花在了"漫游英国各地,留下满地烟灰"上。(9)

罗莎琳德班上的许多女孩都是在优渥的环境中长大的,但她们都没有得到足够的情感关照。作为单身母亲的独生女,罗莎琳德与母亲的关系肯定比许多同龄人更为亲密。然而,当阿加莎和阿奇踏上为期九个月的盛大旅行时,就连罗莎琳德也被留在了家里,那时她还很小。正如阿加莎所说的那样,当他们回来时,那个小女孩把她的父母"当成了陌生人。她感到很陌生,冷冷地看了我们一眼,问道:'我的庞吉阿姨在哪里?'"。

正如阿加莎在自传中所描述的那样,罗莎琳德的"保密"也被视为因为担心被取笑而采取的一种防御措施。在她关于考古生活的书中,阿加莎描述了和她十四岁女儿告别时的情景:"我们爬进卧铺车厢,火车轰的一声开动了——我们出发了。大约有 45 秒钟,我感到很难受,然后,当维多利亚车站被抛在后面时,狂喜又一次涌上心头。"(10)

尽管这显然是阿加莎对生活的一种讽刺,但也许罗莎琳德读到这段文字,发现母亲这么不想念她时,也会感到难过。在目前还保留的罗莎琳德的信中,我们发现她缺乏坦诚,这让她看起来很有戒心,她可能把婚姻视为一种逃避的手段。毕竟,马克斯也在他的继女身上看到了一定程度的实用主义,有一次他写信给阿加莎说道:"她比你成熟多了,是吧?"(11)

这一切,会让阿加莎成为众矢之的,成为别人眼中的"坏母亲"吗?当然不会,因为没有"坏母亲"这回事,只有各种各样普通的"母亲"。她们有时过得好,有时过得不好。但阿加莎又是一位不同寻常的母亲,这也是她有趣的地方之一。她从不认为自己必须尽职尽责地当一个母亲。她观察着自己的所作所为,并如实地记录下来,有好也有坏。她最深思熟虑的描写,就是母女之间的关系。

然而,她缺乏传统意义上的母性,这也成为对阿加莎进行负面描述的"不利因素"之一。这在聚会上是个问题。"我跟她说了一些关于我孩子的事,你可以看出,她一点也不感兴趣。"一位见过她的人说,"我的朋友甚至问我,那个难搞的女人是谁。"(12)哦,那个

"难搞的女人"。她有多么努力想让自己过得正常，而她的失败又会面临多么严厉的评判啊。

结婚后，罗莎琳德和休伯特的母亲、姐姐一起住在普里查德家17世纪的庄园中。她仍然会去伦敦见母亲，她们在一起，挨个儿收拾整理那些房子。

1942年2月，阿加莎开始花更多的时间担心罗莎琳德，因为又一个变化即将来临。马克斯自愿出国，他要在开罗建立一个盟军和对外联络处的前哨站。在这个寒冷的春天，阿加莎和马克斯在格林威别墅度过了他启程前的最后一个假期。他们一起种了树，马克斯在笔记本上记下了晚开的山茶花、木兰花和报春花。[13]

在自传中，即使是黑暗的经历，阿加莎也用轻快的笔触来描述，这表明她依然不想让别人看到她的内心。但从1942年起，在她写给经纪人的信中，在她写给开罗以及后来驻扎在北非的马克斯的多封信中，透露出了可怕的孤独感。

在之后的几年里，阿加莎会公开庆祝绝经后的状态，以及生活中那些不再被情感左右的乐趣如何被重新燃起。由此，我们可以看出，在20世纪40年代早期，她可能不仅经历了战争和孤独，还经历了荷尔蒙的变化。从另一个角度来看，她写的是："当你停止了情感生活和人际关系，你会突然发现——比如说，在五十岁的时候——你迎来了全新的生活。"

但1942年的阿加莎还没到这一步。她写给马克斯的信显示，没有他在身边，她的精神状况正在恶化。她做过被抛弃的梦："他们告诉我，你不再关心我，也不想要我了。你走了，而我在恐慌中醒来。"[14]"我今晚很伤心，"她写道，"我哭了。"[15]

然而，从某种可怕的角度来看，压力对她的创造力是有好处的。20世纪40年代中期，对她来说是艰难的时期，也是她一生中最热情的写作阶段。

与此同时,逃到海外的马克斯过得如何呢?他最初住在开罗的大陆酒店,那里有著名的屋顶餐厅。开罗现在由35,000名英国军人保护,那里远离闪电战,甚至有一种开派对的氛围。[16]

阿加莎一心只想去找她丈夫。她努力寻找可以让她去埃及写作的工作,她缠着科克让《星期六晚报》委托她写一些文章,但最终因为官僚主义和她性别的原因,计划没有实现。新闻部长布兰登·布拉肯告诉他们一个令人失望的消息,即陆军部"仍然不愿意委托女记者"。[17]

阿加莎所能做的,就是一遍又一遍地读着马克斯那封薄薄的航空邮件,她开始担心他们可能会渐行渐远。"我有时感到很害怕,"她写信给他,"我们多写信吧,因为天气不好的时候,我需要一些鼓励——哦!现在是冬天,我多想去埃及啊!"[18]

她的担心是可以理解的。马克斯在一个阳光明媚的城市里,到处都是抛妻弃子的英国人,他们面临着危险,大多数人都不到三十岁。这些人非常热衷于交际,一个中产阶级的白人妇女,可以连续几个月都在饭店里吃晚饭,而每晚都有不同的男人买单。马克斯写信并不勤快。"我也很想念你,可是我没有时间郁闷。"有一次他终于屈尊写信道,"我太忙了。"[19]毕竟,三十八岁的他仍处在阿加莎所说的"情感生活"阶段。

其中一个最聪明的"阿加莎式诡计",是她会通过描述人物外貌,而非年龄,来操纵我们对他的看法。这显然是阿加莎深思熟虑过的,毕竟她嫁给了一个很多人都认为不合适的年轻男人。

例如,在1939年的《逆我者亡》中,男主角是一名退休警察,他觉得自己和二十八岁的女友属于一代人。他花了很长一段时间才意识到,相比起女朋友,他眼中的"老妇人"其实才是他的同龄人,而且她曾经也很有魅力。

对于快四十岁的马克斯来说，娶比自己小十五岁的罗莎琳德，要比娶比自己大十四岁的阿加莎更合乎常理。如果阿加莎的生活是她的一部小说，那么马克斯和罗莎琳德很可能是一对"隐藏的情侣"。马克斯的年龄意味着他和罗莎琳德的关系是平等的，偶尔还会发生激烈的争吵。对于离开的马克斯，阿加莎能想到的不愉快的事是："你和罗西吵架了。"[20]

由于地理上的分隔，他们三人现在不得不通过写信的方式重新建立关系——至少在马克斯不忙的时候。"从我给你写信的小举动来看，"他对罗莎琳德说，"我比你想象的更像你真正的朋友。"他毫无说服力地为自己辩解道："我觉得给那些我真正在乎的人写信很难，真的很难。"[21]

与此同时，他也会给继女写信，措辞亲密得令人惊讶："我对你一点也没有改变……愿我活得足够久，可以动摇你，我会和你争辩，批评你，和你一起吃饭，一起拌嘴，一起欢笑，一起交流思想，并发现生活因你而越来越精彩……我不知道这会不会让你感到尴尬。"[22] 就我而言，我不知道阿加莎有没有读过马克斯写给她女儿的这封特别的信，我希望没有。

正常生活似乎越来越遥远，过去也在向他们告别，其中最具代表性的一件事，就是他们失去了格林威别墅。1942年8月31日，阿加莎提醒马克斯，他们必须面对一些"不愉快的事"。"海军部正在接管格林威别墅……我希望他们能让我保留两个房间（也可以是客厅）来存放家具。"[23] 收拾行李的工作，勾起了阿加莎清理阿什菲尔德的痛苦记忆。那年秋天，她写道："我受够了装箱子，浑身上下都被蜘蛛网弄得脏兮兮的。我真的受够了！"[24]

在清空格林威别墅的那段时间，马克斯在信里提到了钱。"你的财务状况怎么样?"他问,"你从来都不说……如果你需要的话,可以随意用我银行账户里的钱。"[25] 他很享受,这一次,他成了慷慨的那一方。独自一人待在埃及,马克斯必须变得成熟。"我知道,我只是在做一个男人该做的,"他解释说,"这是我生活方式的一种变化,此前,我总是倾向于走轻松的路。"[26] 不过,最需要钱的,是他的父母,而不是他的妻子。1942年,马克斯的父亲弗雷德里克,被指控试图在黑市上出售1224罐李子罐头。[27] 阿加莎想要为玛格丽特找一份翻译的工作,但最终只是给了她婆婆每年200英镑的家用补贴。

由于邮政太慢,过了六个月,阿加莎才收到并回复了马克斯关于她财务状况的问题。那个时候,她的税务问题已经进一步升级,英国税务局甚至要求她为没有实际获得的美国收入纳税。"这就像一场噩梦,"她的英国经纪人给美国经纪人写信说,"我知道你很难相信,克里斯蒂要为她尚未收到的款项,去筹钱纳税。"[28]

然而,阿加莎保护着马克斯,让他远离现实问题。"担心?亲爱的,"她这样回复道,"只要你一切都好,我就没有烦恼。我的债务越来越多,但这无关紧要,我也不在乎。现在,格林威别墅的一切烦恼,也不用我来操心了——没有账单,没有维修,也没有园丁!"[29]

但在这封信中,对于即将逝去的一切,她依然难掩悲伤。她告诉马克斯,她是如何与花园告别的:

> 我走过去,坐在椅子上,眺望着房子与河,假装你就坐在我身旁——这种感觉非常真实——我觉得我们在一起看房子——它看起来好干净,好漂亮——一如既往的宁静脱俗。对于它的美丽,我感到一阵痛苦。[30]

这个家庭的其他成员，也在经历战争的混乱。阿布尼庄园同样被军队接管了。"征用！"阿加莎告诉马克斯，"提前十天通知！真是人生无常啊！"⁽³¹⁾位于曼彻斯特的瓦茨家仓库被炸，但工作人员用仓库里存放的纺织品扑灭了火焰，才使得仓库没有毁于一旦。

玛吉在只有一个厨师的帮助下，把这幢有十四间卧室的房子，当作军营来操持着。她会在五点半起床，做在爱德华七世时代由十六个仆人完成的工作。阿加莎形容她是"那种上了发条的人"。根据家族传统，玛吉会继续展现自己的戏剧天赋，打扮成女仆，为住在她家的军官提供服务。某天早上，她在台球室里发现了一枚未爆炸的炸弹，它是夜里从屋顶上掉下来的。

随着战争岁月的流逝，阿加莎收藏的马克斯写得密密麻麻的航空邮件越来越多。他们都意识到，时间会引起身体的变化。"我仍然是一个可怕的美食家，"他承认道，并描述了"五个煎饼和一罐啤酒"的餐后小吃。⁽³²⁾1943 年，马克斯被派往利比亚，在那里，他住在一所"有夹竹桃和九重葛"花园的房子里。⁽³³⁾他很高兴能靠近有趣的古代遗迹，并写下了打曲棍球的计划，尽管"我现在不太能受风寒"。但他也认为，当阿加莎听到他"白头发越来越多了"时，会很高兴。⁽³⁴⁾

阿加莎解释说，她最担心的是他们的年龄差距，会让马克斯错失一些经历。"你朋友们的妻子都那么年轻，"她对他说，"他们都有婴儿或小孩，而我——为你担心——我比你大太多了。"⁽³⁵⁾1944 年 5 月 6 日，马克斯终于四十岁了，阿加莎高兴地说："亲爱的！你今天四十岁了！好哇！终于！我爱你——这对我来说很重要——我觉得它缩小了一点差距——当我已经五十多岁，而你却只有三十多的时候，那是相当残酷的。"⁽³⁶⁾

1943 年 5 月，马克斯还在和罗莎琳德偶尔通信，并且一直在争吵。他抱怨说，她没有给他寄生日信，但"也许我不配……事实上，我仍然为你疯狂，我经常想到你，令人惊讶，几乎每天都会想到你！……我想过去，好好地给你一个惊喜"。[37]"你对我一直很重要，而且将永远如此。"他说，"在战争中，我最怀念的事，就是看不到美女。"[38]

马克斯的信，可以说很不得体，因为除了男性考古学家，他几乎没有真正与别人交往过。但不管二十三岁的罗莎琳德怎么看待她的继父，她自己还有其他事情要担心。就在同一个月，阿加莎来信汇报，她的女儿"不情不愿地透露了一个消息——她将在9月份生孩子！我很高兴……真是个守口如瓶的小恶魔——但我很高兴我此前毫不知情"。罗莎琳德已经流产过一次了——就像阿加莎自己一样。"但愿这次一切都好，"阿加莎祈祷道，"她已经怀孕三个月了。"[39]

夏末，德军撤离西西里岛，盟军开始对意大利进行轰炸，罗莎琳德则躲到阿布尼庄园，准备分娩。最能给她提供实际帮助的人，是"庞吉阿姨"，而不是她母亲。"等孩子出生，我将万分感激。"阿加莎写道。当时的她正在伦敦努力工作中，她的舞台剧《无人生还》即将在伦敦公演。阿加莎说，罗莎琳德的怀孕是"我唯一希望她幸福的事……我知道她会很高兴有一个孩子的——但如果孩子胎死腹中或者有什么意外的话——我真替她担心。"[40]

罗莎琳德的孩子晚产了。在疗养院等了五天，她才出院转去阿布尼庄园休养，"她简直快疯了！"[41]虽然很多舛，但阿加莎终于在1943年9月21日成了外婆。马修·卡拉多克·托马斯·普里查德是"一个大男孩……在我看来，他长得太像休伯特了，只差了一副单片眼镜"。阿加莎急匆匆地往北边赶，错过了舞台剧开演的首夜。而那个时候，休伯特并不在他北爱尔兰的营地，他打电话问了一些焦急的问题。"她喜欢吗?"休伯特问。"告诉他,生出了一个怪物,"罗西说,"太大了。""她又生气了?"休伯特问道,"那就说明,她没事了!!""哦,亲爱的马克斯——我太高兴了。"(42)

"也是个男孩,"马克斯回复道,"你做了正确的事情!"(43)在给罗莎琳德的贺信中,他尽力让自己显得很幽默:"这是我在这场战争中,从家里收到的最好的消息……别在浴缸里把他弄破了,我相信他的手臂还很脆弱。"(44)

罗莎琳德像往常一样冷漠地回复道:"我可能会让你当教父,但我还不确定。"(45)于是,这个家庭的三角形又生出了第四个角——一个孩子,这个孩子会让他们的关系更加紧密。

然而,在非洲的马克斯收到阿加莎源源不断的情书时,也许并没有意识到,他自己也有被排挤出去的危险。就像20世纪20年代离婚时一样,现在阿加莎在伦敦,实际上是一名单身女性。她仍然非常有魅力,丢下她不管,就等于在邀请其他追求者前来。

第二十九章　人生难测

阿加莎欣然接受了外婆这个新身份。她和女儿的关系加深了，因为罗莎琳德向她寻求帮助和照顾。

罗莎琳德和马修本来打算去休伯特在威尔士的房子里住，但在事情都安顿好之前，母女俩先是住在了伦敦坎普登街的阿加莎家里。

阿加莎每天都能看到他们。她自己住在附近的卡洛家，这位曾经的秘书，如今已成为她的患难之交。每天清晨，阿加莎都要来到坎普登街，做女仆和保姆的工作，因为他们已经找不到用人了。她会做早饭，然后打扫卫生间，等晚上再过来做晚饭。"我的手就像苏打水和肥皂里的肉豆蔻碎粒一样，"她告诉马克斯，"膝盖也很疼。"[1]

警铃鸣响的时候，他们常常会把小马修放在桌子底下。后来，当马修终于找到一名专业护士照看时，阿加莎仍然会来帮忙。新来的护士并没有把这位祖母当作著名作家，而是把她视为一个仆人。当护士的家人说，他们去剧院看了阿加莎·克里斯蒂的《无人生还》时，护士说："嗯，我知道，她是我们的厨师。"[1]

尽管阿加莎很爱她的外孙，但战争和工作已经开始对她造成影响。1943年冬天，她患了流行性感冒。"我不知道自己怎么了，"她写道，"我很沮丧，就像被一团巨大的乌云笼罩……我只是觉得我不能再继续下去了——害怕明天的来临。我以前从未有过这种感觉。"[3]但她以前有过，就在1926年那个糟糕的年份。两者的共同因素是，当时的她也缺乏伴侣的支持。这段低落的情绪也体现在她的小说中，在《闪光的氰化物》中，罗斯玛丽"流感后的抑郁"被认为是她突然神秘死亡的原因。(4)"不知何故，它不像真实存在过，"阿加莎在谈到战争后期的那段岁月时写道，"就像我的汽车的前灯一样'暗淡'。"(5)

马克斯的工作很有趣，过着地中海式的生活，他的情况要好很多。在的黎波里，他成了一名政府官员，帮助百姓进行"粮食救济——收割、税收、安全、司法、种族间的关系"，并提供武装部队支持。(6)

阿加莎经常取笑马克斯的"女朋友"，其中包括她自己的朋友多萝西·诺斯，她经常调侃他，也要和她们保持联系。"我必须给她，和我所有的女朋友写信。"他顺从地同意了。(7)1943年，阿加莎开玩笑说，她也可以去利比亚，即使"你在那里有很多妻子"。(8)但是，当马克斯整整一个月都没有回信，并自己去开罗休假一个月时，她开不了玩笑了，而是感到很伤心。他离开的消息使她"非常痛苦"，她抱怨道，"你应该和我一起走。"(9)"你是个卑鄙小人，"她在另一封信中写道，"我觉得和你越来越疏远……一想到又一个孤独的冬天即将到来，我就非常沮丧。"(10)"祝你玩得愉快，亲爱的，"她恳求着，想和他重修于好，"去做任何你想做，和需要做的事情吧——只要你把我放在心上，怀着深厚友谊和感情，紧紧地放我在心上。"(11)

阿加莎不得不去别处寻求她所需要的沟通与支持。当她和丈夫分居两年，来到第三年的时候，她找到了马克斯的一个朋友寻求帮助。

斯蒂芬·格兰维尔，马克斯的老朋友，比阿加莎小十岁。他长着一张小巧玲珑的脸，眼镜后面是一双大眼睛。他是一个细腻敏感、能说会道的人，患有偏头痛，喜欢谈论人际关系。斯蒂芬的妻子埃塞尔和两个孩子在加拿大，他们很安全。斯蒂芬独自一人留在伦敦，就像一个单身汉一样，同时他也在履行他在空军中的职责，与英国的盟友保持联系。凭借他的机智和口才，这项工作他做得很好。

斯蒂芬也是阿加莎试图让马克斯写信给他的人。"如果你不和他保持联系，他会很伤心的。"她对丈夫说，"他是个敏感的人，对这些事情很在意。"（12）

斯蒂芬和阿加莎在一起的时间越来越多。当她参加他的公开演讲时，她表示非常喜欢："我从没有意识到，他有这么迷人的嗓音。"不出所料，他事后解释说他一直"感觉很不舒服——这就解释了为什么我总觉得有点忧郁，我原以为这是一种艺术效果！"。（13）斯蒂芬和阿加莎关系的核心，是食物：

> 他会到医院去接我，然后带我回他在海格特的家吃饭。如果我们中有人收到了食物包裹，那通常都会庆祝一下。
>
> "我从美国买了一些黄油——你能带一罐汤来吗？"
>
> "我收到了两罐龙虾，还有一打鸡蛋——褐色的。"

阿加莎告诉马克斯，她在草坪路公寓的小厨房里为斯蒂芬做了一顿饭："我觉得这顿饭很好吃（他似乎也这么认为！），有肉酱（不是真的肉，但我加了一点松露，让味道显得更正宗），还有龙虾炖樱桃。"（14）当然，自1940年1月实行定量配给以来，所有伦敦人对食物都很痴迷。但这是马克斯的领域，享受美食、谈论食物，也是他和阿加莎最喜欢的事情之一。

1943年5月，埃塞尔·格兰维尔从加拿大回来了，阿加莎不禁觉得："这会影响他的生活方式！"（15）她说得对：斯蒂芬想从婚姻中解脱出来,而且对"拥有家庭"并不感到兴奋。[16] 经过一段痛苦的时期后,他离开了他们,并搬进了草坪路公寓的一套房子里。

一直到1943年11月,斯蒂芬几乎成了阿加莎的侍从,他陪她去看话剧《无人生还》的首演。后来,他给她写了封措辞亲密的信:

> 亲爱的阿加莎——昨晚真是难忘……最精彩的部分当然是阿加莎丰富多彩的经历:阿加莎真的很紧张(她当然会紧张,直到演出结束)——不仅仅是害羞——即使是和最亲密的朋友在一起。在演出获得巨大成功的时候,阿加莎容光焕发,但只会询问她最好的朋友感觉如何,并且难以置信地谦虚。最后,也许也是最珍贵的,阿加莎仍然克制着她的兴奋,她镇定自若、心满意足,在满足眼前的成功和争取更多成就的目标之间,保持着平衡……祝福你,谢谢你,亲爱的,你让我度过了一个永生难忘的夜晚。[17]

斯蒂芬可能拥有吸引力,也许是危险的,这些都在信里表露无遗:密切的关注,机灵的奉承。斯蒂芬说,他甚至不能向别人谈起他与阿加莎的特殊关系,因为他无法描述"我们整晚交流的那种微妙喜悦"。[18]

阿加莎对这种事很敏感。她想要,也需要与人接触。"有时我真想跟你说话——想得我都要尖叫了!"她告诉马克斯,"我讨厌11月的这几天。"[19] 马克斯自己也很担心。他劝她说:"我认为你最好找个可以聊天的人,不要一个人住。"[20] 但我们不清楚,他是否希望她如此依赖斯蒂芬。

斯蒂芬在考古方面的知识也非常渊博。1929年,他在英国皇家学会为孩子们做了关于古埃及日常生活的圣诞讲座。有时，他还会整理大英博物馆的莎草纸①目录。现在，他把阿加莎拉进了宣传古埃及的活动中。

斯蒂芬建议阿加莎写一本以埃及为背景的侦探小说，最终，她写出了《死亡终局》。虽然它在阿加莎的作品中不是特别出名，但却非常重要。《ABC谋杀案》为早期的连环杀人这一题材增添了一部作品，而在《死亡终局》这本书中，她创造了一个发生在古代的大规模杀人题材。[21]

这个故事的灵感大致来自赫卡纳克特的莎草纸信件，这是一位住在底比斯附近的牧师，这些信件于20世纪20年代在一座坟墓中被发现。阿加莎利用它们编造了一个历史故事，说牧师娶了一个年轻的妻子，这让他的家人很不安。她还在作品中写了大英博物馆的各种文物：一个张大嘴巴的玩具狮子、一个镶有金兽的手镯。[22] 斯蒂芬得到了其他人从未被允许过的特权：对小说情节的发言权。这使他成为"有史以来唯一一个说服阿加莎修改小说结尾的人"。[23] 最终，阿加莎后悔了。"很抱歉，我向他妥协了。"她写道，"我总是为自己做这些事情而感到恼火。"

对于斯蒂芬和阿加莎的这本合作作品，马克斯感觉到忧虑。他对这本书表达了一些自己的担心，斯蒂芬干脆地回答道："我不知道，你是担心这本书会损害她作为侦探作家的声誉吗？还是觉得考古学不应该妄自菲薄，非要用小说来作为包装？"[24] 他尽了最大的努力，去打消马克斯认为阿加莎会出丑的担忧。斯蒂芬声称，这本书的埃及元素恰到好处，"这是一件非常困难的事情，但她做到了。"[25]

但马克斯的担心是有道理的，因为当它出版时，某些考古学家

---

① 莎草纸，又称纸莎草、莎草片，是为古埃及人广泛采用的书写载体，用当时盛产于尼罗河三角洲的纸莎草的茎制成。

开始抵制，他们不愿意让小说家入侵自己的领域。埃及学的期刊杂志上出现了一篇负面评论。即使是最忠诚的罗莎琳德——她已经成为她母亲的文学遗产最坚定的守护者——也找不到太多可赞美的地方。她称这本书是"一次描绘古埃及生活的大胆尝试，但我必须承认，这没什么用"。[26] 著名的评论家埃德蒙·威尔逊[①]认为这本书"俗不可耐，平庸无奇，对我来说简直读不下去"。

阿加莎在结局上向斯蒂芬妥协，是因为他为这本书做了很多研究。这份友谊是有代价的，首先它很费时间，其次也会打扰原本的生活：他"随时都准备干涉婚姻问题"，这一点格外明显。[27] 但他对阿加莎的兴趣也不长久。很快，他亲密沟通的对象就不再是埃塞尔或阿加莎，而是他的新欢玛格丽特。

阿加莎在1944年写道，斯蒂芬"目前的生活相当复杂"。[28] 她不喜欢玛格丽特，玛格丽特也结了婚，看起来婚姻维持不了多久。"我觉得她会和丈夫离婚，然后带着钱再婚！"[29] 但是，被斯蒂芬抛弃的妻子还有两个女儿需要照顾，她成了阿加莎最深切同情的对象："我一直在想可怜的埃塞尔——他们在一起差不多有十九年，她被抛弃了——这实在太残忍了。"[30]

还有，就像一些作家所猜测的那样，阿加莎和斯蒂芬之间是超越友谊的关系，这种可能性有多大？阿加莎从来没有经历过婚外情。在作品中，她从未因为女性角色在性方面开放而惩罚她们，但她也不擅长描写情色场面。很明显，正如她所说的那样，她认为"侦探小说中的爱情故事太无聊了"。当斯蒂芬讲述他曲折的爱情故事时，真正让阿加莎感兴趣的，是对现代婚姻的观念变化。

20世纪20年代，离婚法的放宽曾改变了阿加莎的生活，而第

[①] 美国著名评论家和作家，曾任美国《名利场》和《新共和》杂志编辑、《纽约客》评论主笔。

二次世界大战则带来了更大的影响。历史学家克莱尔·朗哈默描述了随着战争接近尾声，理想的婚姻形态所发生的变化。在阿加莎那一代人中，追求同伴式的婚姻关系，或者说平等的婚姻，一直是比较激进的那部分人所追求的目标。这正是她在马克斯身上发现的。但是现在，浪漫的爱情、对对方的忠诚，开始被认为是婚姻契约的核心。具有讽刺意味的是，这种新潮的"浪漫崇拜"意味着，在20世纪40年代，婚前性行为并不那么遭到反对了。人一旦坠入爱河，那就会无法控制自己。(31)

格兰维尔的影响在《死亡终局》中表现得很明显，但在另一部小说中，也有他更为微妙的影响。《五只小猪》（1942）也是献给他的，这是一部波洛系列的故事，其核心是对婚姻不断变化的本质的讨论。

"我爱他，"家庭破坏者埃尔莎·格里尔谈到她已婚的情人时说，"我会让他幸福。"她觉得自己完全有理由把他从妻子身边夺走。她的观点是，如果一段婚姻已经破裂，"如果两个人在一起不快乐，最好还是分手"。(32) 其他角色强烈反对埃尔莎，但她代表着未来。到1969年，在阿加莎生命接近尾声的时候，这种对婚姻中浪漫的崇拜同时也意味着"一旦破裂，将无可挽回"——没有浪漫的爱情，也可以作为离婚的理由。(33)

但对阿加莎来说，斯蒂芬真正的作用是提供陪伴和交流，这是马克斯出国后她所缺乏的。马克斯最重要。"其他的一切，"阿加莎告诉他，"都以你为背景。"(34) "哦！马克斯，我多么想和你一起开怀大笑。"她写道，"我经常依靠斯蒂芬——但和你完全没法比。"(35) 她还对他有一种强烈的肉体上的渴望，"这种痛苦就像在我的身体里有一个开瓶器。"她解释说，"我最近做了各种各样的梦，都是关于你的——真的非常色情和粗鲁！！尤其是，我们都结婚这么多年了，简直不敢相信！很好，就是醒过来后很烦。我也很想念你那些有趣的、粗鲁的话！"[36]

斯蒂芬看起来"非常瘦，很不开心"，他最终决定回到埃塞尔身边，并"努力为孩子们把事情安排好"，这让阿加莎很高兴。[37]这场特殊的闹剧结束了，但1944这一年，将被证明是战争以来最糟糕的一年。

此时，伦敦正受到可怕的V1飞弹的威胁，而休伯特也参加了盟军进入法国的行动。诺曼底登陆后，他加入了诺曼底战役的一个新营。"他的许多军官同僚都被杀了。"阿加莎告诉马克斯，"我多么希望并祈祷他不要出什么事啊。"[38]

然而，休伯特的家信中都是令人开心的内容，这让人感到欣慰：他刮胡子的时候，发现并俘虏了两个德国士兵。他还做了一个英勇的举动，从一辆受到攻击的吉普车里捡回了一瓶威士忌。阿加莎的焦虑同样也被她那迷人的外孙所缓解。"我太喜欢他了。"她写道。她一边照看孩子，一边认真地观察着他。马修也开始模仿她，"一小份蛋奶布丁被塞进马修的嘴里，他坐在那里，露出一种老人品尝可疑葡萄酒的表情——在嘴里翻来覆去地品尝，最后终于做了决定……'这酒真好，先生'，他吞了下去。"[39]至于马修，他最早的记忆是把毛绒大象玩偶带到阿加莎的房间，以及"尼玛躺在床上，给他讲在丛林生活的故事"。[40]"尼玛"是阿加莎众多名字中的一个，马修总是这样称呼他的外婆。

休伯特离开后，罗莎琳德变得焦虑不安。她在威尔士的新家又大又破旧。当阿加莎去做客时，发现她的女儿"从来不坐"，而且"如果别人坐下，她会生气"。罗莎琳德变成了务实的、忙碌的玛吉，她会说："妈妈，你在干什么？怎么到处闲逛，还唱歌？！还有许多事情要做呢——我们必须行动起来！"[41]"现在没有仆人，一切是多么困难啊。"阿加莎抱怨道，"我真不知道罗莎琳德怎么能忍受这

一切。"(42)

但是这段日子，事后回想起来，仍是美好的时光。8月，罗莎琳德得知休伯特在一次行动中失踪。"可怜的孩子，"阿加莎写道，"我马上就去你那儿……我太难受了。"她立刻就发现，流露出任何情绪都是不合适的："我必须像无事发生一般和罗西相处，给她信心。这是唯一能帮助她的办法。"(43)

"她真是令人惊讶。"8月过去了，休伯特仍杳无音讯，阿加莎在给马克斯的信中写道，"她从不动怒——就像往常一样——吃吃东西、逗逗狗、陪陪马修——我们表现得好像什么都没发生一样……但我不能忍受她的痛苦，要是他没有遇害就好了……好几个月都音讯全无，真的太难熬了。"

最后在10月，传来了噩耗。休伯特没有被俘，他于8月16日在卡尔瓦多斯的萨尔塞斯旅馆去世。他带领一支敢死营救队，穿过漆黑的长夜，在暮色中搜寻、营救那些遭到伏击的人。还没来得及救到别人，他自己的坦克就被炸毁了。他的上司认为"这是英勇但愚蠢的行为"。(44)阿加莎能想象出当时的情景："我能看到他开着坦克冲了出去——勇猛、鲁莽——像个小男孩。"(45)"请不要给他的妻子写信。"休伯特的家人在报纸的公告上这样写道。它几乎什么都没有说，但考虑到罗莎琳德一直以来的沉默寡言，这句话读起来就像是在痛苦地号叫。

对阿加莎来说，她再也没有机会去了解休伯特了，这也是罗莎琳德一直介意的事。她写道："生命中最悲伤的事情，就是无法将你深爱的人从痛苦中拯救出来……我想，也许是我错了，我能为罗莎琳德做的最好的事情，就是尽量少说话，像往常一样生活。"她和罗莎琳德一起，住在威尔士的超大房子里，而内心却充满悲伤，这比阿加莎想象中要累得多："我真希望罗莎琳德能有人陪着。"她找了

一个住家保姆，但那个女人第二天就走了，说"房子太大了"。⁽⁴⁶⁾

失去丈夫之后，罗莎琳德"看起来就和往常一样——她按照计划带马修出去和别人喝茶——好好吃饭，平静地安排讣告等事宜"。阿加莎非常担心："这么压抑自己，肯定不好。"⁽⁴⁷⁾罗莎琳德写信给马克斯，看起来特别空虚："我现在从不思考，也不读书……我想，你肯定觉得我是一个无聊的伙伴。"⁽⁴⁸⁾

对罗莎琳德来说，这不仅仅是丧夫之痛，也是她独立生活的终结。她一生中唯一一次意外之举——一场仓促又保密的婚姻——已经走进了死胡同。用她母亲的话说，她现在常常表现出迟钝或消极，生活的乐趣已经被吸走了。"我期待，罗莎琳德能狠狠地批评我。"写完一篇文章后，阿加莎沮丧地写道，"如果她说'写得不错啊，妈妈'，我会开心得飞起来。"⁽⁴⁹⁾

10月底，阿加莎从威尔士回到伦敦的医院，那里"每个人都说我看起来像病了一样，很疲倦"。⁽⁵⁰⁾战争和丧亲之痛，并不是她唯一的烦恼。尽管科克向美国税务局投诉说，他的委托人不得不因为银行贷款而支付"巨额"利息，但她的税务案件还是被搁置，直到战争结束。⁽⁵¹⁾"我受够了在美国当作家，"阿加莎抱怨道，"它对作家太不公平了。"她想，干脆去"找个舒服的地方当厨师，不再写作了"。⁽⁵²⁾她还把珠宝、银器和家具拿去变卖，来缓解负债压力。12月，她的情绪空前低落。"给我写几句充满信心和勇气的话，"她命令马克斯，"这样，如果又听到什么坏消息，我可以念一念。"⁽⁵³⁾

对战争的担忧、马克斯的缺席、失去亲人的痛苦，甚至因为斯蒂芬而转移的注意力，这一切都让阿加莎心神不宁。卡洛提供了一些证据，证明在20世纪40年代，阿加莎想寻求更多的专业帮助，她的求助对象可能是作家兼精神分析学家罗伯特·塞西尔·莫蒂默。⁽⁵⁴⁾

特蕾莎·尼尔夫人的灵魂，还没有彻底安息。

第三十章　以玛丽·韦斯特马科特之名

阿加莎曾预言，如果罗莎琳德或马克斯"出了什么事"，她就会"完全瘫痪"。[1]罗莎琳德丧偶后，阿加莎的预言成真了。她无法再继续写作："写作似乎是徒劳无功的。"[2]

但这些话后来失效了。当伦敦陷入战争时，阿加莎总是用一种可靠的方式逃离：让自己沉浸在写作之中。最终，写作将再次拯救她。

在日后回忆的时候，她才意识到自己在战争年代写了多少东西："多得令人难以置信"。当我们回顾她的生活方式，会发现对她来说，困难时期就是阿加莎·克里斯蒂最具创造力的时期。她在第一次世界大战正酣的时候，创造了波洛，在婚姻的低谷期创作了《罗杰疑案》，又在她精神疾病的余波中创造了马普尔小姐。

"在战争期间写作，"阿加莎后来回忆道，"把自己关在里大脑中的另一个世界里。我可以活在书里。"她待在草坪路公寓里，外面的树枝拍打着窗户，写作环境非常完美。房间里虽然冷，但很安静，阿加莎只需要热水瓶和暖和的衣服。"我会想象你穿着我送给你的厚厚的耶格牌毛衣，"马克斯写道，"我毛茸茸的小熊！"[3]

1943年4月，她对他说："我现在正在写很多东西。"[4]当她需要休息时，她会坐在一种独特的、看起来很弯曲的胶合板椅子上，这种椅子被称为"伊索肯长椅"。这种椅子的设计目的，是为"身体的每个部位提供科学的放松",草坪路公寓的每户人家都有这种椅子。阿加莎告诉马克斯,她有时会"躺在这张看起来很奇怪,但真的很舒服的椅子上",想象着和他一起在希腊的情景。[5]

除了侦探小说,阿加莎在草坪路公寓的创作,还包括一些可能对她来说最重要作品。这是一个系列的小说,以玛丽·韦斯特马科特为笔名出版,到目前为止,我们听说过一些这批作品的消息,但还不够。玛丽是阿加莎自己的中间名,"马丁·韦斯特"是她最初想用的笔名,后来出版商劝她放弃,把几个字母调换一下,就有了玛丽·韦斯特马科特。

阿加莎曾经解释过,为什么她对既不是侦探小说也不是冒险小说的书使用不同的笔名。当然,既然她是阿加莎·马洛温,那么"阿加莎·克里斯蒂"本身就是一个笔名。但最重要的是,她解释说:"最好把这两类书分开。我也想要保守身份的秘密,这样,我就可以写自己喜欢的东西了。"

阿加莎觉得匿名出书的乐趣之一,是"你可以把自己的一部分生活写进去"。[6]即使在侦探小说中,她也非常乐于采用现实生活为作品"添色",例如环球旅行中那个令人讨厌的贝尔彻少校,就变成了《褐衣男子》中的一个反派。但是,正因为有匿名的保护,她可以走得更远。

今天,人们读玛丽·韦斯特马科特的主要原因,是她展现了阿加莎·克里斯蒂的生活和观点。尤其是《未完成的肖像》,它记录了与阿加莎本人相似的成长经历和婚姻破裂的过程。马克斯认为,在女主角西莉亚身上,"我们会比在其他任何地方,都更接近阿加莎的肖像"。[7]

在这些小说中,事实与虚构之间模糊的界限也提醒我们,自传本身就是作家对人物、场景的戏剧化记忆。阿加莎自传中出现的某些故事，与韦斯特马科特作品中的场景几乎完全一样，尤其是她的早期生活。例如，在《撒旦的情歌》中，女主角内尔在战争时期做护士的工作，与阿加莎在自传中记录的经历有很多相似之处。

你可以看到，从1930年开始，在阿加莎·克里斯蒂的侦探小说中，"玛丽·韦斯特马科特"的影响越来越大，因为复杂的心理状态要比错综的故事情节更能吸引她。1946年，阿加莎写道，随着时间的流逝，她对"犯罪的前兆越来越感兴趣。不同性格之间的相互影响、深埋在内心深处的怨恨和不满，总是隐藏在水面之下的"。[8] 这在她以人物为主导的侦探小说中尤为明显，比如《五只小猪》和《空幻之屋》。在《空幻之屋》中，女凶手格尔达被她逼仄的生活，和苛刻、不忠的丈夫逼疯了："整个世界，都缩小成一只在盘子里冷掉的羊腿。"[9] 阿加莎真的很想完全放弃侦探元素，以玛丽·韦斯特马科特的身份写作。她对波洛在《空幻之屋》中的存在感到不满，她认为这个角色很多余——这是正确的。"波洛真叫人受不了，"她抱怨道，"大多数公众人物都活得太久了，但是没有一个人喜欢退休！"[10]

住在草坪路公寓的阿加莎，不仅再次有完整的时间写作，她也有了必要的独处时间。一段孤独的时光，为她的下一个韦斯特马科特故事提供了灵感。写侦探小说时，她通常需要花很长时间来构思情节，而写韦斯特马科特的故事时，她却很迅速。事实上，她发现自己越来越沉迷于此。"真的很奇怪，"她在非侦探小说中写道，"一个人总是想做一些本职工作之外的事情。比如糊墙——我做得很差，但很享受，因为这不算工作。"[11]

《幸福假面》一书约有五万词，但阿加莎只用了三天就写完了。第三天，她甚至没有去医院上班，"因为我不敢离开我的书……我必须继续写下去，直到把它写完。"她坐在那儿写着，"进入了白热化

阶段",写完后:

> 我想我从来没有这么累过。当我写完后,发现我写的一个字也不需要修改时,我马上栽倒在床上。就我所记得的,我一直睡了差不多24个小时。然后我起来吃了一顿丰盛的晚餐,第二天,我又能去医院上班了。

我看上去很奇怪,医院里每个人都为我感到担心。"你一定病得很重,"他们说,"你的黑眼圈很深。"[12]

尽管如此,这仍然是一次令人兴奋的经历。对阿加莎来说,《幸福假面》是"唯一一本让我完全满意的书……一本我一直想写的书"。

在我看来,《幸福假面》是韦斯特马科特最好的作品之一。女主角琼和阿加莎一样,性格很多元。"开朗、自信、深情……聪明、高效、忙碌、快乐、成功",她的丈夫这样形容她,但是他知道——同时琼自己也开始怀疑——在这些外包装下,其实她是孤独的,有时是冷酷、无情和错误的。"希特勒永远不敢发动战争。"这是她坚信的错误观点之一。[13]琼生活在黑暗中,善于欺骗自己,她被排除在上帝的恩典之外。琼在两种不同想法之间来回切换的状态写得十分出色,一个有着几种差异巨大的想法,这一反复出现的桥段是阿加莎谋杀谜题的重要组成部分。她希望这个故事能"轻松地、口语化地展开,但却越来越有紧张、不安的感觉——一种每个人都会有的感觉——我想,任何人有时都会想,我是谁?"。在这个故事中,阿加莎的主题、那个陌生的"枪手"会再次出现。但这一次,是出现在主人公的心里。

阿加莎对心理学的兴趣,在我最喜欢的韦斯特马科特的另一部作品《母亲的女儿》（1952）中再次显露出来。在这个故事中，有一个诚实的角色劳拉，她本身就是心理学家。故事讲述一位母亲为了女儿的利益，牺牲了一段亲密的关系，却发现女儿永远不会理解或报答她。它的情节比其他韦斯特马科特的小说要更令人满意，因为故事的原型是在20世纪30年代写成的，有很强的节奏和冲突。戏剧历史学家朱利叶斯·格林认为，这部作品应该与阿加莎其他被遗忘的关于婚姻本质及婚姻给女性带来的负担的作品并列在一起。作品中的母女关系紧张，这也经常被解读为阿加莎和罗莎琳德之间艰难关系的写照。但当你知道，这本书是在罗莎琳德很小的时候写的，这就说不通了。[14] 与其说这本书写的是罗莎琳德和母亲的关系，不如说，是阿加莎本人和母亲的关系。

"你对生活了解多少？"书中那个悲惨的男主角问道，"你一无所知。我可以带你去一些地方，一些肮脏可怕的地方。在那里你会看到残酷又黑暗的生活，在那里你可以感受——一直感受——直到感受到活着是一种残酷的狂喜！"[15]

阿奇·克里斯蒂在托基客厅里说的话，可能没这么直白，但具有同样的分量。

在1947年的《玫瑰与紫杉》中，阿加莎给自己设置了另一个艰巨的挑战：展示情爱的强大力量。在这个故事中，性欲可以把一个坏男人变成好男人。批评家马丁·菲多将这本书描述为"在一个理性唯物主义的时代，为上帝对人类的神奇进行辩解的一次大胆尝试"。[16] 这本书的确很大胆，但最终却无法令人信服。阿加莎的出版商柯林斯也不喜欢这部小说，理由是，作为保守党候选人的主人公居然如此卑鄙，这太令人遗憾了。阿加莎对政治家的生活有一定的了解，是因为她的侄子杰克参与了政治，后来他成了保守党议员。

韦斯特马科特的作品质量确实参差不齐，但女性作者和女性题材也影响了这些作品的流行度。"有些幼稚的言情小说"，这是一位男性评论家得出的结论。[17]然而，这些作品也总有支持者，尤其是那些不以欣赏那个时代中产阶级作家为耻的人，比如像莫妮卡·狄更斯或多萝西·惠普尔等人。"玛丽·韦斯特马科特的书写得乱七八糟。"美国犯罪小说家多萝西·B.休斯这样认为，"她总是会在作品中添加一些漫不经心的诋毁，'这个不好，太女性化了'。这确实太女性化了！"[18]

罗莎琳德敏锐地察觉到，韦斯特马科特的作品"被当作为言情小说，但我觉得这是不公平。它们不是传统意义上的'爱情故事'，当然，也没有幸福的结局。我认为，这些作品所讨论的，是关于爱的强大和破坏性"。[19]

但是读者对于阿加莎·克里斯蒂的期待，并不是想看她写爱情。因为柯林斯冷淡地对待《玫瑰与紫杉》，玛丽·韦斯特马科特决定与这家出版商分道扬镳。"柯林斯从来没有欣赏过这位女士，"阿加莎向埃德蒙·科克抱怨道，"还是让别人出版玛丽·韦斯特马科特吧。"[20]于是，韦斯特马科特转移到了海尼曼出版社。

然而，1949年2月，《星期日泰晤士报》揭露了韦斯特马科特的真实身份，阿加莎笔的匿名写作事业遭遇了重大挫折。有些人很早就发现了：之前，马克斯就被告知了这一秘密，而阿加莎姐夫的妹妹南，光从写作风格上就猜到了。但是《星期日泰晤士报》通过一篇美国记者对《幸福假面》的评论，报道了这个故事，他是从美国版权局的记录中发现的这个秘密。

阿加莎悲痛欲绝。那感觉一定和她之前被媒体曝光的时候一样，当时她"感觉自己像一只被追捕猎杀的狐狸"。"我已经厌倦了关于此事写公开信。"阿加莎写道，当时她已经愤怒得语无伦次，"我真的很介意某些朋友知道（他们被写进了书中），现在全完了。"[21]

这件事之后，阿加莎对自己的创作过程更加保密。"简·马普尔并不真实存在，"后来她坚决否认，"她完全是我虚构出来的角色。"[22] 事实当然并非如此：很早的时候她就承认过，马普尔小姐身上有她的亲身经历，还有她姨婆的部分回忆。只是在之后的生活中，她彻底把别人阻隔在她的真情实感之外。

阿加莎知道，匿名写作已经不再能保护自己了，于是她创作了韦斯特马科特的最后一部作品《爱的重量》。科克说，她偷偷地、愉快地写了这本书，"没对任何人说一个字"。即便是他，对这些作品也很冷淡："这段时间，阿加莎的精力肯定不会主要花在韦斯特马科特身上了……这本书的结局也肯定会被修改。"[23] 这本书之后，阿加莎让韦斯特马科特封笔了。

阿加莎常常坚定地说，自己是一个工匠，而非艺术家，并坚持认为写作是一种劳动。但在卸下防备的时候，她偶尔也会透露，她热爱这份工作。在外界战火纷飞的时候，她埋首三天写出了《幸福假面》，这足以证明她的热爱。[24]

"要是我不能再写了，那该有多难过啊。"说这番话的时候，她心里想的很可能是《幸福假面》："写得很完整，很真诚，全都是我想写的东西，这是一个作家所能得到的最骄傲的快乐……有时我想，那是我感觉离上帝最近的时刻，因为你被允许感受到一点纯粹创作的快乐。"

也许，阿加莎·克里斯蒂的形象不应该是她在草坪路公寓向邻居们展示的那个"长相可爱，令人舒适的女士"。当屋外炮弹横飞，她躲在那现代主义公寓紧闭的门后，阿加莎更像是玛丽·韦斯特马科特笔下最让人印象深刻的角色之一，《撒旦的情歌》里的弗农。

弗农是一位充满激情的艺术家，他专注于创作：

弗农松了一口气。

现在，再没有什么能打扰他和他的工作了。

他俯身，趴在了桌子上。[25]

第八部分

遗产风波
（20世纪50年代）

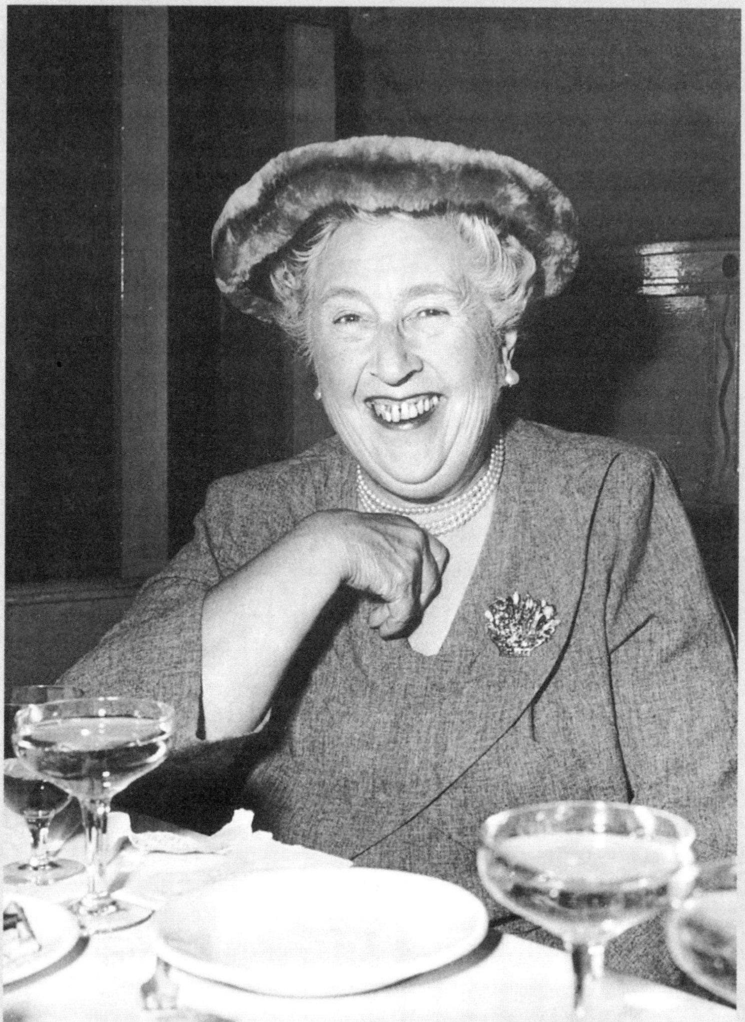

第三十一章　世界上最可爱的地方

1945 年 4 月 30 日，希特勒在柏林自杀。几个星期后一个寒冷的晚上，阿加莎正在草坪路公寓的厨房里，突然听到外面走廊里传来奇怪的声音。她停下手里正在煎的腌鱼，想知道那是什么。她打开门，看到一个人扛着沉重的行李，"身上挂满了叮当作响的东西"。是马克斯。

"你在吃什么？"马克斯问。

"腌鱼，"我说，"你最好也来一个。"然后我们互相打量对方。"马克斯！"我说，"你胖了两英石。"

"差不多，你自己也没瘦。"他说。

除此之外，一切都没有变，就好像他没有离开过一样。"多么美妙的夜晚啊！我们吃着煎腌鱼，很开心。"正如阿加莎在她的一封信中所预料的那样："当我们再次相聚时，我们将度过美好的时光——我们该吃什么啊！……椅子上堆满了书，笑声从不间断——我们会一直聊，一直聊。"[1]

随着和平的到来，马洛温夫妇"温顺地"走入了战后的世界，"感谢我们还能在一起，我们要尽可能地尝试各种生活，看看能做些什么。"五十四岁的阿加莎准备彻底改变自己，她受够了在伦敦的公寓里做一名忙碌的职业作家，德文郡正在呼唤她回家。

她曾经有一个角色说，随着年龄的增长，女人会变得更好："一个六十岁的男人，通常会像留声机里的唱片一样，说着重复的话……而一个六十岁的女人，如果她还有一点个性，那就是有趣的人。"(2) 人过中年之后，阿加莎说："你又可以自由地环顾四周了……好像有一些新鲜的想法和念头在你心中涌动……在那样的年纪里，我认为，一个人对生命的感激之情，要比以往任何时候都更强烈和重要。梦想开始变得实际、稳重起来。"阿加莎的这番话距今已经有四十多年了，但这样公开赞美中年女性生活的话语，在今天依然不同凡响。而阿加莎的行动比她的语言要更有分量，她在晚年取得的成就，毫无争议地让一名老太太成了流行文化的核心。

但她下一个富有创造力的项目并不是一本书，而是一幢房子。1945 年的圣诞节，格林威别墅解除了征用状态。当阿加莎在她 1946 年的小说《空幻之屋》中提到这个地方时，你可以看到它强大的吸引力："洁白优雅的房子，四周围绕着大量的木兰花，整个置身于树木繁茂的山丘平台之上。"(3) 故事中房子的主人发现，它对他们的生活产生了巨大的影响。

离开格林威别墅是一次辛酸的经历，战争结束之后回到这里，同样如此。"它很荒芜、野蛮，就像美丽的野生丛林一样，"阿加莎回忆道，"看到它这个样子，在很多时候都让人感到难过，但它依然存在着美。"现在，这里修葺完毕，花园也重新种了植物。在经历了战争的巨变之后，格林威别墅是这个家庭用来疗愈自己的地方。

阿加莎并不是英国唯一一个因为想要疗愈自己，而回归家庭生活的人。1943 年，80% 的已婚妇女做着和战争相关的工作。然而，到 1951 年，随着和平的恢复，就只有 34.7% 的妇女为了赚钱而工作了。这个数字与 1931 年的职业女性的比例惊人相似，当时那个数字是 34.2%。⁽⁴⁾ 事实上，一篇发表于 1956 年的关于女性生活的社会学研究文章，已经得出了一个大胆的结论，该文章的两位作者声称："工作和家庭，这两个世界的割裂，比以往任何时候都更加彻底。"⁽⁵⁾ 阿加莎会回归工作，但在她的优先级列表中，工作的重要性已经滑落下去了。在 20 世纪 40 年代后期，她把自己最具创造力的一面，专注在了如何把房子变得更好看上。

总的来说，之前住在这里的美国海军一直把这幢别墅照顾得很好，当时一共有五十一名美国海岸警卫队成员，他们每个房间睡三到四人。其中一人写道："巨大的红木厕所，给我们留下了深刻的印象。"他指的是位于一楼的那个壮观的马桶。⁽⁶⁾ 这些水手中有许多来自路易斯安那州，他们把缺席的女主人称为"阿加莎阿姨"。⁽⁷⁾ 在诺曼底登陆那天，他们负责开船带陆军穿越英吉利海峡。特莎·塔特索尔，一个当地的孩子，她还记得和美国人一起玩耍的情形，他们都很慷慨："我记得他们给我介绍了菠萝块，分成两半的桃子片，还给了我很多糖果。"⁽⁸⁾

美国人把格林威别墅的藏书室当成了酒吧，有人在里面画了一幅裸女画，战争时期这种画也曾出现在飞机的机头上。临走时，他们提出要把墙壁重新粉刷一遍，但阿加莎要求把画保留，作为他们逗留期间的纪念品。

格林威别墅完好无损地保存了下来，它确实很漂亮，而且国民信托组织竭尽所能地对它进行保护，于是在人们的想象中，阿加莎会在那里度过安逸又灿烂的余生。

但实际上，这只是一幢度假别墅，冬天不使用，而且为了维持它的运转，背后有难以想象的繁杂事务。阿加莎本可以去一个更小、更便宜的地方，过悠闲的生活，然而，她非常喜欢在格林威别墅当一名热情好客的乡村妇女，所以在短暂的休息之后，她又回到了写作中，就为了挣钱来支撑格林威别墅的运转费用。

令人感到沮丧的是，有关待办事项的信件开始纷至沓来。其中有一份是关于供水的报告："水似乎都被牛给喝了。"(9) 很快，阿加莎就意识到，仅仅因为兴趣想要维持一个33英亩的花园，代价实在太大了。于是，阿加莎想着利用这个阳光明媚的家庭菜园做农产品的生意。她雇用了一位麦克弗森太太，负责把农产品送到顾客那里，记好账，并且在"温室里做一些实际的工作"。她同样被安排居住在院子的小屋当中。(10)

科克有意与格林威别墅保持距离，但有一次阿加莎不在家，他不得不因为紧急情况去了一次。他非常明白她想做什么，但同时又对这项任务的规模感到绝望。"我从未见过像格林威别墅这样可爱的地方，"他写道，

> 让一切事物保持新鲜感，好好地照顾它们，这是一个梦想。但又是一个十分昂贵的梦想……税务人员不相信这样的基础居住环境是合理的，我也持同样的观点。(11)

尽管科克"只是"一个文学经纪人，但他发现自己越来越多地参与到阿加莎的生活中来。她的要求——买珍本书籍、买枫糖、买戏剧演出票——在他的团队里已经怨声载道了。"这些杂活，对阿加莎来说可能是魔鬼。"其中一个员工抱怨道。(12)

科克开始察觉到，雇用麦克弗森太太是一场灾难，她订购各种商品的账单开始寄到他的办公室。最终，在她以阿加莎的名义欠下800英镑的债务后，人们发现这个可怜的女人沉迷赌博，并试图自杀。

科克还发现了园丁伯特·布里斯利的缺点，他很热情，但做事

情没有效率。继麦克弗森之后，布里斯利也被解雇了，取而代之的是园艺技术过人的弗兰克·拉文。当阿加莎在布里克瑟姆园艺展示会上获得十八个一等奖时，有人问她成功的秘诀。"一流的园丁。"她答道。[13]

格林威别墅的屋子里逐渐堆满了阿加莎陋习的遗留物：她有购物癖。尽管有税务问题，但她就是无法抑制自己对旧家具、陶瓷、银器和现代艺术品的热爱。这所房子变成了一堆奇形怪状的漂亮物件的库房，它们杂乱无章地堆积在一起。在这个库房中随机挑选一批，你会发现有"橡木架上的12英寸青铜公牛/瓷器杯盖/两个罗金厄姆的小屋装饰品/一对装饰着人造红宝石的中国黄铜斧头"。[14]格林威别墅，越来越像阿什菲尔德了。

关于食物，有些是阿加莎自己做的，也会让人想起米勒家在爱德华时期的丰盛餐桌。"我喜欢酱汁，"她解释说，"用贝类和牛油果来做酱料真的很好。"[15] "八点半来这里，我们吃一堆鱼子酱，怎么样？"她给一位朋友的邀请函上这样写道。[16]但现在阿加莎最开心的是可以远离厨房了，当她找到新厨师时，她非常激动："她的肉馅饼！！她的蛋奶酥！"[17] "我吃得太多了，"她毫无悔意地说，"但不能肆意狂欢的生活，又算什么生活呢？"[18]

阿加莎现在完全不理会外界要求她注意体重的压力。她和她的一位教女久别重逢，教女说："坦白说……你太胖了。我记得你很瘦啊！"[19]在实行定量配给的年代，丰盛的食物是极为奢侈的。1952年的一次午餐，阿加莎点了热月龙虾（用葡萄酒煮熟龙虾肉，与用格律耶尔干酪、蛋黄和白兰地制成的酱汁混合，再放回龙虾壳里烤）和戴安开胃菜（黄油吐司、培根和鸡肝）。[20]

马修回忆起20世纪50年代夏天，在格林威别墅度过的午后仪式："尼玛比我更喜欢奶油茶——她经常用一个写着'不要贪婪'的大杯子喝奶油茶,她从未遵守过这条禁令。"⁽²¹⁾阿加莎的外孙失去了父亲,她一直都很关心他的生活。如果有客人住在格林威别墅,他们会被告知这幢房子的规矩:"在这幢房子里,想做什么就做什么。而我们大多数人会在早上打板球。"这当然是为了马修才这样说的——随着夏天过去,马修也长得越来越好——这样他最后就不得不转而去和她的外婆,还有外婆的朋友一起打板球("女人从不打板球。"肯普探长在《闪光的氰化物》中说道,但瑞斯上校笑着回答说:"事实上,有挺多人打的。")。⁽²³⁾

1949年10月,罗莎琳德再一次出人意料地邀请母亲参加婚礼。罗莎琳德的第二次婚姻是在肯辛顿登记处举行的,和她的第一次婚姻一样,悄无声息。⁽²⁴⁾她漫不经心地把母亲叫到镇上,随口说:"这是一个秘密,不能让任何人知道——我想没有人会喜欢的,但你必须去……对了,你别打扮得太时髦。"⁽²⁵⁾

罗莎琳德的新任丈夫名叫安东尼·希克斯,是一名受过专业培训的律师,不过在行业内并不活跃,马克斯认为他是一个"有天赋,但没有野心的人"。他有一个习惯,就是会下意识地摆弄头发,他的新岳母会利用这一点,在话剧《捕鼠器》中"告诉"某个角色,尽管另外一个人的外表发生了变化,但还是可以利用这一习惯认出来。马克斯形容安东尼"充满了意想不到的知识储备",关于美酒、梵语和许多其他晦涩难懂的主题。⁽²⁶⁾

"我想你会发现,马修很高兴。"罗莎琳德安慰她的母亲,"他总是央求他多待一会儿,我不认为他会有嫉妒的情绪。"⁽²⁷⁾确实如此,马修形容他的继父"安静、机智、博学、忠诚"。⁽²⁸⁾他完全融入了这个家庭。马克斯认为安东尼是"我所认识的最善良的人",而善良,正是孤独的罗莎琳德所需要的。⁽²⁹⁾在事业上,安东尼并不能帮助阿加莎什么,但他帮助了格林威别墅,作为花园的管理者,他在生活的各方面支持着阿加莎。

阿加莎对格林威别墅的规划需要人力支持，那里的生活也从未完全顺利或按部就班地进行。小说家埃德蒙·克里斯平[①]拜访格林威别墅后，是这样描述的：

> 很不正规。有一个很大的餐厅，你永远不知道什么东西会被端上来。你的餐具可能是乔治时代的银器，也可能是伍尔沃斯商店买的。喝酒的时候，你可能会用到18世纪的波特酒醒酒器，也可能会用阿加莎在购物时买到的廉价玻璃杯。那里有孩子，有狗，也总有有趣的谈话。[(30)]

阿加莎知道，想拥有这样一个庞大又慷慨好客的家，是在自找麻烦。但她就是放不下。她曾为此与罗莎琳德争吵并道歉。"事实是，"她写道，"我对格林威别墅感到很内疚……我真是个该死的老混蛋。"她不顾经济形势，紧紧守着她的房子不放，"因为我太爱它了"。[(31)]

在格林威度过夏天，对阿加莎来说变得越来越重要。这是因为在花园之外，她的名声和业务，给她带来了新的、迫在眉睫的压力。

[①]英国侦探小说作家，代表作《玩具店不见了》。

第三十二章 他们来到巴格达

当安东尼·希克斯以王储的身份走进阿加莎的宫廷，缓解了她日常的压力后，阿加莎再一次把注意力转向了考古学家妻子的身份上。

1947年，离开英国皇家空军后，马克斯想回归他原来的职业。在世界大战之前，考古很适合阿加莎和马克斯。正如阿加莎所说，这是"私人事务——而我们是非常注重隐私的人"。(1) 但是战后的考古却截然不同，它不再是一个私人俱乐部的行为，它更像是公共事业。

当时位于摄政王公园的伦敦大学考古研究所，在战争期间由临时所长凯瑟琳·凯尼恩维持运营。然而，像对待许多女性一样，人们希望她能在男人们回来后卸下职务。1946年，著名的澳大利亚人维尔·戈登·柴尔德接管了研究所，在朋友们的恩惠下，他给马克斯谋了一份差事。他提议，新增一个西亚考古学的教授职位，但不会对外公布，因为"我们认为这样做没有任何好处"。(2) 于是马克斯成了马洛温教授。

马克斯的新工作是有薪水的，考古界流传说，是阿加莎"赞助"了他的职位。(3) 然而，学校的账目上没有任何资金往来，这可能会伤害男性的自尊心。这个安排，是对他大学收入的一种非官方又很直接的补充。"马克斯最好是在4月5日之后领工资，"科克建议阿加莎，他希望能减轻她的税单，"因为你在1949—1950年度的收入太多了。"(4) 马克斯还通过阿加莎，从她的好朋友兼出版商艾伦·莱恩那里得到了一份工作。莱恩雇用马克斯编撰考古学书籍，为了支持他的挖掘事业，他会支付现金，还会给考古现场寄去巨大的斯蒂尔顿奶酪。

"我很幸运能得到这份工作。"马克斯写道，他已经为自己喜欢的那种生活做好了准备。(5) 他每天从位于伦敦天鹅苑的新住所出发去上班，那里位于切尔西的国王路附近，当时仍是一个充满艺术气息和创意的地区。和草坪路公寓一样，天鹅苑是一个建于1931年的便捷公寓楼，顶层有十六间采光良好的"艺术家工作室"。(6) 马克斯和阿加莎的公寓杂乱而舒适，一点都不豪华：那张出了名的旧沙发"坐垫已经磨损，弹簧也严重损坏"。(7)

马克斯会在自己沃林福德的家过周末，暑假则是在格林威别墅，每年还有五个月的时间都在西亚挖掘。他写道，在研究所的时候，"当我进入大楼，就有数百人，其中大部分是女性，朝我鞠躬……而我只想关上办公室的门，读我的书。"然而，也许令他自己也感到惊讶的是，他渐渐喜欢上了教学，以及"帮助别人思考"。(8)

在考古方面，马克斯现在把目光投向了一个让他名声大噪的项目：对摩苏尔以南20英里的伊拉克古城——尼姆鲁德进行挖掘。在古代，这座城市被称为卡拉赫，今天的考古学家也这么叫它，但对马克斯和他那一代的人来说，它的名字是尼姆鲁德。

他的期望很大。他希望能达到一个世纪前亨利·莱亚德爵士在那里的成果和声望。在1845至1851年间，莱亚德发现了巨大的带翅膀的石牛，这些石牛至今仍在大英博物馆中，深受游客喜爱。但从那以后，尼姆鲁德一直沉眠。

伊拉克相对友好的政治局势，对马克斯的计划来说是最重要的。

在战争期间，英国再次控制了这个国家，主要原因是石油。正如历史学家埃莉诺·罗布森所解释的那样，"具有垄断性质的伊拉克石油公司，才是真正意义上的伊拉克。事实上，它是在伦敦注册的，由英国石油公司、壳牌公司和美国石油协会等西方大公司共同拥有。"[9] 马克斯的远征，本质上是英国在该地区软实力的一个触角，他的工作与英国的工业和军事等方面交织在了一起。他的挖掘报告显示，除了伊拉克石油公司借给他一台推土机外，帝国化学工业公司还提供了很多物料，还有英国皇家空军也提供了航拍的帮助。[10]

在前往尼姆鲁德之前，马克斯的团队在巴格达建立了一个基地。这是英国考古研究院在伊拉克的翻版，马克斯被任命为院长。1948年10月，一位名叫罗伯特·汉密尔顿的考古学家被派往巴格达，为学院租借场地。"我正好找到了一幢房子，"他写道，"里面有许多大小不一的房间。"他"在巴格达转来转去，买铝锅、门垫、竖琴、沙丁鱼和茶杯"。[11]

1949年1月18日，阿加莎和马克斯一起来到这里，她逐渐喜欢上了这幢河岸上的老房子，这里有凉爽的庭院，棕榈树在阳台旁摇曳。当马克斯工作的时候，她自己的生活则平静又充满创造力："我每天爬到露台上晒太阳，看着底格里斯河，真是太美妙了。然后，我坐在阳光下休息，脑子里想几个有趣的谋杀案，好让家里的火能继续燃烧。"[12] 有一张阿加莎在阳台上吃早饭的照片，她穿着西装，戴着珍珠项链，正在一边看书，一边用棕色的圆茶壶喝茶。对战后的英国人来说，这很幸福。

这所学院是由另外一名考古学家一天天经营出来的，她在我们的故事中并不重要，但在以后的几年里，她的影响力会越来越大。在官方职务上，芭芭拉·帕克是秘书兼图书管理员，不过她也做许多其他的事情。身材高挑、举止优雅的芭芭拉在学习中国艺术和考古学之前,曾是沃特时装公司的模特。她刚获得考古资格,就去了现在的以色列从事挖掘工作,在此期间,她的一名同事被枪杀。返回伦敦后,在闪电战期间,芭芭拉曾在消防队服役。

同事们形容芭芭拉·帕克"没有条理""鲁莽草率""讨人喜欢""极其善良",这些品质让她总是乐于帮助其他人,而忽略了自己作为碑铭研究家的学术工作。但汉密尔顿更为宽容地形容她"忠诚、勤奋、足智多谋",并指出,她总是竭尽全力帮助马克斯把事情做好,但马克斯却经常拿她开玩笑。[13] 马克斯的一个学生形容芭芭拉是他的"奴隶"。[14] 周围的人总是把芭芭拉想象成一个不由自主被人利用的人,阿加莎称她为"殉道者圣芭芭拉"。尽管人们在20世纪50年代可能会嘲笑她,但现在,她被视为整个20世纪考古学中最低调的女性之一,她们的工作隐藏在男领导那些出尽风头的书籍背后。

阿加莎在伊拉克写的一本书《他们来到巴格达》(1951)描绘了英国学院使用的房子。她写这本书的主要目的,是为了把自己的旅行归为商务支出,所以与其说这是侦探小说,倒不如说是一部"冒险小说"。出版商看得出来,她没有尽全力。柯林斯的一位读者在评论中写道:"很难相信克里斯蒂夫人不是把它当成笑话来写的。"[15]

但《他们来到巴格达》的有趣之处在于,它让人重新意识到,英国人对伊拉克的影响是有限的。战争期间,马克斯就打定主意,回到西亚后他要改变自己的生活方式:"我们再也不能站在一旁,和当地人保持距离了。"[16] 在阿加莎的作品中,这部小说第一次包含了重要的伊拉克人物。女主角维多利亚是一个游客,她成为一名间谍的原因,只是因为招募她的政府组织始终没有做出成绩来。在她之前的间谍卡迈克尔有伊顿公学的教育背景,是一名极具爱德华七世风格的特工。而维多利亚,这个不起眼的打字员,却有一种卡迈克尔和掌权者所缺乏的重要品质：常识。[17]

但巴格达只是马克斯 1949 至 1958 年在尼姆鲁德进行挖掘的其中一站，尼姆鲁德距离底格里斯河大约有一英里远。"多么美丽的地方，"阿加莎写道，"亚述人的大石头从土里探出头来，在某个地方有精灵的巨大翅膀……宁静，浪漫，充满了往事。"在这里，马克斯将考察国王阿苏尔纳西尔帕二世的住所。阿苏尔纳西尔帕二世是一位强大的君主，曾在一场庆功宴上招待了七万名宾客。马克斯的团队想在这里发现奇迹，但在他离开后，马克斯在伊拉克的挖掘工作继任者哈桑·穆罕默德·侯赛因才发现了这位国王留下的巨大黄金宝藏。

和之前一样，妨碍他的不仅仅是如何找到正确的挖掘处，还有管理不满和无序的当地工人。一些工人是从战前的挖掘工作中返聘的，因此他们"称阿加莎为姑妈"。[18] 现在，除了用英语做记录外，还要用阿拉伯语，挖掘工人的工资也比以前多了一点。[19] 但关于工资的矛盾依然存在，最终这个问题通过"刀棒政策"解决了，还"导致许多人头破血流"。[20]

他们在尼姆鲁德有了惊人的发现——一批雕刻精美的象牙碎片。据一位朋友——考古学家琼·奥茨所言，阿加莎对考古学最大的贡献是：

> 1953 年，他们从一口井里发现了三十多块木头和象牙书写板，阿加莎几乎是凭一己之力把这几百片又小又相似的碎片重新拼完整了——就像她最喜欢的拼图游戏一样。[21]

阿加莎自己也为她的工作感到自豪：

我有自己最趁手的工具……一根橙木棒，或者是一根优质的毛衣针——这是有一次一个牙医借给我的，也可以说是送给我的——还有一瓶洗脸用的洁面乳，我发现它比其他任何东西都更管用，可以轻轻地把污垢从缝里弄出来……多么令人激动啊！这需要耐心和细心，还有敏锐的触感。

她还会拍一些必要的照片，"在不通风的暗房里忙活了一上午，汗流浃背"。(22) 就像在医院时一样，她非常高兴能成为尼姆鲁德这个忙碌团队的一分子，周围都是她信任的人。

就像奥茨一样，媒体对阿加莎考古工作的报道，通常都会强调她的女性特质：工作琐碎、动作轻柔、用洗面奶等等。但事实上，这些并不是她最重要的贡献。她真正的贡献是作为考古学家的妻子，她的工作开始被社会看到。

她的另一项工作，是坐在考古队的屋子里，通过一扇墙上的小窗户给工人发工资。有人偶尔会在无意中听到来参观的游客说："来看看那些领工资的人，给他们发工资的是阿加莎·克里斯蒂。"(23)

事实上，阿加莎给他们的并不只有工资，因为在一开始，她就出了挖掘项目的启动资金。除了私人的考古团队，她也资助了英国考古研究院。比如在1953年，她就把《黑麦奇案》的收入捐给了学院，她的经纪人解释说，因为"纽约大都会博物馆已经不再提供资金……这意味着，阿加莎丈夫毕生的事业面临着资金短缺的问题"。(24)

当然，在挖掘的时候，阿加莎会表现得好像是马克斯掌控着一切。团队成员很快意识到，他们应该把老板的妻子当作团队的一员。一位考古学家形容她"天性内向，除非和朋友或团队成员在一起，而他们已经学会了不去讨论她的作品"。(25) 然而，每个人都心知肚明，她不仅仅是一个成员。"马克斯情绪很不稳定，"琼·奥茨解释道，"他经常火气一下子上来……而她所做的，就是用非常平静的声音说一声'好了，马克斯'，他就会停下来，然后怒气消失了。"[26] 保罗·柯林斯博士是英国驻伊拉克考古研究院下一任院长，他说："给我的感觉是，她才是那个做决定的人。"[27]

很多人都说，阿加莎跟着去考古有一个好处，就是这会让她远离越来越多、越来越烦人的公众。但这也不是真的，阿加莎在尼姆鲁德的出现吸引了很多游客。埃莉诺·罗布森写道，伊拉克石油公司赞助挖掘工作，这其中阿加莎起到了关键作用。"阿加莎和伊拉克石油公司领导的太太们一起喝茶，是为了借来重型起吊机和运输设备。"[28] 在一个考古季中，有超过1500名游客来到这里，参观遗址和阿加莎，"有正在演习的军官，有坐着当地巴士来的孩子，有教会的显要人员，甚至还有骑着驴来的当地人……阿加莎坐在她的长桌后面，桌面上摆着茶或咖啡，不分贵贱地招待他们。"[29]

阿加莎履行了她的义务，但也因此付出了一些代价。琼·奥茨清楚地记得，阿加莎不堪其扰：

> 只要看见这辆车开过来，阿加莎都会走进自己的小房间，然后把门锁上。还有两个来自芬兰的年轻人，他们专程来见阿加莎·克里斯蒂，并且没人告诉他们会有拒绝的可能。他们知道她在这里，他们就想看她……然后，他们真的就去敲门了。[30]

在尼姆鲁德，人们还能通过美食感受到阿加莎的存在。英国的税收政策中，有一笔可用于商业目的的免税额，阿加莎认为正好可以为正在创作的书增添"当地色彩"。因此，给考古队购买食物是一种省税方式,当然,这同时也是一种享受。她会打发厨师去商店,并叮嘱他们:"别忘了奶油。"(31)于是,考古学家们享受着"印度厨师用煤油加热的烤箱奇迹般地烤出来的热巧克力舒芙蕾,上面还涂着厚厚的水牛奶油"。(32)

尽管做了能做的一切,阿加莎还是需要再写一本书,来为下一季的挖掘提供资金。因此,1951年,在另一段暗示弗吉尼亚·伍尔夫的著名段落中,她解释说,她给挖掘的小屋扩建了一部分:

> 我花了50英镑,盖了一间泥砖砌成的方形小屋。我们的一位碑铭研究家唐纳德·怀斯曼用楔形文字做了一张牌子,上面写着"阿加莎之屋",我每天都会去阿加莎之屋里做一点自己的工作。

为了不让游客能轻松找到阿加莎的藏身处,这块门牌很快又被取下。她的秘密小屋面朝库尔德斯坦的群山,里面有一张自制的桌子,上面放着"她的打字机和一堆纸,这些被夹在一些陶器碎片和书中"。(33)马克斯说,在这里,阿加莎每天早上都会抽出一部分时间,飞快地写她的下一本书,"有六本以上都是这样写成的,每一个考古季她都这样"。(34)

但一年一度的挖掘项目最终会结束,1958年,伊拉克走向革命,紧张局势日益加剧,伊拉克的民族主义再次膨胀。1955年,尼姆鲁德的第六个考古季并不顺利。阿加莎六十四岁了,得了膀胱炎,必须去医院接受治疗。四月,一场飓风差点把挖掘队的小屋房顶掀掉,汉密尔顿认为马克斯"没有像往常那样妥善处理局面"。(35)

马克斯对考古的方法采用的是古老的、寻宝一样的方式,这在年轻同行们"科学"的考古方法面前,逐渐相形见绌。做他的女学生特别有挑战性。他认为,只有当他"把女学生弄哭"时,他们才开始取得进展,他说这是"对工作有好处的"。马克斯仍然会在《伦敦新闻画报》上发表文章,当时这一做法已经被认为相当老派了,他曾公开表示后悔,自己的职业"受到了专业人士的严重挑战"。(36) 正如一位考古学家所说,"马克斯和阿加莎的考古,就像是在异国风情的环境中开家庭聚会",而那些"无忧无虑的日子即将结束"。(37)

1957年是马克斯担任负责人的最后一个考古季,1958年7月14日,伊拉克的哈希姆君主制被新的共和政权推翻。但马克斯停止挖掘的真正原因是,阿加莎已经六十七岁了,身体已经不再适合继续下去了。他在这一领域的职业生涯结束了,正如开始时一样,阿加莎始终是这一合作项目不可或缺的伙伴。

回到英国后,马克斯继续创作他的代表作:《尼姆鲁德及其遗迹》(1966)。他的妻子又一次让这一切成为可能,因为这个项目一开始被企鹅出版社拒绝了,随后由科克接手。美国的经纪人哈罗德·奥伯可就没那么热情了,他说这本书是"尼姆鲁德和什么东西,我还没看剩下的部分,我猜是关于考古学的吧"。(38)

虽然封面上写的是马克斯的名字,而阿加莎的名字仅仅出现在题献页上,但这部作品确实是他们两人共同的成就。在他们的名字后面,当然也少不了芭芭拉·帕克、其他助手,以及数百名真正实地挖掘的伊拉克工人的身影。马克斯给自己选择的头衔,是伊拉克考古学之父亨利·莱亚德爵士的继任者,《尼姆鲁德及其遗迹》致敬了莱亚德1849年的《尼尼微及其遗迹》。(39) 阿加莎也在她的自传中做了类比,描述了古城卡拉赫有多么伟大。

> 它沉睡着……莱亚德前来,打破了这份安宁。然后,尼姆鲁德又睡着了……马克斯·马洛温和他的妻子来打破了安宁。

现在，它再次陷入沉睡中……接下去，又将是谁来打破呢？

这个问题的答案，应该是伊拉克、意大利和波兰的考古学家团队。但在他们多年的辛勤工作之后，却遭遇了令人震惊的暴力干涉。2015 年，极端组织"伊斯兰国"将这个古老的遗址夷为平地，他们的行为被联合国教科文组织认定为战争罪，其动机是为了"抹去伊拉克人民所有的历史痕迹"。[40] 21 世纪初，阿加莎在尼姆鲁德的写作房因为无人照料而倒塌，但在 2015 年，这座泥砖小屋的残留部分仍然得以保存。它生命的最后时刻被记录在一段视频中，并发布在网上，视频显示，它被"伊斯兰国"用炸弹炸上了天。[41]

遗址被毁，似乎就是尼姆鲁德故事的结局。但尼姆鲁德专家埃莉诺·罗布森之后对现场进行了勘察，并进行了损失评估，她发现，放置炸药的目的只是为了制作宣传视频，而不是想彻底搞破坏。金字塔被毁了，但其他大部分遗址都完好无损。罗布森在谈到损失时说："一塌糊涂，但并非无法弥补。"[42] 阿加莎和马克斯的房子，还剩下一面墙依然屹立不倒。"我们将重建这幢传奇的房子。"2020 年，当地考古学家海瑞丁·纳赛尔说，"它对我们有很强的情感价值。"[43]

所以，尼姆鲁德依然在沉睡，等待着后继的考古学家造访。

第三十三章 战后的克里斯蒂家

战争结束后,阿加莎回到格林威别墅,起初她觉得终于安心了,但和许多其他英国人一样,后来却发现和平同样令人失望。

"这是战争留下的余波,"在阿加莎的作品《顺水推舟》(1948)中,有一个角色这样说道,"到处都是病了的感觉,火车上、公共汽车上、商店里,无处不在。"20世纪40年代末和50年代,克里斯蒂的家乡有许多中产阶级都面临着生活水平的下滑。他们并不是在追求更好的生活,只是为了牢牢握紧目前所拥有的东西。新的福利社会并没有给他们太多,阿加莎认为,只给了他们:

> 不再充满恐惧的自由、安全、温饱,甚至比温饱还要好一点。但在我看来,现在,在这个福利社会中,已经很难再对未来有所期待了。

然而,在克里斯蒂家乡之外,这些担忧多少显得有些狭隘了。20世纪50年代,阿加莎在商业上取得了前所未有的成功,她写出了读者对"帝国时代"的怀旧情绪和不安全感,作品销量一路飙升。但与此同时,她的文学声誉开始下降。从现在起,她要开始反潮流地进行创作。来自不同阶层的各路作家引领着主流审美:金斯利·艾米斯、约翰·福尔斯、菲利普·拉金。在20世纪20年代和

30年代，就像现代主义者从品味一般的中产阶级，通常是比他们更畅销的女性作家手中抢夺声誉一样，同样的事情也发生在了"愤怒的青年"身上。

甚至侦探小说作者中也有愤怒的，尽管其中像达希尔·哈米特这样的重量级作家已不再是青年。以暴力和厌女为特征的硬汉派小说，早在战前就开始从美国渗透到英国。阿加莎不喜欢这种硬汉派小说，马普尔小姐也不喜欢。简·马普尔听说过哈米特先生，但对他的看法很坚定："我从我的侄子雷蒙德那里了解到，在所谓的'硬汉派'领域，他被认为是最顶尖的。"[1]

虽然马普尔小姐会嘲笑"硬汉"文学，但她的创作者实际上也在通过自己的方式，让作品变得更"硬汉"。根据历史学家尼古拉·汉伯的说法，战后所有英国中产阶级小说都出现了一个新的主题："偏执的警惕"。每个人在生活中都会面对威胁，于是小说中的角色们开始由内向外做出改变，以确保自己在游戏中能"胜人一筹"。[2] 正如马普尔小姐观察到的那样，以前的社会规则已不再适用："十五年前，你知道每个人是谁。"

这种阶级信心的丧失，有一部分原因是中产阶级收入的减少。在《谋杀启事》（1950）中，一个很重要的主题是为体面的生活而奋斗。当地报纸上刊登了一则启事，"疯狂寻找家政服务"，那个时候，已经很难再见到用人了，"除非家里已经有了一个老仆人"。

现在，许多大宅子的女主人都得亲自干活，即使像阿布尼庄园的瓦茨家那样有钱，也不例外。阿加莎的姐姐玛吉五点半就起来"收拾"屋子，她"掸灰尘、整理、扫地、生火、擦铜器、抹家具，然后开始叫人喝早茶"。玛吉的生活也出现在了《谋杀启事》中，一位牧师的妻子也早早起床，"先烧水，然后像个蒸汽机一样到处忙碌，一直到八点，把所有的家务都干完"，同时她还勇敢地声称，大房子要保持整洁，并不比小房子难。

阶级地位的丧失，甚至成为阿加莎笔下吉尔克里斯特小姐的杀人动机。在《葬礼之后》(1953)中，吉尔克里斯特小姐是一个反面角色，她讨厌自己充满屈辱的陪护工作。她曾经经营过一家自己的茶馆，但在战争期间因为买不到用来做蛋糕的鸡蛋，所以不得不关张。其他的角色都对"淑女凶手"的真相感到震惊，但以前独立优雅，现在变得堕落的角色，引起了20世纪50年代阿加莎读者们的强烈共鸣。

吉尔克里斯特小姐是一个特别凶残的杀人犯，她用斧头砍死了雇主，而在战后，阿加莎的小说对儿童的态度也变得强硬起来。她对年轻人没有太多感情，例如在《逆我者亡》中，一个男孩在作者毫不关心的情况下被杀死了。而在《怪屋》(1949)中，阿加莎把一个孩子写成了谋杀犯。她为自己的创作感到骄傲，后来她说《怪屋》是她最喜欢的书之一。

但是，即便阿加莎的作品中出现了一种新的怀旧情绪，但它没有占据绝对的主导地位。《奉命谋杀》(1958)中，一个小男孩"总是在讨论和思考宇宙飞船"，阿加莎仍然热爱着未来。1956年，她在人造纤维和通用电气的电视广告间隙接受了采访（"进步是我们最重要的产品"）。她对记者说，她"对科幻小说充满热情，因为它为奇妙的发明开拓了新的边界"。[3] 马克斯的一个侄子约翰·马洛温，学校放假的时候会和他的叔叔还有婶婶阿加莎在一起。"我以前给她看科幻小说，"他说，"她什么都看。"他还怂恿阿加莎驾驶她新买的沃尔西1500，在新建的M4高速公路上以85迈的最高限速行驶。[4] 她几乎不需要鼓励，因为她一生都对速度保持着热爱。

这就是阿加莎·克里斯蒂一直让人惊讶的地方，她对现代生活有强烈的热情。还有一个"阿加莎式诡计"，是在她会在剧情中使用当时的新闻中报道的故事。她的冒险小说《地狱之旅》（1954），与潜伏在哈威尔原子能研究基地的间谍克劳斯·富克斯（1950年被揭穿）和布鲁诺·庞蒂科夫（1950年叛逃）的经历有相似之处。[5]她的话剧《捕鼠器》取材自1945年寄养儿童丹尼斯·奥尼尔被害的真实悲剧。

除了真实的事件，真实的地点也在不断地刺激着阿加莎的灵感。《五只小猪》（1942）以格林威别墅里的花园作为故事舞台，而在《弄假成真》（1956）中，则是船屋成为了犯罪现场。利用真实的地点来设置谜团，是另一个"阿加莎式诡计"。为了写《谋杀启事》，阿加莎说服邻居们走进客厅，想看看灯突然关掉时他们的反应。"他们看到了什么，更有趣的是，他们没有看到什么"，这对完成这本书非常重要。当这部小说出版时，其中一位参与者意识到，他成了小说家的实验品。[6]

阿加莎甚至没有意识到她把自己的生活融入了作品。在美国，一位名叫多萝西·奥尔丁的年轻经纪人逐渐从哈罗德·奥伯手中接管了阿加莎的事务。当奥林第一次读到《破镜谋杀案》（1962）时，她"明显感觉到不安"，她担心阿加莎影射了德国麻疹对怀孕的影响。[7]这是近日女演员吉恩·蒂尔尼的真实案例。就像阿加莎故事中的电影明星一样，她被一个粉丝感染了，结果生下一个残疾的孩子。这看起来像是在利用他人的痛苦。《破镜谋杀案》确实引起了许多人的不满："把蒂尔尼小姐的问题和悲伤写出来，这是毫无必要的残忍。"[8]然而，在英国，科克坚定地为他的作者辩护。"这听起来很不可思议。"他承认，但阿加莎"不知道这件事"。[9]

阿加莎引起反感的另一个原因是，她始终没有意识到反犹太主义有什么问题。《谋杀启事》中有一位不幸的难民密茨，被当作了喜剧角色。她害怕警察——"你会把我送进集中营的"——这是一个糟糕的笑点。⁽¹⁰⁾1947 年和 1948 年，美国读者对《空幻之屋》（1946）的抱怨声越来越多。读者们认为，阿加莎提到的"刻薄的犹太女人"发出的"刺耳的声音"，是一种反犹太主义的刻板印象。最终，美国反对不宽容委员会受理了此事，他们要求阿加莎的出版商在所有新版的阿加莎作品中删除反犹太内容，涉及的作品要往前追溯到《蓝色列车之谜》。⁽¹¹⁾阿加莎的团队在这个问题上犹豫不决，她的美国经纪人对英国经纪人提出建议："也许，哪天你和她聊天的时候可以告诉她，以后最好不要提及犹太人。"⁽¹²⁾

当然，作者的观点和作品中角色的观点是两码事。在《玫瑰与紫杉》中，一个角色评价另一个角色有一双所谓的"普通老百姓的"腿，阿加莎因此备受谴责。如果用阿加莎自己的观点来说，这确实是"荒唐的阶级偏见"。⁽¹³⁾但在这个例子中，我们是通过略显可笑的叙述者的视角看到那个人的腿的，阿加莎其实是引用了在托基的一位朋友玛格丽特·露西的话。露西曾说过："真遗憾，他的腿长得太像普通老百姓了。"⁽¹⁴⁾也许，因为时代的不同，读者就看不出这句话中原本包含的讽刺意味了。

但是，当阿加莎在不是为了刻画人物性格或推动情节的时候，贸然加入令人反感的观点，必然会招致冒犯。科克没有正面解决阿加莎的反犹太主义言论问题。1953 年，他写信给美国出版商，指示他们"在以后的书中，如果'犹太人'指的是一个负面角色时，那就删掉"。⁽¹⁵⁾他这样做，等于默认了让阿加莎自己去做改变，是靠不住的。

总的来说，刻板印象是阿加莎作品中不可或缺的一部分，即便她应该别去触碰，她也没有办法不写。"外国人"是典型的克里斯蒂式误导。波洛把他的国籍视为保护伞。"你这个讨厌的外国小混蛋！"在《ABC 谋杀案》中，被抓住的凶手这样喊道。在《奉命谋杀》中，情况正好相反：家庭律师引导我们不要去怀疑一个瑞典人角色，但实际上凶手正是他，因为很明显这起案件是"外国人"干的。在《空幻之屋》中，"刻薄的犹太女人"的问题在于，她的背景只是简单地用来让这个角色显得更讨人厌。看到阿加莎没有以前那样敏感细腻了，真的让人很难过。1955年出版的《山核桃大街谋杀案》，故事发生在一个学校宿舍里，阿加莎很生硬地加入"戈帕尔·拉姆"和"阿基博姆博先生"两个角色，试图探讨当时的种族关系，结果反响很差。弗朗西斯·艾尔斯[①]在《星期日泰晤士报》上说，这本书经不起推敲："所有的外国人都很滑稽，而有色人种的外国人更滑稽。"伊夫林·沃则认为这本书"胡说八道"。[(16)] 阿加莎曾经擅长利用刻板印象让读者感到意外，但随着年龄的增长，她发现这越来越难了。

在战后的这些年里，阿加莎不像20世纪30年代那样高产了，她认为写得多只会"给税务局带来好处，而他们会把钱花在一些愚蠢的事情上"。[(17)] 但她仍然写得不少，她的习惯是在3月的时候，用六个星期的时间努力写完一份手稿，然后它就能赶在圣诞节期间出版。在构思下一本书之前，她将有一个漫长的暑假——"悠闲又惬意的美好时光"。[(18)]

在1955年的一次广播对谈中，她淡化了自己的专业性。"令人失望的事实是，"她声称，"我没有什么选择。我用一台古老又忠实的打字机来写作。"[(19)] 然而，即使是那台"古老的打字机"，也只是支撑她公众形象的拙劣道具。实际上，她拥有最新、规格最高的产品，比如1949年她的美国经纪人送给她的"新型雷明顿无声打字机"。[(20)] 而且，阿加莎也一直有帮她打字的助理，卡洛的职责中就

[①] 英国推理作家安东尼·伯克莱的另外一个笔名，代表作《杀意》。

包括记录口述。从 20 世纪 50 年代开始，当卡洛退休到伊斯特本①后，秘书的职位由斯特拉·科万取代。

作家约翰·克伦②可能是最熟悉阿加莎构思剧情方法的人，其中就包括了在本子上做笔记。"在各种奇怪的时刻，诡计会出现在我脑海。"她说，"比如单纯走在街上，或者特别感兴趣地看着一家帽子店……我会把这些精彩的想法记在本子上。一切都很顺利，但我总是不可避免地把本子弄丢。"她还说自己"躺在浴缸里构思诡计，吃着苹果，喝着茶，旁边都是纸和笔"。

这些有趣的笔记中，还有 70 多本保存至今。这些笔记本有的便宜，有的很豪华，品牌名称听起来就高级，比如"密涅瓦""惊奇"和"梅菲尔"。其中有一本真的很古老，上面写着"阿加莎·米勒，1907 年 5 月 31 日"，而另一本购买于 WH 史密斯图书馆的笔记本则骄傲地写着很奇怪的话，它的 PVC 封面"可以用海绵擦拭"。

但打开笔记本，是一种让人干着急的体验，因为里面的很多内容根本没有意义。最重要的是，这些笔记揭示了阿加莎对待工作的低调态度。小说的情节分散在很多本中，显然她手头碰巧有哪一本就写在上面了。例如，31 号笔记本的日期分别是 1955 年、1965 年，然后回到 1963 年，接着是"1965 年的连载"，再是 1972 年，她甚至懒得按正确的顺序排列。[21] 这些笔记还揭示了阿加莎的作品是如何贯穿她整个人生的：除了人物和情节的构思，里面还有家具清单、预约做头发的备忘录和去托基的火车时刻表。[22]

硬要说她有某种"模式"，那就是她会根据字母表的顺序来罗列

---

① 英格兰东南部城市。
② 作家，与阿加莎的外孙马修·普里查德共同创办了阿加莎·克里斯蒂档案馆。代表作《阿加莎·克里斯蒂秘密笔记》，整理收录了阿加莎生前诸多的灵感笔记和创作草稿。

场景，有时她根据不同的效果重写一本书。在她的笔记中，《怪屋》的案例就清楚地展示了她的故事迭代过程。她一开始就没有打算让小孩成为凶手，在确定最终的凶手前，她还考虑过其他三个角色。"她构思又改变，选择又驳回，想好了故事的形状，然后进行精细打磨。"约翰·克伦解释道。[23] 经过多年的研究，他得出结论，"极度随机"的笔记正是阿加莎的方法："这就是她工作、创作、写作的方式。混乱要比整齐的秩序更能刺激她，如果束缚太多，会扼杀她的创作。"[24]

据她的一位朋友说，阿加莎最享受的就是情节布局，"这是她在写作中获得的最大乐趣，剩下的都是艰苦的劳动。"[25] 尽管如此，好的布局她也会再次回收利用，事实上这也是她最棒的"阿加莎式诡计"之一，读者根本无法相信，同样的把戏她会玩两次。比如，不可靠的叙述者或证人，在《罗杰疑案》中首次出现，之后在《斯塔福特疑案》中再次被使用，后来又被她用到了《长夜》中。

一旦构思好剧情，阿加莎就会把它记在纸上。从她在罗德岛的"写作假日"时写给马克斯的信中，我们可以清楚地了解到，她是如何有条不紊地完成这件事的。她独自一人住在一家旅馆里，她告诉他：

> 八点吃早餐……在脑子里构思到九点，然后在打字机上疯狂敲打，直到十一点半（或者一章的结尾——有时如果天气很好，我会欺骗自己，提早结束！），然后去海滩，一头扎进海中……喝完下午茶后，再做一会儿工作（有时没有工作，那就睡一觉）。八点半吃晚饭——如果睡着了，那工作就之后再说。[26]

这是 10 月 10 日的事。到了 10 月 13 日,"《人性记录》写完了……波洛是最不可思议的。"六天后,"继承财产的侄子正和波洛谈论他完美的不在场证明!",再过两个星期,"我已经写到了第二十一章"。她进展很快,因为没有什么事能让她分心。"如果你在这儿,我就做不到了!"(27)

阿加莎的笔迹——不管是铅笔、圆珠笔还是墨水——一生中都在不断变化。在她创作最旺盛的时期,也就是战前和战争期间,她的文字几乎难以辨认,就好像她的想法涌出来得太快,以至于无法以一种别人能理解的方式被捕捉。(28)充满活力的字迹,让我们感受到了阿加莎的快乐和活泼,而这部分自己,她会对不熟悉的人隐藏起来。

然而,战争结束后,作品的质量下降,她的字迹变得更大、更易于辨认。再后来,笔记上的记录变少了,她开始更多地依靠录音机来记录。但是录音设备有一个令人遗憾的影响:它太好用了,这让阿加莎变得啰唆。(29)"重写前半部分,"在她的一本笔记中,有一段日记般的文字提到了《煦阳岭的疑云》(1968),"不要那么啰唆了。"(30)

在格林威别墅的那几年,阿加莎会大声朗读她的新书,这是一种家庭仪式。"尼玛每天晚饭后都会给我们读一两章《黑麦奇案》。"阿加莎的外孙马修说道。

> 那一定是 1953 年……全家人围坐在格林威别墅的客厅里,咖啡都被喝光了……尼玛坐在一张很深的椅子上……除了前两三次,之后每次结束后,我们都会被要求猜测凶手的身份。(31)

这听起来像是整个创作过程中重要的一步,是对剧情的一次测试。但是她阅读的是校对后的样稿，对于阿加莎来说，再想做出调整已经来不及了。⁽³²⁾她这样做，是为了娱乐她的家人，而不是为了想知道他们的想法。

当她对样稿进行修改之后，如果出版商还允许错误存在，那就惨了。一家美国发行商在出版《五只小猪》时，省略了某个角色在谋杀案口供中的"用撬棍"三个字，她抱怨道："我真的很生气。"读者会在其他地方得知，这个表述是不真实的，包括被删掉的这三个字，表明叙述者是不准确和带有偏见的。还有某个不幸的编辑，无意中删掉了一条重要线索。⁽³³⁾阿加莎对新书宣传特别挑剔，她在意见上潦草地写了一个大大的"不"字。⁽³⁴⁾

这种职业上的自信与她的公众形象仍然格格不入。"等我死了十年后，"她说，"我敢肯定，再也没有人听说过我了。"⁽³⁵⁾然而，1948年8月，企鹅出版社在同一天出版了她的十部作品，每一本销量10万册——也就是总共100万册——打破了销售记录。

1950年，为庆祝阿加莎出版第五十本书，举行了一次聚会。本着自省的精神，她开始着手撰写自传，这项工作断断续续地占据了她十五年时间。到了20世纪50年代，尽管阿加莎曾公开声明不想破坏隐私，但她也非常清楚，自己的一生值得被记录下来。

第三十四章　第二排座位

1958年4月13日那一晚，是阿加莎·克里斯蒂一生中最重要的时刻之一。

那天晚上，萨沃伊酒店内上演了一场被称为伦敦"有史以来规模最大的戏剧盛宴"。(1)尽管阿加莎今天最广为人知的身份是小说家，但当晚是她成为世界著名戏剧作家十年来最辉煌的时刻。截止到前一天晚上，她的话剧《捕鼠器》一共上演了2239次，这令该剧经纪人彼得·桑德斯高兴不已。

桑德斯想要举办这个聚会的原因尚不清楚。《捕鼠器》已经是伦敦西区有史以来上演时间最长的戏剧，它连续上演六个月了。现在，1958年4月，《捕鼠器》的上演时间打破了1922年的热门音乐剧纪录，成为所有类型的戏剧作品中上演时间最长的。

但桑德斯很善于抓住机会。在阿加莎看来，这个场合"有聚会最可怕的一切：一大群人、电视、灯光、摄影师、记者、演讲"。但她知道，她必须得去。她解释说，她非常尊重桑德斯，"因为他让我做了那些我说我做不到的事情"。(2)

桑德斯邀请了一千名客人，从理查德·阿滕伯勒①到安娜·尼格

---

① 英国演员、导演、编剧、制片人，荣获多项奥斯卡奖项，代表作《甘地传》《侏罗纪公园》等。文中受邀参加晚宴的1958年，他与演员兼导演布莱恩·福布斯合组了独立制片公司。

尔①，但最重要的是这位安静的女人，她带着媒体所说的"慈母般的微笑"。(3) 阿加莎准备了一件带雪纺袖子的深色缎面礼服，戴着白手套和三串珍珠项链。她确实喜欢演员和戏剧界的人，但是他们过分黏着自己，这让她感到厌倦。"好了——我得去做我的事情了。"在出去面对那些演员之前，她会对马克斯说，"一堆教名，和一堆'亲爱的'！"(4)

聚会来了大约有三十名摄影师，阿加莎被要求提前到达萨沃伊酒店，以便拍摄一些照片。在这里，她讲述了接下来发生的事：

> 我照他们说的做了，但被萨沃伊酒店的工作人员拒之门外——"再过半小时才能进——你现在不能进来。"
>
> "我蒙了，一句话也说不出来，只好偷偷地走了。"

最终，阿加莎·克里斯蒂被桑德斯团队的一名成员发现独自坐在酒店的休息室里。"你为什么不说你是谁？"她被质问道。"我说不出口，"阿加莎回答，"我整个人都蒙了。"(5)

开场后，她发表了一篇还算过得去的演讲。不过，在报刊专栏中流传的，还是稍早之前发生的那段羞耻小插曲。《每日邮报》的记者很喜欢它，因为这段轶事让他们捕捉到，已经六十七岁的阿加莎，虽然是个超级明星，但看起来却十分普通。

奇怪的是，阿加莎在伦敦西区的影响力，如今却被忽视了，但在当时确实是盛况空前。1944年，根据《无人生还》改编的话剧，同时在伦敦和纽约百老汇上演。1954年，她在伦敦西区同时上演了三部话剧。更令人钦佩的是，六十八年后，其中有两部仍然在伦敦

---

① 英国女演员、制片人，代表作《女飞行家》。

剧院上演。

尽管如此，作为剧作家，阿加莎的作品在评论界的地位并不高。比如，有一本收录二战以来英国和爱尔兰剧作家的词典，里面根本找不到阿加莎·克里斯蒂的词条。这本词典中，汤姆·斯托帕德[①]对阿加莎·克里斯蒂《捕鼠器》的嘲讽，比《捕鼠器》本身篇幅还要长。阿加莎的名字也只在一位男性剧作家的语录中被提及，那位男性剧作家的介绍有16页，他认为阿加莎写的是"人们永远不会去看的那种戏剧"。[(7)]

研究阿加莎戏剧生涯的历史学家朱利叶斯·格林，解释了她名誉不佳的一些原因。比如，克里斯蒂的话剧特别吸引业余爱好者：演员通常没有大牌，布景也很简单。将话剧授权给业余团队来做，意味着这部剧可以在没有长期专业团队演出的情况下，取得商业上的成功。所以阿加莎的管理团队肯定会优先考虑商业成功。同样是出于商业原因，她的故事在经他人之手被拙劣地改编之后，还会带上她的名字。

同样值得注意的是，阿加莎第一部大获成功的话剧，也是第一部由女性导演的戏剧。她的声誉也受到了男性导演的诋毁，他们不喜欢在排练时，有一位经验丰富的作家坐在第二排的座位对他们评头论足。所有这些，都促使格林开始对克里斯蒂的舞台作品进行权威的重新评估，他说了一句引人注目的话：

这是有史以来最成功的女剧作家的故事。她还写过一些书。[(8)]

但阿加莎在舞台上的成功是道阻且长的，她必须长期保持努力

[①]英国剧作家，代表作《莎翁情史》。

才能实现。七岁时,她最喜欢的娱乐活动是"读剧本"。四十岁时,她的作品被搬上舞台。而直到六十多岁时,她的剧作家生涯才真正开始。[9]

根据克里斯蒂的故事改编的第一部话剧是《不在场证明》,这是别人对《罗杰疑案》的改编。1928年4月,也就是阿加莎离婚听证会的那个月,该剧在伦敦的威尔士亲王剧院开演。《每日快报》(不准确地)将其描述为"失踪的女小说家"的作品,并说她"在昨晚话剧散场时又失踪了,当时他们大喊'作者!',因为她躲在一间包厢里"。[10]

《不在场证明》中的波洛由魅力十足的查尔斯·劳顿扮演,阿加莎很欣赏他,但认为他和她所写的角色完全不一样。这让早期的她开始讨厌一件事:由别人把她的小说改编成话剧。因此,1941年4月,她决定接受邀请,亲自改编《无人生还》。"如果有人要把它改编成话剧,"她对科克说,"那我就自己先试一试!"[11]她一直都喜欢写剧本,认为"这比写书有趣多了……你必须写得非常快,始终带着情绪,让对话保持自然流畅"。[12]当然,她从来都不擅长描写地点或人物,话剧正适合她,因为"你不会被书中那些可怕的场景描述所束缚,这些描述会阻碍你继续了解正在发生的事情"。

评论家艾莉森·莱特认为,阿加莎的小说总有一些特别做作的地方。阿加莎也很清楚,用诺埃尔·科沃德的话来说,生活"其实就是戴什么面具的问题,真的。这种脆弱的、画上去的面具,人人都戴着,作为一种保护。现代生活迫使我们这样做"。在20世纪50年代这个阶级意识依然强烈的年代,人们对举止、姿势、外表和"恰当的"措辞极其敏感。[13]阿加莎最成功的戏剧都以这个思想为核心。

但是科克很难找到人愿意承制阿加莎的剧本,第二年她决定重写,这一次,她给《无人生还》赋予了一个圆满的结局。与原著不同的是，该剧以维拉和隆巴德坠入爱河收尾，而且两人都是好人：隆巴德"真的是一个冒着生命危险拯救当地人的英雄"。(14) 看起来他遭到枪击身亡，但他又从地板上站起来说："谢天谢地，女人瞄得不准。"这个结局很欢快，远没有小说原作那么令人毛骨悚然，但在战时的伦敦，这样的结局却更令人感到愉悦。(15)

最后，第一位在莎士比亚纪念剧院工作过的女导演艾琳·亨切尔同意执导这部剧。与斯蒂芬·格兰维尔在普诺尼餐厅共度晚餐，有效缓解了阿加莎在首演当晚的紧张情绪。(16) 但她根本不需要担心，很快，这部戏就在英国巡回演出，然后在纽约公演。1945年，它被改编成电影，1947年改编成广播剧，1949年又被翻拍成电视。《无人生还》也成为阿加莎第一个同时出现在书籍、舞台、电影、广播和电视上的作品。(17)

然而，这种成功是难以复制的。在1945年的《死亡约会》中，她承认道："这难免让人难过。"这部作品有一个值得注意的地方，就是它让阿加莎认识了一位年轻女演员，她们共进了一顿气氛友好的午餐，并保持通信。"我希望有一天你能扮演我亲爱的马普尔小姐。"阿加莎在信中写道，收件人名叫琼·希克森。1984至1992年，她成了电视上最著名的马普尔小姐。

是彼得·桑德斯把阿加莎·克里斯蒂的名字推到了舞台聚光灯下。她的戏剧通常由小剧团进行表演，没有明星领衔，这似乎是一个问题。但桑德斯有不同的考量。"她的书有一大批粉丝。"他若有所思地说，"为什么不能让她成为明星呢？"(19) 因为这一新颖的想法，阿加莎同意让他担任下一部话剧《空幻之屋》的制作人。

但年轻又野心勃勃的桑德斯为《空幻之屋》选择的导演，是同样缺乏经验的休伯特·格雷格。在之后的几年，格雷格以一种公开又令人反感的方式来诋毁阿加莎。他在回忆录中写道，当他拿到

《空幻之屋》的剧本时，他觉得"糟透了，台词难以理喻……人物都像漫画里的人一样……那个老家伙就不能稍微修改一下吗？"

在格雷格这本讨人厌的书中，他不仅声称自己改写了《空幻之屋》，还说阿加莎谎报年龄、胃口巨大、喜欢出风头。书里有一张阿加莎的可怕照片，标题是"我记忆中的她"，他还有个讨厌的习惯，把他的作家称为"一个刻薄的老婊子"。[20] 这就是阿加莎一直不愿成为公众人物的原因。

尽管格雷格令人讨厌，但在1951年，《空幻之屋》的票房还是取得了成功。但最好的事情还在后面。阿加莎最著名的话剧是《捕鼠器》，它的缘起要追溯到1946年。当时，为了庆祝玛丽女王八十岁诞辰，英国广播公司请女王为自己挑选礼物，她说要一部阿加莎·克里斯蒂的新剧。于是在1947年5月30日，半小时广播剧《三只瞎老鼠》在电台播出。阿加莎把收入捐给了一个儿童慈善机构，这个举措非常合适，因为故事的灵感就来自一个名叫丹尼斯·奥尼尔的小男孩被养父母虐待致死的真实故事。

话剧版对故事进行了扩写，并更名为《捕鼠器》，故事的背景有一种战后特有的混乱和食物短缺。故事开始于一家招待所，锅炉的炭快烧完了，晚餐是"牛肉糜和麦片"罐头，水管也冻住了。阿加莎在剧中指出，英国社会辜负了年轻人的期望。其中有一个角色是把孩子送到施虐者手中的地方法官，另一个角色是对孩子们的求助置之不理的学校老师。这个故事可能会触动许多父母的焦虑情绪，他们在战争期间撤离时，也曾把自己的孩子交给陌生人照顾。话剧首演于1952年11月25日，尽管那天整个伦敦还有43家剧院正在上演其他剧目，但《捕鼠器》是最经久不衰的。[21]

阿加莎第二部经典话剧《控方证人》，也经历了漫长的酝酿过程。这部剧改编自她1925年发表的一篇小说，有着非比寻常的双重逆转结局。1953年，阿加莎在伊拉克期间，在一阵狂热的创作热情中完成了这部剧的剧本改编工作。她解释说，她突然间开始享受创作剧本的乐趣，"这是写作中最美妙的时刻，通常不会持续太久，但它会给你无比强烈的写作热情，就像一个巨浪把你推到了岸边……我想我大概只花了两三个星期就写完了。"

这是一个大型、昂贵且伴有风险的项目，唯一可供选择的剧院是一个拥有1640个座位的大剧场。演出到一半时，整个法庭出现在舞台上，这个场面调度极具挑战性。[22] 它伴随着巨大的焦虑，大家都很紧张。"桑德斯，"阿加莎私下里承认，"似乎快完蛋了！"[23]

但1953年12月的首演，出乎所有人的意料。"他们欢呼雀跃，高呼作者的名字，"《每日快报》的报道写道，"所有三十名演员都向舞台包厢处郑重地鞠了一躬，但六十二岁的阿加莎·克里斯蒂独自坐在黑暗中，面带微笑，看起来就像维多利亚女王。"[24]

桑德斯也用抒情的口吻描述了当晚的情形：

> 只要我活着，就永远不会忘记……所有演员面向阿加莎所在的上层包厢鞠了一躬。剧院里一片混乱，掌声和呼喊声此起彼伏，还有很多人站着挥手。[25]

在《控方证人》中，女主角是一个外国人，她明白陪审团带有偏见，她所说的话不会被相信，所以她只能用事实来编织谎言。这是阿加莎·克里斯蒂的经典之作，因为它非常有趣，但英国司法系统所做的假设，也引起了人们的关注。[26]

然而，克里斯蒂的话剧从来没有得到戏剧界的真正认可。《卫报》的戏剧评论家迈克尔·比灵顿认为阿加莎是"一个糟糕的剧作家"。"我至今还能听到，"他说，"当我在剧场工作的时候，演员们被迫要为《悬崖山庄奇案》中那些死气沉沉的角色注入热情时,他们发出的痛苦呻吟。"也许是吧,但正如格林所指出的那样,《悬崖山庄奇案》不是阿加莎写的,是另一位名不见经传的剧作家根据她的小说改编了这个故事。

彼得·科特是《捕鼠器》的导演之一,他对阿加莎的看法与休伯特·格雷格截然相反。他认为她表现出了极其专业的素养和"在非常成功的作家身上不常见的接受能力"。也许格雷格真正不满的,是阿加莎不认为自己有多么需要被人喜欢,正如科特所言,"她总是希望自己能摆脱东拉西扯的闲聊"。[27] 私下里,阿加莎对话剧团队的态度相当强硬,她必须参加排练,她说:"如果我不去排练,就会发生可怕的事情,演员们会为自己写台词,把整个剧本搞得一团糟!"[28]

1962年,《捕鼠器》又举行了一次聚会,这次是十周年纪念,阿加莎被迫做了一个(相当困惑的)演讲。"有时候,我真的不敢相信那是我。"她说。

> 我是说,这种事根本不会发生在我身上。我的意思是,我是一个写书的,怎么变成了一个写了十年剧本的人呢?[29]

"你应该多想想,妈妈。"罗莎琳德说,"事先好好准备一下。"

阿加莎作为伦敦西区的女王,她的统治力不会永远维持下去。但是,在它还未到抵达顶点之前,让我们来欣赏一下她自己对1953年《控方证人》那史诗般的首演之夜的回忆。她说:"我很开心,非常开心。"

> 我的自我意识和紧张情绪,就这一次,没有出现在我身上。是的,那是一个难忘的夜晚。我至今仍为它感到骄傲。

第三十五章　魅力四射的祖母

战争结束后，阿加莎就不需要把她的私密想法写在纸上了，她和马克斯狂热的信件往来结束了，因为他们经常在一起。关于她的公众形象，她也筑起了高墙。神话，正在取代一个真实的女人。

可以这样说，阿加莎·克里斯蒂创造的最伟大的角色……是"阿加莎·克里斯蒂"。1957年，一家美国杂志的记者找到了她。

她是一位面带微笑、有着灰色眼睛的迷人的祖母，像皇室一样收集漂亮的纸制托盘。她给我的印象是，对人们最希望了解的问题，她始终闪烁其词。阿加莎·克里斯蒂是畅销女王（她的书籍总销量约为5000万册），她却用一种困惑的口吻说："我不明白你们为什么要写我。"[1]

1950年，她成为英国皇家文学会成员。1956年，她获得不列颠帝国勋章。1961年，这个没上过学的女孩，被埃克塞特大学授予荣誉文学博士学位。

还有一些关于她的流言蜚语，到现在也很难完全破除。这些流言从大——她"消失"是为了报复阿奇——到小都有。许多人坚持认为阿加莎说过："考古学家是女人最好的丈夫，因为她年纪越大，他对她越感兴趣。""事实上，阿加莎并没有这么说过，"科克一再解释，"没有什么比把这话安在她头上更让她生气的了。"[2] 奇怪的是，第一次有文章说阿加莎说过这番话，是在1952年的《哥德堡贸易与航运》杂志上。

失踪的回忆持续给她带来痛苦。1957 年,科克向《每日邮报》提出强烈抗议,因为该报用"模仿阿加莎·克里斯蒂"来形容一个失踪的人。[3] 阿加莎仍然很乐意放弃每一个让自己曝光的机会。当被要求签名时,她满怀希望地问科克:"我想,你应该有一个聪明的员工,可以伪造我的签名吧?"[4] "别把我卷进来。"她给经纪人写过这样一封颇具代表性的信,"你知道该说些什么。"[5]

这位扎根于德文郡乡村的慈祥祖母形象,是在被她精挑细选允许采访她的记者们的合作下塑造的。这个形象,也在她整个五六十年代悠闲撰写的自传中被美化过。[5] 这本书要在阿加莎死后才出版,但负责这个项目的柯林斯出版社编辑菲利普·齐格勒记得,所有重要决定都是阿加莎自己做的。[6] 她开始写自传是为了好玩——"我一直很喜欢记录生活中那些愚蠢的小事"——同时也是一种策略,好让别人不去写她的生活。[7] 那些想要为阿加莎立传的人,都被她的经纪人草草回绝了,无论他们怎么努力都不行,因为"她正在写自己的长篇传记,实际上,已经快要写完了"。[8]

齐格勒回忆说,当这本书最终出版时,他"有点失望,因为它没有得到评论界更广泛、更尊重的对待"。[9] 期待有爆料的读者可能要失望了。"对于那些对维多利亚时代的风俗感兴趣的人来说",一位评论家认为,这本书"还过得去",但对其他人来说,这本书"令人厌倦,令人失望"。[10] 真正的问题在于,阿加莎对自己的看法,与世人对她的印象之间存在着差异,人们觉得她是一个神秘又狡猾的女人,这虽然是刻板印象,但深入人心。

然而,对于那些在现实生活中认识她的人来说,这本自传非常有意义。考古学家莫蒂默·惠勒爵士认为,阿加莎本人所拥有的"含蓄气质",同样也是"她作品中不可或缺的气质"。[11] 她只对几个值得信赖的人敞开心扉。"我相信,我真正爱你的地方,"她曾在给马克斯的信中写道,"是你内心的野性——我们在这一点上很相似。看起来我们很温顺,也很规矩,但在内心深处,我们有一种自由的感觉。"[12]

阿加莎对名声的厌恶,似乎越来越与时代脱节,但它确实保留了 1890 年出生的中产阶级或上层阶级女性的典型特征。与她同时代的许多作家也都"近乎痴迷地躲避媒体和公众"。吉莉安·吉尔指出,"玛格丽·艾林翰、约瑟芬·铁伊、奈欧·马许、乔吉特·海尔和多萝西·L.塞耶斯也同样决定不公开自己的生活。"[13] 20 世纪五六十年代,即便阿加莎非常不愿意出现在公众视野,但她还是引人瞩目,其中有一部分原因是她还在不断创作新的作品,而与她同时代的作家却逐渐销声匿迹。

过了六十岁,阿加莎越来越不愿意拍照。她形容自己有"13 英石重的壮实肉体,而长相只能用'一张和善的脸'来形容"。埃德蒙·科克在就健康保险和罗莎琳德讨论时,曾私下提醒说:"别说出去,医院的院长很担心阿加莎的体重。"[14]

阿加莎非常不喜欢她六十岁生日时拍的照片。她说,看到这些照片"让我非常难过,加深了我对外貌的自卑"。[15]"听着,埃德蒙,"在又一次没拍出满意的照片后,她写信给她的经纪人,"我一定要忍受这些吗?我不明白为什么,我就得不停地被羞辱、折磨。"[16]

但是,除了被注视和评价的痛苦之外,胖其实也有某种自由。阿加莎晚年的外表变得愈发独特:印有醒目图案的连衣裙、猫眼眼镜、珍珠项链、长外套、天鹅绒软呢帽或大大的遮阳帽。许多人都望而生畏。"她让我想起了玛丽女王。"有一位在 1957 年见过她的人写道。

丰满的胸部……上面挂着很多珠子,还有一枚大胸针。在

我看来她很高大，但是……我想，因为我对她非常敬畏，也许在我心中她被放大了一个尺寸。(17)

阿加莎很清楚自己喜欢穿什么，并一直坚持，达特茅斯的奥利弗小姐和格温·罗宾逊小姐为她做了许多衣服。(18) 1966年，在一次美国之旅中，她的经纪人提醒美国同事，她需要购物。"当心，亲爱的多萝西！"科克写道，"阿加莎昨天告诉我，她来美国的真正目的，是买几条特大号内裤……她回忆起你穿泳装时的精神样，亲爱的，我非常担心你没意识到。"(19)

马克斯曾形容他的妻子是"外表不自信与内心太自信的结合"，种种迹象表明，展现在公众面前的"害羞"，与其说是她的性格，不如说是她的武器。当然，这是男同事们的看法，他们发现她没有想象中那么温驯。人们发现她不爱闲聊，这反而让人觉得可怕，"在沉默中，你意识到她了解别人的一切，看穿了每一个人。"(20)出演过《捕鼠器》的演员杰弗里·科尔维尔表示，他"不敢相信她像大家所说的那样害羞，也许她只是不想被打扰"。(21)休伯特·格雷格也同样认为她"冷漠、精明，还有点无情。有点麻木不仁，有点虚荣——但很克制，非常克制"。(22)

不出所料，阿加莎的下一部话剧《蜘蛛网》，就不再与格雷格合作了。这是为了电影演员玛格丽特·洛克伍德所写的剧本，阿加莎和她关系很好。洛克伍德也对阿加莎赞赏有加。"阿加莎有天赋，能做所有女性想做的事。"她解释说，"她取得了一些成就……在她心中，每个女人……都想做这些事情，但我们能做的只有把它当成梦想。""这是一个男人的世界，"洛克伍德总结道，"我得到的唯一安慰，就是阿加莎杀死了其中一些人。"(23)

但《蜘蛛网》是阿加莎在戏剧领域最后一次大获成功。20世纪

50年代后期,阿加莎进入了一段黑暗、悲伤的时期。玛吉七十一岁时死于心脏病。1958年,她的儿子杰克卖掉阿布尼庄园,搬到了伦敦,瓦茨家族在拥有阿布尼庄园一个世纪后,终于失去了所有权。阿加莎想让姐夫的妹妹南来佩恩顿住,那里离格林威别墅很近。但是南第二年就去世了,阿加莎伤心欲绝:"她是我最后一个朋友,也是唯一一个可以和我一起谈笑回忆往昔的人。"(24)也是在1958年,南希·尼尔去世了。阿加莎鼓起勇气,给阿奇写了一份信表示慰问,这是这么多年来,她第一次与阿奇通信。他回复说,他"非常感动"。(25)

1958年最令人沮丧的一件事,是阿加莎的新剧《判决》彻底失败了。《每日电讯报》的头条写道:"剧场里都是嘘声——令人沮丧的时刻。"把《判决》和当年大热的作品——希拉·德莱尼的《蜂蜜的滋味》——放在一起相比,会很有趣。这部杰出的话剧由一位十九岁的工人阶级作家创作,故事主要发生在一间卧室里,围绕一位单身母亲和她的女儿展开,里面还有黑人和同性恋角色。对于那些不习惯在舞台上看到工人阶级女性生活的观众来说,这是令人惊讶的,这部剧几乎达到了和《愤怒的回顾》[①]差不多的影响力。然而,在1959年的一次臭名昭著的采访中,有一个傲慢的男人告诉德莱尼,她的剧本涉及"肮脏"的主题。有人问她在创作剧本时谁提供了帮助,她还被迫否认了她即将结婚的谣言。此后十四年,德莱尼再也没有接受过采访。(26)

尽管希拉·德莱尼和阿加莎·克里斯蒂的创作题材截然不同,但作为女性剧作家,她们有一些共同的经历。20世纪50年代,是阿加莎迄今为止最成功的十年,但也给她带来了残酷的批评。对她来说,退回到到格林威别墅的幻想世界里,显然更好。

[①] 英国剧作家约翰·奥斯本创作的戏剧,该剧掀起了英国戏剧改革的新浪潮,使英国戏剧从描写上层生活转向反映中下层人民的生活。

第九部分

不再摇摆
（20世纪60年代）

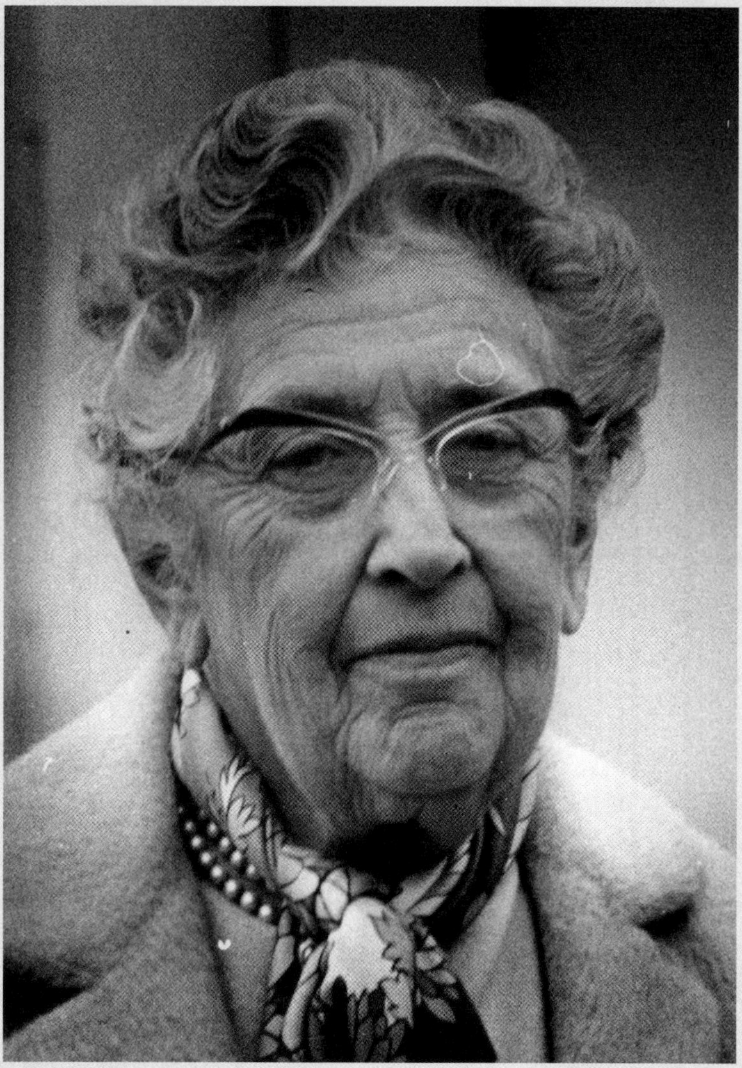

第三十六章　克里斯蒂的财富之谜

20世纪40年代，阿加莎以小说家的身份闻名，20世纪50年代，她开始在戏剧领域崭露头角。但在20世纪60年代，她的作品通过电影这一媒介，触达到了比以往更多的人。

事实上，阿加莎的故事已经在电影院出现了几十年。她的小说《奎因先生的到来》于1928年被拍成电影，次年又拍了《暗藏杀机》。不过，在这个阶段，她的作者身份对电影制片人和观众来说都不是特别重要。新兴的电影行业急需素材，几乎任何老故事都可以拿来改编。电影历史学家马克·奥尔德里奇，在对阿加莎·克里斯蒂电影的权威研究中指出，她的第一部作品是"配额速成品"。这是一部廉价电影，拍摄它是为了响应议会的法案，该法案规定，英国电影院必须放映一定数量的英国作家创作的电影。这是对好莱坞统治地位的反击，但并没有带来高质量的电影。《视相》杂志说克里斯蒂的第一部电影里面有"有史以来所有电影中最难以置信的场景之一。"（1）

20世纪40年代，其他阿加莎的故事也相继上映，但今天人们唯一可能看的是1945年好莱坞版的《无人生还》。然而，战争结束后，埃德蒙·科克不得不应对爆炸式增长的电影市场。由于拍摄地点和演员阵容有限，她的短篇小说非常适合电视短剧。1950年，哥伦比亚广播公司制作的电视中出现了罗纳德·里根[①]。1956年，美国全国广播公司制作的另一部电视剧中出现了格蕾西·菲尔兹[②]。[(2)]但很明显，电影才是最赚钱的地方，所以，相比电视版权，科克开始优先出售电影版权。

科克自20世纪20年代进入伦敦出版业圈子以来，与阿加莎一起走过了一段漫长的旅程。不可避免地，他们犯过错误。"我从来没见过这样的地狱！"在完成一笔特别棘手的交易后，他写道。[(3)]他与美国同行哈罗德·奥伯保持着长期的合作关系，尽管有第三方称奥伯"行动迟缓、守旧，认为10万美元是一大笔钱"。但事实上，奥伯以32.5万美元的价格拿下了一部电影版权，然后立即以43.5万美元的价格将版权转手出去。[(4)]

1960年，科克决定改变策略，将阿加莎40个故事的版权出售给米高梅电影公司，并签署了利润分成协议。阿加莎对这一颇有野心的决定持保留意见。"我不想再'心碎'，"她写道，"如果只是损失钱财，那还能再挣。"[(5)]据媒体报道，这笔交易的价值为100万英镑，但科克表示，实际数字"要少得多"。[(6)]"和米高梅的交易几乎毁了我，"他承认，"变数太多，也太大了，令人难以置信。"[(7)]

米高梅是电影业内最老牌的公司之一，然而在20世纪50年代，他们也遭遇了观众转向电视的问题。所以，这事关重大，制片人拉里·巴克曼和他的妻子亲自拜访格林威别墅，想与他们的新作家建立良好关系。一开始，一切都很顺利。"幸运的是，"阿加莎解释说，"他们喜欢狗。"[(8)]

1961年，米高梅出品的第一部阿加莎电影完成了，改编自小

---

① 罗纳德·威尔逊·里根，美国第四十任总统，曾是一位演员。
② 英国演员。

说《命案目睹记》①，马普尔小姐由玛格丽特·鲁丝福德②扮演。她和阿加莎几乎是同时代的人，彼此都很欣赏对方，让这样一位老太太领衔出演一部电影，真是太美妙了。鲁丝福德后来在片场庆祝她的七十岁生日，科克认为她"很像马普尔，而不是那些老于世故的、轻佻的美国女人"。(9)

然而，1961年9月17日，阿加莎承认《命案目睹记》令人失望。她带着家人去佩恩顿电影院看了这部电影。"坦率地说，太劣质了！"她写道，"当我们散场时，我的外甥悲伤地对我说：'有点昏昏欲睡，是吗？'我完全同意他的观点。"(10)

虽然玛格丽特·鲁丝福德是一位极具技巧的喜剧演员，但阿加莎并不打算让马普尔小姐搞笑。问题的根源是，米高梅从未真正想要阿加莎娴熟的情节编织能力。20世纪60年代之后，她的读者也不这么认为了。阿加莎每年出版的小说，在质量上变得没那么稳定，实际上，有些小说的质量远远低于一般标准。但人们还是继续买，甚至比之前销量还要好，因为她的个人品牌已经变得太强大了。阿加莎·克里斯蒂的名字，现在代表着带有一丝怀旧气息的高品质英国娱乐，至于她作品的内容，已经不如这个标签重要了。(11)

尽管如此，米高梅的合同仍在继续，他们制作的第四部电影叫作《谋杀召唤》(1964)。这让阿加莎大吃一惊，因为这不是根据她的书改编的，她也没有注意到米高梅的合同上写着，他们可以在原创剧情中使用阿加莎笔下的角色。在米高梅的剧本中，马普尔小姐被送上了一艘船。预告片中说道："刺激的风暴席卷了公海，这是一段充满谋杀和欢乐的疯狂之旅，只有阿加莎·克里斯蒂才能将这种

---

①原作名为 *4.50 from Paddington*，电影版名为 *Murder, She Said*，两个版本中文译名都叫《命案目睹记》。

②英国女演员，曾获奥斯卡最佳女配角奖。

放纵与狂欢结合起来。"(12) 我们可以想象,阿加莎·克里斯蒂笔下的原版马普尔小姐听到这个想法时,肯定会噘起嘴唇。

阿加莎非常难受,她形容这个剧本是"胡闹的大杂烩"。她坚持声称自己不知道那回事:

> 米高梅有权为我的角色撰写剧本,我和罗莎琳德似乎都不知道……我对自己与米高梅的签约,感到非常恶心和羞愧。都是我的错。我为了钱,签下了合同,这是不对的——我放弃了文学素养……我一直坚持到七十岁,但最后,还是跌倒了。(13)

阿加莎享受与戏剧界人士合作的日子一去不复返了,她告诉巴克曼,她对他的"专横行为深感不满"。(14) 更让她感到不安的是,有人建议米高梅再拍一部《东方快车谋杀案》,她担心他们会把它变成一出"把马普尔小姐安排进去演火车司机的闹剧"。(15) 巴克曼则认为阿加莎是"一个没有制作电影直觉的老太太"。(16) 事实上,阿加莎曾公开地质疑电影这一媒介,用她外孙的话来说,"她无法控制成品"。(17)

罗莎琳德在现在的家族事业中也扮演着重要角色,她觉得自己本可以做得更好,来保护母亲免受痛苦。"你也许会说,"她私下里对科克说,"这些都是很容易赚的钱,但我觉得……在这件事上,我们真的让我母亲很失望。"(18) 因此,罗莎琳德对电影和电视产生了深深的怀疑,米高梅的经历给她留下了创伤,她不愿意再为任何她认为可能贬低她母亲作品的项目提供支持。

在米高梅公司看来,阿加莎已经成了不稳定因素。这一次,她一反常态,对《星期日泰晤士报》说了很多。"我多年来一直都不参与电影项目。"她对记者说道。

因为我觉得他们会伤我的心。然后,我把版权卖给了米高梅……太可怕了!……当我得知他们没有取得成功时,我由衷地感到高兴。上一个剧本是他们自己写的——跟我一点关系都没有——《谋杀召唤》,这是我看过的最愚蠢的电影之一。观众对它的评价很差,这太好了。[19]

杰克·塞登代表电影行业做出回应,同意"克里斯蒂小姐所说,银幕上的马普尔小姐一点也不像她创作的角色"。但这样做是有充分理由的:

她原本不是这样的形象。书中的马普尔小姐给我的印象是势利、不友善、冷漠,还有一双鬼鬼祟祟、几乎像是爬行动物的眼睛……克里斯蒂小姐说"永远不会把电影推荐给别人",这句话来得太晚了,因为数百万人已经进影院看过了,而这无疑也给她带来了巨大的经济利益。[20]

两边的失望,你都能理解。

为什么阿加莎陷入了这种僵局?显然,她没有必要一直工作到七十多岁。但同样显而易见的是,她始终保持着创作的冲动。一部分原因是创作本身就很有乐趣,还有一部分原因,是她的财务状况实际上一塌糊涂。

当时,人们都觉得这位"死亡女公爵"非常富有。1960年,阿加莎的戏剧《啤酒谋杀案》受到冷落,她的团队怀疑可能是因为最近与米高梅公司的交易流言,影响了评论家们的态度。"我不管克里斯蒂小姐有多有钱,"《每日邮报》的评论员激昂地发表言论,"这太糟糕了!"

对于一个女作家来说，这似乎尤其不合适。例如，休伯特·格雷格就声称，他为阿加莎几部热门戏剧所做的工作"几乎毁掉了我作为导演的职业生涯，已经到了无法挽回的地步"。而他的技术，他抱怨说，"后来帮她把几百万英镑倒进了围裙里"。(21) 哦，他用了"围裙"这个词，暴露了他的想法！阿加莎不仅是个讨厌的有钱人，而且还是个讨厌的女人。

但是想知道阿加莎自己对金钱的态度，是一件很难的事情。一位记者发现："就像女王一样，她对自己的收入一无所知。'我只知道钱一大笔一大笔地来，然后又有一段时间毫无收入。'"(22) 不过，这是她公众形象的一部分，心不在焉，就像阿里阿德涅·奥利弗太太一样。的确，阿加莎比表面上看起来要务实得多，而且她特别喜欢赚钱和花钱。然而，她没有商业战略意识。比如在1949年，她去巴格达待了五个月，临走前，她给科克留下了"授权书，并指示他，不要因为任何商业事务打扰她！"。(23) 这导致她无法及时做出决定。"你要我回复过什么吗？"她在伊拉克写道，"如果有的话，我记不得了。"(24)

她欠缺财商，可能是因为她从小在一个优渥的家庭环境中长大。我们早在20世纪20年代就发现了这一点，当时，她花500英镑买了一辆新车。回想起来，似乎很明显，她应该留一部分钱用来交税。但是，由于阿加莎对自己是职业作家这一身份非常矛盾，所以她也很难在收入问题上表现出专业。

处理税务问题是一个痛苦的过程，她花了几十年时间，这常常让她感到手头拮据。她心里肯定想：客观上来说，我非常富有。然而，这种所谓的不公平的税收，逐渐成了长期困扰阿加莎的难题，这就是为什么有时候她承认自己"不得不"继续写作到七十多岁的原因之一。

保持创作的压力——几乎不考虑质量——也越来越大,因为有很多人的工作也依赖于她的创作。她创造了一个完整的产业链:她的经纪人、遍布全球的次级代理商,当然还有出版方,比如英国的柯林斯。

1945年,阿加莎的作品取得了巨大的成功。科克让柯林斯把阿加莎的预付款翻了一倍,相应地,他们也会加倍努力地推销这些书,来提高销量。这招很管用,科克夸口说:"销售额是原来的三倍。"[25] 销量还在持续增长,1959年,联合国教科文组织宣布,《圣经》被翻译成171种语言,莎士比亚全集被翻译成90种语言,而阿加莎·克里斯蒂的作品,则被翻译成103种语言。[26]

但是,所有这些收入都必须纳税,而且还有一个问题在日益恶化中,那就是战前未缴纳的美国税款。尽管他们聘请了昂贵的律师,但最终也难以实现和解。阿加莎没法再坚持下去了:"生意很糟糕……有合同要签,有复杂的税务要处理——一大堆你根本不懂的东西。"

1948年,她在美国的税务问题终于达成了和解,但接下去还要争论付多少罚息。[27] 当美国人最终把钱还给她时,紧接着英国税务局又想针对这笔收入征收巨额补缴税款,没有人知道具体的数额。这种压力之下,使阿加莎在1948年的创作毫无进展,她的会计发现她"精神状态非常不安。事实上,她告诉我她根本无法集中注意力"。[28] 的确,那年9月,科克提出了一个令人担忧的可能性,那就是"马洛温夫人极有可能破产"。[29]

在努力让英美两国税务局达成一致的过程中,科克遇到了各种各样的官僚主义愚蠢行径。有一位新的税务稽查员给他写了封信,信中说,他知道"阿加莎·克里斯蒂实际上是个笔名,看来有必要再填写下她丈夫的税区"。[30] 直到1954年,英国税务局才同意了她和美国税务局签署的税务和解协议——接下来，她需要补缴那些税款了。

尽管她很担心，但弗雷德里克·米勒的女儿天生就过不来捉襟见肘的生活。"我要继续享受生活，"她对科克说，"然后潇洒地破产！"(31) 她有一种把困难都抛诸脑后的本事。"一切都好吗？"她在巴格达写信给科克，"话剧还在上演吗？你能帮我在全国越野障碍赛马中下一英镑赌注吗？"(32)

现在，阿加莎的书和话剧赚得盆满钵满，科克觉得他应该把目光投向演艺界，在那里，那些收入不菲却又极不稳定的人正在寻求不一样的税务建议。20世纪60年代，摇滚明星和足球运动员的财务状况显示，他们犯了一些阿加莎没有犯过的错误：见不得人的顾问、有问题的投资，还有大量损失的财富。

确实，二战后的英国对个人实行的是累进税，到20世纪60年代，个人年收入如果超过1.5万英镑，税率将会达到88.75%。从滚石乐队等音乐人到约翰·勒卡雷①等作家，高收入者成为"跨境避税者"的现象变得越来越普遍。阿加莎的女婿安东尼建议她也这样做，但她似乎并没有把这个提议放在心上。(33)

1951年，科克提出了一种管理阿加莎·克里斯蒂的新方式，不是作为个人管理，而是通过企业。为了减少阿加莎的税单，他们会设立一个信托基金来结算小说《借镜杀人》和话剧《捕鼠器》的收入。伊恩·弗莱明②也是这么做的，他找了一家有限公司来持有他的文学版权，并从一开始就把电影版权委托给了他的儿子，而那个时候，詹姆斯·邦德还名不见经传。(34)

---

① 英国20世纪最著名的间谍小说作家，曾在军情五处和六处工作，代表作《柏林谍影》。

② 英国小说家、特工，代表作《詹姆斯·邦德系列》。

接下来的想法就是成立一家公司，阿加莎·克里斯蒂有限公司，它会雇用阿加莎，给她发薪水，避免她支付个人附加税。1955 年 6 月，阿加莎·克里斯蒂有限公司成立，专营她的新书。后来，公司董事是阿加莎本人、罗莎琳德和埃德蒙·科克。后来，其他同级别的作家，如伊妮德·布莱顿①和约翰·勒卡雷，也纷纷效仿。

阿加莎自己也对这一切感到有些困惑。"我想这合乎道德吧？"她问，"现在很难知道了。"(35) 如果只有她一个人，她可能根本就懒得管。如果是更精明的作家，可能也会质疑科克，他是不是做这些复杂操作的合适人选。比如约翰·勒卡雷，他就为了追求更好的经济效益，频繁更换经纪人和出版商，从而导致自己风评不佳。但对阿加莎来说，念旧、放任和她那爱德华七世时代淑女的金钱观，意味着她一生都会与科克和柯林斯在一起，也不会过问太多。她对罗莎琳德和安东尼说，这家公司是"为了你们的利益而成立的，不是为了我，因为我认为我的生活方式（包括奢侈的生活方式！）没有多少改变……如果你们都认为，可能存在的隐患和为此大惊小怪都是值得的，那就继续吧，我个人对此没什么兴趣"。(36)

这种放任不管的做法有点虚伪，但爱情和金钱显然让家庭关系变得复杂了，有些玩笑可能并不是在开玩笑。"作为一个受雇用的有工资的奴隶，我感觉还不错。"阿加莎揶揄道，"但我一点也不喜欢工作。"(37) "我很高兴阿加莎·克里斯蒂有限公司筹到了一些钱，"罗莎琳德给科克写信道，"我真诚地希望，不要把这些钱全都付给我们的'有工资的奴隶'！……难道她不应该拿少一点吗？"(38) 然而，阿加莎的薪水必须足够高，高到可以抵消她"业务支出"（包括"公司的"劳斯莱斯）所带来的税务。这是一个很好的平衡。1958 年，

---

① 英国著名儿童文学家，代表作《诺迪》。

当科克提议把阿加莎的工资提高到 7500 英镑时,罗莎琳德回答说:"当然,我认为这是个非常糟糕的主意。"[39]

与此同时,克里斯蒂版权信托基金成立了,这样阿加莎大部分作品的收入就可以捐赠的名义流出去,以避免缴纳遗产税。钱流到了她的亲戚、马克斯的侄子和夏洛特·费舍尔手上。慈善捐赠种类繁多,大到阿加莎·克里斯蒂儿童信托基金,小到格林威别墅附近教堂的彩色玻璃窗。英国驻伊拉克考古学院和照顾年老女性的慈善机构哈里森之家都是定期的捐赠对象。但即使成立了公司,也没有解决阿加莎的税务问题。1957 年,税务局批准了阿加莎·克里斯蒂有限公司的成立,但后来他们改变了主意,一直到 1964 年才达成最终解决方案。

到了七十多岁,阿加莎的收入仍在增加。1961 年,联合国教科文组织正式将她列为世界上最畅销的作家,同年,威廉·柯林斯声称,"圣诞节就看克里斯蒂"的宣传口号"可以让销量增加 2.6 万本"。阿加莎的外孙最终接管了阿加莎·克里斯蒂有限公司,他说:"女性开始在商界崭露头角,但她无疑是写作和娱乐行业最成功的人,她证明了女性可以与男性平等。今天,每当我读到一些关于女性成就的报道时,我都会想,这在一定程度上是尼玛的遗产。"[40]

1968 年,阿加莎又收到了一笔巨额税单,把这个难题转移给别人似乎是个好主意。因此那一年,阿加莎·克里斯蒂有限公司将 51% 的股份卖给了布克图书公司。[41] 这是布克·麦康奈尔这家大公司旗下的子公司,因创立布克奖而为读者所熟知。四年前,布克同样买下了伊恩·弗莱明的公司。作为回报,布克付清了阿加莎的税款。长达数十年的传奇故事似乎终于落下帷幕,而税收规划则意味着阿加莎的下一代得到了极其慷慨的照顾。1976 年 1 月 19 日,《金融时报》发表了一篇名为《克里斯蒂财富之谜》的文章,它试图解释为什么阿加莎去世时的遗产如此之少，只有十几万英镑，这让人们都感到很惊讶。

但这一切的结果是，阿加莎感觉自己被剥夺了权利，并且手头拮据。当她跟不上这些生意经时，她就变得暴躁起来。多年来，她一直告诉科克不要拿生意来打扰她，但有时她会提出意想不到的要求。1966年，她质问道："你能把我的账目寄给我吗？我不知道到底收了多少钱，所以也不知道我是如何花钱的，也不知道为什么要花钱，这让我很担心。"[42] 时间快要进入到20世纪70年代时，阿加莎房子的维护工作变得零零散散，游客们惊讶地发现它们已经破旧不堪。但她仍然有一种非凡的能力，继续享受她的生活和财富：收集银器，享受旅行，纵容马克斯。

这位世界上最畅销的小说家确实喜欢钱。她喜欢挣钱，喜欢花钱，而且有很强的自我价值感。但最终，阿加莎保留了她的社会阶级和性别在成长过程中与金钱的不稳定关系。神秘的"克里斯蒂财富"，对它的主人来说也有点神秘。

第三十七章　奇异的命运

1960年9月15日，阿加莎在格林威别墅庆祝她的生日。她坐在一把装饰着花环的椅子上，周围是一群她称之为家人的人，看起来完全像一个世族的女族长。她很开心。"晚餐是肥肥的热龙虾！"她得意地说，"几乎感觉不到我老了！！！"(1)

一想到七十岁的阿加莎在格林威别墅这幢豪华的漂亮房子里享受夏天，我就很高兴。但阿加莎的房子和在那里的生活，也给我留下了一种精心设计的行为艺术的印象，这也是她晚年很重要的成就。

"我认为我把它美化了，"谈到心爱的房子时，她说，"或者更确切地说，我展示了它的美。"(2) 在阿加莎的小说《斯塔福特疑案》中，一个男人若有所思地说："一个女人可以改变房间的整体性格，而不用做任何特别的事情。"(3)

阿加莎以庄园主人的身份演绎自己的生活，就像她笔下的许多角色一样。她对这个事实的高度意识——我们所有人都是在表演——对她的艺术至关重要。这让她的视角有点像一个"酷儿作家"。

几十年来，她都一直不愿成为名人，但在20世纪60年代，这一点变得比以往任何时候都更加严重。阿加莎写道，1960年，有两名摄影师试图在她在海滩度假时抓拍她。她当时的姿势"特别难看"，给他们"几乎是一个大屁股的特写"。(4) 1967年，一名斯洛文尼亚的记者做了件听起来很恐怖的事情。为了保护隐私，阿加莎选择了一个偏远的酒店，但记者亚内兹·库塞克"假装是一个普通的顾客，说服接待员把她隔壁的房间给了我……我可以轻易地从阳台上跨过去"。阿加莎被激怒了，告诉他"她从没想过要出名"，马克斯则打算报警。(5)

但阿加莎逐渐对这类事情变得达观，当她得知记者里奇·考尔德要写她1926年失踪期间的经历时，她出人意料地放松了下来。"都过了这么久了，有什么关系呢？"她安慰科克。

> 七十岁的好处之一，就是你真的不再在乎别人怎么说你了。这种事你无能为力——只是有点恼人。(6)

阿加莎死后，考尔德甚至声称，他曾在哈罗盖特的酒店里与阿加莎对峙，她在那里自称"克里斯蒂夫人"，并告诉他自己患有失忆症。(7)他后来承认，这个故事是他编的。(8)但多年来，考尔德的错误报道助长了一个强大的谣言——她是个骗子，阿加莎对此无法反驳。

尽管阿加莎只生了一个孩子，但她的七十岁生日派对表明，她仍然设法建立起了一个以她为中心的复杂大家庭。毕竟，这就是她一直以来的生活方式，把她信任的人拉进她那迷人的朋友圈，从她当护士时的"酷儿女性"，到瓦茨一家，再到1926年的朋友，比如卡洛，他们帮助她度过了孤独至暗的时刻。在刚刚结婚的时候，她独自度完蜜月回来，跟马克斯说，她再一次"在接纳我的家庭怀抱中感到安全"。她指的不仅是罗莎琳德，还有卡洛、她的厨师弗洛伦斯·波特，当然还有她的爱犬彼得。"彼得是我的孩子，你知道的！"(9)

参观格林威别墅的人发现，阿加莎那庞大而非血缘组成的家庭令人困惑：

> 这是一个相当分散的家庭。我从来没有弄清楚谁是谁，但肯定有相当多的人在这个地方。更不用说狗了。狗和年轻人把她团团围住。当我去吃午饭时，餐桌上很可能有16个人，其中很多是她感兴趣的年轻人。他们像教养良好的孩子一样，对她彬彬有礼，但并不特别敬畏。(10)

即使每个人都认为她只是一个普通的祖母，但阿加莎最亲密的家人也是她生意上的合作伙伴。彼得·桑德斯描述了就像被这家人试镜一样，看看是否能获准进入这个圈子的感觉。在一次引介性质的午餐中，安东尼——

> 试图通过谈论太阳底下的每一个话题来缓和局面……坦率地说，阿加莎的女儿罗莎琳德把我吓坏了……我当时感到她在密切地监视着我，以防我把手伸进阿加莎的手提包，碰掉她的钱包。(11)

格林威别墅的生活谈不上奢华，但也绝对不算随意。"优雅的生活"，这是一位工作人员所描述的。这里没有装腔作势，但这是一幢乡村别墅，而不是托基的郊区豪宅。马克斯的侄子约翰回忆说，客人们受到了"皇家般的款待"，"8点钟在卧室的床上喝茶"，"人们甚至可以把鞋子放在卧室外面，让人擦亮"。(12) 家庭晚宴由阿加莎来切肉，可能要花上两个半小时，他们"还有那种用来放柠檬的洗指碗，这是现在很少听到的东西"。(13) 有客人会来过周末，参加老式家庭聚会。菜单的话，周五晚上有烤鸽子和樱桃馅饼，周六晚上有鲑鱼和蛋黄酱，周日的午餐是烤牛肉。[14]"没有什么比你不用付钱，却有一打龙虾躺在那边更好的事了。"曾经做过厨师的迪克西·格里格斯回忆道。[15]格林威别墅的仪式丰富又令人满意。米勒一家失去的一切，无论是经济层面的还是社会层面，阿加莎都重新获得了。

尽管阿加莎过着"优雅的生活"，但她绝不是一个势利的人。根据她小说改编的电影，经常呈现出传统的、经久不衰的英国乡村"大房子"，富人在豪宅里，而穷人站在门口。然而，在阿加莎的书中，她总是把乡间别墅描绘成更加现代，也会频繁易手的样子。在马普尔小姐的经历中，就连圣玛丽·米德村的戈辛顿庄园也曾交易过两次：一次是她的朋友班特里一家买下的，另一次是他们卖给了一位电影明星。[16]

乡村别墅的生活也使马克斯成为上流社会的一员。1968年，他被封为爵士，打破了他的外国双亲带给他的局外人身份。1951年，他和阿加莎正在巴格达时，他的母亲突然去世了。"亲爱的母亲，"他在最后一封信中写道，"我只有几句话要告诉你，我每天都在想你。"[17]

1961年，在德黑兰时，马克斯得了中风，尽管后来康复，但他的身体却大不如前，"看起来比实际年龄大了一倍，而且相当虚弱"。[18]现在，他看上去和阿加莎一个年纪了，"整条左臂都垂着，有点无助"。[19]1967年，同样是在伊朗旅行时，他第二次中风。"等待和未知简直是地狱。"阿加莎写道，同时安排了医生送他回家。[20]

1961年也是芭芭拉·帕克从伊拉克回来的一年，她在考古研究所担任讲师，与马克斯一起工作。从那时起，考古学圈子里就开始有了流言蜚语，说他们的关系不仅仅是朋友。这绝对是一段亲密的职业关系，而且马克斯是主导的一方，考古学家艾伦·麦克亚当形容芭芭拉"缺乏自信","不断为自己道歉"。[21]但是,尽管有一些考古学家坚持认为他们存在肉体关系,但除了道听途说之外,没有任何实质性证据。就算是真的,他们之间也不会是传统的异性之间的爱情。伍利夫妇教会了马克斯,让他相信,思想上的契合同样重要。

格林威别墅中也有很多不是阿加莎和马克斯生的孩子。他们曾考虑过收养孩子,但后来决定不这么做了:"我认为我和马克斯都太老了。"[22]不过想要加入阿加莎的家庭,并不需要正式的收养程序。马克斯的侄子,还有朋友们的子女都来过。艾玛·沙克尔是他们一位巴格达朋友的女儿,她回忆说,"当有问题时",是阿加莎"开着迷你车送我去格林威别墅,她是唯一一个理解我的人"。[23]马克斯的研究助理乔治娜·赫尔曼说:"他们对我来说,就是父母。"[24]

当然,罗莎琳德、安东尼和马修也经常在那里。马修解释道,这些夏天"在某种程度上,是又一个克里斯蒂圣诞作品完成的奖励"。[25]1962年,尽管两家人长期以来关系敏感,他还是决定,要去见见住在戈达明附近的祖父阿奇。阿奇今年七十三岁,头发花白,患有支气管炎,但仍然是一个"仪表堂堂的人"。[26]"我经常去看他,"罗莎琳德回忆道,"我们一直都很喜欢对方,也彼此理解。"[27]阿奇一直在思考死亡的问题,甚至为此给女儿写了一封信。他意识到"死亡常常不期而至",于是重读了罗莎琳德的信,然后撕掉,以免别人看到。阿奇告诉她,有些信"写得很好,思想新颖,有些信还很深情!……非常爱你的老爸"。[28]这种克制、不放肆,和对隐私的保护,对他们两人都很合适。

但是,在马修去见他祖父之前,阿奇就于1962年12月20日在萨里郡戈德尔明的家中去世了。一切都太迟了。

罗莎琳德后来谈到了她对父亲在阿加莎·克里斯蒂的故事中成

为负面角色的遗憾:"我不喜欢他这个冷酷无情的形象。"[29]

但这是她母亲自己的选择,当阿加莎的自传出版时,她选择了以这样的形象来展示他。阿加莎从未原谅和忘却。这也影响了罗莎琳德,虽然她喜欢见到父亲,但又觉得母亲"似乎无法接受我们之间有任何更亲密的关系"。[30]所以,他们保持了一定的距离。直到在父亲的葬礼,罗莎琳德才见到她同父异母的弟弟博。博是阿奇和南希的儿子。"对我来说,"阿加莎的外孙马修说,"我出生之前发生的事情,在家庭成员之间竖起了屏障,这是一个悲剧。"[31]1926年,这个充满了痛苦创伤和媒体曝光的不愉快的一年,困扰了这个特殊的家庭很久很久。

1963年,阿奇去世的第二年,他的哥哥坎贝尔也离开了人世。他"被发现死在充满煤气的厨房里",这件事也让人联想到了他们父亲的精神问题。[32]尽管阿加莎对阿奇敬而远之,但她一直与坎贝尔保持着联系,坎贝尔后来成了一名成功的剧作家,她也把他收进了自己一手打造的家庭中。她的侄子杰克·瓦茨也经常出现在格林威别墅。1967年,马修与在牛津大学认识的安吉拉·梅普尔斯结婚。"我们为马修感到高兴,"他的祖母写道,"她是个非常好的女孩。"[33]从牛津大学毕业后,马修开始为格林威别墅的常客——艾伦·莱恩工作。马修的婚姻,代表着几代人的重新洗牌:他和安吉拉搬到了威尔士,住在普里查德家族的普利瓦奇庄园里,而罗莎琳德和安东尼则住在格林威别墅的渡口小屋,以便更好地照顾房子和阿加莎。

不断扩大的演员阵容,上演了格林威别墅夏天的日常生活,这其中,阿加莎总是乐于假装自己不是一个作家。"你从来没见过她工作,"格林威别墅的一位常客说道,"她是个完美的女主人,总是在那里,总是参与一切。"她从来"没有站起来说'我现在必须去写点东西',然后把自己关起来"。[34] 不过,她还是写的。正如阿加莎的朋友 A. L. 劳斯所说,她是"一个强迫症作家,写作就是她的生命。或者是她两种生命中的一种——因为表面上,她有完整而正常的社交生活,家庭、两次婚姻、朋友、宴请、娱乐、家务(她很擅长)、购物(她非常喜欢)"。[35] 出版商菲利普·齐格勒去过几次格林威别墅,他也注意到她总是离不开打字机。"绝对没有什么事情,"他认为,"能阻止她沉迷于工作。"[36]

然而,随着时间的流逝,格林威别墅想要招聘员工变得越来越困难。20 世纪 50 年代,前医院厨师乔治·高勒应聘来当管家。他在伦敦接受了阿加莎的面试,考虑到欠缺管家经验,他的表现已经出人意料的好。一位演员朋友给了他一件燕尾服,然后他就去德文郡开始了新生活。途径帕丁顿车站时,他买了一本名为《如何成为一名管家》的小册子。[37]

高勒与他的妻子和祖母住在这幢房子里。当阿加莎在厨房做蛋黄酱时,他喜欢和她聊聊天。[38] 有时,阿加莎的家人会挤在高勒的电视机——家里唯一的一台电视前,看赛车或高尔夫球比赛。与爱德华时代的阿什菲尔德不同,这栋房子没有前后之别。

高勒喜欢他的角色,为晚餐敲开饭锣,为客人表演魔术。他觉得自己被重视:"你看,我没有把阿加莎当作我的雇主,她是我的朋友,我们就像一家人,紧密地联系在一起……在我看来,她是一个相当于女王一样的母亲。"高勒是天生的表演型人格,后来,他转行成为职业表演者,靠讲述自己当"阿加莎·克里斯蒂的管家"经历为生。在他的讲述中,他甚至坐上了东方快车,去那里"拍摄影片和举行宴会的人多得令人难以置信"。[39]

高勒的表现,似乎与阿加莎许多作品中描写的家政工作者的表现相吻合。早在《罗杰疑案》中,一名女佣就伪装成了家庭中的一员。阿加莎年轻时,声称她很容易"冒充"女佣,阿奇一直持怀疑态度,但事实证明她是完全正确的:在战争年代,马修的护士就曾把她当成了厨师。玛吉更夸张,在找不到"真正的"女佣时,她假装自己是阿布尼庄园的女佣。毕竟,变成不同的身份,一直是吸引阿加莎去剧院的原因。"你知道的,我不认为有什么能像演戏那样,能让你远离真实的事物和现实中发生的事情。"她跟马克斯说,"他们都是一群多么奇怪的人啊!"(40)

家庭本身也在不断变化,比传统的异性恋夫妇生两个孩子要复杂得多,这让我想起了另一个"阿加莎式诡计"。这是一个古老的问题,但在20世纪60年代的小说中经常出现:那些不太明显的家庭关系。在阿加莎的书中,经常会有一个失散多年的家庭成员,以新的形象重新出现。在1962年的《破镜谋杀案》中,这一点几乎要失控了。不仅出现了凶手的养女,还有一个她完全忘记自己曾经嫁过的丈夫。

战争之后,除了模糊的家庭边界外,阿加莎也越来越习惯于在情节中使用性元素,尤其是使用评论家菲·斯图尔特所说的"粉色红鲱鱼"①。(41)有些角色的同性恋倾向,似乎暗示着他们是坏人。在《人性记录》中,令人讨厌的埃奇韦尔勋爵与他的管家似乎有一段难以言喻的关系,而在《逆我者亡》中,令人毛骨悚然的派伊先生有着"女人气的嘴""装模作样的走路姿势"和他的古董店,没有任何可取之处。但这些负面描写完全是误导,两个角色都是无辜的。

随着阿加莎事业的发展,她笔下的同性恋角色变得越来越突出,也越来越令人同情。在《捕鼠器》中,男同性恋角色克里斯托

---

① 原意为猎人训练猎犬的方法,利用红鲱鱼的气味混淆猎物气味。在侦探小说中"红鲱鱼"通常指注意力转移的误导技巧,这里所说的"粉色红鲱鱼",即用性元素来完成误导。

弗·雷恩和女同性恋凯斯韦尔小姐的性取向并没有被摆在台面上讨论。这使得这部戏通过了审查，只是有一些轻描淡写的评论说，剧中的角色是"一群怪人"。[42] 但是，虽然克里斯托弗·雷恩是一个滑稽的角色——原著把他描述为"娘娘腔"——但他很有魅力，很有趣。[43]

然而，与1950年《谋杀启事》中令人同情的女同性恋情侣相比，克里斯托弗还是差了一点：欣奇克利夫小姐有着"男人一样的短发"和"男子一般的姿态"，以及她对已故伴侣穆加特罗伊小姐的哀痛。[44]

在她后来的作品中，阿加莎进一步增强了这种对差异性的宽容。例如，《怪钟疑案》（1963）展现了各种身体健全的人物低估了盲女米莉森特·佩布马什。当然，波洛在认真地对待她，这是对的。他代入了残障人士的视角，这种视角下，只要社会设计得足够便捷，残障人士就可以做任何事情，他没有代入更常见的医学健康视角，这种视角往往会把注意力集中在残障人士做不到的事情上。[45] 这种态度在1963年的商业小说中是非同寻常的，它展示了一种和传统截然不同的思维，那些认为阿加莎纯粹是一个保守派的人并没有看到这一点。

因为现在很容易就能参观到由国民信托组织管理的美丽的格林威别墅，也因为它完整地呈现了20世纪60年代的辉煌，所以人们很容易认为，格林威别墅就代表了阿加莎最重要的生活方式。

但那里其实是一个粉饰过的地方。大多数人忽略了一个事实，那就是阿加莎实际上并不住在那里。格林威别墅尽管富丽堂皇，但"只是"一幢度假别墅。马修说："那不是真实的生活。"[46]

真实的生活，真实的工作，发生在完全不同的地方。我们会讲到的，但在此之前，我们要先祝贺阿加莎晚年最伟大的成就：马普尔小姐。

第三十八章　侦探女士

马克斯曾经试图解释，为什么他的妻子不是女权主义者。"对她来说，"他说，"根本没有必要对妇女解放运动感兴趣。"[1] 这是有道理的。在大多数情况下，阿加莎都能从生活中得到她想要的东西，同时仍然保持着维多利亚时代的重要品质——"淑女"。

这在一定程度上意味着她公开反对女权主义。"男人的脑子比女人好得多，你不觉得吗？"她曾这样说过。[2] 但阿加莎其实是一个"隐蔽的"女权主义者。她的行为——以及她笔下的角色——比她的话更有说服力。

也许，阿加莎作品中最重要的主题，除了相信正义终会战胜邪恶之外，就是弱者也能获得胜利。波洛这一角色，展现了一个有趣、虚荣的人也可以战胜困难。后来，在她的女性侦探角色中，阿加莎展示了老年人，尤其是老年妇女，远比世人想象中要更加厉害。"女性，必须团结在一起。"阿加莎通过简·马普尔之口，这样说道。[3]

1930 年的《寓所谜案》，马普尔小姐第一次在长篇小说中亮相，多萝西·L. 塞耶斯立刻抓住了精髓。"亲爱的长舌老太太，"她写信给阿加莎，"可能正是女侦探最该有的模样……我认为这是你做得最好的一次。"[4]

我们知道，马普尔小姐经历了一系列发展阶段，对她的创造者来说，每一个阶段都是动荡和痛苦的成长时期。这个人物最早的灵感来源，是阿加莎维多利亚时期的姨婆。"马普尔小姐这种人，"阿加莎说，"很像我祖母在伊灵的一些朋友。"马普尔小姐的"传记作者"、文学评论家彼得·基廷指出，在20世纪20年代阿加莎接受心理治疗之后，以及在艰难的战争年代，马普尔小姐在某种程度上扮演了心理治疗师的角色。但战争结束后，就像阿加莎一样，马普尔小姐也不再与他人社交。相反，她开始对社会的变化进行评论。

这意味着在后来的"马普尔小姐系列"中，谜题变得没那么重要了。也正是因为这个原因，一些读者更喜欢波洛，但这样，他们就完全错过了通过马普尔小姐敏锐的观察所带来的乐趣。如果你感兴趣的是阿加莎·克里斯蒂，而不是她的作品，那么我敢说，马普尔小姐对她来说比比利时侦探要重要得多。

首先，波洛的某些设定已经不再适合作为故事背景了，阿加莎的很多作品到了现在也有这个问题。"随着时间的流逝，他变得越来越不真实。"1966年，她承认道，"现在根本不存在接案子的私家侦探……而马普尔小姐没有这个问题。"[5]

然而，阿加莎像保护自己一样保护着马普尔小姐的隐私，她很少透露简·马普尔过去生活的细节。有一次她说漏了嘴，马普尔小姐和阿加莎一样，是一位经验丰富的护士，和病人"有过很多接触"。从1930年开始，马普尔小姐一直保持在六十五岁左右，直到阿加莎的年纪赶上了她。从那之后，她们一起变老。就像阿加莎一样，马普尔小姐用家庭生活——对园艺的热爱——把不受待见的注意力从她强大的大脑中转移开。[6]

马普尔小姐曾经解释过，在破案方面，"无疑，是男性更方便"。[7]但她的性别将开启全新的侦探领域，女侦探对隐藏在女性身上的线索和她们所做的伪装更为敏感。例如，《逆我者亡》中的助理侦探布丽奇特就意识到,被害的女佣艾米绝不会把她的帽子涂成猩红色,因为搭配她的红头发会很难看。同样,在《藏书室女尸之谜》中,马普尔小姐发现受害者的金色头发颜色很不自然。马普尔小姐对卷入案件中心的那位年轻女子抱持着同理心,她同情这个女孩一生的遭遇。她培训失去双亲的女孩当女佣,然后找到工作,还强迫一个男理发师娶了他导致怀孕的女人。她为她那一代的单身女性,在工作上做出了小小的贡献。牛津大学萨默维尔学院的院长在1953年写道:"试着想象下,过去的五十年,单身女性找不到任何工作,无论是有偿的,还是无偿的。"为了改善护理、教育和儿童福利方面的问题,"她们会在会议上发言,也会写信提意见"。(8)

后来的马普尔小姐有点像是一名社会工作者。彼得·基廷认为,事实上,一部成熟的"马普尔小姐系列"小说,与其说是侦探小说,不如说是关于"英国现状"的小说。《借镜杀人》中少年犯那破败的家,《黑麦奇案》中腐败商人那失调的家庭关系,《命案目睹记》中那自私自利的乡村庄园主人。所有这些都表达了阿加莎对英国的看法,这个国家已经出了问题,但一个单身老太太,仍然可以成为一股正义的力量。

至少,马普尔小姐做的是正义的事,因为对阿加莎这样一个富有而成功、保守主义、1890年出生、支持死刑的女人来说,"正义"是存在的。在自传中,她恶狠狠地提出,死刑的替代方案,可以是把犯罪者运送到"一片只有原始人居住的空旷之地"。随着20世纪60年代的推进,马普尔小姐和她的创造者在审判方面变得越来越严厉和可怕。

例如,在《黑麦奇案》中,马普尔小姐变得愤怒、强势、有仇必报。她对被谋杀的女佣所遭受的罪恶行径感到愤怒异常,虽然一个步履蹒跚的老太太与传统意义上愤怒复仇者的形象相去甚远……

但对当时的她来说,这种形象很恰当。

马普尔小姐最后一次在她的家乡圣玛丽米德村露面,是在《破镜谋杀案》中。那时,20世纪60年代已经到来。虽然阿加莎七十二岁了,但她仍然对变化保持着敏感。这个村子现在没有杂货店了,而是开了一家超市。村里的居民早餐开始吃麦片,而不是培根,在村庄周围还有一个新的"发展"项目。虽然圣玛丽米德村发生了变化,但它并没有衰败。"新世界和旧世界是一样的,"马普尔小姐认为,"衣服不一样,说的话不一样,但人还是以前的人。"

阿加莎后期的作品中偶尔会有一些追忆往昔的段落,如果放在早期的作品中,这些段落可能会被删掉,因为它们无法推动情节向前发展。例如,在《复仇女神》中,马普尔小姐对《泰晤士报》令人困惑的改版沉思了很久。这纯粹是为了捕捉作者熟悉经历的一种乐趣。但即使是马普尔小姐,也从未停止过努力跟上时代变化。"永远回不去了。"在《伯特伦旅馆》一书中,她这样想道,"生活的本质是往前走。"这本书出版于1965年,其中有两次致敬了哈罗德·麦克米伦①在1960年发表的著名演讲中提到的"变革之风"。麦克米伦在演讲中指出,英国在非洲的前殖民地,终将会迎来独立。(9)

《破镜谋杀案》中,日渐衰弱的马普尔小姐似乎在向读者们告别,当然,我们也在向圣玛丽米德村告别。但阿加莎接下来又写了马普尔小姐的另外三本书:《加勒比海之谜》(1964),《伯特伦旅馆》(一部关于20世纪60年代犯罪和名人文化的即兴作品),以及马普尔小姐的最后一部作品《复仇女神》(1971)。1965年,阿加莎在笔记上记录了一个创意,"国民信托花园之旅",这个创意后来被写了

---

① 英国第四十四任首相。

出来，在故事中，马普尔小姐参加了一次英国历史建筑之旅，当然，旅行途中肯定遇到了麻烦。(10)

马普尔小姐在生命的最后阶段，离开了圣玛丽米德村，她与她的创造者也因此有了越来越多的共同点：她去了巴巴多斯旅行，就像1956年阿加莎所做的那样，她住在一家豪华酒店（这是阿加莎一直都喜欢的）。最后，在《复仇女神》中，她变得富有。这最后一本书的书名取自希腊神话①，它恰如其分地暗示马普尔小姐已成为神一般的存在，她是古希腊神话中复仇女神涅墨西斯的现代版，没有受到父权制的影响，并勇往直前。(11)

而且，必须承认，到了这一步，马普尔小姐几乎变得冷酷无情。马普尔小姐的这一面其实早就存在了，回到1950年，在《谋杀启事》中，有一个角色就注意到，"她的唇边挂着冷酷，那双以往温柔的蓝眼睛里，射出严厉的冷光。她近乎无情，有不可动摇的决心。"现在，在《复仇女神》中，马普尔小姐要面对的是另外三位神话人物：三姐妹。她们代表了三种命运，以及一起涉及同性欲望的犯罪。迟暮之年的马普尔小姐不再关心人类的正义和法律，用小说中内政大臣的话来说，她成了"我见过的最可怕的女人"。

阿加莎本人对善与恶、对与错的信念，在她晚年的作品中表现得更加清晰。无意识的动机，即20世纪30年代"心证推理"的方法，对她而言已没有吸引力了。1950年，科拉多克警督在作品中说，他"非常讨厌对任何事情都油腔滑调地使用心理学术语"，这听起来像是作者自己的观点。(12) 阿加莎认为，战后的英国社会，对犯罪行为通常会因为"精神上的原因"而选择宽容和原谅，这是不对的。马普尔小姐也有同感。

---

① 《复仇女神》原版书名为 *Nemesis*，涅墨西斯为希腊神话中的复仇女神。

虽然阿加莎渴望与时俱进，但这些观点却引起了更多读者的共鸣，他们也有这种感觉，自己和这个越来越开放宽容的社会是如此格格不入。这些沉默的大多数不仅自己不穿迷你裙，而且也不支持别人穿迷你裙。在他们的心目中，"圣诞节就看阿加莎"是真正的现代道德故事（马克斯用这个词来形容阿加莎的作品）或者说"成年人的童话"。[13]

阿加莎战后的作品名称经常来自童谣，如《清洁女工之死》（1952年）、《黑麦奇案》（1952年）、《山核桃大街谋杀案》（1955年），都暗示着"潜伏在童年世界里的邪恶"，这也印证了这些作品是写给成年人的儿童故事这一观点。[14] "我喜欢童谣，你呢？"《捕鼠器》中的一个角色说，"总是那么悲惨又可怕。"[15]

人们对阿加莎·克里斯蒂的批评之一，是她的世界太过狭隘，登场人物的范围很有限。但吉莉安·吉尔却有相反的观点，她认为，正因为阿加莎的作品紧紧围绕聚焦点，才创造出一种强烈的黑暗氛围。

圣玛丽米德村，就像一个人的童年一样，是不应该存在邪恶的地方。马普尔小姐所处的环境是富裕的中产阶级所熟悉的。"克里斯蒂没有把暴力放在富人和受人尊敬的特权阶级之外，那些我们不了解的世界中，"吉尔解释道，"而是就放在'我们'中间。"[16] 即使是一个如同巧克力盒般的英国村庄，也会存在邪恶。"她不喜欢讨论扭曲的性爱、强奸、乱伦，以及各种变态行为。"马普尔小姐说，"但不代表她不了解。"[17]

尽管"马普尔小姐系列"常被定义为"舒适推理"，但它其实包含着大胆、黑暗又令人不安的世界观。

马普尔小姐和她的创造者一样，没有抱任何幻想，她们相信邪恶无处不在，它潜伏在所有人际关系之中，也在我们每个人身上。

第三十九章　知道何时离开

"知道何时离开——这是人生中最为必要的事情之一。在自己的权力开始衰败之前，在自己的掌控开始减弱之前，在自己感觉到一丝颓丧，不愿设想继续拼搏的前景之前，离开。"

这是阿加莎《鸽群中的猫》（1959）中，女校长布尔斯特罗德小姐对她所创办的成功的女子学校，关于未来的思考。阿加莎的出版团队也在进行同样的思考。"别说这是我说的，但是，这确实不是她写过的最精彩的故事，对吧？"她的美国经纪人在1960年写道。[1]

许多克里斯蒂的死忠粉都喜欢她后期的作品，认为在这些作品中能看到奇怪的复杂性和深度。然而，在20世纪60年代，随着阿加莎通过电影和电视变得越来越出名，她的早期作品也不断被改编，这使她成了一个她此前从未想过的标志：一个传统品牌。而新书的质量开始变得不那么重要了，人们会因为上面有她的名字就去买，阿加莎很清楚这一点。"也许我可以一遍又一遍地写同一本书，"她承认，"没有人会注意到。"[2] 她开始没那么努力了。

她试图保持新鲜感。《第三个女郎》（1966）这本书中，描绘了20世纪60年代的生活，其中提到了致幻剂和年轻人在租来的房子里的荒唐行为，但作为侦探小说，它并不令人信服。1967年，她在《长夜》中做了更多尝试。

非常特别的是，她以一个年轻的工人阶级男性，同时也是一个精神病患者的视角来写这本书。"人们摇着头,"阿加莎回忆说,"好像在说:'这样一个乡下女人,怎么会写这种角色?她会写得一团糟的!'嗯,我想我没有……我会听我的清洁女工和亲戚说话。我一直喜欢商店、公共汽车和咖啡馆。我一直在留意身边人说的话,这就是秘诀。"[4]仅用了六个星期,她就完成了《长夜》,这是阿加莎最后一次如强迫症一般写作。"它和我以前写过的任何作品都不一样。"这本书上市前,她在一次采访中说道,"它更严肃,是一场彻头彻尾的悲剧。"事实上,柯林斯很担心读者会怎么看待这部作品。

他们的担心是多余的。虽然有着不同的气质,但在一个重要的地方,《长夜》是非常熟悉的感觉。让罪犯讲述故事的核心诡计,这与四十年前的《罗杰疑案》一模一样。巧妙的是,读者再一次被骗了。《卫报》认为这本书是"这位令人惊讶的作者,带来的最强有力的惊喜"。《太阳报》的评论员也承认道:"我又一次被愚弄了。"

阿加莎仍在继续创作"冒险小说",一直到1970年的《天涯过客》。这部杰出的作品在今天看来完全是疯狂的。然而,在她八十大寿的大肆宣传下,这本书在畅销书排行榜上待了六个多月。[5]

她的笔记本上有一份清单,上面列了一些令人不安的东西,这些可能与主人公必须面对的邪恶组织有关:"恐怖主义活动、美国的大学、黑人权力等等,所有这些都说明了在过去的五六十年里,暴力的兴起和狂热——人们被训练成了虐待狂等等——它们都可能利用了年轻人的理想主义。"[6]

阿加莎最终选择了这样一个情节:希特勒躲在疯人院里,在第二次世界大战中秘密地活了下来,并且还生了一个儿子,继续他的邪恶事业。尽管情节离奇,但这本书至少有一种强烈的氛围感,这一点深深吸引着她的读者。他们被社会的现代化进步吓到了,城市里爆发的学生抗议,被他们视为无法控制的暴力行径。一位忠实粉丝曾将《天涯过客》描述为"现代世界的朝圣之旅。阿加莎用冒险小说的手法，严肃地描绘了她所看到的世界，就像威尔第在创作《安魂曲》时，用的是他最熟悉的歌剧创作手法一样"。[7] 但如果这就是阿加莎眼中1970年的世界，那这个世界真是令人失望。

与此同时，阿加莎的作品正面临着日益严重的出版商问题。自1959年哈罗德·奥伯去世后，多萝西·奥尔丁接替了他的工作。奥尔丁是一位傲慢的纽约老太太，她打扮得像《广告狂人》里的一个人物，用烟嘴抽烟，说话不留情面。第一次读到《天涯过客》时，她感到很困惑："我对这本书非常失望。在我看来，这是一个模仿间谍小说的拙劣故事，经不起推敲。"[8]《纽约时报》也同意她的观点。"每个人都有权写糟糕的小说，"该报的评论写道，"但应该有人出面干预，阻止它的出版。"[9]

尽管有这些专家意见，但阿加莎的读者显然还是想读这种书的。在它取得巨大的商业成功之后，科克不得不收回说过的话。"你关于《天涯过客》的看法是多么正确，"他对阿加莎承认，"我曾认为我应该对它做些处理，但事实证明，它是迄今为止最成功的书。"[10]

除了少数几部杰作，阿加莎从来没有非常认真地处理琐碎的细节。例如，波洛住在怀特黑文大厦，但有时候，他住的地方又变成了怀特豪斯大厦。在《沉睡谋杀案》中，一名职员、一名接待员和一名火车乘客，都令人意外地被赋予了相同的名字——纳拉科特；在另外三本书中，纳拉科特也是一名女服务员、一名船夫和一名警察的名字。[11]

但现在，小纰漏变得更容易发现了。关于《伯特伦旅馆》，奥尔丁留下了一些问题：马普尔小姐怎么知道一个角色是另一个角色的女儿呢？难道"她太聪明了，自己推断出来了"？[12] 然而，要反馈这样的意见极为困难，就连阿加莎自己的女儿都不敢。1971年，阿加莎坚持要在伦敦上演她最后一部戏剧《五个小提琴手》，该剧此前一直在布里斯托尔上演。罗莎琳德恳求她的母亲，别把它从布里斯托尔转移到伦敦，因为这样的话它将面临更为严厉的审查。科克也很紧张："我们必须做好准备，我们将面临充满敌意的媒体。"(13)

但阿加莎变得愤怒，她开始为自己辩护。"我不明白你为什么这么反对，"她愤愤不平地对罗莎琳德说，"我认为你、马修、哈里森之家，以及公司里其他受益者都不可能拒绝那份收入。"这是一场关于罗莎琳德悲观主义的长久争论，阿加莎狠狠地批评了她。"如果你能说服我——也许就不会有《捕鼠器》《控方证人》《蜘蛛网》……生活要是不冒点险，那还不如死了算了。"(14)

然而，罗莎琳德的担心是情有可原的，因为在《五个小提琴手》中，有角色没有纳税，却逍遥法外。"你的粉丝确实很欣赏你的作品，也很欣赏你。"她试图向母亲解释，"我认为这部戏不值得你这样做——你在这部戏里，让那些犯罪的人逍遥法外……即使是开玩笑，我也不觉得有趣。"(15)

埃德蒙·科克也在多封书信中表达了抱怨。"首先，"阿加莎在一篇长达六页、语气不太好的信中写道，"我必须更严格地控制我的出版商，和其他自作主张想要做傻事的人……我不只是给你们所有人表演的狗——我是作家。为自己感到羞耻是痛苦的。"(16)这封信读起来就像年迈的李尔王在怒斥。

但近年来，对于阿加莎后期作品的质量下滑，有了一种更为悲伤的解释。经过对她语言的分析，她可能已经患上阿尔茨海默病。阿加莎的语法从来都不复杂：这是她的作品能如此快速且流畅地被翻译成其他语言的原因之一。而现在，它变得更简单了。

《大象的证词》（1972）是阿加莎笔下的阿里阿德涅·奥利弗夫人最后一次出场。从书名就可以看出，这位八十一岁的作者一直在思考关于记忆的话题。多伦多大学的语言研究者通过计算，发现这部小说的词汇量比她六十三岁时写的《地狱之旅》要少31%。这个团队还分析发现，在阿加莎年轻时的作品《斯泰尔斯庄园奇案》中，"东西""某物"和"某事"等模糊不清的词只占了0.27%，而在她八十三岁时写的《命运之门》中，这一比例上升到1.23%。[17]该研究的作者之一伊恩·兰开夏指出，《大象的证词》也可以解读为奥利弗夫人脑力开始衰退的象征，她忘记了本该知道的事情，不得不向赫尔克里·波洛求助。"它表达了作者对感觉正在发生，但却无能为力的事情做出的回应。"他说，"就好像可耻的不是谋杀，而是痴呆。"[18]

这样一来，对阿加莎作品质量下降的批评，以及她自己对此的辩护，读起来的感觉就不一样了。对于一个不愿优雅封笔的作家，任何不耐烦都被同情所取代，因为这个人可能正在与疾病做着斗争。

阿加莎从未被确诊。但考虑到人们仍然不愿意谈论阿尔兹海默病，尤其是在早期阶段，还考虑到在20世纪70年代，人们觉得阿尔兹海默病是一种耻辱，阿加莎患病的这个理论既令人心碎，又值得我们严肃去对待。

也许，那些环绕在她周围的人，已经开始怀疑阿加莎正在失去她最珍贵的东西：她的智慧。

第十部分

帷幕

（20世纪70年代）

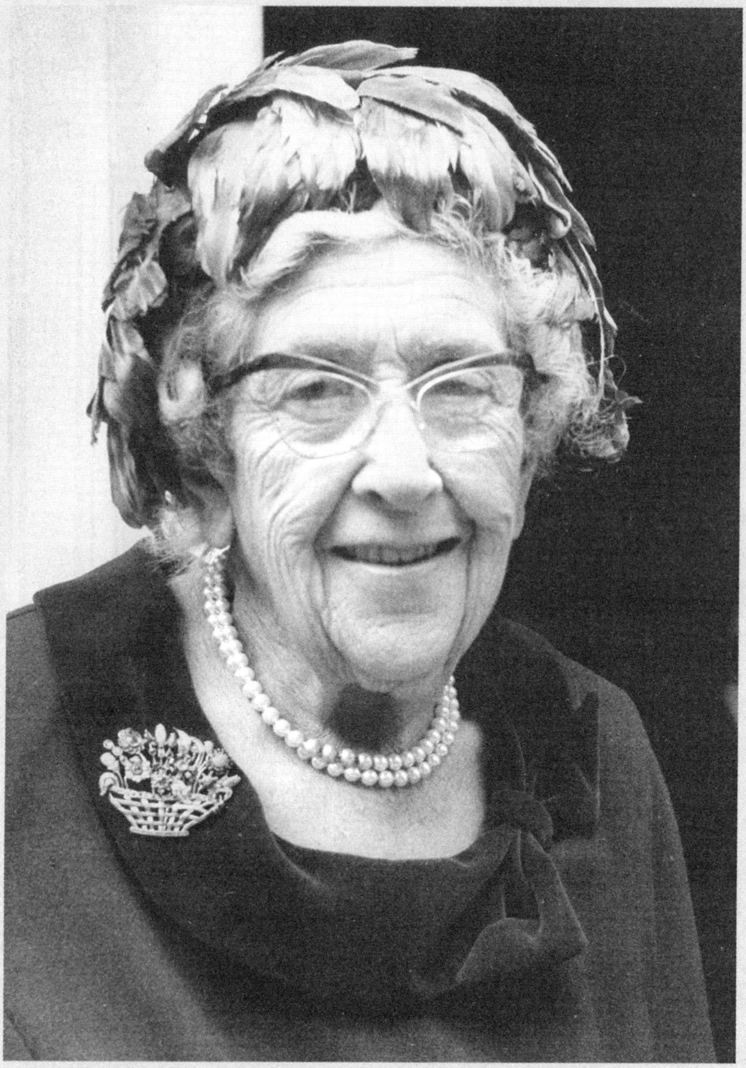

第四十章 温特布鲁克

1960年，阿什菲尔德获准被拆除，取而代之的是公寓和车库，还有人建议在开发结束时再建一个加油站。(1)

当阿加莎意识到发生了什么时，一切都太晚了。当然，很久以前，当她卖掉阿什菲尔德的时候，就放弃了这个地方的所有权。但她律师的儿子记得她"想把它买回来"，并且在很晚的时候给了一份"出价标书"。当她的出价被拒绝时，"她非常非常沮丧"。(2)

阿加莎继续讲述着自己的故事：

> 过了一年半，我才下定决心开车去巴顿路……没有任何东西能唤起我的记忆。那是我见过的最简陋的小房子……然后，我看到了唯一的线索——智利南洋杉的残骸不屈地躺在那里。(3)

阿加莎的小说大多是关于家庭的，它们深深扎根于阿什菲尔德。它的失去，让她想起了已逝的母亲，和已逝的年轻时的自己。卖掉房子的决定是她自己做的，但她后来形容自己"感觉无家可归……我真想去阿什菲尔德"。(4)

因此，当阿加莎写完她自传的最后几章后，她又回到了开始的地方：托基。回忆往昔，成了她晚年生活的主要乐趣之一。

再不会有长途跋涉了,同样,也不会有令人向往的海水浴、嫩牛排、苹果和黑草莓(这是由于牙齿的缘故),也不能再阅读小字号的印刷品。但是仍有许许多多美好的事物……最惬意的,莫过于懒洋洋地坐在阳光下,打着瞌睡,陷入对往事的回忆。"我记得,我记得,我降生的那所房子……"

最近的事情和地点变得没那么重要了。七十九岁时,阿加莎第一次公开提到南希·尼尔。她对一位采访者说:"我丈夫找了一个年轻女子。"她甚至隐晦地提到了自己创造的"特蕾莎·尼尔"。"你无法书写自己的命运,命运会自己来找你。但你可以对你创造的角色做任何你喜欢的事情。"(5) 她可能是在谈论自己 1926 年的行为,也可能只是在陈述她的人生哲学。阿加莎·克里斯蒂确实是一个书写自己故事的女人。

1970 年 9 月,柯林斯坚持要在伦敦为她举办八十岁寿宴。阿加莎戴着羽毛帽子,一副猫眼眼镜,脖子上有两串珍珠项链。这一次,她不介意被拍照片,尤其是她的长期出版商比利·柯林斯为她拍摄。她对他说:"我找到了一个多么好看的出版商啊。"(6) 这次聚会同时也是她所谓的第 80 本书的发布会。这个朗朗上口的数字,是柯林斯巧妙地计算出来的,由于有一些短篇小说集,还有美国版和英国版的书名不一样,具体她到底出了多少本书,这个数字是很难算清的。回到德文郡后,阿加莎享用了一顿"特别的晚餐——我喝了半杯纯奶油,而其他人喝香槟"。(7)

1971 年新年,英国女王册封阿加莎为女爵士,这是阿加莎众多名号当中的最后一个了。"阿加莎女爵士"几乎就是她在第一部短篇小说中幻想成为的"阿加莎夫人"。那年 1 月,她骄傲地在笔记本上写下了"女爵士",而这一页上,她正在构思《复仇女神》。(8)

即使八十岁生日,也没能妨碍她工作。这些工作大部分都是在她真正的家里进行的,阿加莎和马克斯这些年一直居住在这里,而不是格林威别墅。位于沃林福德南部泰晤士河畔的温特布鲁克,是阿加莎在1934年最有钱的时候买的,当时她一时兴起买下了它:

> 我在《泰晤士报》上看到一则广告,那是在我们出国去叙利亚的前一个星期……一个宜人的、精巧的安妮女王故居……草坪一直延伸到泰晤士河边。

尽管阿加莎马上就要出国了,她还是当机立断买下了它。一位客人欣喜若狂,觉得这所房子"赏心悦目,到处都是香味。在我看来,在花园的尽头有一条河简直是完美的安排"。[9] 另一位客人描述了这种不拘小节的舒适:"酒红色的秋光涌进了房间,有些杂乱,但令人感到温馨——房子很大,柔软舒适的奢华椅子(像阿加莎一样),壁炉架上摆着淡紫色的矿渣玻璃器皿。她拿出一件又一件旧瓷器给我,没什么特别的……只是令人愉快的、维多利亚时代的作品(这又像阿加莎自己一样)。"[10]

只有在这里,在她秘密的家中,阿加莎才能放下阿加莎女爵士的身份,退回到她最喜欢的角色——马克斯的妻子。"马克斯的家,"她这样形容温特布鲁克,"一直都是。"格林威别墅逐渐变得没那么重要了,1959年,她把它给了罗莎琳德,1967年,罗莎琳德和安东尼搬了进去,把它作为他们的主要住所。[11]

在温特布鲁克,阿加莎一直很低调,但是寄给"伯克郡的阿加莎·克里斯蒂夫人",甚至"英国的阿加莎·克里斯蒂夫人"的信仍不可避免地出现在那里。[12] 阿加莎注重自己的隐私,不爱管闲事,对需要帮助的人缺乏热情,这意味着她从未完全融入沃林福德的当地生活。该镇的前副市长形容她是"一个独断专行、难以接近的女士"。⁽¹³⁾ 世界上最著名的作家就住在沃林福德，沃林福德当然希望她是一位慷慨的女士，但是阿加莎表现出一种令人钦佩的抵抗能力，她不认为自己必须顺从。然而，作为相貌平平的马洛温太太，她可以溜进街上的沙龙去做头发，看当地戏剧协会的演出，给来温特布鲁克送鱼的小男孩送礼物。⁽¹⁴⁾ 她和马克斯还去了附近一个叫乔尔西的村子，到那里一个安静的乡村教堂做礼拜。

马克斯也开始在温特布鲁克待更多时间，因为1962年，他转到了牛津附近的万灵学院工作，他将协助完成牛津新版的《希罗多德》。这项任命对他来说意义重大："我觉得，通过毕生努力工作，我已经从年轻时缺乏学术成就中恢复了过来。"⁽¹⁵⁾ 这种理智的生活目标，与爱德华七世时代悠闲的米勒家的价值观明显不同，而阿加莎正是在米勒家的熏陶下长大的。"我感到最幸福的时候，"马克斯承认，"就是在服从绝对严格纪律的时候。它让我无法思考。"⁽¹⁶⁾ 在1975年的全民公投中，正是国际知名的知识分子马克斯说服了阿加莎，投票支持加入欧盟。而阿加莎的本意是反对的。

在整个职业生涯中，马克斯培养了许多年轻的考古学家，"其中六人后来成为英国考古学院的董事"。⁽¹⁷⁾ 但并不是所有人都喜欢他。善良的同事们把他的暴躁归因于他中风后服用的药物，但他却一直维持着许多考古学领域的宿敌。凯萨琳·凯尼恩死后，和她同居的女人烧掉了马克斯的信，理由是这些信"太恶心了"，她不想让其他考古学家看到。⁽¹⁸⁾

与此同时，在保存了八十多年的家庭相册的最后几页，我们看到阿加莎和最新一代的孙子孙女在一起，微笑地坐在堆满书、风信子和贺卡的房间里，或者懒洋洋地躺在太阳椅上。她去达特穆尔参加看起来就很冷的野餐，紧紧裹在毛皮大衣里。她走路很吃力，要么挽着马克斯的胳膊，要么拄着拐杖。她被一群喜欢她的狗包围着。

她经常戴一顶红色的帽子。在其中一张照片中，就像诗中描写的古怪又自信的老太太一样，她甚至穿了一件紫色的衣服来配合这一形象。[19]但在20世纪70年代，温特布鲁克正慢慢走向衰败。要建立科克所谓的"克里斯蒂王国"，加上复杂的税收规划，意味着用于日常用途的现金捉襟见肘。温特布鲁克的电线变得很危险，没有人来维修，科克自己都被拉过去帮助修理。1971年，阿加莎描述道："风很大，雨也很大，有些地方正在滴水……星期一必须向水管工和电工求救了。"[20]她叹了口气，说："如果现在有三个好仆人和一间小房子，该多好啊。"[21]

1971年6月，阿加莎髋部骨折，在纳菲尔德骨科中心住了一段时间后，才回到自己的床上。[22]"有那么一两天情况很危急，"科克告诉同事们，"但我很高兴地宣布，她已经奇迹般地康复了。"[23]不久，她就"在双杠之间踉跄地迈出了第一步"。[24]现在她的信中再也没有满腹牢骚的要求了。"最亲爱的罗莎琳德，"她写道，"从医院逃回家真是太棒了！你把那个房间布置得很漂亮……亲爱的罗莎琳德，你能过来做这一切真是太好了。"[25]

摔跤之后，阿加莎开始为自己的身后事做准备。1972年，她寄给科克一本诗集，如果他觉得合适的话，可以出版。1973年的书是《命运之门》，这是老汤米和塔彭丝最后一次露面，书中的房子像极了阿加莎最后的牵挂：阿什菲尔德。但作为小说，它是老套的，有缺陷的。"很可怕，是不是？"奥尔丁认为，"比前两本还要糟糕……可怜的宝贝，我真希望有人能告诉她，为了她好，这本书不该出版。"[26]然而，这本书又一次成了畅销书。

更令人心酸的是，阿加莎最后的几本笔记中还有一部新小说的想法。这是一个全新的创意：两个学生纯粹出于实验的原因，谋杀了一个男孩。正如评论家约翰·克伦所说，她衰退的是"学习能

力"，而不是"想象力"。⁽²⁷⁾

1974年，阿加莎心脏病发作，医生给她开了一些药，这让她的体重大幅度减轻。托尼·斯诺登来到温特布鲁克，为这位年迈、瘦弱的女士拍摄了一组动人又温柔的照片。他问阿加莎希望别人怎样记住她，她谦虚地——当然，同时也很直截了当地——回答说："一个侦探小说写得相当不错的作家。"⁽²⁸⁾

那年秋天，她还在外出活动，还有最后一次重要的公开露面。1972年，令人惊讶的是，阿加莎再次接受了电影制作的邀请，这一次的建议来自一个在20世纪颇有影响力的人——蒙巴顿勋爵①。他找到阿加莎，是为了帮他的女婿约翰·布雷伯恩的忙。布雷伯恩和制片人理查德·古德温一起，想把《东方快车谋杀案》改编成影视。"我们都认为，"他写道，"迄今为止拍摄的电影，都没有真正体现出阿加莎·克里斯蒂的精髓。"⁽²⁹⁾

是时候在电影领域再次进行尝试了。20世纪60年代，米高梅公司对阿加莎的作品做了自由改编，如今情况发生了变化。⁽³⁰⁾这批新的制片人认为《东方快车谋杀案》是一部经典的作品，就像狄更斯或奥斯汀的作品一样，值得尊重和保存。古德温就是其中之一，在看到十岁的女儿如饥似渴地读这本小说后，他就有了拍这部电影的想法。

这次的导演是西德尼·吕美特，阿尔伯特·芬尼和肖恩·康纳利也接受了邀约，所有最好的演员——用布雷伯恩的话来说——都"排队等着演这部戏"。⁽³¹⁾这些演员中包括英格丽·褒曼、劳伦·白考尔、瓦妮莎·雷德格雷夫和约翰·吉尔古德。古德温把这部电影的成功，归功于所有这些"表演经验丰富的老牌巨星。首先，他们自我要求很严苛。其次，他们的表演叹为观止"。制片人只见过原作

---

① 路易斯·蒙巴顿，英属印度最后一任总督、英国海军元帅。

者几面,古德温说:"她也没说什么话,但不知为何,每个人都知道她想要什么——她就是有这样的气场。"(32)

这部电影的预算达到了骇人的 450 万英镑,这是制片方做过的最贵的一部电影。阿加莎曾经吃过苦头,觉得自己可能会不喜欢这部电影,但这次看完影片后,她非常满意。(33)《东方快车谋杀案》成了英国当时的票房冠军,在美国也高居榜首,对原作书籍的销量也带来了巨大的影响。(34)影片在大西洋彼岸大受欢迎后,于1974年11月在伦敦举行了慈善首映式,出席的不仅有英国女王,还有"侦探女王"。"这对她来说一定很艰难,"古德温看着坐在轮椅上的阿加莎,说道,"但她知道,她必须做这些。"(35)

首映式结束后,在克拉里奇酒店举行了晚宴。马克斯还记得,宴会结束后,蒙巴顿在午夜时分护送妻子走出餐厅的情景,以及阿加莎"举起手臂告别"的画面。(36)

这是阿加莎最后的告别,对伦敦这座城市,也对她毕生的事业。1974年,一本波洛的短篇集《蒙面女人》出版了。1975年,她写于几十年前的那本《帷幕》也出版了。《卫报》的评论家给予了动人的赞扬:"对自负的波洛——这位四十多本书的主人公来说,这是一个光彩夺目的戏剧性结局。'再见,亲爱的朋友。'他给不幸的黑斯廷斯留下了最后的信,'那些都是美好的时光。'对所有读者来说,这些都是最美好的时光。"(37)波洛的讣告也出现在了《纽约时报》上。

1975年夏天,已经非常虚弱的阿加莎开始睡在温特布鲁克的一楼。晚上会有一位护士来照顾她,马克斯和芭芭拉·帕克也总是守在她身边。(38)阿加莎为即将到来的事情做好了准备,她写下了她想用的墓志铭,这段话引自埃德蒙·斯宾塞①:

---

① 英国文艺复兴时期诗人。

请在我的墓志铭上写：劳累后的睡眠、暴风后的港口、战乱后的和平、生命后的死亡，让人何其快乐。请在我的葬礼上演奏巴赫 D 大调第三组曲，还有埃尔加的曲子。

温特布鲁克的秋季过去了，阿加莎迎来了生命中最后一个冬季。1976 年 1 月 12 日，阿加莎离开了人世。这一刻终于到来，马克斯说："午饭后，我用轮椅把她推到了客厅……死亡温柔而平静地降临，这是一种仁慈的解脱。感谢上帝，让她免于痛苦。"[39]

马克斯打电话给当地的医生，说"她走了"，并提醒对方"一个字也别说出去"。[40] 但消息还是传开了，大批记者开始涌入平静的沃林福德，报道一个时代和一段非凡人生的终结。

1976 年 1 月晚些时候，阿加莎被安葬在温特布鲁克附近乔尔西市的圣玛丽教堂，她的家人要求葬礼私下举办。[41] 但媒体不可避免，她的外孙说："这是一个新闻事件（尼玛一定会吓坏的），到处都是摄像机。"[42] 马克斯不得不回复 500 封吊唁信，看到这么多来信，他才"意识到她原来被那么多人爱戴和尊敬"。[43]

阿加莎被埋葬时，戴着结婚戒指。当然，马克斯也在旁边，陪着她走完最后一程。她给他留下了关于爱情能超越死亡的一首诗：

我会死亡，但对你的爱不会。
爱会永生——虽然无言，
但请记住这一点，
如果我在未来的某天，将会离开你。[44]

在生命的最后几年里，阿加莎经常回想，她那冲动的婚姻是多么美好。她姐姐曾"恳求"她不要嫁给马克斯。但是啊，阿加莎想：

"幸亏我没有听她的话！不然我可能会错过四十年的幸福时光。"（45）

这段婚姻中隐藏着什么秘密？"你很讨女人喜欢。"阿加莎有一次对马克斯说，"你可以娶两三个妻子，而且过得很开心！！遗憾的是，我们是一夫一妻制国家。"（46）长久以来，人们一直怀疑马克斯晚年有了外遇，而芭芭拉·帕克的名字是最常被提及的。职业男性的女雇员会爱上他们，这是克里斯蒂在小说中经常写到的剧情——一位侦探称之为"秘书的职业病"。（47）据安东尼·希克斯说："马克斯和芭芭拉会把自己锁在房间里，写尼姆鲁德的论文，而她会把鞋子放在门外……鞋子……是某种信号。"（48）阿加莎死后不久，马克斯的一个朋友来拜访他，他惊讶地发现，马克斯忠实的助手正在给她的老板按摩脚。（49）

根据20世纪晚期的婚姻理想——浪漫爱情和忠贞不贰——来判断，也许这里有一些值得批判的地方。但这是对婚姻生活带有局限的看法。从1930年开始，阿加莎的第二段婚姻有许多不同寻常的地方。作为一个离异的单亲母亲，她意外地找到了一个比她年轻得多的伴侣，并一直照顾她直到去世。这是两颗求知若渴的心灵，终其一生的思维碰撞，其核心是友谊。"没有人，"马克斯解释说，"能像你这样，成为我的完美伴侣。你我刚好合得来：两个灵魂不经意相遇，不是因为他们相似，而是因为他们是平等的。"（50）"她拥有很多我所缺乏的东西。"他认为，"一种圣人般的谦逊……她的内心有一种圣徒式的怜悯之情。"（51）这是一段伴侣式的婚姻，事实证明，这段婚姻非常持久和成功。

它提醒我们，我们自己对情感关系的习惯，并不代表唯一的生活方式。"祝你玩得愉快，亲爱的。"阿加莎曾经说过，"去做任何你想做，和需要做的事情吧——只要你把我放在心上，怀着深厚友谊和感情。"（52）她不需要知道他到底在干什么。只是我们现代婚姻的观念认为，婚姻生活应该有一些强有力的约束，恰恰因此婚姻才成为了一个难题。

马克斯也确实履行了他们约定。1945年，他在利比亚告诉她，在他们分离的整整三年里，她的照片一直陪伴着他。"即使我晚上睡在沙漠里，"他写道，"我也会把它放在行军床的旁边，这样我早上一睁眼就能看到你。"他认为他的妻子"即使像我希望的那样活到九十岁了，也永远有一张可爱的脸和可爱的笑容！"。[53]他对阿加莎很忠诚。"晚上，马克斯总是像圣人一样地照顾着我。"八十多岁时，阿加莎写道，"我坐在马桶上，就像身处天堂。"[54]

早在1936年，马克斯给阿加莎写了一封情书。"有时候我想，"他说，

> 很少有人像我们这样，找到了真爱……我们知道，我们拥有的一切不会消失……对我来说，不管岁月怎么流逝，你将永远美丽且珍贵。[55]

阿加莎去世之后，人们在她的钱包中发现了一张马修的照片，还有这封情书，它被叠成了很小一块。

她随身携带着它，已经三十九年了。

但事实证明，马克斯根本无法忍受单身的生活。1977年3月，阿加莎去世一年多后，他写信给罗莎琳德，宣布他要再次结婚。当然，再婚对象是芭芭拉。"永远没有人能取代我亲爱的阿加莎，"他说，"但我想她会同意的，因为她过去常常告诉我，万一她出了什么事，就让我结婚……我现在很孤独，但和芭芭拉在一起不会这样，她一直是我忠实的朋友。"[56]1977年9月，马克斯在丧偶一年零七个月后，他和芭芭拉在肯辛顿的婚姻登记处悄悄结婚了。

在我看来，芭芭拉·帕克在这个故事中的角色，似乎代表了所有考古学家的妻子，她们沏茶、负责后勤、打印手稿，维持着20世纪考古学车轮的转动。虽然马克斯最终娶了她，但他们也没能在一起多久。不到一年后，马克斯因为"急性心肌衰竭"被送往格林威医院，他去世的时候，芭芭拉也在他旁边。[57]她把他葬在了圣玛丽教堂的墓地中，紧紧挨着阿加莎。

芭芭拉继承了伦敦克雷斯韦尔广场的房子，她离开温特布鲁克，搬进了沃林福德的一幢小房子里。她会从那里去牛津大学的东方研究所，来消磨余生。[58]

马克斯就这样和阿加莎团聚了。从1930年两人订婚的头几个星期起，她就遥想他们应该像这样躺在一起。她写道，她"希望两人葬在一起，然后，在未来的某天，被某个年轻漂亮的考古学家挖出来……死了之后还能派上点用场，真是太有趣了"。[59]

站在她长满青草的坟墓旁，牛津郡墓地的风迎面而来，我和许多人一样，很开心地这样想着，阿加莎死后确实还有相当大的用处。

她仍然能给很多人带来快乐。

第四十二章 葬礼之后

阿加莎·克里斯蒂去世当晚,伦敦西区两家剧院的灯光被调暗,以表示哀悼。《寓所谜案》和《捕鼠器》的演员们在舞台上表达了他们的敬意,"全场观众也起立默哀"。⁽¹⁾

考古学界也表示了对阿加莎的哀悼,尤其是她长期资助的英国驻伊拉克考古学院。在巴格达的学校大楼里,她其实一直以便携式厕所的方式存在着。这个厕所带有黄铜铰链,有红木座椅,是为了能在野外挖掘时方便而设计的。关于它发生了什么,有不同的说法。一种说法是,它在"20世纪70年代末某个篝火节的夜晚,被一名醉醺醺的考古队成员无意中烧毁"。⁽²⁾但艾伦·麦克亚当记得,在建赫姆林大坝之前,它曾出现在考古现场。当考古学家们回到他们租来的房子,准备开始新一季的挖掘工作时,"有人喊道:'阿加莎有白蚁了!'然后把它烧了。"⁽³⁾

最终,英国驻伊拉克考古学院失去了政府的资助,它改名为英国驻伊拉克研究所,这是一个慈善机构,主要资助的对象是伊拉克人,而不是英国的考古学家,他们关注的重点也变成了"扶持当地人民,保护历史遗迹,而不是在遗迹上挖大洞"。⁽⁴⁾2011年,大英博物馆购买了很多马克斯和阿加莎在尼姆鲁德发掘出来的象牙雕刻品。自从2003年巴格达博物馆被暴徒洗劫,破坏了很多象牙后,这批象牙就变得弥足珍贵了。但马克斯和阿加莎在西亚的生活痕迹仍然存在。2021年，德国电影制作人萨宾·沙纳格拍摄了一部美丽的纪录片，记录了住在叙利亚查加尔巴扎尔的一个家庭，是如何担心"伊斯兰国"某天会占领他们村庄的。他们的住所离马克斯的挖掘点不远，他们知道，一旦村庄被暴徒占领，那他们的藏书必将被摧毁。所以，他们把阿加莎·克里斯蒂的书都藏在一个安全、隐蔽的水箱当中。[5]

当阿加莎遗嘱内容公之于众时，人们都表示难以置信。她的律师说，每个人都"对她财产价值这么低而感到惊讶"。[6]然而，她的公司在1975年的收入有将近100万英镑。电影《东方快车谋杀案》的成功，使这本原作小说的平装本销量达到了300万册。[7]在阿加莎的遗嘱中，她把遗产分配给了家人、朋友、教子和雇员，并且对小饰品、摆件的处置非常在意。就在1975年，她去世的前几个月，她新写了一份遗嘱附件，重新分配了各种珍贵物品：一尊石佛是留给安东尼的，而马修得到了一个绿色的威尼斯玻璃鱼。[8]

对于罗莎琳德、埃德蒙·科克和"克里斯蒂王国"的其他人来说，阿加莎作品的授权和管理工作仍在继续。1983年的一项调查显示，当年在英国剧院上演的二十八部由女性创作的戏剧中，有二十二部阿加莎的作品。[9]1988年，科克去世，享年九十四岁。1994年，彼得·桑德斯退休，此后，他因为《捕鼠器》的创作而获得的版税全部都捐给了慈善机构，用来支持艺术事业。桑德斯本人于2003年去世，享年九十一岁。1998年，已经拥有伊妮德·布莱顿作品的考瑞安PLC公司收购了布克·麦康奈尔持有的阿加莎·克里斯蒂有限公司股份，后来又转手给了橡果传媒。[10]

马修仍然快乐地住在普利瓦奇庄园。1978年，一位来访的记者形容这里是一座"充满艺术气息的灰石庄园"，还看到马修和安吉拉的三个孩子在和他们的小马、黑色猎犬、"一只名叫皮德尔的小猎犬和三只猫"在一起玩耍。[11]与此同时，罗莎琳德和安东尼正在努力工作，来维持格林威别墅和花园的正常运转。一位名叫汉丽埃塔·麦考尔的访客为了研究马克斯的论文而来到此处，她的感觉是"他们并不富裕"。夜里，雨水从卧室的天花板上渗了进来，把她吵醒了。[12]

很显然，他们必须做些什么。2000年，罗莎琳德、安东尼和马修共同决定，将格林威别墅交给英国国民信托组织。"做出这个决定并不容易，"马修解释说，但这家人希望信托组织能够"保护并改善"这个神奇之处的魅力。[13]起初，吸引国民信托组织的是花园，而不是别墅本身，并且花园很快就向游客开放了。但在达特河畔，这个慈善保护组织并没有受到欢迎。当地人担心狭窄的街道可能会挤满游客车辆，所以表示强烈抗议。当地议员在给罗莎琳德的信中表示同情："当你做出这样的决定时，所有人都会立刻上蹿下跳，表示抗议，我想这一定非常痛苦。"[14]因此，他们调整了计划，让一部分游客乘坐渡轮沿河参观。

一旦花园成为游客的目的地，那么房子本身就要因为保护而关闭。马克斯卧室的墙壁已经开始向外倾斜，但竟然还没有坍塌，原因是——他那长长的嵌壁式书柜正好把墙固定在了一起。[15]这个家庭数十年的热闹聚会，让"格林威别墅有一种恰到好处的凌乱"。罗莎琳德的书桌上"堆满了信件和账单——太壮观了，甚至有艺术家问能不能把它画成画"。[16]志愿者们坐在活动室里，对格林威别墅内20000件藏品进行分类。

由于没有足够的空间来展示所有藏品，所以2006年，他们在埃克塞特举行了一次拍卖，为保护项目筹集资金。热心的粉丝们抢购了很多东西，比如格林威别墅内的信纸，指导价为150英镑，但最终以740英镑的价格成交。[17]最幸运的买家花了100英镑，买到了一个上锁的"旧行李箱",可能是阿加莎童年时期,米勒家因资金不足而流浪法国时使用的行李箱之一。四年后,它的新主人终于打开了它,发现里面有一枚曾经属于克拉拉的钻石戒指。[18]

2004年,八十五岁的罗莎琳德去世,几个月后,她的丈夫也去世了。她一直致力于纪念她母亲的工作,把任何试图玷污她母亲名声的人都吓跑了。就像王室成员一样,罗莎琳德天生就从事这份工作,她永远不会向任何机构妥协自己的这份责任感。她的孙子詹姆斯说:"她不相信我们任何人能把这件事情做好。"詹姆斯现在管理着曾祖母的文学遗产。[19]在讲完罗莎琳德的人生故事后,我对她深表遗憾。在我看来,为了让母亲的传说得以延续,罗莎琳德作为一个独立个体的某些部分,必须消失。

阿加莎生前坚持保护自己文件的隐私,并声称她会"毫不后悔"地销毁信件和日记。[20]但当生命结束的时候,她却留下了大量的信件和文件,这些资料现在由克里斯蒂档案信托机构保管,正是这些信件和文件,才让这本书得以完成。

她还留下了一本自传,于1977年她去世后出版。罗莎琳德参与了终审,并允许将关于1926年悲剧的简短章节纳入其中。毕竟,总得说点什么。作为母亲的守护者,罗莎琳德仍在努力反驳阿加莎是一个精于算计的轻佻女子,反对"是她策划了'失踪'"这一观点。

在后来的生活中,阿加莎自己已经可以很轻松地面对这件事了。例如,在1962年的《破镜谋杀案》中有一个小笑话,讲的是一位女士认不出自己的亲戚:马普尔小姐认为,这可能是"一种精明,而不是真的失忆"。罗莎琳德觉得她永远不能放松警惕,在自传出版后,她对"失踪"一事始终保持缄默。祖母在世的时候,马修"也从来没有和她就此事说过一个字","在家里也从来没有讨论过这件事"。[21]他说:"母亲从没给我看过和失踪事件有关的那些著名信件,这让我感到有些不满。"[22] 1926 年的这件事,一个世纪后仍然在人们的生活中投下阴影。

但这种沉默创造了一个空白地带,各种理论都可以在其中生根发芽。当记者格温·罗宾斯要求授权为阿加莎立传遭到拒绝后,她显然采取了报复行为。她在 1978 年的书中写道:"我认为,阿加莎·克里斯蒂失踪时,非常清楚自己在做什么……她决定给丈夫一个教训。"[23] 第二年上映的故事片《阿加莎》则更为夸张,在这部电影中,一个以阿加莎为原型的角色试图谋杀南希·尼尔并自杀。罗莎琳德说,这部电影"完全违背了我们的意愿,很可能会给我们带来巨大的痛苦"。[24]

最终,罗莎琳德决定,有所保留地公开一部分档案,可能有助于让人重新看待这件事。1984 年,她允许作家珍妮特·摩根出版一本详尽、公正、严谨的阿加莎·克里斯蒂传记。摩根说,她对克里斯蒂的最初印象是"奇怪、掌控欲强、善于思考谋杀和欺骗的方法",但在更深入地了解证据后,她改变了想法。她的结论是,这位作家是一个完美的专业人士,一个善良、快乐的人。这些都是毋庸置疑的,但我认为,还有一些事情是摩根和阿加莎的家人当时并没有完全认识到的。在 2022 年,人们已经可以接受这样一个观点,即女性可以善良、勤奋,同时也可以"奇怪、掌控欲强、善于思考谋杀和欺骗的方法",而这一观点,20 世纪 80 年代的人还无法接受。这不是贬低,这是承认女性的复杂和多元。

尽管摩根写了这本书,但阿加莎是个坏人的说法依然存在。当阿加莎告诉我们她病了的时候,有许多作家,想必还有他们的读者仍然不相信她。1998 年,传记作家贾里德·考尔德认为,她失踪是因为"想要刁难"阿奇。[25] 他是记者里奇·考尔德的儿子,他在 2004 年的一篇文章中,信誓旦旦地陈述了一个我们都知道是谎言的故事:他的父亲"在阿加莎·克里斯蒂失踪后,在哈罗盖特的一家酒店里找到了她,她躲起来是因为想陷害出轨的丈夫谋杀了她"。(26)

这意味着,尽管阿加莎取得了如此多的成就,但她的人生中仍有一件事情没有尘埃落定。精神疾病与谎言交织在一起,人们更愿意相信的是谎言,而不是真相。

随着社会越来越重视心理健康,这一趋势可能会发生转变。在评估克里斯蒂作为一名艺术家的地位时,这种转变已经形成了。2007年,劳拉·汤普森撰写了第二本授权传记,她对阿加莎的作品表达了温柔而热情的赞美。在当时,阿加莎的作品通常被认为毫无营养,但汤普森仍然在努力证明克里斯蒂是一位严肃小说家。

不过,在过去的十五年里,关于"文化"的定义,以及什么是值得研究的,被打破重建。学者们开始思考,为什么一个拥有这么多读者的人,却很少被研究,而现在,克里斯蒂频繁地出现在各种教材和论文当中。

讽刺的是,人们不愿认真对待她,有一部分原因是改编自她作品的电视剧都太成功了。1989年,大卫·苏切特首次出演ITV版的赫尔克里·波洛,这个角色他一直演到2013年。1984至1992年,琼·希克森在BBC的演出,让她成为整整一代人心目中的马普尔小姐。2004至2013年,杰拉尔丁·麦克尤恩和朱莉亚·麦肯齐分别出演了ITV版的马普尔小姐。这些电视剧让克里斯蒂在人们的印象中被贴上了"传统、怀旧"的标签,人们对这样的作品要求不高,却总能得到安慰。

这些20世纪90年代和21世纪初改编的英国影视剧,通常将阿加莎的故事背景设定在某个不确定的年份,它们在世界各地受到广泛关注,成为英国旅游形象的重要组成部分。但它们也让阿加莎的作品看起来比实际的要更平淡无奇,更千篇一律。1991年《芝加哥论坛报》的报道称:"克里斯蒂创造的虚构世界——满是古董的客厅,修葺整齐的花园,充满秩序、毫不血腥的谋杀,几乎不会在精美的地毯上留下一点污渍——似乎越来越优雅了。"[27] 但如果你读了原作,就不会这么认为了。

当英国广播公司聘请莎拉·菲尔普斯根据克里斯蒂的经典作品撰写一部全新的、更黑暗的剧本时,情况发生了戏剧性的变化。2015年,这部野蛮残酷、扣人心弦的连续剧《无人生还》上映了。菲尔普斯的剧本没有任何怀旧的情愫,她把每一段故事都小心翼翼地放回了当年的历史背景中。这部剧的左翼倾向让克里斯蒂的一些粉丝感到不快,但就连批评菲尔普斯的人也承认,她确实尊重原著,而这是之前的编剧们所没有的。

克里斯蒂在银幕上表现方式的这种变化,与评论家和学者对她的评价有关。不喜欢阿加莎·克里斯蒂的人的名单令人印象深刻,埃德蒙·威尔逊、雷蒙德·钱德勒、伯纳德·莱文和罗伯特·格雷夫斯都曾或多或少地批评过她的风格、人物以及可读性。

对阿加莎的重新评价是由两位女性学者开始的。吉莉安·吉尔1990年发表了一篇文章,她拒绝接受仅通过表面的价值来衡量克里斯蒂。我喜欢吉尔透过面纱去看隐藏在后面那个难以捉摸的天才的观察方式。首先,她指出阿加莎不是单薄的个体。我们所讨论的这个女人,她在一生中不断地重塑着自己。阿加莎·米勒先后成为阿奇博尔德·克里斯蒂夫人、阿加莎·克里斯蒂夫人、特蕾莎·尼尔夫人、马洛温夫人和玛丽·韦斯特马科特,然后是深受爱戴的祖母尼玛,最终她成了阿加莎女爵士。吉尔也开始打破阿加莎过分保护隐私的不良风评,这很好,但也很可怕。这让她能过上自己想要的生活,但也因此毁了她的名誉。[28] 如果作家自己都不愿意谈论自己的作品,也不想严肃地对待它们,别人又凭什么要这样做呢?

但我们不应该只从表面上看到克里斯蒂没那么严肃的创作态度，而更应该审视作品本身，这正是艾莉森·莱特在她颇具影响力的研究著作《永恒的英国：战争期间的女性气质、文学和保守主义》（1991）中所做的。克里斯蒂在文学界的地位被重新评估，很大程度上应该归功于莱特，她说阿加莎不会墨守成规，而是一个"打破传统的人……一个聚焦家庭秘密的作家，改写了维多利亚时代的老习惯——戏剧化的遗产争夺、身份的错误判断，还有不易察觉的疯狂"。(29)

阿加莎可能从来没把自己当回事，但最终，有别的人开始为她正名。

阿加莎的遗产显然是她的作品，但我认为，她还留下了别的隐形遗产。阿加莎·克里斯蒂不仅是20世纪最成功的小说家，她也对她所属的社会阶层与性别桎梏做了新的定义。

这一点很容易被忽视，因为阿加莎煞费苦心地否认自己是一个真正的小说家。她在八十多岁的时候还会说："我不太觉得自己是个作家。"只有她的女儿，也许是最相信"阿加莎·克里斯蒂"的人，她会说："可你是个作家啊，妈妈。你绝对是个作家。"

罗莎琳德比阿加莎小三十岁左右，她对作家应该是什么样子有不同的看法。正是她的母亲自己拓宽了这个定义，不是只有一个留着胡子的老人才能算作家了。

阿加莎经历了20世纪的动荡巨变，对她来说有好有坏：战时仓促结婚、在医院的工作、整个家族对"疯狂"的恐惧、离婚、精神疾病、心理治疗、二战期间的丧亲之痛，以及在全球范围内空前成功的娱乐事业。

虽然这个世纪塑造了阿加莎，但并没有造就她。她是凭借自己的意志力、独立和勤奋，才成就了自己。用玛格丽特·洛克伍德在

1954年的话说:"阿加莎有天赋,能做所有女性想做的事。她取得了一些成就……在她心中,每个女人……都想做这些事情,但我们能做的只有把它当成梦想。"[30]

毫无疑问,阿加莎从不会说自己的内心深处有多么远大的志向,她总是选择以一种更为谦逊的方式来定义她的人生,在她那本关于考古学的书开头,就有一个提醒。"这不是一本深奥的书。"她说。

> 书里不会有风景的优美描写,不会有经济问题的处理,不会有种族反思,不会有历史。事实上,这里记录的都是微不足道的小事——一本很小的书,记录日常生活。[31]

自从1926年的风波之后,阿加莎的生活也确实都是微不足道的小事,是日常生活。

尽管她的野心很小,但她对20世纪的文化,产生了深远的影响。

参考文献

档案

博德利·黑德有限公司档案，雷丁大学图书馆（Bodley Head Ltd Archive, Reading University Library, BHL）

大英博物馆（British Museum, BM）

克里斯蒂档案信托机构（Christie Archive Trust, CAT）

埃克塞特大学图书馆，特别馆藏部，休斯·马西公司档案（Exeter University Library, Department of Special Collections, Hughes Massie Archive, EUL）

英国国家档案馆（The National Archives, TNA）

德文郡格林威的英国国民信托组织（National Trust archive at Greenway, Devon, NT）

乔治娜·赫尔曼的个人藏品（Georgina Herrmann, GH）

萨里历史中心（Surrey History Centre, SHC）

伦敦大学学院图书馆，考古中心档案（Archive of the Institute of Archaeology at University College London Library, UCLL）

哈罗盖特图书馆

出版物

Mark Aldridge, *Agatha Christie on Screen* (2016)

Jane Arnold, 'Detecting Social History: Jews in the work of Agatha Christie', *Jewish Social Studies*, vol. 49, no. 3–4 (Summer–Autumn, 1987) pp. 275–282

Rachel Aviv, 'How A Young Woman Lost Her Identity', *New Yorker* (26 March 2018)

Earl F. Bargainnier, *The Gentle Art of Murder* (1980)

Robert Barnard, *A Talent to Deceive* (1979; 1987 edition)

Marcelle Bernstein, 'Hercule Poirot is 130', *Observer* (14 December 1969)

James Carl Bernthal, 'A Queer Approach to Agatha Christie', PhD thesis, University of Exeter (2015)

– 'If Not Yourself, Who Would You Be?': Writing the Female Body in Agatha Christie's Second World War Fiction', *Women: A Cultural Review* (vol. 26, 2015) pp. 40–56

– ed., *The Ageless Agatha, Essays on the Mystery and the Legacy* (2016)

– *Queering Agatha* (2017)

Vera Brittain, *Testament of Youth* (1933)

Erica Brown and Mary Grover, eds., *Middlebrow Literary Cultures: The Battle of the Brows, 1920–1960* (2012)

Jared Cade, *Agatha Christie and the Eleven Missing Days* (1998; 2011 edition)

Ritchie Calder, 'Agatha and I', *New Statesman* (30 January 1976) pp. 128–9

Stuart Campbell, 'Arpachiyah' in Trümpler, ed., (1999; 2001 edition) pp. 89–103

Lydia Carr, *Tessa Verney Wheeler: Women and Archaeology Before World War Two* (2012)

Agatha Christie, *An Autobiography* (1977; 2011 edition)

Sarah Cole, *Modernism, Male Friendship, and the First World War* (2003)

Artemis Cooper, *Cairo in the War*, 1939–45 (1989; 2013 edition)

Donald Elms Core, *Functional Nervous Disorders* (1922)

John Curran, *Agatha Christie's Secret Notebooks* (2009; 2010 edition)

– *Agatha Christie, Murder in the Making: More Stories and Secrets from Her Notebooks* (2011)

Elizabeth Darling, *Wells Coates* (2012)

Miriam C. Davis, *Dame Kathleen Kenyon* (2008)

Leyla Daybelge and Magnus Englund, *Isokon and the Bauhaus in Britain* (2019)

Nigel Dennis, 'Genteel Queen of Crime', *Life* (May 1956)

Arthur Conan Doyle, *Letters to the Press* (1986)

Andrew Eames, *The 8.55 to Baghdad* (2004; 2005 edition)

Martin Edwards, ed., *Ask a Policemen, by Members of the Detection Club* (1933; 2013 edition)

Brian Fagan, *Return to Babylon* (1979)

Alison S. Fell and Christine E. Hallett, eds., *First World War Nursing: New Perspectives* (2013)

Martin Fido, *The World of Agatha Christie* (1999)

Gillian Franks, article in the *Aberdeen Press and Journal* (23 September 1970) p. 5

Gillian Gill, *Agatha Christie: The Woman and Her Mysteries* (1990)

Julius Green, *Curtain Up – Agatha Christie: A Life in Theatre* (2015; 2018 edition)

Hubert Gregg, *Agatha Christie and All That Mousetrap* (1980)

Richard Hack, *Duchess of Death* (2009)

Christine E. Hallett, *Nurse Writers of the Great War* (2016)

Kathryn Harkup, *A Is For Arsenic: The Poisons of Agatha Christie* (2015)

Wilfred Harris, *Nerve Injuries and Shock* (1915)

Peter Hart, *Fire and Movement: The British Expeditionary Force and the Campaign of 1914* (2014)

Bret Hawthorne, *Agatha Christie's Devon* (2009)

Emily Hornby, *A Nile Journal* (1908)

Janet H. Howarth, *Women in Britain* (2019)

Dorothy B. Hughes, 'The Christie Nobody Knew', in Harold Bloom et al, *Modern Critical Views: Agatha Christie* (1992; 2002 edition)

Nicola Humble, *The Feminine Middlebrow Novel, 1920s to 1950s: Class, Domesticity and Bohemianism* (2001)

Maroula Joannou, *The History of British Women's Writing, 1920–1945* (2012; 2015 edition)

H.R.F. Keating, ed., *Agatha Christie: First Lady of Crime* (1977)

Peter Keating, *Agatha Christie and Shrewd Miss Marple* (2017)

Viola Klein and Alva Myrdal, *Women's Two Roles* (1956)

Marty S. Knepper, 'The Curtain Falls: Agatha Christie's Last Novels', *Clues*, vol. 23, issue 5 (2005) pp. 69–84

Ian Lancashire and Graeme Hirst, 'Vocabulary Changes in Agatha Christie's Mysteries as an Indication of Dementia: A Case Study', *19th Annual Rotman Research Institute Conference, Cognitive Aging: Research and Practice* (2009)

Alison Light, *Forever England: Femininity, Literature and Conservatism between the Wars* (1991; 2013)

– *Mrs Woolf and the Servants* (2007)

Hilary Macaskill, *Agatha Christie at Home* (2009; 2014 edition)

Merja Makinen, *Agatha Christie: Investigating Femininity* (2006)

M.E.L. Mallowan *Twenty-Five Years of Mesopotamian Discovery* (1959)

– *Mallowan's Memoirs* (1977; 2021 edition)

M.E.L. Mallowan and J. Cruikshank Rose, 'Excavations at Tall Arpachiyah, 1933', *Iraq*, vol. 2, no. 1 (1935) pp. 1–178

Henrietta McCall, *The Life of Max Mallowan* (2001)

Katie Meheux, '"An Awfully Nice Job". Kathleen Kenyon as Secretary and Acting Director of the University of London Institute of Archaeology, 1935–1948', *Archaeology International*, vol. 21, no. 1 (2018) pp. 122–140

Billie Melman, *Empires of Antiquities: Modernity and the Rediscovery of the Ancient Near East, 1914–1950* (2020)

Richard Metcalfe, *Hydropathy in England* (1906)

Janet Morgan, *Agatha Christie: A Biography* (1984; 2017 edition)

John Howard Morrow, *The Great War In The Air: Military Aviation from 1909 to 1921* (1993)

Juliet Nicolson, *The Great Silence, 1918–1920: Living in the Shadow of the Great War* (2009; 2010 edition)

Andrew Norman, *Agatha Christie: The Disappearing Novelist* (2014)

Joan Oates, 'Agatha Christie, Nimrud and Baghdad', in Trümpler, ed. (1999; 2001 edition) pp. 205–228

Richard Ollard, ed., *The Diaries of A.L. Rowse* (2003)

Charles Osborne, *The Life and Crimes of Agatha Christie* (1982; 2000 edition)

– 'Appearance and Disappearance', in Harold Bloom et al, *Modern Critical Views: Agatha Christie* (1992; 2002 edition) pp. 108–9

Mathew Prichard, ed., *Agatha Christie: The Grand Tour* (2012)

Gordon C. Ramsey, *Agatha Christie: Mistress of Mystery* (1967)

Eleanor Robson, 'Old habits die hard: Writing the excavation and dispersal history of Nimrud', *Museum History Journal* (vol. 10, 2017) pp. 217–232

Gwen Robyns, *The Mystery of Agatha Christie* (1978; 1979 edition)

A.L. Rowse, *Memories and Glimpses* (1980; 1986 edition)

Dennis Sanders and Len Lovallo, *The Agatha Christie Companion* (1984)

Peter Saunders, *The Mousetrap Man* (1972)

Mary Shepperston, 'The Turbulent Life of the British School of Archaeology in Iraq', *Guardian* (17 July 2018)

Dorothy Sheridan, ed., *Wartime Women: A Mass-Observation Anthology* (2000)

Adrian Shire, ed., *Belsize 2000: A Living Suburb* (2000)

Michael Smith, *Bletchley Park and the Code-Breakers of Station X* (2013; 2016 edition)

Tom Stern, 'Traces of Agatha Christie in Syria and Turkey' in Trümpler (1999; 2001 edition) pp. 287–302

Faye Stewart, 'Of Red Herrings and Lavender: Reading Crime and Identity in Queer Detective Fiction', *Clues: A Journal of Detection,* vol. 27.2 (2009) pp. 33–44

Judy Suh, 'Agatha Christie in the American Century', *Studies in Popular Culture*, vol. 39 (Fall 2016) pp. 61–80

Julian Symons, *Bloody Murder* (1972; 1974 edition)

— 'Foreword: A Portrait of Agatha Christie', in Harold Bloom et al, *Modern Critical Views: Agatha Christie* (1992; 2002 edition)

Marguerite Tarrant, 'Mathew Prichard', *People* (10 April 1978)

James Tatum, *The Mourner's Song: War and Remembrance from the Iliad to Vietnam* (2003)

Laura Thompson, *Agatha Christie: An English Mystery* (2007; 2008 edition)

Charlotte Trümpler, ed., *Agatha Christie and Archaeology* (1999; 2001 edition)

Lynn Underwood, ed., *Agatha Christie, Official Centenary Edition* (1990)

H.V.F. Winstone, *Woolley of Ur* (1990)

Lucy Worsley, *A Very British Murder* (2013)

Peter Wright, 'In the Shadow of Hercule: The War Service of Archibald Christie', *Cross & Cockade International*, vol. 41/3 (2010) pp. 161–4

Francis Wyndham, 'The Algebra of Agatha Christie', *The Sunday Times* (26 February 1966)

网络来源

David Burnett's blog, williamhallburnett.uk

Juliette Desplatt, 'Decolonising Archaeology in Iraq?' The National Archive Blog (27 June 1917) https://blog.nationalarchives.gov.uk/decolonising-archaeology-iraq

Carine Harmand, 'Sparking the imagination: the rediscovery of Assyria's great lost city', https://blog.britishmuseum.org/sparkingthe-imagination-the-rediscovery-of-assyrias-great-lost-city

Peter Harrington, dealer, catalogue for the sale of inscribed books from the library of Charlotte 'Carlo' Fisher, https://www.peterharrington.co.uk/blog/wp-content/uploads/2016/09/Christie.pdf

Matt Houlbrook, 'How the "Roaring Twenties" myth obscures the making of modern Britain', https://www.historyextra.com

Kyra Kaercher, 'Adventure Calls: The Life of a Woman Adventurer', Penn Museum blog (29 February 2016) https://www.penn.museum/blog/museum/adventure-calls-the-life-of-a-woman-adventurer

Archives of the Red Cross, online at museumandarchives.redcross.org.uk

Eleanor Robson, 'Remnants of Empire: Views of Kalhu in 1950', oracc.museum.upenn.edu (2016)

未发表的二手资料

Tim Barmby and Peter Dalton, 'The Riddle of the Sands: Incentives and Labour Contracts on Archaeological Digs in Northern Syria in the 1930s', University of Aberdeen Business School, discussion paper (2006)

Tina Hodgkinson, 'Disability and Ableism', a paper presented at the Agatha Christie conference at Solent University, Southampton (5–6 September 2019)

Ann Laver, 'Agatha Christie's Surrey', research paper, copy available at SHC (2013)

Janet Likeman, 'Nursing at University College, London, 1862–1948', PhD thesis, University of London (2002)

Hélène Maloigne, '"Striking the Imagination through the Eye": Relating the Archaeology of Mesopotamia to the British Public, 1920–1939', PhD thesis, University College London (2020)

Henrietta McCall, 'Deadlier Than The Male: The Mysterious Life of Katharine Woolley (1888–1945)'

Margaret C. Terrill, 'Popular (Non) Fiction: The Private Detective in Modern Britain', MA thesis, Dedman College, Southern Methodist University (2016)

Christopher Charles Yiannitsaros, 'Deadly Domesticity: Agatha Christie's "Middlebrow" Gothic, 1930–1970', PhD thesis, University of Warwick (2016)

致　谢

我要感谢以下诸位，允许我引用资料和档案：克里斯蒂档案信托机构的受托人（马修和詹姆斯·普里查德、奈杰尔·伍伦和约翰·马洛温），马修·普里查德（他提供了所有的阿加莎·克里斯蒂未发表信件和诗歌），大英博物馆受托人，帝国战争博物馆，哈罗德·奥伯经纪公司，多萝西·L.塞耶斯信托财产，安东尼·斯蒂恩，阿德莱德·菲尔波茨信托财产，埃克塞特大学图书馆特别馆藏，乔治娜·赫尔曼，尼古拉斯和卡罗琳·克里斯蒂，以及苏·汉密尔顿教授担任所长的伦敦大学考古研究所。阿加莎·克里斯蒂的作品均引自哈珀·柯林斯出版社，@阿加莎·克里斯蒂（1921年、1922年、1923年、1924年、1925年、1930年、1931年、1932年、1933年、1934年、1935年、1936年、1939年、1941年、1942年、1944年、1945年、1946年、1947年、1950年、1952年、1955年、1956年、1962年、1967年、1968年、1975年、1976年）。

我认为之前写过克里斯蒂的作家都非常慷慨。我要感谢马克·奥尔德里奇、肯珀·多诺万、朱利叶斯·格林、艾莉森·莱特、汉丽埃塔·麦考尔、托尼·梅达沃、珍妮特·摩根，当然还有J.C.伯恩塔尔，他们将酷儿理论运用到克里斯蒂的作品中，给了本书创作灵感。我还要感谢劳拉·汤普森的精彩著作《阿加莎·克里斯蒂：英伦之谜》（2007）和贾里德·考尔德的《阿加莎·克里斯蒂和失踪的 11 天》（1998）中所体现的专业知识。朱迪·杜威、马克·奥尔德里奇、托尼·梅达沃、肯珀·多诺万和 J. C. 伯恩塔尔都体贴地阅读了稿件，并进行了详细的修正和改进。同样非常感谢科琳·A.布雷迪、西蒙·布拉德利、朱丽叶·凯莉、保罗·柯林斯、罗莎琳德·克罗恩、约翰·克伦、约翰·柯蒂斯、奥菲莉亚·菲尔德、保罗·芬恩、吉莉安·吉尔、黛西和理查德·古德温、安妮·格雷、埃德加·琼斯、克里斯汀·哈利特、乔治娜·赫尔曼、凯瑟琳·伊贝特、乔希·莱文、简·列维、特蕾西·洛伦、约翰·马洛文、艾伦·麦克亚当、凯蒂·梅赫、迈克尔·莫蒂默牧师、埃莉诺·罗布森、卡罗琳·森顿、朱迪·苏、亚历山德拉·威尔逊和菲利普·齐格勒。感谢雷克瑟姆档案馆的凯文·普兰特，皇家韦尔奇燧发枪博物馆信托基金的受托人，以及国民托管组织的贝琳达·史密斯、劳拉·默里和劳拉·库珀。我也很感激能接触到已故的国民信托志愿者帕特里克·迪珀的研究。我要感谢比尔·道格拉斯电影博物馆的菲尔·威克姆博士和埃克塞特大学特别馆藏的安娜·哈丁，感谢哈罗盖特图书馆的艾夫里尔·麦基恩，感谢哈罗盖特当地历史学家马尔科姆·尼萨姆，感谢皇家精神科医学院的克莱尔·希尔顿。我要特别感谢肯珀·多诺万和已故的凯瑟琳·布罗贝克的精彩播客《关于阿加莎的一切》，还要感谢海伦·玛琳，她在考古研究方面提供了专业的帮助。感谢我的 BBC 同事蕾切尔·贾丁、爱德蒙·莫里亚蒂和埃莉诺·斯库恩斯，感谢他们的工作和友谊。在霍德出版社，我喜欢和鲁珀特·兰开斯特、西亚拉·蒙吉、维罗·诺顿、爱丽丝·莫利和朱丽叶·布莱特莫尔一起工作，我也很感谢文字编辑杰基·刘易斯。在飞马出版社，我衷心感谢克莱本·汉考克，杰西卡·凯斯和整个团队。这是我与我万分想念的文学经纪人费莉希蒂·布莱恩的最后一次合作，非常感谢凯瑟琳·克拉克和费莉希蒂·布莱恩联合公司的所有人，以及特雷西·麦克劳德和她在 KBJ 管理公司的同事们。但我最感激不尽的还是那些慷慨的人，没有他们就不可能有这本书：詹姆斯、马修和露西·普里查德，还有乔·基奥，还有我的朋友和家人，尤其是伊妮德·沃斯利和吉姆·爱默生，当然还有马克·海恩斯。

作者注

前言

1. Godfrey Winn, 'The Real Agatha Christie', *Daily Mail* (12 September 1970)
2. Agatha Christie, *An Autobiography* (1977; 2011 edition) p. 517. 其他所有未加注释的引用均来自同一文献
3. 详见 Gillian Gill, *Agatha Christie: The Woman and Her Mysteries* (1990)

我出生的房间

1. *Torquay Times & South Devon Advertiser* (19 September 1890) p. 1; *Morning Post* (18 September 1890)
2. Richard Hack, *Duchess of Death* (2009) p. 6
3. 1926年警方对失踪人口的描述; Ramsey (1967) p. 22; her passport
4. CAT 影集
5. CAT 米勒家的一本书 'Confessions, An Album to Record Thoughts Feelings' (27 October 1903)
6. 马修·普里查德提供的个人会话记录（2020年9月29日）
7. CAT 'Confessions' (15 October 1897)
8. *Daily Mail* (January 1938)
9. CAT 阿德莱德·罗斯（旧姓菲尔波茨）给阿加莎的信（1966年3月15日）
10. Gillian Gill, *Agatha Christie: The Woman and Her Mysteries* (1990) pp. 5–6
11. 感谢科琳·A. 布雷迪详细而专注的研究
12. CAT 未发表的打字稿《丽人之屋》
13. *Endless Night* (1967); 见 Laura Thompson, *Agatha Christie: An English Mystery* (2007; 2008 edition) p. 7

家族的癫狂史

1. 'The H.B. Claflin Company', *New York Times* (20 April 1890); 科琳·A. 布雷迪
2. 我检查了这条裙子，那是在 2021 年 5 月的格林威别墅，专为这次对话而拿出来的。
3. CAT 第 30 号文件，给美国驻伦敦大使 Whitelaw Reid 的信（1909 年 4 月 2 日）
4. Ian Rowden, 'When Agatha Christie kept the cricket score', *Torquay Times* (24 September 1974)
5. 租赁权出售广告，*The Times*（1880 年 10 月 9 日）
6. Gwen Robyns 在 *The Mystery of Agatha Christie* (1978; 1979 edition) p. 36 中引用 Miss Gwen Petty 的话
7. CAT 'Confessions' (1 May 1871)
8. CAT 洗礼证明书，都柏林驻军（1854 年 3 月 14 日）
9. 这一切都归功于科琳·A. 布雷迪出色的家谱调查。
10. CAT 打字稿《丽人之屋》
11. CAT 克拉拉·米勒手写的家庭诗集"合集"
12. Max Mallowan, *Mallowan's Memoirs* (1977; 2021 edition) p. 196

房间里的东西

1. *Torquay Times and South Devon Advertiser* (6 January 1893) p. 7
2. NT 121991, 克拉拉·米勒手写的"给阿加莎的食谱"
3. Robyns (1978; 1979 edition) pp. 49–50 曾提及
4. NT 122993, 122998, 123010, 122953, 122976, 123024 阿什菲尔德的账单
5. *Daily Mail* (7 December 1926)
6. CAT 'Confessions' (1870)
7. *The Mirror Crack'd from Side to Side,* 1962)8. *By the Pricking of My Thumbs,* 1968
9. Francis Wyndham, 'The Algebra of Agatha Christie', *The Sunday Times* (26 February 1966)
10. Marcelle Bernstein, 'Hercule Poirot is 130', *Observer* (14 December 1969)
11. *Sleeping Murder*, 1976
12. Mallowan (1977; 2021 edition) p. 195
13. *Giant's Bread* (1930)
14. Alison Light, *Forever England: Femininity, Literature and Conservatism between the Wars* (1991; 2013) p. 94
15. CAT 打字稿《丽人之屋》

家道中落

1. *An Autobiography*, p. 103
2. 'A. B. Townsend Tries Suicide', *New York Times* (15 March 1901) p. 1
3. New York Daily Tribune (10 January 1896) p. 7
4. https://www.findagrave.com/memorial/196044102/margaret-frary-watts
5. CAT 未发表的打字稿"那时与现在"（1949）
6. CAT 'Confessions' (n.d.)
7. CAT 蒙蒂的笔记本（1924）
8. CAT 弗雷德里克给克拉拉的信（1901 年 10 月 24 日）
9. CAT 阿加莎给弗雷德里克的信（日期不详，但很可能是 1901 年）
10. *An Autobiography*, p. 111; CAT 文件
11. Hack (2009) p. 28
12. Law Reports – East Africa Protectorate, vol. 4, p. 135; *An Autobiography*, p. 382
13. http://www.nationalarchives.gov.uk/pathways/census/living/making/women.htm; http://www.nationalarchives.gov.uk/pathways/census/events/polecon3.htm
14. *An Autobiography*, p. 113

等待那个男人

1. Juliet Nicolson 在 *The Great Silence: 1918–1920*（2009；2010 edition）pp. 3–4 中引用 Barbara Cartland 的话
2. http://www.nationalarchives.gov.uk/pathways/census/living/making/women.htm
3. CAT 'Confessions' (14 October 897)
4. CAT 玛吉给阿加莎的信（2 月 26 日，年份不详）
5. James Burnett, Delicate, *Backward, Puny and Stunted Children* (1895) pp. 90–91
6. Gillian Franks, *Aberdeen Press and Journal* (23 September 1970) p. 7
7. Wyndham (1966)
8. *Murder Is Easy* (1939)

维多利亚时代最好的盥洗室

1. CAT 未发表的打字稿"那时与现在"（1949）
2. CAT 'Confessions' (19 April 1954)
3. 1901 年英格兰人口普查数据

4. Clare Hartwell, Matthew Hyde and Nikolaus Pevsner, *Cheshire: The Buildings of England* (2011) p. 207
5. Jared Cade, *Agatha Christie and the Eleven Missing Days* (1998; 2011 edition) p. 32
6. *An Autobiography*, p. 139; Cade (1998; 2011 edition) p. 34

盖拉兹宫酒店

1. 早先，这次旅行被认为发生在 1910 年，但是赫里奥波里斯号从 1909 年初就不再开通前往开罗的航线了。因为这点以及其他某些原因，科琳·A. 布雷迪认为这次旅行发生在 1908 年。
2. Artemis Cooper, *Cairo in the War, 1939–45* (1989; 2013 edition) pp. 489, 511
3. Karl Baedeker (firm), *Egypt and the Sudân, Handbook for Travellers* (1908) p. 74
4. CAT 阿加莎年轻时的一本红色皮革相册
5. 根据她的护照
6. CAT 未发表的打字稿"那时与现在"（1949）
7. *Dead Man's Folly* (1956)
8. Bernstein (1969)
9. David Burnett 的博客 williamhallburnett.uk (14 September 2017)
10. CAT 未发表的打字稿 *Snow upon The Desert*, pp. 31, 4–5, 36
11. CAT 伊登·菲尔波茨写给阿加莎的信（1909 年 2 月 6 日）

阿奇登场

1. Robyns (1978; 1979 edition) p. 49 中引用过
2. Julius Green, *Curtain Up – Agatha Christie: A Life in Theatre* (2015; 2018 edition) pp. 45–6
3. *The Secret of Chimneys* (1925)
4. Robert Barnard, *A Talent to Deceive* (1979; 1987 edition) pp. 31–2
5. *Murder on the Orient Express* (1934)
6. Robyns (1978; 1979 edition) p. 66 中引用过
7. SHC 布鲁克伍德和霍洛威精神病院（Brookwood and Holloway Mental Hospitals）的入院记录，其中包括病人阿奇博尔德·克里斯蒂的入院信息，病人编号为 1744。
8. CAT 一个笔记本的复制品，里面手写罗列了阿奇·克里斯蒂一生中发生的事件。
9. *Exeter and Plymouth Gazette* (2 January 1913) p. 5
10. CAT 一个笔记本的复制品，里面手写罗列了阿奇·克里斯蒂一生中发生的事件。
11. *Western Daily Mercury* (28 December 1912) p. 4

12. https://www.thegazette.co.uk/London/issue/28725/page/3914

托基市政厅

1. https://www.rafmuseum.org.uk/research/online-exhibitions/rfc_centenary/therfc/the-central-flying-school.aspx
2. CAT 阿奇给阿加莎的信"周一晚 10 点于内瑟拉文，皇家飞行队"（1913 年，日期不详）
3. CAT 阿奇给阿加莎的信"周日于内瑟拉文，皇家飞行队"（1913 年，日期不详）
4. CAT 阿奇给阿加莎的信"周三于皇家飞行队"（1913，日期不详）
5. CAT 阿奇博尔德·克里斯蒂的飞行日志副本（1913）
6. CAT 阿奇给阿加莎的信"周日于皇家飞行队"（1913，日期不详）
7. CAT 阿奇给阿加莎的信"周三于皇家飞行队"（1913，日期不详）
8. CAT 阿奇给阿加莎的信"周三于内瑟拉文，皇家飞行队"（1913 年，日期不详）
9. TNA AIR 76/86/79
10. Peter Wright, 'In the Shadow of Hercule: The War Service of Archibald Christie', *Cross & Cockade International*, vol. 41/3 (2010) pp. 161–4, 162
11. John Howard Morrow, *The Great War In The Air: Military Aviation from 1909 to 1921* (1993) p. xv
12. CAT 阿奇给阿加莎的信"周日于皇家飞行队"（1914，日期不详）
13. *Unfinished Portrait* (1934)
14. CAT 阿奇博尔德·克里斯蒂的照片（no. 53218a, 拉法耶特照相馆）
15. *Giant's Bread* (1930)
16. 帝国战争博物馆的音频采访，存取编号 493（1974 年 10 月 16 日）
17. Franks (1970) p. 5
18. 帝国战争博物馆的音频采访，存取编号 493（1974 年 10 月 16 日）
19. Vera Brittain, *Testament of Youth*, (1933) p. 210
20. Brittain (1933) pp. 213; 211
21. Christine E. Hallett, *Nurse Writers of the Great War* (2016) p. 190
22. Alison S. Fell and Christine E. Hallett, eds., *First World War Nursing: New Perspectives* (2013)
23. *Giant's Bread* (1930)
24. John Curran, *Agatha Christie's Secret Notebooks* (2009; 2010 edition) p. 309
25. 阿加莎·米勒的红十字服务卡，museumandarchives.redcross.org.uk/objects/ 28068

26. Clementina Black, *Married Women's Work* (1915) p. 1
27. 帝国战争博物馆的播客《第一次世界大战之声：休假回家》中的英国列兵托马斯·贝克（Thomas Baker）https://www.iwm.org.uk/history/voices-of-thefirst-world-war-home-on-leave
28. 帝国战争博物馆的音频采访，存取编号 493（1974 年 10 月 16 日）
29. CAT 影集《我们在大战中所做的事情》，收录一篇恶搞杂志《礼仪提示》
30. 同上,《M. E. 关于酷儿女性的梦》
31. 玛丽昂·艾琳·莫里森小姐（Marion Eileen Morris）的红十字会服务卡，vad.redcross.org.uk
32. CAT 影集《我们在大战中所做的事情》，收录一篇恶搞杂志《警察法庭新闻，托基的验尸官调查》

爱与死亡

1. CAT 阿奇博尔德·克里斯蒂战时日志的副本
2. *London Gazette* (20 October 1914)
3. Patrick Bishop, *Fighter Boys* (2003) p. 10
4. Bishop (2003) p. 12 曾提及
5. TNA AIR1/742/204/2/50 (25 May 1915) quoted in Peter Wright, 'In the Shadow of Hercule: The War Service of Archibald Christie', *Cross & Cockade International*, vol. 41/3 (2010) pp. 161–4, p. 163
6. *The Murder on the Links* (1923)
7. CAT 阿奇博尔德·克里斯蒂战时日志的副本
8. *Giant's Bread* (1930)
9. https://www.nationalarchives.gov.uk/first-world-war/home-front-stories/love-and-war/
10. CAT《1915 年的 A. A. 字母表》（THE A.A. ALPHABET for 1915）的打字稿。
11. CAT 阿奇写的《A. M. C. 米勒小姐的性格》（'Character of Miss A.M.C. Miller'，1916 年 7 月 9 日）
12. Janet H. Howarth, *Women in Britain* (2019) p. xxxiv
13. Gill (1990) p. 56; *A Caribbean Mystery* (1964)
14. Quoted in Nicolson (2009; 2010 edition) p. 123
15. Marie Stopes, *Married Love* (1918) Chapter 5, p. 7
16. CAT 阿奇给阿加莎的信（1915 年 12 月 21 日）
17. 同上

18. CAT 阿奇给阿加莎的信（疑似写于 1916 年某月的 26 日，具体日期不详）
19. Wright (2010) p. 163
20. CAT 阿奇给阿加莎的信（1917 年 4 月 4 日）
21. *Unfinished Portrait* (1934)

与波洛相遇

1. Anthony Thwaite, ed., Further Requirements, Philip Larkin (2001; 2013 edition) p. 57 曾提到
2. 'In a Dispensary', 在 Star Over Bethlehem and other stories (2014 edition) p. 207 中重新面世
3. CAT 第 40 号笔记本；Janet Morgan, *Agatha Christie: A Biography* (1984; 2017 edition) p. 70
4. Lynn Underwood, ed., *Agatha Christie, Official Centenary Edition* (1990) p. 18
5. Kathryn Harkup, *A Is For Arsenic: The Poisons of Agatha Christie* (2015) pp. 291–307, p. 71
6. *An Autobiography*, p. 211
7. 见 Gill (1990) pp. 55–61 及 Light (1991; 2013) pp. 66–7 中对《斯泰尔斯庄园奇案》(*Styles*) 引人入胜的解读。
8. *Unfinished Portrait* (1934)
9. Peter Hart 在 *Fire and Movement: The British Expeditionary Force and the Campaign of 1914* (2014) p. 256 中引用的 Rupert Brooke 的话
10. *Curtain* (1975)
11. Arthur Conan Doyle, *A Study in Scarlet* (1887; 1974 edition) p. 43
12. *The Murder on the Links* (1923)

莫兰德酒店

1. Nigel Dennis, 'Genteel Queen of Crime', *Life* (May 1956) p. 102
2. 莫兰德酒店的广告 (1916)，见 Bret Hawthorne, *Agatha Christie's Devon* (2009) p. 71
3. Charles Osborne, *The Life and Crimes of Agatha Christie* (1982; 2000 edition) p. viii
4. Eden Phillpotts, *My Devon Year* (1916) p. 192
5. Bernstein (1969)
6. Gill (1990) p. 46
7. Gill (1990) pp. 47–57

迁居伦敦

1. Nicola Humble, *The Feminine Middlebrow Novel*, 1920s to 1950s (2001) p. 111
2. Nicolson (2009; 2010 edition) p. 7
3. Humble (2001) p. 125
4. Alison Light, *Mrs Woolf and the Servants* (2007) p. 132
5. Nicolson (2009; 2010 edition) p. 37 中曾引用
6. The Labour Research Department, *Wages Prices and Profits* (1922) pp. 54, 63, 87
7. George Orwell, *The Road to Wigan Pier* (1937; 2021 edition) p. 84
8. Howarth (2019) p. xiv
9. Howarth (2019) p. 1
10. *Unfinished Portrait* (1934)
11. Suzie Grogan, *Shell Shocked Britain: The First World War's Legacy for Britain's Mental Health* (2014) pp. 99–136

罗莎琳德

1. CAT 'Confessions' (27 October 1903)
2. *Evil under the Sun* (1941)
3. *Unfinished Portrait* (1934)
4. *Unfinished Portrait* (1934)
5. 见 Thompson (2007; 2008 edition) p. 123–5
6. CAT 阿加莎给马克斯的信（1944 年 2 月 20 日）
7. *The Body in the Library* (1942)
8. Humble (2001) p. 116
9. Nicolson (2009; 2010 edition) p. 183
10. Sarah Cole 在 *Modernism, Male Friendship, and the First World War*（2003）p. 206 中引用 Philip Gibbs 的话
11. *Unfinished Portrait* (1934)

英国任务

1. CAT 伊登·菲尔波茨给阿加莎的信（1909 年 2 月 6 日）
2. Underwood (1990) p. 34 中曾提及
3. Peter D. McDonald, 'Lane, John', *Oxford Dictionary of National Biography* (2004)

4. BHL 读者对《斯泰尔斯庄园奇案》的反馈（其中一份的日期为 1919 年 10 月 7 日）
5. James Carl Bernthal, 'A Queer Approach to Agatha Christie', PhD thesis, University of Exeter (2015) p. 29
6. *The Man in the Brown Suit* (1924)
7. *Pall Mall Gazette* (20 January 1922)
8. Matt Houlbrook, 'How the "Roaring Twenties" myth obscures the making of modern Britain', https://www.historyextra.com/period/20th-century/roaringtwenties-myth-britain-british-history-1920s-interwar-why-important
9. Light (1991; 2013 edition) p. 90
10. *The Times* (21 January 1922)
11. Mathew Prichard, ed., Agatha Christie: The Grand Tour (2012) p. 31 中曾提及
12. Hilary Macaskill, *Agatha Christie at Home* (2009; 2014 edition) p. 24
13. Prichard, ed., (2012) pp. 223, 156 曾提及
14. 同上, pp. 98, 90
15. 同上, p. 344

冒险小说

1. John Curran, 'An introduction' to *The Mysterious Affair at Styles* (1921; 2016 edition) p. 1
2. *Times Literary Supplement* (2 March 1921); Hack (2008) p. 75
3. Dennis Sanders and Len Lovallo, *The Agatha Christie Companion* (1984) p. 10
4. Harkup (2015) p. 15
5. Underwood (1990) p. 34 曾提及。
6. BHL 阿加莎给巴兹尔·威利特的信（1920 年 10 月 19 日）
7. *Pall Mall Gazette* (20 January 1922)
8. Adrian Bingham, 'Cultural Hierarchies and the Interwar British Press' in Erica Brown and Mary Grover, eds., *Middlebrow Literary Cultures: The Battle of the Brows, 1920–1960* (2012) pp. 55–68
9. Maroula Joannou, *The History of British Women's Writing*, 1920–1945 (2012; 2015 edition) pp. 1; 3
10. *The Murder at the Vicarage* (1930)
11. EUL MS 99/1/1956/1 阿加莎给科克的信（1956 年 1 月 8 日）
12. Virginia Woolf, 'Middlebrow' (1932) in *The Death of the Moth and Other Essays* (1942) p. 119; Christopher Charles Yiannitsaros, 'Deadly Domesticity: Agatha Christie's 'Middlebrow

Gothic, 1930–1970', PhD thesis, University of Warwick (2016) p. 30

13. Joannou (2012; 2015 edition) p. 15
14. Merja Makinen, *Agatha Christie: Investigating Femininity* (2006) p. 30; *The Secret Adversary* (1922)
15. Bernthal (2015) pp. 26–7
16. *Daily Mail* (19 May 1923)
17. BHL 阿加莎给巴兹尔·威利特的信（1920 年 9 月 17 日）；阿奇给博德利·黑德出版社的信（1921 年 10 月 3 日）；阿加莎给巴兹尔·威利特的（1921 年 12 月 6 日）
18. Robyns (1978; 1979 edition) p. 77 曾提及
19. BHL 阿加莎给巴兹尔·威利特的信（1923 年 11 月 4 日）
20. Cade (1998; 2011 edition) p. 66
21. 同上，p. 53; Hack (2009) p. 84
22. Margaret Forster, *Daphne du Maurier* (1993) p. 235
23. *The Secret of Chimneys* (1925); Gill (1990) pp. 81–2
24. Bernstein (1969)
25. Osborne (1982; 2000 edition) p. 43
26. *Why Didn't They Ask Evans?* (1934)
27. Gill (1990) p. 90
28. Barnard (1979; 1987 edition) p. 17

桑宁代尔

1. 在 Trümpler（1999；2001 edition）p. 390 中再版
2. Bernard Darwin, *The Sunningdale Golf Club* (1924) pp. 8, 12
3. Andrew Lycett, Ian Fleming: The Man Who Created James Bond (1995) p. 387 中曾被提及
4. *The Secret of Chimneys* (1925)
5. Howarth (2019) p. 41 曾引用 Margaret Rhondda, Leisured Woman (1928) 中的表达
6. CAT《1915 年的 A. A. 字母表》(THE A.A. ALPHABET for 1915) 的打字稿
7. 关于这几点，感谢克里斯汀·哈利特
8. Cade (1998; 2011 edition) p. 57
9. CAT 阿加莎给马克斯的信（1930 年 11 月 5 日）
10. CAT 玛吉给吉米·米勒的信（1924 年，日期不详）
11. *The Secret of Chimneys* (1925); The Secret Adversary (1922)
12. CAT 戏剧《十年》的剧本打字稿

13. Green (2015; 2018 edition) p. 50
14. *The Sittaford Mystery* (1931)
15. CAT 蒙蒂的笔记本 (1924)
16. *Western Times* (2 April 1931)
17. *Western Morning News* (22 July 1926) p. 2
18. CAT 蒙蒂的笔记本 (1924); Thompson (2007; 2008 edition) pp. 54–5
19. Nicolson (2009; 2010 edition) pp. 133–4
20. *Giant's Bread* (1930)
21. CAT 蒙蒂的笔记本（1924）
22. *Western Times* (2 April 1931) p. 1
23. *Torquay Times and South Devon Advertiser* (28 May 1987) p. 3

斯泰尔斯庄园奇案

1. Sanders and Lovallo (1984) p. 35 中引用 *Daily Sketch* 的内容
2. Wyndham (1966)
3. Quoted in Ramsey (1967) p 37
4. *Daily Mail* (27 May 1926)
5. *Westminster Gazette* (6 June 1925) p. 10; *The Times* (17 May 1927)
6. *Daily Express* (10 December 1926)
7. Rosalind Hicks in *The Times* (8 September 1990) p. 65
8. *Daily Mail* (7 December 1926)
9. https://www.peterharrington.co.uk/blog/wp-content/uploads/2016/09/Christie.pdf
10. Morgan (1984; 2017 edition) pp. 130–134 中大致记录的夏洛特·费舍尔写给罗莎琳德的信
11. *Westminster Gazette* (8 December 1926) p. 1
12. Morgan (1984; 2017 edition) p. 128
13. *Portsmouth Evening News*(20 August 1926) 中提及 "伦敦先生" 在 *Daily Graphic* 上表达的内容。
14. *Montrose, Arbroath and Brechin Review* (6 March 1925) p. 3
15. *Dundee Courier* (17 December 1926)
16. CAT 阿奇给阿加莎的信 "周三于内瑟拉文皇家飞行队"（1913 年，日期不详）
17. CAT 阿加莎给马克斯的信（1944 年 5 月 9 日）
18. *Murder Is Easy* (1939)

19. Yiannitsaros (2016) p. 11
20. *Daily Mail* (10 December 1926)
21. *The Times* (3, 4 December 1926)

失踪

1. *Daily Mail* (10 December 1926)
2. *Daily Mail* (7 December 1926)
3. *Daily Mail* (7 December 1926)
4. Bernard Krönig in *Goodwin's Weekly* (1915) vol. 16, p. 11
5. *Daily Mail* (7 December 1926)
6. *Daily Mail* (10 December 1926)
7. *Daily Mail* (11 December 1926)
8. *Daily Mail* (7 December 1926)
9. *Daily Mail* (9 December 1926)
10. *Daily Mail* (11 December 1926)
11. *Daily Mail* (16 February 1928)
12. *Daily Mail* (9 December 1926)
13. *Daily Mail* (16 February 1928)
14. *Daily Mail* (6 December 1926)
15. *Daily Mail* (9 December 1926)
16. *Daily Mail* (7 December 1926)
17. 'She must leave this house', *Daily Mail* (15 December 1926); Morgan (1984; 2017 edition) p. 155
18. *Daily Express* (15 December 1926)
19. Morgan (1984; 2017 edition) p. 155
20. *Daily Mail* (7 December 1926)
21. *Daily Mail* (16 February 1928)
22. *Daily Mail* (9 December 1926)
23. *Daily Mail* (11 December 1926)
24. *Surrey Advertiser* (11 December 1926) pp. 6–7
25. *Daily Mail* (16 February 1928)
26. *Daily Mail* (6 December 1926)
27. *Daily Mail* (11 December 1926)

28. *Unfinished Portrait* (1934)
29. *The Hollow* (1946)
30. Mallowan (1977; 2021 edition) p. 201
31. *Daily Mail* (16 February 1928)
32. *Daily Mail* (6 December; 9 December 1926)
33. TNA HO 45/25904
34. *Daily Express* (7 December 1926)
35. TNA HO 45/25904
36. Andrew Norman, Agatha Christie, *The Disappearing Novelist* (2014) p. 107
37. *Daily Express* (16 May 1932)
38. *Surrey Advertiser* (18 December 1926) p. 6
39. *Daily Mail* (11 December 1926)
40. Ritchie Calder, 'Agatha and I', *New Statesman* (30 January 1976) p. 128
41. *Daily Express* (11 December 1926)

哈罗盖特水疗酒店

1. Rachel Aviv, 'How A Young Woman Lost Her Identity', *New Yorker* (26 March 2018)
2. 同上
3. Hubert Gregg, *Agatha Christie and All That Mousetrap* (1980) p. 36
4. *Daily Mail* (16 February 1928)
5. *Daily Mail* (15 December 1926)
6. *Daily Mail* (16 February 1928)
7. *Daily Mail* (17 December 1926)
8. 根据 *The Times*, Norman (2014) p. 43 中曾提及
9. *Daily Mail* (16 February 1928)
10. Bernstein (1969)
11. *Daily Mail* (16 February 1928)
12. 我非常感激特雷西·洛伦和克里斯汀·哈雷特的帮助
13. 我非常感激贝特莱姆皇家医院（Bethlem Royal Hospital）的戴维·拉克为我提供的帮助
14. Mrs da Silva in the *Daily Mail* (7 December 1926)
15. *Daily Mail* (15 December 1926)
16. Richard Metcalfe, *Hydropathy in England* (1906) p. 214
17. *Daily Mail* (15 December 1926)

18. Cade (1998; 2011 edition) p. 137
19. *Daily Mail* (15 December 1926)
20. Cade (1998; 2011 edition) p. 126 中详细转述了罗西·阿舍的提供的证据
21. *Daily Mail* (16 December 1926)
22. *Daily Express* (15 December 1926)
23. TNA HO 45/25904
24. *The Times* (7 December 1926)
25. *Daily Mail* (7 December 1926)
26. *Daily Mail* (7 December 1926)
27. *Surrey Advertiser* (18 December 1926) p. 6
28. *Daily Mail* (15 December 1926)
29. Robyns (1978; 1979 edition) p. 105 引用了 Ritchie Calder 的内容
30. *Daily Mail* (11 December 1926)
31. Cade (1998; 2011 edition) p. 93 中引用了 *Daily Sketch* 的内容
32. *Daily Mail* (15 December 1926)
33. Cade (1998; 2011 edition) p. 125
34. *New York Times* (6 December 1926)
35. Cade (1998; 2011 edition) pp. 124–5
36. *Daily Mail* (15 December 1926)
37. *Daily Express* (10 December 1926)
38. *Daily Mail* (17 December 1926)
39. *Daily News* (7 December 1926) p. 7
40. *Westminster Gazette* (7 December 1926) p. 1
41. Mrs da Silva in *Daily Mail* (7 December 1926)
42. *Daily Mail* (8 December 1926)
43. Wilfred Harris, *Nerve Injuries and Shock* (1915) p. 108
44. 非常感谢特雷西·洛伦指出了这一点
45. *Daily Mail* (8 December 1926)
46. *Daily Mail* (15 December 1926)
47. *Daily Express* (15 December 1926)
48. *Westminster Gazette* (8 December 1926) p. 1; TNA HO 45/25904
49. *Daily Telegraph* (15 December 1926) p. 11
50. 'Why people disappear', *Daily Mail* (7 December 1926) 中引用了 Agatha Christie, 'The

Disappearance of Mr Davenheim' 的内容

51. *Daily Express* (16 May 1932)
52. *Daily Mail* (8 December 1926)
53. *Daily Mail* (8 December 1926)
54. *The Times* (8 December 1926)
55. *The Times* (8 December 1926)
56. *Daily Mail* (14 December 1926)
57. *Daily Express* (9 December 1926)
58. *Daily Express* (9 December 1926)
59. *Daily Mail* (9 December 1926)
60. *Daily Express* (9 December 1926)
61. *Armstrong's Illustrated Harrogate Hand-book* (1900) p. 38
62. *Daily Mail* (16 February 1928)
63. *Daily Express* (9 December 1926)
64. *Daily Mail* (16 February 1928)
65. Cade (1998; 2011 edition) p. 126 中曾提及
66. *The Times* (11 December 1926) p. 1
67. *Daily Express* (13 December 1926)
68. *Westminster Gazette* (9 December 1926) p. 1
69. *Daily Mail* (16 February 1928)
70. *Daily Mail* (16 December 1926)
71. *Daily Mail* (16 December 1926)
72. Ritchie Calder (1976)
73. Robyns (1978; 1979 edition) p. 101
74. *Daily Mail* (9 December 1926)
75. Cade (1998; 2011 edition) p. 126
76. *Daily Mail* (10 December 1926)
77. *Daily Mail* (10 December 1926)
78. *Baltimore Sun* (12 December 1926)
79. Thompson (2007; 2008 edition) p. 228 中引用 *Evening News*
80. *Daily Mail* (11 December 1926)
81. Cade (1998; 2011 edition) p. 126
82. *Daily Telegraph* (11 December 1926) p. 5

83. *Daily Telegraph* (15 December 1926) p. 11
84. *The Times* (13 December 1926)
85. *Daily Mail* (10 December 1926)
86. *Daily Mail* (13 December 1926)
87. John Michael Gibson and Richard Lancelyn Green eds., *Arthur Conan Doyle, Letters to the Press* (1986) p. 322
88. *Daily Express* (13 December 1926)
89. Edgar Wallace, 'My Theory of Mrs Christie', *Daily Mail* (11 December 1926)
90. Harris (1915) p. 108
91. *Daily Telegraph* (13 December 1926) p. 9
92. *Daily Mail* (11 December 1926)
93. *Daily Mail* (14 December 1926)
94. Cade (1998; 2011 edition) p. 131
95. Hack (2009) p. 98
96. Production notes for the 1979 film *Agatha*, copy at the Bill Douglas Cinema Museum, Exeter, p. 6
97. Cade (1998; 2011 edition) pp. 118–9
98. *The Times* (14 December 1926)
99. *Daily Mail* (14 December 1926)

再度出现

1. *Daily Express* (15 December 1926)
2. *Daily Mail* (15 December 1926)
3. *The Times* (15 December 1926)
4. *Daily Express* (15 December 1926)
5. *Daily Mail* (15 December 1926)
6. *Daily Mail* (15 December 1926)
7. *Daily Mail* (15 December 1926)
8. *Daily Mail* (16 December 1926)
9. *Daily Mail* (15 December 1926)
10. *Yorkshire Post* (15 December 1926) p. 10
11. *Daily Mail* (15 December 1926)
12. Gibson and Green, eds., (1986)

13. *Daily Express* (16 December 1926)

14. *Daily Mail* (16 December 1926)

15. *New York Times* (16 December 1926); *Manchester Guardian* (16 December 1926)

16. *Daily Express* (16 December 1926)

17. *Daily Mail* (16 December 1926)

18. *Daily Mail* (17 December 1926)

19. *New York Times* (16 December 1926)

20. *Daily Mail* (15 December 1926)

21. *Daily Mail* (16 December 1926)

22. *Daily Mail* (17 December 1926)

23. George Rothwell Brown, 'Post-scripts', *Washington Post* (16 December 1926)

24. *Surrey Advertiser* (18 December 1926) p. 6

25. *Daily Mail* (17 December 1926)

26. *Daily Telegraph* (11 February 1927) p. 6

27. TNA HO 45/25904

28. *Westminster Gazette* (17 December 1926) p. 2

29. *New York Times* (17 December 1926)

30. *Daily Express* (17 December 1926)

31. *Daily Mail* (17 December 1926)

32. *The Times* (17 December 1926)

33. Rosalind Hicks in *The Times* (8 September 1990) p. 65

34. Donald Elms Core, *Functional Nervous Disorders* (1922) p. 349

35. *Daily Mail* (16 February 1928)

36. Morgan (1984; 2017 edition) p. 148

37. *Giant's Bread* (1930)

38. William Brown, *Suggestion and Mental Analysis* (1922) pp. 22, 41; Grogan (2014) pp. 99–101

39. 我在此感谢特雷西·洛伦,和特别是蕾切尔·贾丁对1920年代心理治疗提出的意见

40. Harris (1915) pp. 109–108

41. *Daily Mail* (16 February 1928)

42. Harris (1915) p. 109; p. 108

43. Core (1922) p. 357

44. CAT 阿加莎给马克斯的信（1930年5月，日期不详）

45. *The Times*, law report (10 February 1928)
46. *Daily Mail* (16 February 1928)
47. Lawrence Stone, *The Road to Divorce, 1530–1987* (1990) p. 396
48. Robyns (1978; 1979 edition) p. 129
49. *The Times*, 'Decree Nisi for a Novelist' (21 April 1928)
50. *Unfinished Portrait* (1934)
51. TNA J 77/2492/7646 divorce court file
52. Document kept 'in a writing case along with Archie's letters', quoted in Morgan (1984; 2017 edition) p. 165, not found at CAT
53. Mallowan (1977; 2021 edition) p. 195
54. 见 John Baxendale and John Shapcott's contributions to Erica Brown and Mary Grover, eds., *Middlebrow Literary Cultures: The Battle of the Brows, 1920–1960* (2012)
55. Osborne (1982; 2000 edition) p. 57
56. Elizabeth Walter, 'The Case of the Escalating Sales' in H.R.F. Keating, ed., *Agatha Christie: First Lady of Crime* (1977) pp. 13–24, p. 15
57. A.L. Rowse, *Memories and Glimpses* (1980, 1986 edition) p. 78

美索不达米亚

1. CAT 一首诗的打字稿《选择》
2. CAT 阿加莎给马克斯的信（日期不详，可能是 1930 年 11 月）
3. *Come, Tell Me How You Live* (1946) p. 12
4. Andrew Eames, *The 8.55 to Baghdad, London* (2004; 2005 edition) p. 274
5. Hélène Maloigne, ' "Striking the Imagination through the Eye" : Relating the Archaeology of Mesopotamia to the British Public, 1920–1939', PhD thesis, University College London (2020) p. 43
6. *Murder on the Orient Express* (1934)
7. Trümpler (1999; 2001 edition) p. 330
8. Mallowan (1977; 2021 edition) p. 34
9. *Come, Tell Me How You Live* (1946, 2015 edition) p. 49
10. *The Secret of Chimneys* (1925)
11. Judy Suh, 'Agatha Christie in the American Century', *Studies in Popular Culture*, vol. 39 (Fall 2016) p. 71
12. Maloigne (2020) p. 12

13. Mallowan (1977; 2021 edition) p. 35
14. It's often incorrectly said he used a pistol. The research of Henrietta McCall in the National Archives for her detailed biographical study of Katharine Woolley, 'More Deadly Than The Male: The Mysterious Life of Katharine Woolley (1888–1945)', puts the record straight
15. Kaercher (2016) 中曾提及 ; H.V.F. Winstone, *Woolley of Ur* (1990) pp. 137–9
16. Winstone (1990) p. 143 中曾提及
17. Winstone (1990) p. 147
18. Mallowan (1977; 2021 edition) pp. 36, 208

与马克斯相遇

1. NT 123598 伦纳德·伍利给马克斯·马洛温的信（1927 年 8 月 2 日）
2. 'The World This Weekend' (11 September 1977) BBC Archive
3. 完整的传记参见 Henrietta McCall, *The Life of Max Mallowan* (2001)
4. Mallowan (1977; 2021 edition) p. 36
5. Mallowan (1977; 2021 edition) p. 29
6. NT 123593 玛格丽特·马洛温给马克斯·马洛温的信（1926 年 12 月 2 日）
7. Mallowan (1977; 2021 edition) p. 14
8. NT 123612.1 玛格丽特·马洛温给弗雷德里克·马洛温的信（1929 年 12 月 27 日）
9. Mallowan (1977; 2021 edition) p. 19
10. NT 123591 马克斯·马洛温给玛格丽特·马洛温的信（1919 年 2 月 16 日）
11. NT 123665 玛格丽特·马洛温给马克斯·马洛温的信（1926 年 11 月 23 日）
12. Mallowan (1977; 2021 edition) p. 28
13. Mallowan (1977; 2021 edition) p. 36
14. McCall (2001) pp. 41–3
15. CAT 阿加莎给马克斯的信（1930 年，日期不详）
16. CAT 马克斯给阿加莎的信（1930 年 11 月 23 日）
17. CAT 阿加莎给马克斯的信（1930 年，日期不详）
18. CAT 阿加莎给马克斯的信（1930 年，日期不详）

我想我会嫁给你

1. CAT 阿加莎给马克斯的信（1930 年，日期不详）
2. CAT 马克斯给阿加莎的信（1930 年 5 月 14 日）
3. CAT 阿加莎给马克斯的信（1930 年，日期不详）

4. CAT 阿加莎给马克斯的信（1930 年 12 月 11 日）
5. CAT 阿加莎给马克斯的信（1931 年 10 月 23 日）
6. CAT 阿加莎给马克斯的信，于阿什菲尔德（1930 年 5 月 21 日）
7. *Murder in Mesopotamia* (1936)
8. CAT 马克斯给阿加莎的信（1930 年 9 月 1 日）
9. CAT 马克斯给阿加莎的信（1930 年 5 月 13 日）
10. CAT 阿加莎给马克斯的信（日期不详，但可能是 1930 年 11 月）
11. CAT 阿加莎给马克斯的信（1930 年 5 月 21 日）
12. CAT 马克斯给阿加莎的信（1930 年 5 月 14 日）
13. CAT 马克斯给阿加莎的信（1930 年 5 月 19 日）
14. CAT 阿加莎给马克斯的信（日期不详，1930 年 5 月）
15. CAT 马克斯给阿加莎的信（1930 年 5 月 15 日）
16. CAT 马克斯给阿加莎的信（1930 年 9 月 6 日）
17. CAT 阿加莎给马克斯的信（日期不详，1930 年 5 月）
18. CAT 阿加莎给马克斯的信（日期不详，但可能是 1930 年 11 月）
19. CAT 阿加莎给马克斯的信（日期不详，1930 年）
20. CAT 马克斯给阿加莎的信（1945 年 2 月 25 日）
21. CAT 阿加莎给罗莎琳德的信（日期不详，1971 年 7 月）
22. CAT 阿加莎给马克斯的信（日期不详，1930 年 7 月）
23. CAT 马克斯给阿加莎的信（1945 年 7 月 31 日）
24. CAT 阿加莎给马克斯的信（日期不详，可能是 1930 年秋）
25. CAT 阿加莎给马克斯的信（1930 年 5 月 21 日）
26. CAT 马克斯给阿加莎的信（1930 年 7 月 18 日）
27. CAT 马克斯给阿加莎的信（1930 年 7 月 31 日）
28. CAT 马克斯给阿加莎的信（1930 年 5 月 14 日）
29. CAT 马克斯给阿加莎的信（1930 年 8 月 26 日）
30. NT 123612.1 Marguerite Mallowan to Frederick Mallowan（1929 年 12 月 27 日）
31. CAT 阿加莎给马克斯的信（日期不详，1930 年）
32. CAT 马克斯给阿加莎的信（1930 年 9 月 1 日）
33. CAT 马克斯给阿加莎的信（1930 年 7 月 29 日）
34. CAT 马克斯给阿加莎的信（1930 年 9 月 4 日）
35. *Towards Zero* (1944)
36. CAT 马克斯给阿加莎的信（1930 年 8 月 27 日）

37. CAT 阿加莎给马克斯的信（1930 年 8 月，日期不详）
38. CAT 马克斯给阿加莎的信（1930 年 8 月 1 日）
39. CAT 马克斯给阿加莎的信（1930 年 8 月 17 日）
40. *Daily Express* (17 September 1930)
41. CAT 第 40 号笔记本
42. CAT 阿加莎给马克斯的信（1930 年 10 月，日期不详）
43. CAT 马克斯给阿加莎的信（1930 年 11 月 8 日）
44. CAT 阿加莎给马克斯的信（1930 年秋，日期不详）
45. CAT 马克斯给阿加莎的信（1930 年 12 月 15 日）
46. CAT 阿加莎给马克斯的信（1931 年 10 月 10 日）
47. CAT 阿加莎给马克斯的信（1931 年 12 月 31 日）
48. CAT 阿加莎给马克斯的信（1930 年 12 月 24 日）

八幢房子

1. Light (1991; 2013 edition) p. 94
2. Wyndham (1966); Yiannitsaros (2016) p. 41
3. *Death on the Nile* (1937)
4. Yiannitsaros (2016) p. 13
5. *The Secret Adversary* (1922)
6. Agatha Christie, 'Detective Writers in England', republished in Martin Edwards, ed., *Ask A Policeman* (1933; 2013 edition) pp. xiii–xx, p. xx
7. Humble (2001) p. 124
8. Dennis (1956) p. 88
9. Light (1991; 2013 edition) p. 94
10. Thompson (2007; 2008 edition) p. 284 曾引用 *Star* 中的内容。
11. CAT 阿加莎给马克斯的信（1930 年 11 月 26 日）
12. quotedEdwards, ed. (1933; 2013 edition) p. v 引用 Dorothy L. Sayers
13. CAT 阿加莎给马克斯的信（1930 年 11 月，日期不详）；(日期不详，但有可能是 1930 年 12 月 5 日）
14. Thompson (2007; 2008 edition) p. 506 中曾提及
15. Mark Aldridge, *Agatha Christie on Screen* (2016) pp. 59–62 中曾引用
16. CAT 多萝西·L. 赛耶斯给阿加莎的信（1930 年 12 月 17 日）
17. CAT 罗莎琳德给阿加莎的信（1931 年 2 月 7 日）

18. NT Rosalind Christie, Benenden School Report (summer term, 1935)
19. CAT 阿加莎给马克斯的信（1930 年 11 月 5 日）
20. CAT 阿加莎给马克斯的信（1930 年 11 月 26 日）
21. CAT 阿加莎给马克斯的信（1931 年 10 月 13 日）
22. CAT 阿加莎给马克斯的信（1931 年 10 月 23 日）
23. CAT 阿加莎给马克斯的信（1931 年 10 月 10 日）
24. CAT 马克斯给阿加莎的信（1931 年 10 月 25 日）
25. CAT 马克斯给阿加莎的信（1942 年 9 月 27 日）
26. 阿加莎在自传中错误地将其写为了 "48 号"，见 Emily Cole, ed., Lived in London, *Blue Plaques and the Stories Behind Them* (2009) p. 211
27. Gill (1990) p. 10
28. M.E.L. Mallowan, *Twenty-Five Years of Mesopotamian Discovery* (1959) p. 1
29. BM Archives CE32/42/6, 西德尼·史密斯的信（1932 年 5 月 3 号）
30. BM Archives CE32/42/25/1 (21 November 1932)
31. Reproduced in Michael Gilbert, 'A Very English Lady' in Keating, ed. (1977) p. 64
32. Mallowan (1977; 2021 edition) p. 302
33. Stuart Campbell, 'Arpachiyah' in Trümpler (1999; 2001 edition) pp. 89–103
34. Trümpler (1999; 2001 edition) p. 167
35. NT 123770.2 undated shopping list for an expedition in Agatha's hand
36. Dr Juliette Desplatt, 'Decolonising Archaeology in Iraq?' The National Archive Blog (27 June 2017) https://blog.nationalarchives.gov.uk/decolonising–archaeologyiraq
37. NT 123609 马克斯给 *Mentor* 杂志的信，纽约（1929 年 9 月 29 日）
38. Richard Ollard, ed., *The Diaries of A.L. Rowse* (2003) p. 437
39. Tim Barmby and Peter Dalton, 'The Riddle of the Sands, Incentives and Labour Contracts on Archaeological Digs in Northern Syria in the 1930s', University of Aberdeen Business School (2006)
40. Tom Stern, 'Traces of Agatha Christie in Syria and Turkey' in Trümpler (1999; 2001 edition) pp. 287–302; pp. 300–301
41. *The Secret of Chimneys* (1925)
42. *Come, Tell Me How You Live* (1946; 2015 edition) p. 7
43. McCall (2001) p. 124
44. Mallowan (1977; 2021 edition) p. 48
45. CAT 罗莎琳德给阿加莎的信（1936 年 1 月 27 日）

46. CAT 罗莎琳德给马克斯的信（"周四"，具体年月不详，但可能是 1936 年 5 月）
47. CAT 罗莎琳德给阿加莎的信（1936 年 5 月 25 日）
48. CAT 阿加莎给罗莎琳德的信（1937 年 1 月 30 日）
49. CAT 阿加莎给马克斯的信（1944 年 4 月 9 日）
50. Macaskill (2009; 2014 edition) p. 50
51. Macaskill (2009; 2014 edition) p. 50 中引用了科林·史密斯在 *Torquay Herald Express* (1990) 中的采访
52. NT 122918.2 'Survey of the Greenway Estate' (1937)
53. *Country Life* (27 August 1938) p. xviii
54. NT 122918.22, 购物收据 (1938 年 10 月 28 日）
55. *Come, Tell Me How You Live* (1946; 2015 edition) p. 242

黄金时代

1. *Hercule Poirot's Christmas* (1938)
2. EUL MS 99/1/1942 阿加莎给科克的信（1942 年 2 月 21 日）
3. Wyndham (1966)
4. Elizabeth Walter, 'The Case of the Escalating Sales' in Keating, ed. (1977) pp. 13–24, p. 15
5. *Observer* (29 April 1928)
6. Green (2015; 2018 edition) p. 8
7. *Murder in Mesopotamia* (1936)
8. *Cards on the Table* (1936)
9. *Dead Man's Folly* (1956); Curran (2009; 2010 edition) p. 87
10. Cade (1998; 2011 edition) p. 165; Keating (2017) p. 677
11. 'Meet Britain's Famous "Mrs Sherlock Holmes" ', *Sydney Morning Herald* (1 April 1954)
12. *New York Times* (30 November 1930)
13. CAT 阿加莎给马克斯的信（1931 年 12 月 17 日）
14. Trümpler, ed. (1999; 2001 edition) p. 281
15. Bernstein (1969)
16. Trümpler (1999; 2001 edition) p. 15
17. *Death on the Nile* (1937)
18. Osborne (1982; 2000 edition) p. 129 中曾引用到
19. *Murder in Mesopotamia* (1936)
20. Trümpler (1999; 2001 edition) p. 419 曾提到

21. 播客节目 *All About Agatha*, 'A Very Special Episode: Interview with Jamie Bernthal' (2020)

22. Light (1991; 2013 edition) p. 92

23. Curran (2009; 2010 edition) p. 167

24. *And Then There Were None* (1939)

25. *New York Times* (25 February 1940)

轰炸之下

1. Morgan (1984; 2017 edition) p. 233

2. Janet Likeman, 'Nursing at University College, London, 1862–1948', PhD thesis (2002) p. 246

3. Morgan (1984; 2017 edition) p. 233

4. Jack Pritchard, *View from a Long Chair, The Memoirs of Jack Pritchard* (1984) p. 19

5. Robyns (1978; 1979 edition) p. 156

6. EUL MS 99/1/1940 哈罗德·奥伯给埃德蒙·科克的信（1940 年 6 月 14 日）

7. Mallowan (1977; 2021 edition) p. 167

8. TNA HO 396/58/188A, 189

9. Judy Suh 即将发表的文章 'Rerouting Wartime Paranoia in Agatha Christie's *N or M?*'; *N or M?*, p. 95

10. CAT 马克斯给罗莎琳德的信（1940 年 7 月 3 日）

11. EUL MS 99/1/1940 阿加莎给科克的信（1940 年 7 月 31 日）

12. Edwards, ed., (1933; 2013 edition) pp. xiii–xx

13. EUL MS 99/1/1940 阿加莎给科克的信（1940 年 6 月 5 日）

14. EUL MS 99/1/1940 阿加莎给科克的信（1940 年 7 月 31 日）

15. NT 122921, 英国居民身份证（National Registration Identity Card）

16. EUL MS 99/1/1942 阿加莎给科克的信（1942 年 6 月 2 日）

17. EUL MS 99/1/1940 阿加莎给科克的信（1940 年 7 月 22 日）

18. EUL MS 99/1/1940 阿加莎给科克的信（1940 年 9 月 14 日）

19. EUL MS 99/1/1940 科克给阿加莎的信（1940 年 9 月 10 日）

20. EUL MS 99/1/1940 阿加莎给科克的信（1940 年 4 月 18 日）

21. 由英国国民信托收集的多琳·沃托尔的回忆录

22. EUL MS 99/1/1940 阿加莎给科克的信（1940 年 7 月 22 日）

23. EUL MS 99/1/1940 科克给阿加莎的信（1940 年 8 月 29 日）

24. Forster (1993) p. 174

25. EUL MS 99/1/1940 科克给奥伯的信（1940 年 12 月 19 日）
26. EUL MS 99/1/1940 阿加莎给科克的信（1940 年 11 月 6 日）
27. Janet Morgan (1984; 2017 edition) p. 247 中曾引用
28. http://bombsight.org/explore/greater-london/camden/gospel-oak
29. Leyla Daybelge and Magnus Englund, *Isokon and the Bauhaus in Britain* (2019) pp. 164–6
30. Adrian Shire, ed., *Belsize 2000: A Living Suburb* (2000) p. 96
31. Shire, ed., (2000) p. 91
32. Elizabeth Darling, *Wells Coates* (2012) p. 72; Light (2007) p. 181
33. CAT 阿加莎给马克斯的信（1944 年 3 月 2 日）
34. EUL MS 99/1/1940 阿加莎给科克的信（1940 年 10 月 22 日）
35. James Tatum, *The Mourner's Song* (2003) p. 152 引用的内容
36. Dorothy Sheridan, ed., *Wartime Women: A Mass-Observation Anthology* (2000) p. 72
37. Michael Smith, Bletchley Park (2013; 2016 edition) p. 32
38. Harold Davis, 'Dame Agatha Christie', *Pharmaceutical Journal*, vol. 216, no. 5853 (25 January 1976) pp. 64–5, p. 65
39. Celia Fremlin, 'The Christie Everyone Knew' in Keating, ed., (1977) p. 118
40. EUL MS 99/1/1940 Robert F. de Graff to Agatha Christie (19 February 1940)
41. Dennis (1956) pp. 97–8
42. J.C. Bernthal, 'If Not Yourself, Who Would You Be?': Writing the Female Body in Agatha Christie's Second World War Fiction', *Women: A Cultural Review* (vol. 26, 2015) pp. 40–56
43. Keating (2017), especially Chapter 7

女儿有了女儿

1. *Western Mail* (13 June 1940) p. 6; information from the trustees of the Royal Welch Fusiliers Museum Trust
2. 'Mr Hubert Prichard, majority celebrations at Colwinstone', *Western Mail* (28 April 1928)
3. EUL MS 99/1/1940 阿加莎给科克的信（1940 年 6 月 11 日）
4. CAT 'Confessions' (19 April 1954)
5. NT Rosalind Christie, Benenden School Report (Christmas term, 1934)
6. CAT 阿加莎给马克斯的信（1942 年 11 月 29 日）
7. Anne de Courcy, *Debs at War, How Wartime Changed Their Lives, 1939–45* (2005) p. ix
8. CAT 阿加莎给马克斯的信（1942 年 8 月 31 日）
9. CAT 马克斯给罗莎琳德的信（1942 年 9 月 15 日）

10. *Come, Tell Me How You Live* (1946; 2015 edition) p. 13
11. CAT 马克斯给阿加莎的信（1930 年 7 月 15 日）
12. Eames (2004; 2005 edition) pp. 247–8
13. NT 119087.57.7，格林威别墅的花园中，一份带有注释的文章草稿，作者是 Audrey Le Lievre，由 Hortus 发表 (1993 年春)
14. CAT 阿加莎给马克斯的信（1943 年 8 月 26 日）
15. CAT 阿加莎给马克斯的信（1942 年 12 月 15 日）
16. Cooper (1989; 2013 edition) p. 103
17. EUL MS 99/1/1942 科克给阿加莎的信（1942 年 9 月 21 日）
18. CAT 阿加莎给马克斯的信（1942 年 11 月 22 日）
19. CAT 马克斯给阿加莎的信（1942 年 6 月 15 日）
20. CAT 阿加莎给马克斯的信（1942 年 10 月 27 日）
21. CAT 马克斯给罗莎琳德的信（1941 年 12 月 7 日）
22. CAT 马克斯给罗莎琳德的信（1942 年 9 月 15 日）
23. CAT 阿加莎给马克斯的信（1942 年 8 月 31 日）
24. EUL MS 99/1/1942 阿加莎给科克的信（1942 年 10 月 4 日）
25. CAT 马克斯给阿加莎的信（1942 年 9 月 20 日）
26. CAT 马克斯给阿加莎的信（1943 年 10 月 16 日）
27. Coventry Evening Telegraph（1942 年 4 月 22 日）
28. EUL MS 99/1/1941 科克给奥伯的信（1941 年 1 月 3 日、31 日）
29. CAT 阿加莎给马克斯的信（1943 年 5 月 15 日）
30. CAT 阿加莎给马克斯的信（1942 年 10 月 27 日）
31. CAT 阿加莎给马克斯的信（1942 年 10 月 17 日）
32. CAT 马克斯给阿加莎的信（1942 年 9 月 20 日）
33. CAT 阿加莎给马克斯的信（1943 年 1 月 12 日）
34. CAT 马克斯给阿加莎的信（1942 年 9 月 20 日）
35. CAT 阿加莎给马克斯的信（1945 年 3 月 7 日）
36. CAT 阿加莎给马克斯的信（1944 年 5 月 6 日）
37. CAT 马克斯给罗莎琳德的信（1943 年 6 月 17 日）
38. CAT 马克斯给罗莎琳德的信（1943 年 10 月 15 日）
39. CAT 阿加莎给马克斯的信（1943 年 5 月 19 日）
40. CAT 阿加莎给马克斯的信（1943 年 8 月 8 日）
41. GH 阿加莎给乔治娜·赫尔曼的信（1960 年代末某年，2 月 8 日）

42. CAT 阿加莎给马克斯的信（1943 年 9 月 22 日）

43. CAT 马克斯给阿加莎的信（1943 年 10 月 16 日）

44. CAT 马克斯给罗莎琳德的信（1943 年 10 月 15 日）

45. Thompson (2007; 2008 edition) p. 341 中曾引用

人生难测

1. CAT 阿加莎给马克斯的信（1943 年 10 月 12 日）

2. CAT 阿加莎给马克斯的信（1943 年 10 月 20 日）

3. CAT 阿加莎给马克斯的信（1943 年 12 月 16 日）

4. *Sparkling Cyanide* (1945)

5. CAT 阿加莎给马克斯的信（1943 年 8 月 26 日）；CAT 阿加莎给马克斯的信（1943 年，日期不详）

6. CAT 马克斯给阿加莎的信（1943 年 2 月 22 日）

7. CAT 马克斯给阿加莎的信（1943 年 3 月 3 日）

8. CAT 阿加莎给马克斯的信（1943 年 2 月 20 日）

9. CAT 阿加莎给马克斯的信（1943 年 10 月 1 日）

10. CAT 阿加莎给马克斯的信（1943 年 10 月 30 日）

11. CAT 阿加莎给马克斯的信（1943 年 10 月 20 日）

12. CAT 阿加莎给马克斯的信（1943 年 3 月 27 日）

13. CAT 阿加莎给马克斯的信（1943 年 11 月 22 日）

14. CAT 阿加莎给马克斯的信（1943 年 3 月 12 日）

15. CAT 阿加莎给马克斯的信（1943 年 5 月 19 日）

16. CAT 阿加莎给马克斯的信（1943 年 3 月 12 日）

17. CAT 斯蒂芬·格兰维尔给阿加莎的信（1943 年 11 月 18 日）

18. CAT 斯蒂芬·格兰维尔给阿加莎的信（1943 年 3 月 9 日）

19. CAT 阿加莎给马克斯的信（1942 年 11 月 22 日）

20. CAT 马克斯给阿加莎的信（1943 年 10 月 16 日）

21. Curran (2009; 2010 edition) p. 167

22. Trümpler (1999; 2001 edition) pp. 351; 362–5

23. Mallowan (1977; 2021 edition) p. 172

24. Thompson (2007; 2008 edition) p. 331

25. Trümpler (1999; 2001 edition) p. 28

26. Rosalind Hicks in *The Times* (8 September 1990) p. 65

27. Mallowan (1977; 2021 edition) p. 173
28. CAT 阿加莎给马克斯的信（1944 年 1 月 9 日）
29. CAT 阿加莎给马克斯的信（1944 年 8 月 2 日）
30. CAT 阿加莎给马克斯的信（1944 年 4 月 9 日）
31. Claire Langhamer, *The English In Love: The Intimate Story of an Emotional Revolution* (2013)
32. *Five Little Pigs* (1942)
33. Howarth (2019) p. xxxiv
34. CAT 阿加莎给马克斯的信（1944 年 7 月 1 日）
35. CAT 阿加莎给马克斯的信（1944 年 7 月 9 日）
36. CAT 阿加莎给马克斯的信（1944 年 3 月 2 日）
37. CAT 阿加莎给马克斯的信（1944 年 6 月 9 日）
38. CAT 阿加莎给马克斯的信（1944 年 7 月 23 日）
39. CAT 阿加莎给马克斯的信（1944 年 4 月 28 日）
40. Mathew Prichard in Underwood, ed., (1990) p. 65
41. CAT 阿加莎给马克斯的信（25 May 1944）
42. EUL MS 99/1/1947/1 阿加莎给科克的信（1947 年 1 月 11 日）
43. CAT 阿加莎给马克斯的信（1944 年 8 月 25 日）
44. CAT 阿加莎给马克斯的信（1944 年 8 月 31 日）
45. CAT 阿加莎给马克斯的信（1944 年 10 月 13 日）
46. CAT 阿加莎给马克斯的信（1944 年 8 月 31 日）
47. CAT 阿加莎给马克斯的信（1944 年 8 月 6 日）
48. McCall (2001) p. 148
49. EUL MS 99/1/1951 阿加莎给科克的信（1951 年 8 月 14 日）
50. CAT 阿加莎给马克斯的信（1944 年 11 月 2 日）
51. EUL MS 99/1/1944 科克给奥伯的信（1944 年 2 月 22 日）
52. EUL MS 99/1/1944 阿加莎给科克的信（1944 年 11 月 19 日）
53. CAT 阿加莎给马克斯的信（1944 年 12 月 16 日）
54. Norman (2014) p. 91

以玛丽·韦斯特马科特之名

1. EUL MS 99/1/1942 阿加莎给科克的信（1942 年 2 月 21 日）
2. EUL MS 99/1/1944 阿加莎给科克的信（1944 年 10 月 11 日）

3. CAT 马克斯给阿加莎的信（1943 年 1 月 12 日）
4. CAT 阿加莎给马克斯的信（1943 年 4 月 14 日）
5. CAT 阿加莎给马克斯的信（1944 年 2 月 20 日）
6. Cade (1998; 2011 edition) pp. 276–7 中曾引用过
7. Mallowan (1977; 2021 edition) p. 195
8. Curran (2011) p. 191
9. The Hollow (1946)
10. EUL MS 99/1/1940 阿加莎给西德尼·霍勒信的副本（1940 年 11 月 16 日）
11. Wyndham (1966)
12. *An Autobiography*, p. 499
13. *Absent in the Spring* (1944)
14. Green (2015; 2018 edition) p. 430
15. Green (2015; 2018 edition) p. 431 中曾引用过
16. Martin Fido, *The World of Agatha Christie* (1999) p. 94
17. Jeffrey Feinmann, *The Mysterious World of Agatha Christie* (1975)
18. Dorothy B. Hughes, 'The Christie Nobody Knew', in Bloom et al, (1992; 2002 edition) p. 20
19. Rosalind Hicks in Underwood, ed. (1990) p. 51
20. EUL MS 99/1/1947/1 阿加莎给科克的信（1947 年 4 月 10 日）
21. EUL MS 99/1/1949 阿加莎给科克的信（1949 年 3 月 13 日）
22. EUL MS 99/1/1970/2 阿加莎给须藤靖夫的信（1970 年，日期不详）
23. EUL MS 99/1/1952 科克给奥伯的信（1952 年 1 月 18 日）
24. Gill (1990) p. 151
25. *Giant's Bread* (1930)

世界上最可爱的地方

1. CAT 阿加莎给马克斯的信（1944 年 7 月 1 日）
2. *A Daughter's a Daughter* (1952)
3. *The Hollow* (1946)
4. ons.gov.uk, 英国女性被雇佣的平均比例
5. Viola Klein and Alva Myrdal, *Women's Two Roles* (1956) pp. 1–28
6. NT 123881 前海岸警卫队队员给阿加莎的信（1970 年 9 月 16 日）
7. NT 123882 前海岸警卫队队员给阿加莎的信（1970 年 10 月 10 日）
8. 由英国国民信托收集的特莎·塔特肖尔的回忆录

9. NT 122918.3 R.J. Knapton & Son, 承包商和建筑工给阿加莎的信（1945 年 7 月 28 日）
10. EUL MS 99/1/1951 阿加莎给麦克弗森太太的信（日期不详）
11. EUL MS 99/1/1952 科克给阿加莎的信（1952 年 4 月 25 日）Macaskill (2009; 2014 edition) p. 51
12. EUL MS 99/1/1958/2 休斯·马西代理公司员工给多萝西·奥尔丁的信（1958 年 12 月 12 日）；99/1/1962/1 休斯·马西代理公司员工给哈罗德·奥伯联合公司员工的信（1962 年 2 月 21 日）
13. *Sunday Dispatch* (30 August 1959) p. 8
14. NT 123690 Inventory and Valuation of Greenway (12 October 1942) p. 21
15. Bernstein (1969)
16. Morgan (1984; 2017 edition) p. 200
17. EUL MS 99/1/1950 阿加莎给科克的信（1950 年 8 月 17 日）
18. GH 阿加莎给乔治娜·赫尔曼的信（1960 年代末某年，6 月 12 日）
19. Morgan (1984; 2017 edition) p. 245
20. Saunders (1972) p. 109
21. Mathew Prichard in Underwood (1990) p. 66
22. Saunders (1972) p. 116
23. *Sparkling Cyanide* (1945)
24. *The Times* (8 November 1949)
25. CAT 罗莎琳德给阿加莎的信（1949 年 10 月 23 日）
26. Mallowan (1977; 2021 edition) p. 202
27. CAT 罗莎琳德给阿加莎的信（1949 年 10 月 23 日）
28. 马修·普里查德的个人会话记录（2021 年 7 月 21 日）
29. Mallowan (1977; 2021 edition) p. 202
30. Robyns (1978; 1979 edition) p. 294 中曾引用到
31. CAT 阿加莎给罗莎琳德的信（日期不详）

他们来到巴格达

1. CAT 阿加莎给马克斯的信（1944 年 1 月或 2 月，日期不详）
2. UCLL 考古学研究所所长致学术注册主任的信（1947 年 2 月 3 日）
3. McCall (2001) p. 155
4. EUL MS 99/1/1950 科克给阿加莎的信（1950 年 3 月 2 日）
5. CAT 马克斯给罗莎琳德的信（1947 年 5 月 5 日）

6. Matthew Sturgis, 'The century makers: 1931', *Telegraph* (5 July 2003)
7. Robyns (1978; 1979 edition) p. 148 中曾提到
8. CAT 马克斯给罗莎琳德的信（1947 年 5 月 5 日）
9. Eleanor Robson, 'Remnants of empire: views of Kalhu in 1950', oracc.museum.upenn.edu (2016)
10. M.E.L. Mallowan, 'The Excavations at Nimrud (Kalhu), 1951', Iraq 14, no. 1 (1952) pp. 1–23; 1
11. McCall (2001) pp. 158–9 曾提到
12. CAT 阿加莎给罗莎琳德的信（1 月 7 日，年份不详）
13. McCall (2001) pp. 194; 162
14. 乔治娜·赫尔曼的个人会话记录（2022 年 1 月 18 日）
15. Curran (2011) p. 264 中曾引用到
16. CAT 马克斯给阿加莎的信（1943 年 2 月 17 日）
17. Suh (2016) pp. 63–66
18. Mallowan (1977; 2021 edition) p. 248
19. Trümpler (1999; 2001 edition) p. 52
20. Mallowan (1977; 2021 edition) p. 248
21. Oates, in Trümpler, ed. (1999; 2001 edition) p. 215
22. Donald Wiseman in Underwood, ed. (1990) p. 62
23. Mallowan (1977; 2010 edition) p. 290
24. EUL MS 99/1/1953/1 科克给哈罗德·奥伯的信（1953 年 2 月 6 日）
25. Donald Wiseman in Underwood, ed. (1990) p. 62
26. Thompson (2007; 2008 edition) p. 420 引用 Joan Oates 的话
27. 保罗·柯林斯博士的个人会话记录（2021 年 4 月 27 日）
28. Robson (2016)
29. Donald Wiseman in Underwood, ed. (1990) p. 62
30. Thompson (2007; 2008 edition) p. 420 引用 Joan Oates 的话
31. Donald Wiseman in Underwood, ed. (1990) p. 62
32. Joan Oates, 'Agatha Christie, Nimrud and Baghdad', in Trümpler, ed. (1999; 2001 edition) pp. 205–228; p. 211
33. Donald Wiseman in Underwood, ed. (1990) p. 61
34. Mallowan (1977; 2010 edition) p. 290
35. McCall (2001) p. 174 中引用的内容

36. Mallowan (1977; 2021 edition) pp. 237, 233
37. McCall (2001) p. 176
38. Thompson (2007; 2008 edition) p. 417 中引用的内容
39. Trümpler (1999; 2001 edition) p. 161
40. https://www.bbc.co.uk/news/world-middle-east-37992394
41. Eames (2004; 2005 edition) p. 330; the dig house is destroyed in second 58 of the video at https://www.bbc.co.uk/news/world-middle-east-37992394
42. Eleanor Robson, 'Old habits die hard: Writing the excavation and dispersal history of Nimrud', Museum History Journal (vol. 10, 2017) pp. 217–232, footnote 52
43. 在国际阿加莎·克里斯蒂节首映的一部纪录片：Sabine Scharnagl, *Agatha Christie in the Middle East*, ,Torquay Museum (12 September 2021)

战后的克里斯蒂家

1. *A Murder Is Announced* (1950)
2. Humble (2001) pp. 103, 107
3. Dennis (1956) p. 98
4. 约翰·马洛温的个人会话记录（2022 年 1 月 8 日）
5. Osborne (1982; 2000 edition) p. 272
6. Morgan (1984; 2017 edition) p. 270
7. EUL MS 99/1/1962/1 奥尔丁给科克的信（1962 年 4 月 25 日）
8. EUL MS 99/1/1964/2 萨拉·简·比尔给多德和米德的信（1964 年 4 月 23 日）
9. EUL MS 99/1/1964/2 休斯·马西代理公司员工给萨拉·简·比尔的信（1964 年 6 月 9 日）
10. Arnold (1987) p. 279
11. EUL MS 99/1/1949 詹姆斯·怀斯给雷蒙德·邦德的信（1949 年 1 月 21 日）
12. EUL MS 99/1/1947/1 奥伯给科克的信（1947 年 2 月 6 日）
13. Gill (1990) p. 161
14. *An Autobiography*, p. 192
15. EUL MS 99/1/1953/1 科克给奥伯的信（1953 年 2 月 25 日）
16. Frelin in Keating, ed., (1977) pp. 13–24, p. 19 中提及；Osborne (1982; 2000 edition) p. 277
17. 'Agatha's last mystery – her fortune', *Chicago Tribune* (26 January 1976)
18. Wyndham (1966)
19. 阿加莎在 BBC 轻节目广播上的访谈（1955 年 2 月 13 日）

20. EUL MS 99/1/1949 阿加莎给科克的信（1949 年 3 月 13 日）
21. Curran (2011) p. 24
22. Curran (2009; 2010 edition) p. 44
23. 同上, pp. 99–101
24. 同上, p. 74
25. Rowse (1980; 1986 edition) p. 74
26. CAT 阿加莎给马克斯的信（1931 年 10 月 10 日）
27. CAT 阿加莎给马克斯的信（1931 年 10 月 13 日、16 日、26 日）
28. Curran (2011) p. 139
29. 同上, pp. 25, 335
30. Curran (2011) p. 355 中引用了第 36 号笔记本的内容
31. Mathew Prichard in Underwood (1990) p. 66
32. Rosalind Hicks in *The Times* (8 September 1990) p. 65
33. EUL MS 99/1/1947/1 阿加莎给科克的信（1947 年 2 月 7 日）
34. EUL MS 99/1/1952（日期不详的推荐语）
35. Robyns (1978; 1979 edition) p. 25

第二排座位

1. *Daily Mail* (14 April 1958). 在自传中，阿加莎把庆祝演出达到一千场的派对和 1962 年的十周年派对搞混了。这完全可以理解：彼得·桑德斯太喜欢派对了。
2. Peter Saunders, *The Mousetrap Man* (1972) pp. 7–8
3. *Daily Mail* (14 April 1958)
4. CAT 阿加莎给马克斯的信（1945 年 1 月 31 日）
5. Saunders (1972) p. 9
6. *Daily Mail* (14 April 1958)
7. John Bull, ed., *The Dictionary of Literary Biography volume on British and Irish Dramatists Since World War II* (2001) pp. 281, 98
8. Green (2015; 2018 edition) p. 1
9. CAT 'Confessions' (15 October 1897); Green (2015; 2018 edition) p. 7
10. *Daily Express* (16 May 1928)
11. EUL MS 99/1/1940 阿加莎给埃德蒙·科克的信（1940 年 1 月 15 日）
12. 阿加莎在 BBC 轻节目广播上的访谈（1955 年 2 月 13 日）
13. Light (1991; 2013 edition) pp. 96–7

14. EUL MS 99/1/1942 阿加莎给科克的信（1942 年 9 月 17 日）
15. Green (2015; 2018 edition) p. 165
16. CAT 阿加莎给马克斯的信（1943 年 11 月 17 日）
17. Peter Haining in Underwood, ed. (1990) p. 71
18. Aldridge (2016) p. 308 阐明了这个故事的通常版本
19. Saunders (1972) p. 106
20. Gregg (1980) pp. 50–1, 19, 32, 37, p. 80 对面；Green (2015; 2018 edition) p. 266 中引用的内容
21. Green (2015; 2018 edition) pp. 305, 320
22. Saunders (1972) p. 141
23. EUL MS 99/1/1952 阿加莎给科克的信（1952 年 2 月 3 日）
24. Green (2015; 2018 edition) p. 367 中引用 *Daily Express* 的内容
25. Saunders (1972) p. 143
26. *Guardian* (28 November 2018) 引用《控方证人》导演 Lucy Bailey 的话
27. Green (2015; 2018 edition) p. 318 曾引用
28. CAT 阿加莎给马克斯的信（1945 年 1 月 3 日）
29. Hack (2009) p. 215 中曾引用

魅力四射的祖母

1. Dennis (1956) pp. 88–9
2. EUL MS 99/1/1966/2 科克寄出的信（1966 年 1 月 31 日）
3. EUL MS 99/1/1957/1 科克给罗莎琳德的信（1957 年 2 月 22 日）
4. EUL MS 99/1/1940 阿加莎给埃德蒙·科克的信（1940 年 1 月 15 日）
5. EUL MS 99/1/1960/1 阿加莎给科克的信（1960 年 6 月 6 日）
6. 菲利普·齐格勒的个人会话记录（2021 年 11 月 16 日）
7. Wyndham (1966)
8. EUL MS 99/1/1971/1 科克给亚瑟·F. 查特尔夫人的信（1971 年 6 月 22 日）
9. 菲利普·齐格勒的个人会话记录（2021 年 11 月 16 日）
10. Joseph G. Harrison, 'Agatha Christie's life–less interesting than her novels', *Christian Science Monitor* (1 December 1977)
11. Robyns (1978; 1979 edition) p. 31 引用的内容
12. CAT 阿加莎给马克斯的信（1931 年 10 月 23 日）
13. Gill (1990) p. 212

14. EUL MS 99/1/1957/1 科克给罗莎琳德的信（1957 年 6 月 27 日）
15. EUL MS 99/1/1950 阿加莎给科克的信（1950 年 9 月 8 日）
16. EUL MS 99/1/1953/1 阿加莎给科克的信（1953 年 2 月 12 日）
17. Robyns (1978; 1979 edition) p. 190 中引用
18. Robyns (1978; 1979 edition) p. 270
19. CAT 科克给奥尔丁信件的副本（1966 年 10 月 6 日）（原始文件在 EUL 中未找到）
20. Rowse (1980; 1986 edition) pp. 84, 73
21. Robyns (1978; 1979 edition) p. 192 中提到
22. Gregg (1980) p. 161
23. Green (2015; 2018 edition) p. 403 中引用 1954 年 1 月 17 日 *Reynolds News* 对 Margaret Lockwood 的采访
24. Thompson (2007; 2008 edition) p. 483 中引用过
25. Mallowan (1977; 2021 edition) p. 201
26. Susan Pedersen and Joanna Biggs, 'No, I'm not getting married!' *London Review of Books Conversations* 的播客 (9 June 2020)

克里斯蒂的财富之谜

1. Aldridge (2016) pp. 27–8
2. 同上, pp. 82–91
3. EUL MS 99/1/1955/1 科克给奥伯的信（1955 年 9 月 8 日）
4. Green (2015; 2018 edition) pp. 391–2
5. EUL MS 99/1/1960/1 阿加莎给科克的信（1960 年 1 月 20 日）
6. *Daily Mail* (12 March 1960)
7. EUL MS 99/1/1960/3 科克给罗莎琳德的信（1960 年 2 月 26 日）
8. EUL MS 99/1/1961/1 阿加莎给科克的信（1961 年 8 月 18 日）
9. EUL MS/99/1/1961/3 科克给罗莎琳德的信（1961 年 1 月 11 日）
10. EUL MS 99/1/1961/1 阿加莎给科克的信（1960 年 9 月 17 日）
11. Aldridge (2016) p. 150
12. Aldridge (2016) p. 150 中曾引用
13. EUL MS 99/1/1964/1 阿加莎给帕特·科克的信（1964 年 3 月 18 日）
14. EUL MS 99/1/1964/2 阿加莎给拉里·巴赫曼的信（1964 年 4 月 11 日）
15. Underwood (1990) p. 40 中曾引用
16. Hack (2009) p. 213 中曾引用

17. Mathew Prichard in Underwood, ed. (1990) p. 68
18. EUL MS 99/1/1964/5 罗莎琳德给科克的信（1964 年 3 月 25 日）
19. Wyndham (1966)
20. 彼得・赛顿给 *The Sunday Times*（1974 年 11 月 17 日）寄去的信，感谢了马克・奥尔德里奇
21. Gregg (1980) p. 16
22. Dennis (1956) pp. 88–9
23. EUL MS 99/1/1949 科克给奥伯的信（1949 年 1 月 20 日）
24. EUL MS 99/1/1951 阿加莎给科克的信（1951 年 4 月 16 日）
25. EUL MS 99/1/1945 科克给奥伯的信（1945 年 6 月 15 日）
26. Osborne (1982; 2000 edition) p. 296
27. EUL MS 99/1/1947/1 "应缴所得税……1930–1944"
28. EUL MS 99/1/1948 诺曼・迪克森给科克的信（1948 年 9 月 17 日）
29. EUL MS 99/1/1948 科克给奥伯的的信（1948 年 9 月 30 日）
30. EUL MS 99/1/1950 税务稽查员给休斯・马西代理公司的信（1950 年 1 月 27 日）
31. EUL MS 99/1/1948 阿加莎给科克的信（1948 年 8 月 30 日）
32. EUL MS 99/1/1950 阿加莎给科克的信（1950 年 2 月 16 日）
33. Adam Sisman, John le Carré (2015) pp. 271–2; EUL MS 99/1/1953/2 希克斯给科克的信（1954 年 12 月 19 日）
34. Lycett (1995) p. 277
35. EUL MS 99/1/1955/1 阿加莎给科克的信（1955 年 2 月 19 日）
36. CAT 阿加莎给罗莎琳德和安东尼的信（1956 年 2 月 20 日）
37. EUL MS 99/1/1956/1 阿加莎给科克的信（1956 年 1 月 8 日）
38. EUL MS 99/1/1956/3 罗莎琳德给科克的信（1956 年 6 月 20 日）
39. EUL MS 99/1/1958/2 罗莎琳德给科克的信（1958 年 12 月 5 日）
40. 马修・普里查德的个人会话记录（2022 年 1 月 5 日）
41. Janet Morgan, 'Christie Dame Agatha Mary Clarissa', *Oxford Dictionary of National Biography* (2017) summarises this neatly
42. EUL MS 99/1/1966/2 阿加莎给科克的信（1966 年 3 月 29 日）

奇异的命运

1. EUL MS 99/1/1960/1 阿加莎给科克的信（1960 年 9 月 16 日）
2. CAT 阿加莎给马克斯的信，于格林威别墅（1942 年 10 月 27 日）

3. *The Sittaford Mystery* (1931)
4. EUL MS 99/1/1960/1 阿加莎给科克的信（1960 年 1 月 11 日）
5. Eames (2004; 2005 edition) pp. 86–7
6. EUL MS 99/1/1962/2 阿加莎给科克的信（1960 年 9 月，具体日期不详，被归档在了错误的文件夹里）
7. Ritchie Calder (1976)
8. He said as much in the unpublished first draft of his memoirs, Janet Morgan, personal conversation（2022 年 1 月 3 日）
9. CAT 阿加莎给马克斯的信（日期不详，可能是 1930 年秋）
10. Keating, ed., (1977) p. 45 中引用 Edmund Crispin 的话
11. Saunders (1972) p. 109
12. Sabine Scharnagl's documentary *Agatha Christie in the Middle East* (2021)
13. CAT 'In the Service of a Great Lady, the Queen of Crime', typescript by George Gowler, pp. 5, 16
14. NT 121991, list slipped into book in Clara Miller's book of 'receipts for Agatha'
15. Recollections of Dixie Griggs collected by the National Trust
16. Light (1991; 2013 edition) pp. 79–82
17. McCall (2001) p. 165
18. EUL MS 99/1/1961/1 Cork to Olding（1961 年 8 月 29 日）
19. Ollard, ed., (2003) p. 438
20. EUL MS 99/1/1968/2 阿加莎给科克的信（1968 年 8 月 18 日）
21. Ellen McAdam, personal conversation (8 April 2021)
22. CAT 阿加莎给罗莎琳德和安东尼的信（20 February 1956）
23. Programme for the Agatha Christie conference at Solent University, Southampton (5–6 September 2019) Emma Shackle's abstract, p. 9
24. 乔治娜·赫尔曼的个人会话记录（2022 年 1 月 18 日）
25. Mathew Prichard in Underwood, ed. (1990) p. 65
26. Rowse (1980; 1986 edition) p. 77
27. Rosalind Hicks in *The Times* (8 September 1990) p. 66
28. CAT 阿奇给罗莎琳德的信（1958 年 10 月 24 日）
29. Cade (1998; 2011 edition) p. 257 中曾引用
30. Thompson (2007; 2008 edition) pp. 410–11 引用罗莎琳德·希克斯的话
31. 马修·普里查德的个人会话记录（1922 年 1 月 5 日）

32. 'Maj-Gen Campbell Christie', *The Times* (22 June 1963)
33. Marguerite Tarrant, 'Mathew Prichard', People (10 April 1978)
34. Underwood (1990) p. 42
35. Rowse (1980; 1986 edition) p. 89
36. 菲利普·齐格勒的个人会话记录（2021年11月16日）
37. CAT 打字稿 'In the Service of a Great Lady, the Queen of Crime', 由 George Gowler 写作, p. 4
38. 'Devon cream', *Daily Telegraph* (7 October 1993) 引用 George Gowler 的话
39. CAT 打字稿 'In the Service of a Great Lady, the Queen of Crime', 由 George Gowler 写作, pp. 16–22
40. Morgan (1984; 2017 edition) p. 239; EUL MS 991/1/1945 阿加莎给科克的信（1945年1月18日）
41. Faye Stewart, 'Of red herrings and lavender: reading crime and identity in queer detective fiction', Clues: *A Journal of Detection*, vol. 27.2 (2009) pp. 33–44
42. Green (2015; 2018 edition) p. 306
43. Curran (2009; 2010 edition) p. 179
44. *A Murder Is Announced* (1950)
45. Tina Hodgkinson, 'Disability and Ableism', a paper presented at the Agatha Christie conference at Solent University, Southampton (5–6 September 2019)
46. 马修·普里查德的会话记录（2021年7月28日）

侦探女士

1. Mallowan (1977; 2021 edition) p. 227
2. Wyndham (1966)
3. 'The Affair at the Bungalow' in *The Thirteen Problems* (1932) p. 261
4. CAT 多萝西·L.赛耶斯给阿加莎的信（1930年12月17日）
5. Wyndham (1966)
6. Keating (2017) pp. 327, 425
7. The Body in the Library (1942)
8. Margery Fry, *The Single Woman* (1953) pp. 31–3, Howarth (2019) p. 154 中引用的内容
9. Keating (2017)
10. CAT 第27号笔记本
11. Gill (1990) p. 201

12. *A Murder Is Announced* (1950)
13. Gill (1990) p. 208
14. Thompson (2007; 2008 edition) p. 373
15. *The Mousetrap* (1954) p. 19
16. Gill (1990) p. 203
17. *A Caribbean Mystery* (1964)

知道何时离开

1. EUL MS 99/1/1960/1 欧尔丁给科克的信（1960 年 7 月 6 日）
2. Wyndham (1966)
3. Curran (2011) p. 350
4. Franks (1970) p. 5
5. Curran (2011) p. 375
6. CAT 第 3 号笔记本，'Notes on Passenger to Frankfurt', p. 30
7. Osborne (1982; 2000 edition) pp. 340, 42
8. EUL MS 99/1/1970/2 欧尔丁给科克的信（1960 年 6 月 30 日）
9. *New York Times* (13 December 1970)
10. EUL MS 99/1/1971/1 科克给阿加莎的信（1971 年 8 月 2 日）
11. Macaskill (2009; 2014 edition) p. 73
12. EUL MS 99/1/1965/2 欧尔丁给休斯·马西代理公司员工的信（1965 年 3 月 29 日）
13. EUL MS 99/1/1971/1 科克给阿加莎的信（1971 年 8 月 2 日）
14. CAT 阿加莎给罗莎琳德的信（1971 年 7 月，日期不详）
15. CAT 罗莎琳德给阿加莎的信（1971 年 7 月 20 日）
16. EUL MS 99/1/1966/2 阿加莎给科克的信（1966 年 12 月 31 日）
17. Ian Lancashire and Graeme Hirst, 'Vocabulary Changes in Agatha Christie's Mysteries as an Indication of Dementia: A Case Study', *19th Annual Rotman Research Institute Conference, Cognitive Aging: Research and Practice* (2009)
18. Alison Flood, 'Study Claims Agatha Christie had Alzheimers', *Guardian* (3 April 2009) 引用 Ian Lancashire 的话

温特布鲁克

1. 'Scheme for Torquay flats gets approval', Herald Express (1 October 1960); 'An appeal against planning refusal', *Torbay Express and South Devon Echo* (3 November 1962)

2. Macaskill (2009; 2014 edition) p. 42
3. *An Autobiography*, p. 531
4. CAT 阿加莎给马克斯的信（1943 年 12 月 24 日）
5. Bernstein (1969)
6. CAT 阿加莎给比利·柯林斯的信（1970 年 10 月 28 日）
7. Morgan (1984; 2017 edition) p. 365
8. CAT 第 28 号笔记本，倒数第 14 页
9. NT 123654 雷金纳德·坎贝尔·汤普森给马克斯·马洛温的信（1970 年 6 月 14 日，年份不详，但可能是 1934 年）
10. Ollard, ed. (2003) p. 437
11. NT 119087.57.7，关于格林威别墅历史的打字稿
12. CAT, 这只是众多粉丝来信中的几个例子
13. 迈克尔·莫蒂默的个人会话记录（2022 年 1 月 12 日）
14. 多亏了馆长朱迪·杜威，沃林福德博物馆的档案中收录了很多关于阿加莎在镇上生活的信息。
15. Mallowan (1977; 2021 edition) p. 293
16. CAT 马克斯给罗莎琳德的信（1943 年 10 月 15 日）
17. McCall (2001) p. 191
18. Davis (2008) p. 136
19. CAT 家庭影集
20. Morgan (1984; 2017 edition) p. 368
21. EUL MS 99/1/1966/2 阿加莎给科克的信（1966 年 3 月 29 日）
22. *Sun* (16 June 1971)
23. EUL MS 99/1/1971/1 科克给奥伯的代理人的信（1971 年 6 月 21 日）
24. EUL MS 99/1/1971/1 马克斯给科克的信（1971 年 6 月 24 日）
25. CAT 阿加莎给罗莎琳德的信（1971 年夏）
26. EUL MS 99/1/1973/1 欧尔丁给科克的信（1973 年 7 月 27 日）
27. Curran (2011) p. 407
28. Curran (2009; 2010 edition) p. 68 中引用
29. CAT 孟买的蒙巴顿给阿加莎的信（1972 年 11 月 8 日）
30. Aldridge (2016) p. 174
31. Underwood (1990) p. 41
32. 理查德·戈德温的个人会话记录（2021 年 5 月 22 日）

33. Underwood (1990) p. 41
34. *The Times* (11 February 1975)
35. 理查德·戈德温的个人会话记录（2021 年 5 月 22 日）
36. Mallowan (1977; 2021 edition) p. 215
37. *Guardian* (9 October 1975)
38. EUL MS 99/1/1975/1 马克斯给科克的信（1971 年 7 月 31 日）
39. Mallowan (1977; 2020 edition) p. 311; GH 马克斯给乔治娜·赫尔曼的信（1976 年 1 月 29 日）
40. Morgan (1984; 2017 edition) p. 376
41. 'Agatha Christie buried after closed funeral', *Hartford Courant* (17 January 1976)
42. Mathew Prichard in Underwood, ed. (1990) p. 69
43. GH 马克斯给乔治娜·赫尔曼的信（1976 年 1 月 29 日）
44. 'Remembrance', reproduced in *Agatha's Star Over Bethlehem and other stories* (2014 edition) p. 191
45. CAT 阿加莎给罗莎琳德的信（1971 年 7 月，日期不详）
46. CAT 阿加莎给马克斯的信（1930 年，日期不详）
47. *The Mirror Crack'd from Side to Side* (1962)
48. 汉丽埃塔·麦考尔的个人会话记录（2021 年 5 月 7 日）
49. Cade (1998; 2011 edition) p. 280; McCall (2001) p. 193
50. 马克斯给阿加莎的信（1943 年 12 月 22 日）
51. GH 马克斯给乔治娜·赫尔曼的信（1976 年 1 月 29 日）
52. CAT 阿加莎给马克斯的信（1943 年 10 月 20 日）
53. CAT 马克斯给阿加莎的信（1945 年 2 月 25 日）
54. CAT 阿加莎给罗莎琳德的信（19371 年夏）
55. CAT 马克斯给阿加莎的信（136 年 9 月 6 日）
56. Thompson (2007; 2008 edition) p. 453 中曾引用
57. NT 由马克斯·马洛温确认的一份记录的副本，记录根据 1953 年出生与死亡登记法案制定
58. McCall (2001) p. 196
59. CAT 阿加莎给马克斯的信（1930 年 5 月 21 日）

葬礼之后

1. Nicholas de Jongh, 'Agatha Christie remains unsolved', *Guardian* (13 January 1976)

2. Mary Shepperston, 'The Turbulent Life of the British School of Archaeology in Iraq', *Guardian* (17 July 2018)
3. 艾伦·麦克亚当的个人会话记录（2021年4月8日）
4. Shepperston (2018)
5. Sabine Scharnagl's documentary, *Agatha Christie in the Middle East* (2021)
6. 'Prolific Author's Fortune Gone', *Los Angeles Times* (2 May 1976)
7. Osborne (1982; 2000 edition) p. 368
8. Robyns (1978; 1979 edition) p. 271
9. Green (2015; 2018 edition) p. 15
10. *The Times* (4 June 1998)
11. Tarrant (1978)
12. 汉丽埃塔·麦考尔的个人会话记录（2021年5月7日）
13. Macaskill (2009; 2014 edition) p. 107
14. NT 119087.1 国会议员安东尼·斯蒂恩给罗莎琳德·希克斯的信（2000年1月12日）
15. Hawthorne (2009) p. 18
16. Macaskill (2009; 2014 edition) p. 125 中引用的内容
17. Bearnes Hampton & Littlewood auction report (12 September 2006)
18. https://www.irishtimes.com/life-and-style/homes-and-property/fine-artantiques/agatha-christie-and-the-mystery-diamonds-1.1898074
19. 詹姆斯·普里查德的个人会话记录（2021年5月4日）
20. CAT 阿加莎给多萝西·克莱伯恩的信（1970年10月21日）
21. Tarrant (1978); *Liverpool Echo* (13 March 1990) p. 8
22. 马修·普里查德的个人会话记录（2022年1月5日）
23. Robyns (1978; 1979 edition) p. 120
24. 给 *The Times* 的信（1977年10月14日）
25. Cade (1998; 2011 edition) p. 131
26. Angus Calder, *Gods, Men and Mongrels* (2004) p. 2
27. Beth Gillin, 'Dame Agatha herself is still a big mystery', *Chicago Tribune* (11 January 1991)
28. Gill (1990) p. 2
29. Light (1991; 2013 edition) p. 61
30. Green (2015; 2018 edition) p. 403 引用 Margaret Lockwood 的话
31. *Come, Tell Me How You Live* (1946) p. 2